한 권으로 읽는 대승경전

화엄경 · 묘법연화경 · 유마경 · 대반열반경 · 금강경

한 권으로 읽는 대승경전

화엄경 · 묘법연화경 · 유마경 · 대반열반경 · 금강경

역자 : 김지견박사, 현해스님,
무비스님, 지안스님, 일감스님

민족사

| 기획자의 말 |

한 권으로 읽는 대승경전
'지혜'와 '자비'의 마음을 읽는다

    대승경전은 기원을 전후하여 반야경을 시작으로 많은 경전이 성립되었다. 그 가운데서도 대승불교의 사상과 철학을 담고 있는 대표적인 경전이 이 책에 수록되어 있는 『화엄경』·『법화경』·『유마경』·『열반경』·『금강경』이다.

    대승경전은 성립 시기에 따라 크게 셋으로 나눈다. 용수 이전의 대승경전을 초기 대승경전, 그 이후 세친 까지를 중기 대승경전, 또 그 이후 밀교의 성립까지를 후기 대승경전이라고 한다.

    초기에 성립된 대승경전으로는 『육바라밀경』·『보살장경』·『아촉불국경』·『반야삼매경』·『수능엄삼매경』·『반야경』·『화엄경』·『무량수경』·『아미타경』·『관무량수경』·『법화경』 등이 있고, 중기 대승경전으로는 『대방등여래장경』·『유마경』·『승만경』·『대반열반경』·『해심밀경』·『능가경』·『금광명경』 등이 있으며, 후기 대승경전으로는 『대일경』·『금강정경』 등이 있다.

    이 책은 그 가운데서도 가장 중요한 대승경전인 『화엄경』·『법화경』·『유마경』·『열반경』·『금강경』을 한 권 속에 묶었다. 여기에 수록된 대승경전은 한국, 중국, 일본 등 동북아시아 불교에서

5

는 대단히 중시하며, 한국 불교도들이 일상적으로 독송하는 경전이기도 하다.

대승경전은 대승불교의 이념과 이상·철학·사상, 그리고 실천 방법을 담고 있다. 대승의 이상(理想)은 보살정신의 구현이라 할 수 있다. 보살정신은 자신의 완성(성불)보다는 타인(중생)을 먼저 구제하겠다는 이타정신이다. 중생구제를 위한 이타행을 하지만, 조금도 자신의 상(相)을 남기지 않는 무주상(無住相) 즉 공(空)의 입장에 서 있다. 선행(善行)을 하고 나서 선행을 했다는 생각을 갖는다면 그것이야말로 소아적인 천박한 가치관이라고 할 수 있다. 또 대승불교도들은 사상적으로는 모든 존재를 공(空)으로 파악, 관찰하는 '반야 지혜'를 지향했고, 실천적으로는 '중생에 대한 무한한 자비'를 추구했다.

대승경전은 매우 방대하여 모두 읽는다는 것은 어렵고도 어려운 일이다. 그래서 이 책『한 권으로 읽는 대승경전』에는 일상 속에서 바쁜 나날을 보내고 있는 불자들, 독자들을 위하여 축약·번역해서 수록했다.

이 책이 탄생할 수 있었던 것은 온 힘을 기울여 경전을 번역해 주신 현해 큰스님, 무비 큰스님, 지안 큰스님, 일감 스님, 그리고 지금은 고인(故人)이 되신 김지견 박사님의 노고 덕분이다. 다시 한번 지면을 통해 깊은 감사의 인사를 올린다.

아울러 이제 이 책의 주인공은 독자, 불자 여러분이다. 모쪼록 부처님의 지혜와 자비의 마음을 읽고 대승보살이 되길 합장 발원한다.

2016년 7월 초
민족사 대표 윤창화 합장

1. 본 민족사판 《한 권으로 읽는 대승경전》은 대승경전 가운 데서도 대표적인 경전만 수록하였다.

2. 수록한 대승경전은 《화엄경》·《묘법연화경》·《유마경》· 《대반열반경》·《금강경》으로, 각 경전에서도 선별하여 발 췌, 수록하였다.

   (1) 중요한 품을 발췌 수록한 경전 :

   화엄경(60권본 화엄경)·묘법연화경·유마경·대반열반경

   (2) 전체를 수록한 경전 : 금강경

3. 번역 문체는 일반 불자들이 이해하기 쉽게 하고자 노력하였 으나 경전마다 역자가 다르므로 통일시키지는 않았다.

4. 독자들의 편의를 위해 간단한 해설을 수록하였다.

5. 중요한 용어에 대해서는 사전적인 설명을 달았다.

6. 한자는 괄호( ) 처리하였다.

화엄경

김지견 번역

묘법연화경

현해 번역

유 마 경

무비 번역

대반열반경
지안 번역

금강경
일감 번역

화엄경

김지견 번역

[한 권으로 읽는 대승경전]에 수록된 『화엄경』은 60권본 화엄경(34품) 가운데, 중요한 22품을 요약하여 수록하였다. 수록한 품은 다음과 같다.

세간정안품 · 노사나품 · 보살명난품 · 정행품 · 보살십주품 · 범행품 · 초발심공덕품 · 명법품 · 십행품 · 십무진장품 · 십회향품 · 십지품 · 십명품 · 십인품 · 수명품 · 보살주처품 · 불부사의법품 · 여래상해품 · 보현보살행품 · 여래성기품(여래출현품) · 이세간품 · 입법계품.

화엄경 해설

1. 화엄경의 사상과 가르침

화엄경은 대승불교의 대표적인 경전으로 공간과 시간의 한정을 초월하여 비로자나불의 연화장법계(蓮華藏法界)와 석존의 깨달음이 일체임을 설하고 있는 대승불교의 웅대한 설계도라 할 수 있다.

대부분의 경전은 제목에 그 경전의 사상을 드러내고 있다. 그래서 경전 해설의 앞부분에 경전 제목에 대한 해설에 많은 부분을 할애하는 것이다.

화엄경(華嚴經)의 한역(漢譯) 경전의 원제는 《대방광불화엄경(大方廣佛華嚴經)》이다. 그리고 범어 경전의 원제는 Buddha-avataṁsaka-nama-mahāvaipulya-sūtra이다. 먼저 《대방광불화엄경》에 대해서 알아보고자 한다.

'대(大)'란 '크다'는 뜻이지만, 작다는 뜻을 가진 소(小)에 대비되는 의미가 아니라 불법(佛法)의 궁극까지 꿰뚫어 본〔徹見〕 무한절대(無限絶對)의 이법(理法)으로 진리 자체를 뜻한다. '방광(方廣)'이란 넓이와 방향을 뜻하지만, 한정된 공간의 넓이나 방향을 가리키는 것이 아니라 연화장법계의 상즉상입(相卽相入)이 끊임없이 이루어지는 깨달음의 법계를 의미한다. 다시 말해서 화엄경은 시간과 공간의 한정을 완전히 초월한 깨달음의 경지에서 펼치고 있는 경전이다. 아울러 시간적·공간적 차별도 사라져버린 세계를 전개하면서도 존재와 존재의 불가사의한 상호융합이 이루어지는 원융무애의 경지를 보여주고 있는 것이다.

『화엄경』의 기본 입장은 갖가지 분별과 번뇌에 오염되어 있는 우리의 언어나 감각으로 이해될 수 있는 불법의 세계를 설하는 것이 아니다. 석가모니불이라는 깨달은 성인[覺者]의 명상을 통해서 시간과 공간의 한정에 의해서 제한받지 않는 광대한 불법의 세계가 설해지고 있는 것이다.

'화엄(華嚴)'의 범어 명칭은 간다뷔하(gaṇḍa-vyūha)이다. 간다(gaṇḍa)는 잡화(雜華)를 뜻하고, 뷔하(vyūha)는 '꾸미다,' '장엄(莊嚴)하다' '장식하다'를 의미한다. 즉 이름 없는 꽃을 포함한 수많은 종류의 꽃으로 아름답게 장식되어 있다는 것이다. 잡화, 이름 없는 온갖 꽃들에는 우리 중생 모두의 마음에서 피어나는 꽃들도 포함된다. 이렇듯 이름 없는 한 송이 꽃에서도 무한한 우주의 생명이 약동하고 있음을 깨닫는 것, 그것이 바로 화엄경의 메시지이다.

한편 꽃밭에 온갖 가지 꽃들이 어우러져 불편함 없이 공존하며 아름다운 세계를 이루고 있는 것처럼, 화엄의 세계는 인간을 포함한 수많은 생명들이 아름답게 공존하는 세계를 뜻한다. 사물과 사물, 일과 일 사이에 아무런 불편함 없이 공존한다는 화엄적 세계관을 '사사무애관(事事無碍觀)'이라고 한다.

화엄경은 불도를 이루기 위해 수행하는 구도자의 갖가지 수행 즉, 십신(十信)·10주(十住)·10행(十行)·십회향(十廻向)에 대해 체계적으로 설하고 있으며, 마음과 우주의 연기적(緣起的) 구조, 법계연기(法界緣起), 보현보살의 광대한 행원(行願), 선재동자(善財童子)의 53선지식 편력과 같은 대승불교의 근본 주제를 웅대한 스케일로 펼치고 있다. 다시 말해서 화엄경은 부처님께서 이루신 깨달음〔正覺〕을 근본 주제로 하여 '불도(佛道)의 실천이란 무엇인가?' '깨달음이란 무엇인가?' '일체 중생은 어떻게 깨달음에 이를 수 있는가?'라는 문제 제기와 아울러 깨달음을 이루는 수행 체계를 일깨워주는 일종의 수행의 나침반이자 지도라 할 수 있다.

특히 화엄경의 핵심은 법계연기(法界緣起) 사상인데, 법계의 우주만유는 떨어져서 각각 다른 것처럼 보이지만 실제로는 서로 다 관계를 맺고 있으며, 어느 것 하나도 홀로 존재하는 것은 없다는 것이다. 일체 모든 것을 서로서로 용납하여 받아들이고〔相入〕 서로서로 하나가 되어〔相卽〕 원융무애하고, 다함이 없다(無盡)는 법계연기 사상은 부처님이 깨달으신 내용과 무한의 세계관 및 보살행을 가장 잘 표현하고 있다 해도 과언이 아니다.

우리는 보통 이상과 현실은 합일(合一)될 수 없다고 한다. 그러나 현실과 이상의 합일뿐만 아니라 또 현실은 현실대로, 이상은 이상대로 자유자재로 움직이는[事事無碍] 화엄경의 사유방식은 다른 경전에서는 볼 수 없는 매우 독특한 사상이기도 하다. 뿐만 아니라 화엄경 십회향품에서는 보살행을 행하는 이들에게 자기 자신을 수천 번이라도 버리는 헌신을 강조한다. 화엄경에서 설하고 있는 보살상은 그야말로 진정한 종교인의 모습이요, 대승불교의 궁극적인 지향점을 잘 보여주고 있다.

2. 사람은 누구나 구도 순례 길의 선재동자다.

화엄경의 맨 마지막 품인 [입법계품]은 전체 분량 중 약 1/4 라는 점만 봐도 화엄경의 핵심사상이 담겨 있음을 알 수 있다. 입법계품은 문수보살의 가르침에 의해 보리심을 일으킨 소년 선재(善財) 즉 선재동자(善財童子)가 열렬한 구도정신으로 오랜 세월에 걸쳐 53명의 선지식을 찾아다니며 보살도의 실천과 수행에 대해서 질문하고 선지식들의 인도로 깨달음으로 들어가는 내용으로 구성되어 있다. 53명의 선지식은 보살 4명, 비구 4명, 비구니 1명, 재가의 여신도 4명, 바라문(브라만교, 힌두교) 2명, 이교도 1명, 선인(仙人) 1명, 신(神) 11명, 왕 2명, 장자 10명, 의사 1명, 뱃사공 1명, 부인 2명, 여인 1명, 소년 4명, 소녀 4명으로 구성되어 있다.

이 53명의 선지식 가운데에는 불교도들도 있지만 바라문 등 다른 종교인과 갖가지 직업을 가진 세상 사람들도 여러 명 포함되어 있다. 선재동자는 그 대상이 누구든 인생의 도(道)를 통달하여 자신에게 가르침을 베풀어 주기만 한다면, 성별이나 나이, 신분, 종교를 초월해서 진리를 물었다. 이와 같이 진리를 추구해 마지않는 열렬한 구도정신은 바로 세속의 번뇌에 물듦이 없이 꿋꿋한 마음을 지닌 '선재'라는 소년의 순진무구함에서 비롯된다. 그것은 곧 순진무구한 모든 소년들의 영원한 특권이기도 하다.

화엄사상 연구에 조예가 깊은 한 노학자는 일찍이 이렇게 말하고 있다.

"돌이켜 보건대 화엄경의 설법은 극히 하찮은 일상생활에서부터 끝없이 확대되며 전 우주의 공간을 포용하여 전개되고 있는 영원의 세계관이었다. 이 세계관은 바로 우리들의 깨달음과 실천에 의해 끊임없이 심화됨으로써 그대로 비로자나불에 연결되어 있는 것이었다."

화엄경을 읽는 우리들 모두는 각각이 한 사람의 선재동자가 되어야 할 것이다. 우리들 모두의 인생은 불도를 향해 얼굴을 돌린 첫 마음 즉 초발심(初發心)으로부터 궁극적인 깨달음에 이르기까지의 전 과정 가운데 한 과정이다. 그리고 저마다의 인생을 반경으로 하는 원형(圓形)이며, 이 원형은 바로 초월적이고 내재적이면서도 삼라만상이 상즉상입(相卽相入, 서로 하나가 되어 공존)의 연화장법계에 포용되는 화엄의 세계를 표출해 내고 있다.

사람은 누구나 한 사람의 선재동자로서 자기 자신의 인생을 반경으로 하는 원형의 외곽으로부터 그 중심을 향해 걷고 있는 순례자이다. 그 원의 중심점에 도달했을 때 비로소 우리는 자기 자신이 바로 한 사람의 부처이며, 전 우주인 것을 깨달을 수 있을 것이다.

화엄경의 교리에서는 극소의 세계 속에 극대의 세계가 내재되어 있다고 말한다〔一卽多 多卽一〕. 또 '하나의 털구멍 속에서 일체가 출현'하고, 하나의 털구멍 속에 원자의 수만큼이나 많은 세계, 모든 세계가 포함되어 있다〔一微塵中含十方〕고 한다. 또 시간적으로 한정되어 있는 한 찰나 속에 우주의 일체를 포함하는 의식을 긍정한다. 따라서 일념 속에서 일체 처에 두루 존재하므로, 자기 자신 속에서 일체 사물을 파악한다는 사상도 성립될 수 있었던 것이다〔一念卽是無量劫〕.

오늘날 우리는 대승불교의 깊은 정신성(精神性)과 종교적 실천을 설하고 있는 화엄경을 숙독하지 않으면 안 될 시대적 필연성을 깨닫고 있다. 특히 급속한 변화의 시대에서 세대 간의 갈등, 계층 간의 갈등, 지역 간의 갈등 등 갖가지 갈등과 모순을 극복하고 함께 공존하고, 상생하기 위해서는 '화엄의 가르침'이 절대적으로 필요하다고 생각한다. 또한 분단국가의 숙명을 짊어지고 있는 우리 현대의 한국인은 화엄경이 가르치는 원융무애의 통일적 세계관에 기초한 창조적 자기 형성의 진리를 항상 닦고 실천해야 할 것이다.

제1장 세간정안품(世間淨眼品)
— 부처님의 깨달음 —

이와 같이 나는 들었다.

어느 때, 부처님께서 마가다국의 적멸도량[1])에 계시었다. 처음으로 부처님께서 깨달음을 이루셨을 때, 대지는 청정해지고 갖가지 보화와 꽃으로 장식되어 있었으며 아름다운 향기가 넘쳐흘렀다. 또 부처님 주위에는 꽃다발이 둘러싸여 있었고, 그 위에는 진귀한 보석들이 뿌려져 있었다. 그리고 수많은 나무들은 잎과 가지에서 빛을 발하면서 빛나고 있었다.

그때 부처님께서는 과거 · 현재 · 미래의 진리가 모두 차이 없이 평등함을 깨달았고, 그 지혜의 광명은 모든 사람의 몸속까지

· · · · · · · · ·

1) **마가다국의 적멸도량**__마가다는 범어 Magadha의 음사. 고대인도의 중부에 있던 나라. 적멸도량은 석가모니 부처님이 처음 정각을 이룬 도량. 즉 니련선하(尼連禪河) 변의 보리수하 금강보좌(金剛寶座). 석가모니 부처님은 이 적멸도량에서 처음 정각을 완성하여 화엄경의 교주인 비로자나불과 일체가 된다.

비추었으며, 미묘한 깨달음의 음성은 세계의 끝까지 들렸다. 그
것은 마치 허공을 질러가듯이 아무런 장애도 받지 않았다.

부처님께서는 차별 없는 평등한 마음으로 모든 사람들 가까
이에 계시며 사람들의 마음과 행동을 알고 계셨다. 그 지혜의
빛은 모든 어둠을 없앴을 뿐 아니라 무수한 부처님의 나라[佛
國土]를 나타내었으며 여러 가지 방편을 써서 사람들을 교화시
켰다.

부처님께서는 보현(普賢)보살과 보덕지광(普德智光)보살 등
무수한 보살들과 함께 계셨다. 이 보살들은 모두 옛날에 함께
수행한 비로자나 부처님의 벗들이며 뛰어난 덕을 완성한 이들
이었다. 그들은 보살의 수행을 마쳤을 뿐 아니라 지혜의 눈이
밝아 과거·현재·미래를 통찰하고 있었다. 또한 마음은 고요히
통일되어 있었으며 한번 진리를 설하기 시작하면 광대한 바다
같이 끝이 없었다.

또 모든 사람들의 마음의 움직임을 알고 있어서 그에 따라
괴로움을 없애 주었으며, 어떠한 일이든 그 안에 뛰어들어 능
히 이를 경험한 후, 버릴 것은 버리고 지닐 것은 취하였다.

또 모든 부처님의 세계에 있으면서 정토(淨土)²⁾를 건설하고자
하는 원(願)을 일으켰으며, 무수한 부처님을 예배·공양하며 자

• • • • • • • •

2) 정토(淨土)__예토(穢土=사바세계)에 반대되는 말로서 불교수행의 완성에
   의해 이루어지는 청정한 세계. 정토에는 불보살이 머무르는 주처정토(住
   處淨土)와 중생이 아미타불의 본원력에 의해 왕생하는 왕생정토(往生淨
   土)가 있다. 화엄경에서의 정토는 비로자나불의 연화장법계이다.

신의 몸은 부처님의 공덕으로 충만해 있었다. 이처럼 많은 보살들이 부처님의 주위를 에워싸고 부처님의 시중을 들고 있었다.

그 밖에도 부처님을 호위하는 신들과 도량을 지키는 신들, 대지와 수목의 신들, 하천과 바다의 신들, 혹은 아수라(阿修羅), 라후라(羅睺羅), 긴나라(緊那羅)3) 등의 신들과 삼십삼천왕(三十三天王)4)과 야마천왕(夜摩天王), 도솔천왕(兜率天王), 화락천왕(化樂天王), 타화자재천왕(他化自在天王) 등의 무수한 천신과 천왕들도 부처님의 곁에 있었다.

그들은 모두가 부처님의 가르침을 받들고 있었으며 여러 가지 방편으로 모든 사람을 교화하는 능력을 지니고 있었다. 또 수많은 천신과 천왕, 그리고 여러 보살들은 부처님의 신통력을 받고 모두가 부처님께서 깨달은 세계를 찬탄하였다.

그 가운데 낙업광명천왕(樂業光明天王)은 부처님의 신통력을 받고 다음과 같이 찬탄하였다.

- - - - - - - - -

3) 아수라(阿修羅), 라후라(羅睺羅), 긴나라(緊那羅)__불법을 수호하는 천룡팔부(天龍八部) 중에 속하는 세 신중(神衆). 아수라는 범어 asura의 음사. 항상 제석천과 싸움을 일삼는다는 전투의 신. 그러나 불법을 수호하기로 서원한 신이기도 하며 선악의 양면을 모두 갖추고 있어서 그 성격이 복잡하다고 함. 라후라는 범어 rāhula의 음사. 아수라의 왕으로서 해와 달의 빛을 가리어 일식, 월식을 일으킨다고 한다. 긴나라는 범어 kiṁnara의 음사. 한역불전에서는 인비인(人非人)이라고 옮기고 있으며 그 모습이 사람인지 짐승인지 구별하기 어려우며 노래와 춤을 즐긴다고 한다.

4) 33천왕(三十三天王)__제석천(帝釋天)을 말함. 삼십삼천은 불교의 세계관에서 설하는 욕계 6천(六天)의 제2천으로서 도리천이라고 한다. 수미산의 제일 꼭대기에 있는 천상계이며 이곳의 왕은 제석천이다.

"모든 부처님의 경계는 매우 깊어서 생각으로는 헤아릴 수가 없다. 부처님은 많은 중생들을 교화하여 궁극의 깨달음에 이르게 하신다. 모든 사물의 진실한 모습은 번뇌의 어지러움을 떠나서 고요히 통일되어 있으며, 어떠한 것으로부터도 장애를 받지 않는다. 또한 여래는 신통력으로써 비록 한 개의 털구멍과 같은 작은 세계에서도 중생을 위하여 위없는 진리를 설하여 주신다. 여래는 진리의 깊은 의미를 통찰하고 중생들 각각의 능력에 따라 불멸의 가르침을 비와 같이 내리시며, 그로 인해 많은 진리의 문이 열려 고요히 통일되어 있는 평등하고 진실한 세계로 중생을 이끌어 들이신다."

또 시기대범왕(尸棄大梵王)은 부처님의 신통력을 입고 다음과 같이 찬탄하였다.

"부처님의 몸은 언제나 맑고 고요하다. 가령 시방의 세계를 두루 비추어도 부처님의 몸은 모습이 없고 형태를 나타내는 일이 없으며, 흡사 하늘에 떠 있는 구름과 같다. 이같이 부처님의 몸은 적정하여 통일의 경계에 있으므로 어떠한 중생도 생각으로 헤아려 알 수 있는 것이 아니다.

또 여래는 진리의 대해(大海)를 단지 한 소리로써 설하시니 거기에는 조금의 모자람도 없다. 여래의 미묘한 음성은 깊고 충만하며, 중생은 저마다의 근기에 따라서 그 가르침을 받아들일 수가 있다. 과거·현재·미래의 3세(三世)에 걸쳐서 얻은 바 시방의 모든 부처님의 보살행(菩薩行)5)은 모든 여래의 몸 안에

• • • • • • • •

5) 보살행(菩薩行)__보살은 범어 bodhisattva의 음사. 깨달음을 구하는 사람,

나타나 있다. 그러나 여래는 그것을 조금도 꾸미지 않으신다. 부처님의 몸은 흡사 허공과 같아서 다하여 그치는 일이 없다. 부처님의 몸은 모습이 없으며, 따라서 어떠한 것으로부터도 방해를 받지 않는다."

또 일광천자(日光天子)는 부처님의 신통력을 입고 다음과 같이 찬탄하였다.

"부처님의 지혜광명은 한량없는 시방의 국토를 비추며 모든 중생들로 하여금 눈앞에서 바로 부처님을 보고 믿고 받들게 한다. 중생의 세계는 큰 바다와 같이 넓지만 부처님은 그 마음을 잘 알고 있으며 중생들을 이끌어 지혜의 바다에 들게 하신다.

부처님께서는 이 세상에 나시어 시방세계를 남김없이 비춘다. 부처님의 영원불변한 법신(法身)⁶)은 어떠한 것에도 비교할 수가 없으며 위없는 지혜로써 진리를 설하신다. 부처님께서 중생의 생활 속에 뛰어들어 같이 고난을 겪는 것은 오로지 중생을 위해서이다.

부처님께서는 그때그때의 상황에 따라 오묘하신 몸을 나타낸다. 그러나 그것은 마치 보름달과 같고 허공에 맑은 빛이 비치는 것과 같은 것이다. 어리석음으로 인하여 마음이 어두운

• • • • • • • •

큰마음을 가진 사람이라는 뜻으로 대승불교의 이상적인 인간상. 보살은 '위로는 부처님의 진리를 구하고 아래로는 중생을 돕는다(上求菩提下化衆生)'는 자각을 바탕으로 중생을 이롭게 하는 여러 가지 자기 헌신의 봉사를 게을리 하지 않는다. 대표적인 보살행으로는 6바라밀이 있다.

6) 법신(法身): 불생불멸하는 절대의 이법(理法), 진여를 체(體)로 하고 있는 부처. 부처님의 삼신(三身: 法身·報身·化身) 중의 하나.

중생은 앞을 못 보는 장님과 같다. 부처님은 그러한 괴로움을 겪고 있는 중생들을 위하여 밝은 눈을 열어 주고 지혜의 등불을 밝혀 청정한 몸을 중생들 앞에 나타내신다."

또 비사문야차왕(毘沙門夜叉王)[7]은 부처님의 신통력을 입고 다음과 같이 찬탄하였다.

"중생의 죄는 깊고 무겁다. 아무리 오랜 세월이 흘러도 부처님을 만날 수가 없다. 또 미혹의 세계를 끊임없이 윤회하며 끝없는 괴로움을 받는다.

부처님은 이들 중생을 구하기 위하여 이 세상에 출현하셨다. 부처님은 시방의 모든 중생 앞에 모습을 나타내어 여러 세계에 있는 중생들의 괴로움을 뽑아 버린다. 부처님은 방편을 써서 중생의 무거운 죄와 악업의 장애를 없애고 중생을 바른 진리 속에 머물게 하신다.

부처님께서 헤아릴 수 없이 긴 세월을 수행하고 있을 때 시방의 모든 부처님을 찬탄한 일이 있었다. 그로 인하여 높고 위대한 부처님의 이름이 시방의 모든 나라에 전해졌다. 부처님의 지혜는 허공과 같이 끝이 없으며, 영원불멸한 진실의 모습인 법신은 불가사의하다고 할 수밖에 없다."

이 밖에도 많은 천신(天神)과 보살들이 차례로 부처님의 신통력을 받아서 부처님의 세계를 찬탄하였다. 그때, 연화장장엄

• • • • • • • •

7) 비사문야차왕(毘沙門夜叉王)__범어 Vaiśramaṇa의 역어. 야차와 나찰(羅刹)을 이끌어 북방을 수호하고 사람들에게 복을 주는 일을 맡은 천왕. 사천왕 중의 다문천왕(多聞天王)이다.

세계(蓮華藏莊嚴世界)는 열여덟 가지의 모습으로 진동하였다.

그리고 모든 세계의 왕들은 불가사의한 공양(供養)의 구름을 나타내어 부처님의 적멸도량 위에 비를 내렸다. 그 하나하나의 세계 안에 부처님의 도량이 있었으며, 또 부처님께서 그 각각의 도량에 앉아 계셨다. 모든 세계의 왕들은 그들의 세계에 있는 부처님을 믿고 마음을 통일하였으며, 불도를 행하고 깨달음을 열었다. 시방의 모든 세계도 이와 같았다.

제2장 노사나품(盧舍那品)

─ 비로자나 법신불의 세계 ─

그때 많은 천신들과 천왕들은 다음과 같은 의문을 일으켰다.
"도대체 '부처님의 세계〔佛世界〕'라고 하는 것은 어떤 것일
까? 부처님의 행(行)과 부처님의 능력과 부처님의 선정(禪定),
부처님의 지혜(智慧)라고 하는 것은 도대체 어떤 것일까?

또 부처님의 명호(名號)의 바다〔海〕, 부처님의 생명의 바다
〔海〕, 중생의 바다〔海〕, 방편의 바다〔海〕라고 하는 것은 어떤
것일까? 그리고 모든 보살들이 실천하고 있는 보살행의 바다
〔海〕라는 것은 어떤 것일까? 원하옵건대 부처님이시여, 저희들
의 마음을 열어 이와 같은 문제에 대하여 밝게 알도록 해 주시
옵소서."

이어서 많은 보살들이 부처님의 신통력을 받아 자연스러운
목소리로 다음과 같이 말하였다.

"여래는 한없는 긴 세월 동안 수행을 성취하여 스스로 깨달
음을 얻으셨습니다. 그리고 때와 장소를 묻지 않고 몸을 나타

내시어 중생을 교화하셨습니다. 그것은 마치 구름이 피어 올라 허공에 충만하는 것과 같아서 중생의 의심을 낱낱이 제거하여 커다란 믿음을 일으켰으며 세간의 한없는 괴로움에서 벗어나 깨달음의 안락을 얻게 하셨습니다.

또 무수한 보살들은 일심으로 합장하고 한결같이 여래를 받들어 모시고 있습니다. 아무쪼록 보살의 원에 따라 뛰어난 가르침을 설하여 의혹을 제거하여 주시옵소서. 그리고 부처님의 경계와 부처님의 지혜와 힘은 어떠한 것입니까? 바라옵건대 저희를 위하여 가르쳐 주소서. 수많은 부처님의 삼매(三昧)와 청정한 수행과 깊고 오묘한 법과 신통력은 헤아릴 수가 없습니다. 아무쪼록 커다란 가르침의 구름을 피어 오르게 하여 중생들의 머리 위에 단비를 뿌려 주시옵소서."

그때 부처님께서는 많은 보살들의 소원을 아시고 입 속의 치아 사이로부터 무수한 광명을 발하셨다. 그 하나하나의 광명으로부터 다시 무수한 광명이 퍼져 나와 수없이 많은 부처님의 나라를 비추었다. 수많은 보살들은 이 광명에 의하여 비로자나 부처님의 연화장엄(蓮華莊嚴, 연꽃으로 꾸며진 세계)세계를 볼 수가 있었다.

그들은 부처님의 신통력에 의하여 다음과 같이 말하였다.

"비로자나 부처님은 한없는 긴 세월 동안 공덕을 닦고, 시방의 모든 부처님을 공양하고, 헤아릴 수 없는 온갖 중생들을 교화하여 최고의 깨달음을 완성하셨다. 그리고 광명을 발하여 시방세계를 비추며, 하나하나의 털구멍으로부터 화신(化身)의 구름을 일으켜서 중생의 능력에 따라 교화 방편의 길을 열으셨다. 여러 훌륭한 불자들이여, 부처님께 공양하라. 그리고 다만 일심으로 공경, 예배하며 부처님을 받들어라. 부처님께서 설하신 진리는 그 한 말씀 안에도 무한한 경전의 바다가 있고, 일체 중생에게 감로(甘露)의 비를 뿌려 준다. 여래의 커다란 지혜의 바다는 아무리 깊은 곳도 그 광명으로 비추시며, 진리를 향한 모든 길이 충만하여 있는 것이다."

이 같은 연화장엄세계의 동쪽에 또 다른 세계가 있고 남쪽, 북쪽, 서쪽, 그리고 동남·서남·서북·상하에도 저마다의 세계와 부처님의 나라가 있고 그 부처님을 중심으로 무수한 보살들이 결가부좌하고 있었다.

보현보살은 부처님 앞에서 연화장(蓮華藏)의 사자좌(師子座)에 앉았다. 그리고 부처님의 신통력에 의하여 삼매에 들었다. 이것이 '비로자나 부처님의 삼매'이다. 그러자 시방세계의 모든 부처님이 나타나 보현보살을 찬탄하였다.

"훌륭하고 훌륭하도다. 그대가 능히 이 삼매에 든 것은 한결같이 비로자나불의 본원력(本願力)을 따랐기 때문이며, 모든 부처님의 서원을 실천했기 때문이며, 모든 부처님이 설하신 진리를 전하기 위함이다. 또 모든 부처님의 지혜의 바다를 넓히기 위함이며, 일체 중생의 번뇌를 없애고 청정한 길을 얻게 하기 위함이며, 모든 불경계(佛境界)에 자유자재하게 들어가게 하기 위함이다."

그때 시방의 모든 부처님은 보현보살에게 여러 가지 지혜를 주었다. 그 지혜는 무량무변한 진리의 세계에 들어가는 지혜, 과거·현재·미래의 모든 부처님이 얻으셨던 지혜, 무량한 중생

의 세계에 드는 지혜, 그리고 일체 중생에게 다함없는 말씀의
바다에서 진리를 설하여 주는 지혜들이었다. 이 광경을 보고
있던 모든 보살들은 일제히 소리를 높여 보현보살을 향하여 말
하였다.

"바라옵건대 청정한 가르침을 설해 주십시오."

그때 보현보살은 부처님의 신통력을 입고 바다와 같이 넓은
중생의 세계〔衆生海〕와 바다와 같이 깊은 업의 세계〔業海〕, 바
다와 같이 넓고 깊은 삼세 모든 부처님들의 세계〔三世諸佛海〕
를 관찰하였다. 그리고 보살들을 향하여 말하였다.

"불자들이여, 모든 부처님의 바다와 같은 지혜는 생각으로
헤아려 알 수는 없습니다. 나는 부처님의 신통력에 의지하여
말하려 합니다. 이는 오로지 일체 중생이 모두 지혜의 바다에
들어가기를 원하기 때문입니다."

보현보살은 삼매로부터 일어나서 무수한 보살들에게 말하였다.

"모든 불자들이여, 첫째, 모든 세계의 바다〔世界海〕는 한없는
인연에 의하여 성립되고 있습니다. 모든 것은 이미 인연에 의
하여 성립되어 있으며, 현재에도 성립되어 가고 있으며, 그리
고 미래에도 성립할 것입니다. 여기서 말하는 인연이라고 하는
것은 다음과 같은 것을 가리킵니다. 그것은 즉 여래의 신통력
입니다. 그것은 사물 모두가 있는 그대로의 존재인 진여(眞如)
인 것입니다. 또 중생의 행위나 숙업(宿業)인 것입니다. 모든
보살(수행자)은 궁극의 깨달음을 얻을 가능성을 가지고 있습니
다. 그래서 보살이 부처님의 나라를 청정하게 하는 일이 자유
자재하다고 하는 것입니다. 이것이 세계의 바다에 있어서의 인

연입니다.

둘째, 하나하나의 세계해(世界海)는 여러 가지 인연에 의해 성립되고 있습니다. 낱낱의 세계해는 부처님의 힘을 입어 성립되어 있고, 허공에 의지하여 성립되어 있고, 부처님의 광명에 의지하여 성립되어 있고, 꼭두각시와 같은 업력(業力)에 의하여 성립되어 있습니다. 또 하나의 작은 티끌 속에도 부처님의 자재력(自在力)이 활동하고 있으며, 그 밖의 모든 티끌 속에서도 같은 일이 이루어지고 있습니다.

셋째, 모든 세계해(世界海)에는 여러 가지 형태가 있습니다. 혹은 둥글고, 네모지며, 혹은 세모지고, 혹은 팔각(八角)이며, 혹은 물이 굽이쳐 흐르는 것과 같고, 혹은 꽃 모양과 같아 여러 가지 형태가 있습니다. 모든 부처님의 국토는 마음의 업에 의하여 일어나고, 헤아릴 수 없을 만큼 여러 가지 모양을 가지고 있습니다. 그리고 부처님의 힘에 의하여 장엄되고 있습니다.

그 나라의 모든 것은 저마다 자유자재하게 무량한 모습을 나타내고 있습니다. 깨끗한 것이 있는가 하면 더러운 것도 있고, 괴로운 것이 있으면 즐거운 것도 있으며, 사물은 항상 유전(流轉)하고 있고, 그에 따라서 그 모양도 변하여 갑니다. 일체의 업은 불가사의하다고 말할 수밖에 없습니다. 하나의 털구멍 속에도 무량한 불국(佛國)이 평화롭게 장엄되어 있고, 모든 세계에는 여러 가지 형상이 있고, 어떤 형상의 세계 속에서도 가장 높은 불법이 설하여지고 있습니다. 그것이야말로 이것은 비로자나 부처님의 설법인 것입니다.

넷째, 일체의 세계에는 여러 가지 몸이 있습니다. 예를 들면,

많은 보배로 장엄되어 있는 몸, 혹은 하나의 보배로 장엄되어 있는 몸, 혹은 금강(金剛)과 같이 견고한 대지(大地)의 몸 등이 그것입니다.

불자들이여, 다섯째로 모든 세계해에는 헤아릴 수 없는 장엄이 있습니다. 시방의 세계해는 광대무변하게 장엄되어 있습니다. 중생의 숙업의 바다는 끝이 없으며, 때와 상황에 따라서 변하여 갑니다. 그리고 그 깊이를 알 수 없는 곳까지도 부처님의 힘에 의하여 장엄되어 있습니다.

여섯째, 모든 세계해(世界海)에는 여러 가지 청정한 방편이 있습니다.

예를 들면, 보살은 많은 선지식(善知識)을 섬기며 덕을 쌓고 지혜를 닦으며, 뛰어난 경지를 관찰하고 그에 도달하며, 혹은 중생의 온갖 고뇌를 없애고자 염원합니다. 보살은 멀고 먼 옛날부터 선지식을 섬겨서 수행하고 그 자비심은 널리 퍼져서 중생에게 혜택을 줍니다. 그 때문에 보살은 세계해를 청정하게 한다고 하는 것입니다. 보살은 중생을 위하여 청정한 행(行)을 다하고 중생은 그에 의하여 무량한 복덕을 얻습니다. 때문에 세계해를 청정하게 한다고 합니다. 보살은 모든 부처님의 공덕의 바다에 들어 일체 중생으로 하여금 괴로움의 근본을 알게 하고, 이리하여 광대한 부처님의 나라를 완성합니다. 때문에 보살은 세계해를 청정하게 한다고 합니다.

일곱째, 하나하나의 세계해(世界海)에는 무수한 부처님이 법을 설하고 계십니다. 단 하나의 부처님의 나라를 청정하게 했는가 하며, 무수한 부처님의 나라를 청정하게 하기도 하며, 단

하나의 법(法)을 가르쳤는가 하면, 불가사의한 많은 법을 설하기도 합니다. 또 중생의 일부를 교화하는가 하면 무량한 중생을 교화하기도 합니다. 모든 부처님은 헤아릴 수 없는 방편의 힘에 의하여 모든 부처님의 나라를 일으키고, 중생의 바라는 바에 따라 사바세계에 오셨습니다.

부처님의 법신(法身)은 불가사의합니다. 빛도 없고 형상도 없고 아무 것에도 비교할 수가 없습니다. 그러나 중생을 위하여 여러 가지 형상을 나타내고 중생의 마음가짐에 따라서 모습을 보여줍니다. 혹은 하나의 털구멍으로부터 부처님의 화신(化身)이 구름과 같이 피어오르고 시방세계에 충만하여 헤아릴 수 없는 많은 방편의 힘으로 중생을 교화합니다. 부처님의 음성은 모든 세계에 남김없이 울려 퍼지고 중생의 바라는 바에 따라서 설법을 계속하며 한순간도 끊기는 때가 없습니다.

불자들이여, 여덟째로 하나하나의 세계해에는 저마다 그 세계의 시간이 있습니다. 긴 시간을 가진 세계가 있는가 하면 짧은 시간을 가진 세계도 있고, 또 헤아릴 수 없이 긴 시간을 가진 세계도 있습니다. 모든 부처님은 무량한 방편과 원력에 의하여 이들 모든 시간 속에 자유자재하게 출입합니다.

아홉째로 모든 세계해에는 여러 가지 변화가 있습니다. 세계해는 자연의 움직임에 따라 세상에 나타나고 이윽고 소멸합니다. 또 세계해는 번뇌를 가진 중생이 살고 있기 때문에 번뇌에 의하여 변화합니다. 또 지혜를 갖춘 보살이 살고 있기 때문에 청정함과 오염에 의해서도 변화합니다. 또 무수한 중생이 깨달음에 대한 마음을 일으키기 때문에 오직 청정함에 의하여 움직이고 있습니다. 또 모든 보살이 구름과 같이 모여 있기 때문에 헤아릴 수 없는 대장엄(大莊嚴)에 의해서 변화합니다. 또 세계 해는 여래의 신통력이 작용하고 있기 때문에 모든 것은 남김없 이 청정한 모습 그대로 변화합니다. 이와 같이 시방의 모든 국 토는 업력에 따라 변화하는 것입니다.

불자들이여, 열째로 모든 세계해에는 차별이 없습니다. 낱낱 의 세계해 속에는 수많은 세계해가 있지만 거기에는 어떠한 차 별도 없습니다. 또 낱낱의 세계해에는 여러 부처님이 계시지만 그 위력에는 차별이 없습니다. 그 이유는 여러 부처님의 광명 이 남김없이 골고루 비추기 때문이며, 부처님의 음성이 널리 울려 퍼지기 때문입니다.

또 낱낱의 세계해 속에는 낱낱의 작은 티끌까지도 삼세의 모 든 부처님의 광대한 세계를 나타내고 있으며 거기에는 어떠한 차별도 없습니다. 또 낱낱의 작은 티끌 속에도 헤아릴 수 없는 많은 부처님이 계시고, 중생의 마음에 따라 나타나셔서 모든 국토해(國土海)에 충만하고 있습니다. 이와 같은 방편에는 차별 이 없습니다."

보현보살은 끝으로 보장엄(普莊嚴)이라고 하는 소년의 보리 심(菩提心)에 대해 설하였다.

"오랜 옛날 보장엄이라고 하는 소년이 있었습니다. 소년은 부처님의 한없는 덕을 받들어 갖가지 삼매를 얻었습니다. 그때 소년은 부처님을 찬탄하면서 이렇게 말하였습니다.

'부처님은 도량에 앉아 계시며 청정한 대광명을 발하셨다. 그것은 흡사 천 개의 태양이 일시에 나와서 허공을 비추는 것과 같았다. 천만억 겁(劫)을 지나도 만나기 어려운 부처님이 이제 사바세계에 출현하셨다. 모든 사람들은 부처님을 친견할 수가 있으며 모든 사람들이 부처님을 공경하고 있다.'

그때 부처님은 일체 중생을 교화하기 위하여 대중해(大衆海) 안에서 경을 설하였습니다. 소년은 이 경을 다 듣고 나서 여러 가지 삼매를 얻었습니다. 그것은 숙세(宿世)의 인연에 의한 것입니다. 소년은 기쁜 나머지 다음과 같이 말하였습니다.

'나는 최고의 진리에 대한 가르침을 듣고 지혜의 눈이 열려 모든 부처님께서 닦으신 공덕의 바다를 볼 수가 있다. 나는 생사의 바다 속에서 자기를 버리고 오직 보살행을 닦아 불국토를 장엄하였다. 귀를 버리고, 코를 버리고, 눈과 머리와 손발까지도, 그리고 궁전도, 왕의 자리도, 모두 버리고서 나라를 청정하게 하는 보살행만을 닦았다. 나는 부처님의 지혜의 빛에 의지하여 부처님의 행하심을 모두 볼 수가 있다. 불국토에는 최고의 깨달음을 완성한 기쁨이 충만하다. 나는 부처님의 위신력을 받아 또 새로운 깨달음의 길로 나아가리라.'

소년이 이와 같이 말했을 때, 헤아릴 수 없이 많은 중생이 모두 위없는 보리심을 일으켰습니다.

그때 부처님께서는 소년에게 다음과 같이 말씀하셨습니다.

'착하고 착하도다. 소년이여, 그대는 큰 용기로써 깨달음을 구하였다. 그대는 수많은 중생의 의지할 바가 될 것이다. 또 장차 부처님의 다함없는 활동의 세계에 들어갈 수가 있을 것이다. 게으른 자는 깊은 방편의 바다를 깨달을 수가 없나니 정진의 힘이 완성됨으로써 부처님의 세계는 청정하게 되는 것이다.'"

제3장 보살명난품(菩薩明難品)
─ 연기의 가르침 ─

문수보살은 첫 번째로 각수(覺首)보살에게 물었다.

"불자여, 마음의 본성은 하나임에도 불구하고 어찌하여 이 세상은 여러 가지 차별이 있습니까? 행복한 사람이 있는가 하면 불행한 사람이 있고, 사지가 완전한 사람이 있는가 하면 불구자도 있으며, 용모가 단정한 사람이 있는가 하면 보기 싫은 사람도 있습니다. 괴로워하는 사람이 있는가 하면 즐거워하는 사람도 있습니다.

또 자신의 세계를 반성하여 보면 업(業)은 마음을 알 수 없고 마음은 업을 알지 못합니다. 감각은 그 결과를 알 수 없으며 결과는 감각을 알지 못합니다. 마음은 감각을 알지 못하며 감각은 마음을 알지 못합니다. 인(因)은 연(緣)을 알지 못하며, 연은 인을 알지 못합니다."

이에 대하여 각수보살은 다음과 같이 대답하였다.

"중생을 교화하기 위하여 그대는 이 문제를 잘 질문해 주었습니다. 나는 세계가 있는 그대로의 모습을 설하고자 합니다. 잘 들으십시오. 모든 것은 자성(自性)을 갖지 않습니다. 그것이 무엇인가 묻는다 하여도 체득할 수가 없습니다. 따라서 어떠한 것이라도 서로 알고 있지 않습니다. 예를 들면, 냇물은 흐르고 흘러서 끝이 없으나 그 물 한 방울, 한 방울은 서로 알 수 없는 것과 같이 모든 것도 그러합니다.

또 큰불은 타올라 잠시도 쉬지 않지만 그 속에 있는 불꽃들은 서로 알지 못합니다. 그와 같이 모든 것은 서로 알지 못하는 것입니다. 눈과 귀와 혀와 몸과 마음 등은 괴로움을 받고 있다고 느끼고 있으나 실제로는 아무런 괴로움도 받고 있지 않습니다.

또 사물 그 자체는 항상 조금도 움직이지 않고 있으나 나타나고 있는 쪽에서 보면 항상 움직이고 있는 것입니다. 그러나 실제로 나타나고 있다고 하는 것에도 아무런 자성은 없습니다.

또 바르게 사유하고 있는 그대로 관찰하면 모든 것에 자성이 없는 것을 알 수 있습니다. 이와 같은 마음의 눈은 청정하고 불가사의합니다. 그러므로 허망이라고도 말하고, 또 허망이 아니라고도 말하며, 진실이라고도 말하며 진실이 아니라고도 말하는 것 등은 모두가 꾸며진 말에 불과한 것입니다."

문수보살은 두 번째로 재수(財首)보살에게 물었다.

"불자여, 여래가 중생을 교화하는 경우, 어떠한 까닭으로 해서 여래는 중생의 시간·수명·일체의 행위·견해 등에 따라서 교화하는 것입니까?"

그때 재수보살이 다음과 같이 답하였다.

"지혜가 밝은 사람은 항상 적멸의 행을 바라고 있습니다. 나는 있는 그대로를 그대에게 말하고자 합니다.

자신의 신체를 안으로 관찰하여 보면, 도대체 나의 몸에는 어떤 실체가 있는 것인가. 이와 같이 정확하게 관찰하는 사람은 자아(自我)가 있고 없음을 알 수가 있습니다. 이와 같이 신체의 모든 부분을 관찰하여 보면, 어디에도 자아는 존재하지 않습니다. 이와 같이 신체의 상태를 깨닫고 있는 사람은 마음의 어디에도 집착하지 않습니다.

이와 같이 신체가 있는 그대로의 상태를 깨닫고, 모든 것으로부터 공(空)1)을 깨달은 자는 모든 것이 허망함을 알아 다시는 그 마음에 집착하지 않습니다.

이와 같이 신체와 정신이 서로 관계하고 있고, 관련을 가지면서 활동하고 있는 모양은 흡사 타오르고 있는 불의 바퀴와 같아서 어느 것이 앞이고 어느 것이 뒤인지 식별할 수가 없습니다.

또 인연에 의하여 일어나는 업은 비유컨대 꿈과 같은 것이며

• • • • • • • • •

1) 공(空)__연기(緣起)의 이법(理法), 즉 불교가 설하는 존재의 법칙은 무자성(無自性), 불생불멸(不生不滅), 불상부단(不常不斷)이므로 실체적인 자성은 존재하지 않는다는 불교의 중심 교리. 우리는 보통 공(空)을 무(無), 허무(虛無), 텅 빈 허공 등 존재의 덧없음을 표명하는 용어로 쓰고 있지만 어원적으로 공을 가리키는 범어 순야(śūnya)란 '증가한다, 확장한다'를 의미하는 어원 스비(svi)에서 파생된 단어이다. 따라서 공은 허무가 아니라 모든 현상이 연기적(緣起的)인 관계에서 끊임없이 운동·변화하는 존재의 역동적인 실상을 의미한다.

따라서 그 결과 또한 모두가 적멸한 것입니다. 또 모든 세상의 일은 다만 마음을 중심으로 하여 움직이고 있습니다. 그러므로 자기의 기호에 의하여 판단을 내리는 자는 그 견해가 잘못되어 있다고 해도 좋습니다.

또 생멸(生滅)하고 유전(流轉)하는 일체의 세계는 모두가 인연으로부터 일어나고 순간순간마다 소멸하고 있습니다. 지혜 있는 자는 존재하는 모든 것은 무상하며, 빠르게 변해가며 공(空)하고 진실한 자기〔自我〕는 없다고 관찰하여 집착하는 마음을 떠납니다."

문수보살은 세 번째로 보수(寶首)보살에게 물었다.

"불자여, 중생의 몸은 모두가 흙·물·불·바람〔地水火風〕의 네 가지 원소로 이루어져 있습니다. 따라서 그 안에 진정한 나〔自我〕라고 하는 실체는 없습니다.

또 모든 사물의 본성은 선(善)도 아니고 악(惡)도 아닙니다. 그럼에도 불구하고 어떠한 까닭으로 중생에게는 괴로움과 즐거움이 있고 선과 악이 있으며, 모습이 단정한 자와 추악한 자가 있습니까?"

그때 보수보살은 다음과 같이 답하였다.

"저마다 행하는 업에 따라서 과보를 받고 있는 것이며, 그 행하는 실체는 존재하지 않습니다. 이것이 모든 부처님께서 설하신 가르침입니다. 예를 들면 밝은 거울에 비치고 있는 영상이 여러 가지이듯이 업의 본성도 그와 같습니다. 혹은 식물의 종자는 서로 알지 못하는 사이에 싹을 내는 것과 같이, 업의 본성도 또한 그와 같습니다. 또 많은 새들이 저마다 다른 소리를

내는 것과 같이 업의 본성도 또한 그와 같습니다. 또 지옥에서
받는 괴로움은 밖에서 별도로 오는 것이 아닌 것과 같이 업의
본성도 또한 그와 같습니다."

문수보살은 네 번째로 덕수(德首)보살에게 물었다.

"불자여, 부처님께서 깨달은 진리는 다만 하나입니다. 그럼
에도 불구하고 어떠한 까닭으로 부처님은 무량한 법(法)을 설
하고 무량한 소리를 내며, 무량한 몸을 나타내는 것입니까? 또
초인적인 힘에 의하여 나타나는 여러 가지 이변(異變)을 무량
하게 보여서 무량한 중생을 교화하는 것입니까? 더욱이 법성
(法性) 안에서 이와 같은 차별을 구한다면 얻을 수 없는 것이
아닙니까?"

그때 덕수보살은 다음과 같이 답하였다.

"불자여, 그대의 질문은 실로 의미가 깊습니다. 지혜 있는 사
람이 이것을 깨닫는다면 항상 부처님의 공덕을 구할 수 있을
것입니다. 예를 들면, 대지(大地)의 본성은 하나이면서도 모든
중생을 저마다 안주시키고 있고, 그러면서도 대지 자신은 아무
런 분별도 하지 않습니다. 모든 부처님의 법도 또한 이와 같습
니다.

또 불〔火〕의 본성은 하나이면서도 모든 것을 태워 없애지만
불 자신에게는 아무런 분별도 없는 것과 같이 모든 부처님의
법도 또한 그와 같습니다.

또 큰 바다에는 무수한 강물이 흘러 들어가고 있지만 그 맛
에 있어서는 조금도 변함이 없는 것과 같이 모든 부처님의 법
도 또한 그와 같습니다.

또 바람의 본성은 하나이면서도 일체의 것을 날려 보냅니다. 그러나 바람 그 자체에는 아무런 변함이 없는 것과 같이 모든 부처님의 법도 또한 그와 같습니다.

또 태양은 시방의 모든 것을 비추지만 그 빛에 차별은 없습니다. 이와 같이 모든 부처님의 법 또한 차별이 없습니다.

또 하늘의 밝은 달은 모든 사람이 똑같이 우러러봅니다. 하지만 달은 어느 한 사람에게 마음을 두지 않는 것과 같이 모든 부처님의 법도 또한 그러합니다."

문수보살은 다섯 번째로 목수(目首)보살에게 물었다.

"불자여, 여래의 복전(福田)2)은 하나인데 어찌하여 중생이 받는 과보는 각기 다릅니까? 중생에게는 모습이 아름다운 자도 있고 추한 자도 있으며, 귀한 자도 있고, 천한 자도 있고, 부자도 있고, 가난한 자도 있고, 지혜가 많은 자가 있는가 하면 적은 자도 있습니다. 그러나 여래는 평등하여 친하고 친하지 않음의 분별이 없습니다. 어째서입니까?"

그때 목수보살은 다음과 같이 답하였다.

"예를 들면, 대지는 하나입니다. 친하고 친하지 않음이 없습니다. 그러나 여러 가지 식물의 싹을 트게 하는 것과 같이 복전

2) 복전(福田)__범어 puṇya-kṣetra의 역어. 선행의 씨앗을 뿌려서 반드시 복을 받는 터전, 복덕을 낳는 밭. 부처님이나 승가와 같은 존경의 대상은 경전(敬田), 스승과 부모와 같이 그 은혜를 갚지 않으면 안 되는 존재를 은전(恩田), 병자·빈자와 같이 자비로운 구제가 필요한 대상을 비전(悲田)이라고 한다. 이 모두를 합하여 팔복전이라고 한다. 즉 불법승(佛法僧) 3보, 부모, 사승, 빈궁인, 병자, 축생.

도 또한 그와 같습니다.

또 같은 물이지만 그릇에 따라서 그 모양이 달라지는 것과 같이 모든 부처님의 복전도 중생에 의하여 달라집니다. 또 변재천(辯才天)3)이 사람을 즐겁게 하는 것과 같이 모든 부처님의 복전도 또한 중생을 즐겁게 합니다. 또 밝은 거울이 여러 가지 영상을 비추는 것과 같이 모든 부처님의 복전도 온갖 중생을 기릅니다. 또 태양이 떠오를 때, 모든 어둠이 사라지는 것과 같이 모든 부처님의 복전도 시방세계를 남김없이 비춥니다."

문수보살은 여섯 번째로 진수(進首)보살에게 물었다.

"불자여, 부처님의 가르침은 하나이면서도 가르침을 들은 중생은 어찌하여 똑같이 번뇌를 끊을 수가 없습니까?"

그때 진수보살은 다음과 같이 대답하였다.

"불자여, 잘 들으시오. 나는 진실한 가르침을 설하고자 합니다. 중생에게는 신속하게 해탈하는 자가 있는가 하면 그렇지 못한 자도 있습니다. 만약 미혹을 없애고 해탈에 도달하고자 생각한다면 항상 마음을 굳게 갖고 커다란 정진을 일으켜야 합니다. 예를 들면, 젖은 나무에는 불이 잘 피지 못하는 것과 같이 불법 안에서 게으른 자 또한 그와 같습니다. 한편, 불을 피울 때에도 자주자주 쉬게 되면 불길은 약해지고 이윽고는 꺼져버립니다. 게으른 자도 이와 같습니다. 결국, 게으른 자가

. . . .

3) 변재천(辯才天)＿범어 Sārasvati의 역어. 묘음천(妙音天), 대변공덕천(大辯功德天)이라고도 한다. 노래, 음악을 맡은 여신으로서 걸림 없는 재능으로 불교를 전하고 중생의 수명을 늘리며 재산을 가져다준다고 한다.

불법을 구한다고 하는 것은 눈을 감고 빛을 보고자 하는 것과 같습니다."

문수보살은 일곱 번째로 법수(法首)보살에게 물었다.

"불자여, 중생 가운데는 불법을 듣기만 해서는 번뇌를 끊을 수 없는 자가 있습니다. 불법을 들으면서도 탐욕을 일으키고 성내는 마음을 일으키며, 어리석은 생각을 갖고 있는 것은 어떠한 까닭입니까?"

그때 법수보살은 다음과 같이 대답하였다.

"불자여, 다만 듣기만 하여서는 불법을 체득할 수가 없습니다. 이것이 구도의 진실한 모습인 것입니다. 예를 들면, 아무리 맛있는 음식이 많이 있다 해도 입으로 먹지 않으면 굶어 죽는 것과 같이 다만 듣기만 하는 자도 또한 그와 같습니다. 또 온갖 약을 알고 있는 훌륭한 의사일지라도 스스로의 병은 고치지 못하는 것과 같이 다만 듣기만 하는 자도 또한 그와 같습니다. 또 가난한 사람이 낮과 밤을 가리지 않고 남의 보물을 세어도 스스로는 반 푼조차도 갖지 못하는 것과 같이 다만 듣기만 하는 자도 그와 같습니다. 또 장님이 그림을 그려서 남에게 보여 준다 해도 스스로는 볼 수 없는 것과 같이 다만 듣기만 하는 자도 그와 같습니다. 또 물속에 떠다니면서도 물을 마시지 못하고 드디어는 목말라 죽는 사람이 있는 것과 같이 다만 듣기만 하는 자도 또한 그와 같습니다."

문수보살은 여덟 번째로 지수(智首)보살에게 물었다.

"불자여, 불법 중에서는 지혜를 제일로 삼는데 부처님께서는 어떠한 까닭으로 네 가지 한량없는 마음〔四無量心〕4)을 찬탄하는 것입니까? 이러한 법은 최고의 깨달음을 얻을 수 있는 것입니까?"

그때 지수보살은 다음과 같이 대답하였다.

"불자여, 잘 들으십시오. 과거·현재·미래의 부처님은 다만 한 법으로는 위없는 최고의 깨달음을 완성할 수가 없습니다. 다시 말하면 여래는 중생의 성질을 잘 알아서 그때마다 적절한 법을 설하고 있습니다. 탐욕하는 중생에게는 보시(布施)를 가르치고, 바른 생활을 하지 않는 중생에게는 지계(持戒)를 가르치며, 화를 잘 내는 중생에게는 인욕(忍辱)을 가르치고, 게으른 중생에게는 정진(精進)을 가르치며, 마음이 혼란하기 쉬운 중생에게는 선정(禪定)을 가르치고, 어리석은 중생에게는 지혜를 가르치며, 사랑이 없는 중생에게는 자애(慈愛)를 가르치고, 사람을 상해(傷害)하는 중생에게는 자비를 가르치며, 마음이 괴로운 중생에게는 기쁨을 가르치고, 애욕이 강한 중생에게는 버리는 마음[捨]을 가르칩니다.

이와 같이 실천을 계속해 간다면 이윽고는 모든 진리를 깨닫게 될 것입니다."

．．．．．．．．．

4) 네 가지 한량없는 마음[四無量心]＿불교 수행자가 지녀야 할 네 가지 영원한 마음가짐.
　① 자무량심(慈無量心) : 일체 중생의 고통을 덜어 주는 영원한 자애심.
　② 비무량심(悲無量心) : 멀고 가까움을 차별하지 않고 평등하게 사랑하는 마음.
　③ 희무량심(喜無量心) : 일체 중생과 함께 기쁨을 나누는 마음.
　④ 사무량심(捨無量心) : 모든 것에 집착하지 않는 영원한 마음.

　문수보살은 아홉 번째로 현수(賢首)보살에게 물었다.

　"불자여, 모든 부처님은 다만 일승(一乘)에 의하여 생사를 초월하고 있습니다. 그럼에도 불구하고 일체의 모든 불국토(佛國土)를 관찰하여 보면 사정이 각각 다릅니다. 즉 세계·중생·설법(說法)·초월(超越)·수명(壽命)·광명(光明)·신력(神力) 등 모든 조건이 같지 않습니다. 그렇다면 모두 불법을 갖추지 않고서는 최고의 깨달음을 완성할 수 없는 것이 아닙니까?"

　그때 현수보살은 다음과 같이 대답하였다.

　"문수보살이여! 불법은 변하지 않는 가르침입니다. 오직 한 법〔一法〕일 뿐입니다. 모든 부처님은 한 길〔一道〕에 의하여 생사를 초월하고 있습니다. 모든 부처님의 몸은 다만 하나의 법신(法身)이며, 또 그 마음이나 지혜도 일심(一心)이며, 하나의 지혜입니다. 그러나 중생이 최고의 깨달음을 구하는 방법에 따라서 설법과 교화도 달라집니다. 또 모든 부처님의 국토는 평등하게 장엄되어 있지만, 중생들이 쌓아온 업〔宿業〕은 각기 다르기 때문에 눈에 비치는 것도 같지 않습니다. 부처님의 힘은 자유자재하기 때문에 중생의 숙업이나 과보에 따라서 진실한 세계를 나타내는 것입니다."

　열 번째로 모든 보살들은 문수보살을 향하여 물었다.

　"불자여, 우리들이 알고 있는 것을 저마다 설하였습니다. 아무쪼록 다음에는 그대가 그 깊은 지혜에 의하여 부처님의 경계를 설하여 주십시오. 부처님의 세계라고 하는 것은 어떤 것이며, 또 그 원인은 어떤 것이며, 어떻게 하면 거기에 들어갈 수 있습니까? 또 어떻게 하면 그 세계를 알 수 있는지 가르쳐 주십시오."

그때 문수보살은 다음과 같이 대답하였다.

"여래의 깊은 세계는 흡사 허공과 같이 광대합니다. 설사 중생이 거기에 들어간다 해도 진실로는 들어가지 못하는 것과 같습니다. 세계의 원인은 오직 부처님만이 알고 있으며, 가령 부처님이 헤아릴 수 없는 오랜 세월을 설법하신다고 해도 그 모든 것을 다 설할 수는 없을 것입니다. 부처님께서 중생을 해탈시키고자 할 때에는 중생의 마음이나 지혜에 따라서 불법을 설하십니다. 그리고 아무리 설하여도 불법은 다하지 않습니다.

이와 같이 부처님은 중생의 능력에 따라서 자유자재하게 설하여 무수한 중생의 세계에 들어가시지만 부처님의 지혜는 항상 맑고 고요합니다. 이것은 오직 부처님만의 세계인 것입니다. 부처님의 지혜는 과거·현재·미래에 걸림이 없으며 그 세계는 마치 허공과 같습니다. 부처님의 세계는 업(業)도 아니고 번뇌도 아니며 적멸(寂滅)도 아닙니다. 또 의지할 곳도 없습니다. 그러나 평등하게 중생의 세계에서 활동하고 있습니다. 일체 중생의 마음은 과거·현재·미래 안에 있고 부처님은 단 한 생각〔一念〕만으로 중생의 마음을 낱낱이 분명하게 압니다."

문수보살이 이와 같이 설했을 때, 부처님의 신통력에 의하여 이 사바세계에 있는 모든 중생의 숙업과 신체·능력·지계(持戒) 등의 각기 다른 상태가 나타났다. 이와 마찬가지로 시방의 무량 무수한 세계에 있는 중생의 차별도 분명하게 나타났다.

제4장 정행품(淨行品)

— 청정한 믿음의 실천 —

그때 지수(智首)보살이 문수보살을 향하여 말하였다.

"불자여, 보살이 어떻게 하면 청정해지며, 사물〔法〕의 영향을 받지 않는 청정한 몸과 말과 뜻의 3업(三業)[1])을 얻을 수 있습니까? 또 보살이 어떻게 하면 지혜를 완성하고 두려움을 모르는 믿음을 가져 구도의 결의를 굳게 할 수가 있습니까?

또 보살의 가장 뛰어난 지혜와 불가사의(不可思議), 불가칭(不可稱), 불가설(不可說)의 지혜라고 하는 것은 어떠한 것입니까? 보살이 어떻게 하면 방편의 힘과 선정(禪定)의 힘을 갖출 수 있습니까? 보살이 어떻게 하면 연기의 이법(理法)을 깨닫고, 또 공의 삼매〔空三昧〕와 모양이 없는 삼매〔無相三昧〕를 행할 수가 있습니까? 보살이 어떻게 하면 지혜를 완전하게 하는 여

---

1) 3업(三業)__몸과 말과 생각으로 짓는 세 가지 업. 신(身)·구(口)·의(意) 3업이라고 한다.

섯 가지 수행[六波羅蜜]2)과 모든 중생에게 은혜를 베풀고자 하는 네 가지의 한량없는 마음[四無量心]을 성취할 수 있습니까?

또 보살이 어떻게 하면 모든 천왕(天王), 용왕(龍王), 귀신왕(鬼神王), 범천왕(梵天王) 등의 수호를 받고, 또 공경을 받을 수 있게 됩니까? 보살이 어떻게 하면 중생을 위한 안락한 집이 되고 구호하는 손이 되며, 등불이 되고 교화하는 손이 될 수 있습니까? 보살이 어떻게 하면 일체 중생의 안에서 비교가 되지 않을 만큼 뛰어난 자가 될 수 있습니까?"

그때 문수보살이 지수보살에게 대답하였다.

"불자여, 그대의 물음은 매우 훌륭합니다. 중생을 사랑하고 중생에게 은혜를 베풀기 위하여 그대는 매우 훌륭한 질문을 하였습니다.

불자여, 만약 보살이 청정하여 사물의 영향을 받지 않는 몸[身]과 말[口]과 뜻[意]의 3업(三業)을 성취하면 보살은 뛰어난 덕을 얻을 것입니다.

• • • • • • • • •

2) 여섯 가지 수행[六波羅蜜]＿대승불교의 수행자 즉, 보살이 실천하는 여섯 가지 수행덕목. 바라밀은 범어 pāramitā의 음역으로서 '저 언덕으로 건너간다(度彼岸)'라고 번역한다. 6바라밀은 다음과 같다.
　①보시(布施)바라밀 : 공(空)의 이법(理法)을 체득하여 일체 중생에게 헌신하는 수행.
　②지계(持戒)바라밀 : 불교 윤리의 실천.
　③인욕(忍辱)바라밀 : 참고 용서하는 마음의 수행.
　④정진(精進)바라밀 : 굳은 신심과 끊임없는 노력.
　⑤선정(禪定)바라밀 : 선(禪)으로의 길.
　⑥반야(般若)바라밀 : 지혜의 완성.

그때 보살은 부처님의 바른 가르침과 마음이 일치할 것이며, 부처님께서 가르친 최고의 깨달음을 스스로 나타낼 수 있으며 중생을 버리지 않고, 분명하게 모든 사물의 실상(實相)에 도달하여 모든 악을 없애고 모든 선을 갖추어, 일체의 모든 사물에 자유자재하게 될 것입니다.

불자여, 보살이 청정하여 사물의 영향을 받지 않는 몸과 말과 뜻의 3업을 성취하여 모든 것에 뛰어난 덕을 얻는다고 하는 것이 무슨 뜻인가 하면 다음과 같습니다.

보살은 마땅히 이렇게 원을 세워야 합니다. 즉 보살이 집에 있을 때에는 집에서의 온갖 고난을 버리고 인연이 공(空)함을 체득해야 합니다. 부모를 섬길 때에는 양친께서 깊은 안심을 얻을 수 있게 해야 합니다. 처자와 권속이 모였을 때는 원수든 원수가 아니든 모두 평등하게 대해야 하며, 애욕의 탐착으로부터 떠나야 합니다.

다섯 가지 욕망[五欲]을 만났을 때에도 탐욕과 미혹을 버리고 덕이 갖추어지도록 해야 합니다. 음악이나 춤을 감상할 때는 최고의 진리에 접한 기쁨을 얻어 모든 것은 환상과 같은 것이라고 깨달아야 합니다. 침실에 있을 때에는 애욕을 떠나서 맑은 경지에 나아가야 합니다. 아름다운 옷을 입을 때에는 거기에 집착하는 마음을 버리고 진실한 세계에 이르도록 해야 합니다. 높은 곳에 올랐을 때에는 불법의 높은 곳에 오른다고 하는 생각으로 모든 것을 보아야 합니다.

타인에게 보시할 때에는 모든 집착을 버리고 밝은 마음으로 보시를 하고, 법회에 참석하였을 때에는 깨달음을 성취하며,

모든 부처님의 법회가 되도록 노력해야 합니다. 재난(災難)을 만났을 때는 자유자재하게 마음을 작용하여 그 재난이 마음에 장애가 되지 않도록 해야 합니다. 보살이 신심을 일으켜 집을 버릴 때에는 일체의 세상일을 버리고 집착하지 않아야 합니다.

또 승방(僧房)에 있을 때에는 모든 출가자가 서로 화합하여 마음에 거리가 없어야 합니다. 출가할 때에는 일단 얻은 공덕을 다시는 잃지 않는 경지〔不退轉地〕를 목표로 하여 마음에 장애가 없도록 해야 합니다. 속복(俗服)을 버릴 때에는 오로지 부처님의 가르침을 찾아 덕을 닦되 게으르지 않아야 합니다. 삭발할 때에는 번뇌도 함께 깎아 버리고 깨달음의 세계에 도달하도록 노력해야 합니다.

승복을 입을 때에는 탐욕과 성냄과 어리석음의 삼독(三毒)을 떠나 부처님의 가르침에 젖는 기쁨을 얻도록 해야 합니다. 출가하였을 때에는 부처님과 같이 집을 나와 모든 중생을 교화하는 일에 정진해야 합니다.

스스로 부처님께 귀의하였을 때에는 진실한 길을 체득하여 최고의 깨달음을 향한 마음을 일으켜야 합니다. 스스로 부처님의 가르침에 귀의하였을 때에는 깊이 부처님의 경전을 배워서 큰 바다와 같은 지혜를 얻어야 합니다. 스스로 부처님과 부처님의 가르침을 믿고 받들어 행하는 승단(僧團)에 귀의하였을 때에는 모든 대중을 받들어 화합하게 하여야 합니다.

몸을 바로 하여 단정하게 앉을 때에는 어떠한 망상에도 걸리지 않도록 해야 합니다. 결가부좌하고 앉았을 때에는 진리를 구하는 마음을 굳게 하여 흔들리지 않는 깨달음의 경지를 얻어야 합니다. 마음을 조용하게 통일한 상태〔三昧〕에 들었을 때에는 그것을 철저히 하여 무심한 경지〔禪定〕에 이르도록 해야 합니다.

모든 사물을 관찰할 때에는 있는 그대로의 진실한 모습을 보되 장애나 거리가 있어서는 안 됩니다. 의복을 입을 때에는 모든 공덕을 입는다는 생각으로 항상 참회하여야 합니다. 옷을 입고 허리띠를 두를 적에도 부처님의 가르침에 정진하는 마음을 새롭게 하여야 합니다.

손에 양치질하는 도구를 들었을 때에는 마음에 부처님의 가르침을 얻었으니 자연히 청정하게 되어야 합니다. 대소변을 볼 때에는 모든 더러움을 없애고 탐욕과 성냄과 어리석음의 삼독(三毒)을 버려야 합니다. 물로 손을 씻을 때에는 그 깨끗한 손으로 부처님의 가르침을 받아야 합니다. 입을 열어 말할 때에는 청정한 가르침을 향하여 해탈을 완성하여야 합니다.

길을 갈 때에는 청정한 진리의 세계를 밟고 나아가 마음의 장애인 번뇌를 없애야 합니다. 올라가는 길을 보고 있을 때에는 드높은 경지에 올라가 3계(三界)³⁾를 초월하기 위해 노력해야 합니다. 내려가는 길을 보았을 때에는 부처님의 법 저 깊숙

⋯⋯⋯⋯⋯

3) 3계(三界)＿중생들이 살아가는 세계를 그 특성에 따라 욕계(欲界), 색계(色界), 무색계(無色界)로 나눈 것. 욕계는 정욕과 식욕을 가진 중생들의 세계. 색계는 앞의 두 가지 욕망은 떠났으나 아직 형상의 제약을 받는 중생들의 세계. 무색계는 욕망이나 형상의 제약을 받지 않는 중생들의 세계.

이 내려가도록 노력해야 합니다. 험한 길을 보고서는 인생의
악도(惡道)를 버리고 사견(邪見)으로부터 떠나야 합니다. 바른
길을 보았을 때에는 마음을 정직하게 하고 거짓이 없어야 합
니다.

커다란 나무를 보았을 때에는 다투는 마음을 버리고 분노나
원한으로부터 떠나야 합니다. 높은 산을 보고서는 위없는 깨달
음을 향하여 불법의 뿌리를 찾아보아야 합니다. 가시밭을 보았
을 때에는 삼독의 가시를 빼어 버리고 상처 입은 마음을 없애
야 합니다. 부드러운 과일을 보았을 때에는 불도(佛道)의 큰 실
천을 일으켜 위없는 결과를 거두도록 하여야 합니다.

흐르는 물을 보았을 때에는 정법(正法)의 흐름을 타고 부처
님 나라의 대해(大海)에 나가도록 하여야 합니다. 우물을 보았
을 때에는 다함없는 가르침[法水]을 마시고, 위없는 덕을 갈무
리하여야 합니다. 골짜기에 흐르는 물을 보고서는 먼지와 때를
씻고 맑은 마음이 되도록 하여야 합니다. 다리를 보았을 때는
불법의 다리를 만들어 쉼 없이 사람들을 깨달음의 저 언덕[彼
岸]으로 건너갈 수 있도록 이끌어 주어야 합니다.

즐거운 사람을 보았을 때는 청정한 가르침을 원하고 부처님
의 가르침에 따라 스스로 기뻐해야 합니다. 또 굶주린 자를 보
았을 때에는 미혹을 떠나는 마음을 일으키고, 괴로워하는 사람
을 보았을 때에는 모든 괴로움을 없애 주는 부처님의 지혜를
얻어야 하며, 건강한 사람을 보았을 때에는 금강(金剛)과 같이
부서지지 않는 법신(法身)에 이르고, 병든 사람을 보았을 때에
는 몸이 본래 공(空)한 것임을 알아 일체의 괴로움에서 해탈하

여야 합니다.

은혜를 갚는 사람을 보았을 때에는 항상 모든 부처님과 모든 보살의 은덕을 생각하고, 출가한 사람을 보았을 때에는 청정한 불법을 얻어 모든 악을 떠나야 합니다. 고행을 하는 사람을 보았을 때에는 몸과 마음을 굳게 갖고 불도에 정진하여야 합니다.

밥을 얻었을 때는 밥을 먹고 얻은 그 힘으로 부처님의 가르침에 뜻을 두고 정진해야 하며, 밥을 얻지 못하였을 때에도 모든 악행으로부터 벗어나야 합니다.

맛있는 음식을 얻었을 때에는 절도를 지키고 욕심을 줄이고 그에 집착하는 것을 끊어야 합니다. 맛없는 음식을 얻었을 때에는 모든 것은 허공과 같이 무상(無常)하다고 하는 삼매에 사무쳐야 합니다. 음식을 삼킬 때에는 선정(禪定)의 기쁨을 삼킨다는 마음을 갖고, 음식을 먹은 다음에는 공덕이 몸에 충만하여 부처님의 지혜를 완성하도록 해야 합니다.

여래를 보았을 때에는 모두가 부처님 눈을 얻고 여래의 실상을 볼 수 있어야 하며, 여래의 실상을 보았을 때에는 모든 시방을 보더라도 단정하기가 부처님과 같아야 합니다. 저녁에 잠자리에 들었을 때에는 모든 번거로움을 그치고 마음의 혼란을 떠나야 하며 아침에 눈을 떴을 때에는 모든 마음을 기울여 시방을 되돌아보아야 합니다."

제5장 보살십주품(菩薩十住品)

― 보살의 열 가지 수행 ―

그때 법혜보살은 부처님의 신통력을 받아서 보살의 무량한 방편의 삼매에 들었다. 법혜보살이 삼매에 들자, 시방의 무수한 부처님 나라와 그 밖의 무수한 부처님들이 삼매의 힘으로 나타났다. 이 부처님들의 이름은 모두가 법혜(法慧)였다.

그때 모든 부처님은 법혜보살에게 다음과 같이 말씀하였다.

"훌륭하고 훌륭하도다. 선남자여, 그대는 능히 보살의 무량한 방편의 삼매에 들었도다. 선남자여, 그대가 이 삼매에 든 것은 시방의 무수한 부처님이 그대에게 신통력을 주었기 때문이다. 선남자여, 참으로 부처님의 신통력을 받아 오묘한 진리〔法〕를 설하여야 한다."

그때 모든 부처님은 저마다 오른쪽 팔을 뻗쳐 법혜보살의 머리를 어루만졌다. 법혜보살은 삼매로부터 일어나 모든 보살들에게 말하였다.

"모든 불자들이여, 보살의 본성은 광대하고 깊어 흡사 허공과 같습니다. 일체의 보살은 과거·현재·미래의 모든 부처의 본성에서 생긴 것입니다. 모든 불자들이여, 보살의 10주(十住)의 행은 과거·현재·미래의 모든 부처님이 설하신 것입니다.

무엇을 10주(十住)라고 합니까? 초발심주(初發心住), 치지주(治地住), 수행주(修行住), 생귀주(生貴住), 방편구족주(方便具足住), 정심주(正心住), 불퇴주(不退住), 동진주(童眞住), 법왕자주(法王子住), 관정주(灌頂住)입니다. 이것이 보살의 수행이 머무는 열 가지 장소입니다.

모든 불자들이여, 첫째 보살이 머무는 초발심주(初發心住)란 어떤 것입니까? 이 보살은 부처님의 위덕을 잘 드러내는 원만한 상호를 지니신 부처님을 보며, 혹은 부처님의 신통을 보고, 설법을 들으며, 또 일체 중생의 무량한 고통을 보고 깨달음을 구하는 마음을 일으켜 일체지(一切智)를 구하되 결코 퇴보하지 않습니다.

이 보살은 초발심에 의하여 열 가지 힘을 얻습니다. 예를 들면, 도리와 도리가 아닌 것을 분별하는 지혜이며, 업보로 인하여 주어진 생의 번뇌와 청정을 아는 지혜이며, 과거의 생애를 아는 지혜이며, 멀리 떨어져 있는 세계를 볼 수 있는 지혜이며, 모든 번뇌와 그 남은 악업이 없어지는 것을 아는 지혜 등입니다. 모든 불자들이여, 이 보살들은 열 가지 덕목을 배워야 합니다.

모든 불자들이여, 두 번째로 보살이 머무는 치지주(治地住)란 어떤 것입니까?

이 보살은 일체의 중생에 대하여 열 가지 마음을 일으킵니다.

그 열 가지 마음이란 즉, 대비심(大悲心)과 대자심(大慈心), 안락심(安樂心), 안주심(安住心), 연민심(憐愍心), 섭수심(攝受心), 수호심(受護心), 동기심(同己心), 사심(師心), 여래심(如來心)입니다.

모든 불자들이여, 이 보살들은 열 가지 덕목을 익혀야 합니다. 즉, 자주 가르침을 듣기를 원하며, 탐욕을 떠나 삼매를 닦으며, 선지식을 가까이하여야 합니다. 또 그 가르침에 따라서 말할 때에는 적절한 때를 선택하고, 두려워하는 마음을 지니지 않으며, 진리의 깊은 뜻을 깨닫고, 부처님의 가르침에 요달하여 진리 그대로를 행하며, 마음의 어리석음을 떠나 움직이지 않는 마음에 안주하여야 합니다. 왜냐하면, 이와 같이 해야만 일체 중생에 대하여 대자비를 증진하고자 할 수 있기 때문입니다.

모든 불자들이여, 세 번째로 보살이 머무는 수행주(修行住)란 어떤 것입니까?

이 보살은 모든 존재를 관찰하는 열 가지 길을 닦습니다. 즉 모든 존재는 무상(無常)하며, 괴로움이며, 공(空)이며, 영원히 변하지 않는 주체가 없다는[無我] 것과 모든 존재는 즐거워할 것이 아니며, 모이고 흩어지는 일도 없으며, 영원히 변하지 않는 것도 아니며, 모든 사물은 허망하고, 거기에는 견고함이 없다고 관찰합니다.

불자들이여, 이 보살은 다음과 같은 열 가지 덕목을 익혀야 합니다. 즉, 모든 중생의 세계, 진리의 세계, 땅[地]의 세계, 물[水]·불[火]·바람[風]의 세계, 욕망의 세계, 형상이 있는 세계·형상이 없는 세계를 알도록 배워야 합니다. 왜냐하면 이와 같이 하여야만 보살은 모든 사물에 대해서 맑고 밝은 지혜를 증진할 수 있기 때문입니다.

모든 불자들이여, 네 번째로 보살이 머무는 생귀주(生貴住)란 어떤 것입니까?

이 보살은 거룩한 가르침 안에서 태어나 열 가지 부처님의 가르침을 수행합니다. 즉 부처님을 믿고, 진리를 실현하며, 선정(禪定)에 들고, 또 중생과 부처님의 나라와 세계와 모든 업과 과보와 생사의 열반 등을 아는 것입니다.

불자들이여, 이 보살은 열 가지 덕목을 익혀야 합니다. 즉, 과거·현재·미래의 모든 부처님의 가르침을 알아야 하고, 그 가르침을 수행하며, 그 진리를 몸에 갖추고, 일체의 모든 부처님의 평등한 것을 관찰하여야 합니다. 왜냐하면 보살은 과거·현재·미래의 삼세(三世)를 밝게 요달하고 마음의 평등을 얻어야 하기 때문입니다.

불자들이여, 다섯 번째로 보살의 방편구족주(方便具足住)란 어떤 것입니까?

보살은 열 가지 가르침을 듣고 수행해야 합니다. 즉, 보살이 수행하는 공덕으로써 일체 중생을 구호하고, 일체 중생에게 연민하며, 일체 중생의 인격을 완성하고, 일체 중생으로 하여금 모든 재난을 떠나게 하고, 일체 중생을 생사의 고뇌로부터 벗어나게 하며, 일체 중생을 기쁘게 하고, 일체 중생으로 하여금 번뇌를 극복하게 하며 모두가 열반을 얻도록 하여야 하는 것입니다.

불자들이여! 이 보살은 열 가지 덕목을 익혀야 합니다. 즉 중생은 무변하고 무량하며, 무수하고 불가사의하며, 여러 가지 형태를 갖고 있으며, 무상하고 자재하지 못하며, 진실하지 못하며, 의지할 곳이 없고, 자성(自性)이 없다고 하는 것을 익혀야 하는 것입니다. 왜냐하면 보살은 자기의 마음에 집착하지 말아야 하기 때문입니다.

모든 불자들이여, 여섯 번째로 보살의 바른 믿음〔正心住〕이란 어떤 것입니까? 보살은 열 가지 가르침을 듣고 믿음을 결정하여 흔들리지 않는 마음〔決定心〕을 얻습니다. 만약 부처님을 칭찬하거나 비방하는 말을 들어도 마음은 부처님의 가르침 안에 안정되어 있어서 움직이지 않습니다.

진리를 찬탄하거나 비방하는 말을 들어도, 보살을 칭찬하거나 비방하는 말을 들어도, 보살의 행하는 진리를 찬탄하고 비방하는 말을 들어도, 중생의 수는 유한하거나 혹은 무한하다는 말을 들어도, 중생은 더럽혀져 있다든가 혹은 더럽혀져 있지 않다는 말을 들어도, 중생은 구원하기 쉽다, 혹은 구원하기 어렵다고 하는 말을 들어도, 진리의 세계는 유한하다거나 혹은 무한하다고 하는 말을 들어도, 세계는 생성(生成)되어 있거나 혹은 파괴되어 가고 있다고 하여도, 세계는 실재한다거나 혹은 실재하지 않는다고 하여도 마음은 부처님의 가르침 안에 안정되어 있어서 흔들리지 않습니다.

불자들이여, 이 보살은 열 가지 덕목을 익혀야 합니다. 즉, 존재하는 모든 것은 모습이 없는 것이며, 본성이 없고, 수행할 수도 없으며, 실체가 아니며, 진실하지도 않고, 자성도 없으며, 흡사 허공과 같고, 꼭두각시와 같고, 꿈과 같고, 메아리와 같은 것이라고 알아야 하는 것입니다. 왜냐하면, 보살은 일단 얻은 공덕을 다시는 잃지 않는 경지[不退轉]에서 불생불멸하는 절대적인 진리를 깨달은 평온함[無生法忍][1]을 체득하여야 하기 때문입니다. 또 불법은 스스로 이를 듣고 이해할 것이지 결코 타인을 의지하여 깨닫는 일은 하지 말아야 합니다.

불자들이여, 일곱 번째로 깨달음을 확약 받은 보살이 머무는 경지[不退住]는 무엇입니까? 이 보살은 열 가지 일에 대한 이야기를 듣고서도 그 마음이 견고하여 흔들리지 않습니다. 즉, 부처님이 존재한다고 하든 존재하지 않는다고 하든, 진리가 있다고 하든 없다고 하든, 부처님의 가르침 안에 있어서는 결코 물러서는 일이 없습니다.

보살이 있다고 하든 없다고 하든, 보살의 행(行)이 있다고 하든 없다고 하든, 보살의 행이 미혹을 초월한다고 하든 초월하지 않는다고 하든 부처님의 가르침 안에 있어서는 결코 물러서는 일이 없습니다.

과거의 부처님과 미래의 부처님과 현재의 부처님이 각각 있다고 하든 없다고 하든, 최고의 깨달음을 여신 부처님의 지혜가 다함이 있다고 하든, 없다고 하든 부처님의 가르침 안에 있어서는 결코 물러서는 일이 없습니다. 과거·현재·미래의 존재가 동일한 모습이라고 하든 동일한 모습이 아니라고 하든, 부처님의 가르침 안에 있어서는 결코 물러서는 일이 없습니다.

· · · · · · · · ·

1) 무생법인(無生法忍)__일체 제법의 무생무멸(無生無滅)의 도리를 체득하여 분별망상이나 집착을 일으키지 않는 마음.

불자들이여, 이 보살은 열 가지 덕목을 익혀야 합니다. 즉, 하나〔一〕는 많은 것〔多〕이며, 많은 것〔多〕은 하나〔一〕이며, 가르침에 따라서 의미를 알고, 의미에 의하여 가르침을 알며, 비존재(非存在)는 존재이며 존재는 비존재이며, 모습을 갖지 않는 것이 모습이며, 모습이 모습을 갖지 않는 것이며, 본성이 아닌 것이 본성이며, 본성이 본성이 아닌 것임을 알아야 합니다. 왜냐하면 보살은 모든 사물에 있어서 방편을 얻어야 하기 때문입니다.

모든 불자들이여, 여덟 번째로 보살이 머무는 동진주(童眞住)라고 하는 것은 어떤 것입니까?

보살은 열 가지 사물에 있어서 마음을 안정할 수 있습니다. 즉 마음과 말과 행위에 있어서 청정하게 되고, 뜻대로 생을 받으며, 중생의 마음과 바라는 것과 본성과 업을 알고, 세계의 생성과 소멸을 알며, 초인적인 힘은 자유자재하여 장애를 받는 일이 없습니다.

불자들이여, 이 보살은 열 가지 덕목을 익혀야 합니다. 즉 모든 부처님의 나라를 알고, 관찰하고, 진동(震動)하며, 지속하고, 또 모든 부처님의 나라와 그 밖의 모든 세계에 이르러 헤아릴 수 없는 진리를 문답하고, 초인적인 힘에 의하여 온갖 모습을 나타내며, 무량한 음성을 이해하고 한 생각 안에 무수한 모든 부처님을 공경하고 공양하는 것을 익혀야 합니다. 왜냐하면, 보살은 여러 가지 방편에 의하여 모든 법(法)을 완성하여야 하기 때문입니다.

모든 불자들이여, 아홉 번째로 보살이 머무는 법왕자주(法王

子住)란 어떤 것입니까?

　이 보살은 열 가지 사물을 이해하고 있습니다. 중생의 나라들, 모든 번뇌, 그리고 이별의 아쉬움, 헤아릴 수 없는 진리, 방편, 모든 예의와 작법(作法), 모든 세계의 실정, 과거·현재·미래의 시간의 흐름, 세간의 도리와 궁극의 진리 등입니다.

　불자들이여, 이 보살은 열 개의 덕목을 익혀야 합니다. 즉 법왕(法王)이 머무는 곳과 법왕의 작법, 법왕이 있는 곳에 안주하는 것, 법왕이 있는 곳에 절묘하게 들어가는 것, 법왕이 있는 곳을 분별하는 것, 법왕의 진리를 오래도록 지속하는 것, 법왕의 진리를 칭찬하는 것, 법왕이 완전하게 진리를 실현하는 것, 두려워하지 않는 법왕의 진리, 집착을 떠난 법왕의 진리 등을 배워야 합니다. 왜냐하면, 보살은 모든 사물에 있어서 장애를 받지 않는 지혜를 얻어야 하기 때문입니다.

　불자들이여, 열 번째로 보살이 머무는 관정주(灌頂住)란 어떤 것입니까?

　이 보살은 열 가지 지혜를 완성합니다. 즉 헤아릴 수 없는 세계를 진동하고, 비추며, 지속하고, 청정하게 맑히고 또한 그 세계에 들며, 또 헤아릴 수 없는 중생의 마음과 행위와 감관의 작용을 알고 온갖 방편에 의하여 중생으로 하여금 번뇌를 극복하고 깨달음을 얻게 합니다.

　불자들이여, 보살의 실체는 알 수가 없습니다. 즉 그가 선정에 드는 것이나, 초인적인 힘이 자유자재한 것이나, 그의 과거·현재·미래의 지혜와 모든 부처님의 모든 나라를 밝히는 지혜와 그의 마음, 경계 등을 낱낱이 알 수가 없습니다.

불자들이여, 보살은 열 가지 지혜를 익혀야 합니다. 즉 과거·현재·미래의 지혜, 최고의 깨달음을 여는 부처님의 지혜, 진리의 세계는 장애를 받지 않는다고 하는 지혜, 진리의 세계는 무량무변이라고 하는 지혜, 모든 세계를 비추고 지속하며 충실하게 하는 지혜, 모든 중생을 분별하는 지혜, 최고의 깨달음을 여는 무량무변한 부처님의 지혜 등을 익혀야 합니다. 왜냐하면 보살은 모든 종류의 지혜를 가져야 하기 때문입니다."

제6장 법행품(梵行品)

— 청정한 행 —

이때 정념천자(正念天子)가 법혜보살에게 말하였다.

"불자여, 온 세계의 모든 보살들이 여래의 가르침을 의지하여 물든 옷을 입고 출가하였으면, 어떻게 하여야 청정한 범행(梵行, 청정한 행, 깨끗한 행위)[1]을 실천하게 되며 보살의 지위로부터 위없는 보리의 도에 이르게 되는 것입니까?"

법혜보살이 정념천자에게 답하였다.

"불자여, 보살마하살이 범행을 닦을 때에는 마땅히 열 가지 법으로 반연을 삼고 뜻을 내어 관찰하여야 하나니, 이른바 몸과 몸의 업[身業]과 말과 말의 업[語業]과 생각으로 갖는 업[意業]과, 부처님[佛]과 부처님의 가르침[法]과, 부처님의 가르침을 실천하는 승단[僧]과 계율(戒律)입니다.

• • • • • • • • •

1) 범행(梵行)__범어 brahmacariyā의 역어. 번뇌나 욕망의 오염을 초월한 청정한 수행.

그러므로 마땅히 다음과 같이 관찰해야 합니다.

첫째, 만일 몸이 범행이라면 범행은 선하지 않은 것이며, 진실하지 않은 것이며, 탁한 것이며, 냄새나는 것이며, 부정한 것이며, 싫은 것이며, 어기는 것이며, 잡되고 물든 것이며, 송장이며 벌레라고 관찰해야 합니다.

둘째, 만일 몸의 업[身業]이 범행이라면 범행은 곧 가는 것, 머무는 것, 앉는 것, 눕는 것, 왼쪽으로 돌아보는 것, 오른쪽으로 돌아보는 것, 구부리는 것, 펴는 것, 숙이는 것, 우러르는 것이라고 관찰해야 합니다.

셋째, 만일 말이 범행이라면 범행은 곧 음성이며, 말하는 것이며, 혀의 움직임이며, 이와 입술이 서로 어울리는 것이라고 관찰해야 합니다.

넷째, 만일 말의 업[語業]이 범행이라면 범행은 곧 문안(問安)하고, 약설(略說)하고, 광설(廣說)하고, 비유로 말하고, 직설(直說)하고, 칭찬하고, 헐뜯고, 방편으로 말하고, 세속 따라 말하고, 분명하게 말하는 것이라고 관찰해야 합니다.

다섯째, 만일 뜻이 범행이라면 범행은 곧 깨달음이며, 관찰이며, 분별이며, 기억함이며, 생각함이며, 요술이며, 꿈이라고 관찰해야 합니다.

여섯째, 만일 뜻의 업[意業]이 범행이라면 범행은 곧 추위이며, 더위이며, 주림이며, 목마름이며, 괴로움이며, 즐거움이며, 근심이며, 기쁨이라고 관찰해야 합니다.

일곱째, 만일 부처가 범행이라면 색온(色蘊)이 범행인가, 수온(受蘊)이 범행인가, 상온(想蘊)이 범행인가, 행온(行蘊)이 범행인가, 식온(識蘊)이 범행인가, 많은 것이 범행인가, 80종호(八十種好)와 32상(三十二相)[2]이 범행인가, 신통이 범행인가, 과보가 범행인가라고 관찰해야 합니다.

여덟째, 만일 부처님의 법이 범행이라면 적멸이 범행인가, 열반이 범행인가, 생기지 않음이 범행인가, 일어나지 않음이 범행인가, 말할 수 없음이 범행인가, 분별없음이 범행인가, 행할 바 없음이 범행인가, 순종치 않음이 범행인가, 얻을 바 없음이 범행인가라고 관찰해야 합니다.

아홉째, 만일 승(僧)이 범행이라면, 예류과(預流果)[3], 일래과(一來果)[4], 아라한과(阿羅漢果)[5]의 수행이 범행인가, 또 세 가지 지혜[三明]와 여섯 가지 초인적인 능력[六神通][6]을 체득함이

. . . .

2) 80종호(八十種好)와 32상(三十二相)__부처님에게만 갖추어져 있다고 하는 훌륭한 모습. 밖으로 보아서 알 수 있는 32가지의 신체적 특징과 쉽게 알아볼 수 없는 80가지의 신체적 특징을 말함.

3) 예류과(預流果)__범어 srota-āpanna의 역어. 영원한 평화의 흐름에 든 자라는 뜻. 무명을 끊고 처음으로 성자의 계열에 든 자. 소승불교의 성자가 얻는 깨달음의 네 가지 계위 중의 첫 번째.

4) 일래과(一來果)__범어 sakṛdāgāmin의 역어. 한 번 오는 자라는 뜻. 소승불교에서는 깨달음을 이룬 성자는 두 번 다시 생을 받지 않는다고 한다. 그러나 일래과를 이룬 사람은 한 번 더 인간으로 태어나 완전한 깨달음을 이루어야 해탈할 수 있다고 한다. 소승불교의 성자가 얻는 깨달음의 네 가지 계위 중 제2과.

5) 아라한과(阿羅漢果)__아라한은 범어 arhat의 역어. 부처님의 말씀을 전해 듣고 수행하여 해탈에 도달한 소승불교의 성자. 마땅히 존경받고 공양받아야 할 성자라는 의미에서 응공(應供)이라고도 한다. 과는 아라한이 성취한 수행의 결과.

범행인가라고 관찰해야 합니다.

열째, 만일 계율이 범행이라면 계단(戒壇)이 범행인가, 청정한 계율이 범행인가, 계사(戒師)가 주는 계가 범행인가, 머리 깎은 것이 범행인가, 가사 입는 것이 범행인가, 걸식함이 범행인가라고 관찰해야 합니다.

이상과 같이 보살은 열 가지를 관찰해야 합니다.

또한 과거는 이미 멸하였고, 미래는 아직 이르지 못하였으며, 현재는 고요하며 업을 짓는 주체도 없고 과보를 받는 주체도 없으며 이 세상은 이동하지 않고 저 세상은 바뀌지 아니할 것입니다. 이 가운데 어느 법이 범행인가. 범행은 어디로부터 왔으며 누가 행하는 것이고, 자체는 무엇이며 누구로 말미암아 지어졌는가. 이것이 있는 것인지 없는 것인지, 색인지 색이 아닌지, 감각[受]인지 감각이 아닌지, 상(想)인지 상이 아닌지, 행(行)인지 행이 아닌지, 식(識)인지 식이 아닌지 어떻게 알 수 있는가.

· · · · · · · · ·

6) 여섯 가지 초인적인 능력[六神通]__수행의 결과 체득되는 여섯 가지 특이한 능력.
    ① 신족통(神足通) : 어느 장소든지 자유롭게 왕래할 수 있는 능력.
    ② 천이통(天耳通) : 어느 곳의 소리든 자유롭게 들을 수 있는 능력.
    ③ 타심통(他心通) : 타인의 생각을 꿰뚫어 보는 능력.
    ④ 숙명통(宿命通) : 모든 중생의 운명을 아는 능력.
    ⑤ 천안통(天眼通) : 온 누리를 투시하여 아는 능력.
    ⑥ 누진통(漏盡通) : 번뇌를 완전히 소멸시킬 수 있는 능력.
    제 5통까지는 제천신선(諸天神仙)도 얻을 수 있지만 제 6 누진통은 부처님과 같은 완전한 각자(覺者)만 가능하다고 한다.

이렇게 관찰하면 범행이라는 것은 얻을 수 없는 까닭이며, 삼세의 법이 다 공적한 까닭이며, 뜻에 집착이 없는 까닭이며, 마음에 장애가 없는 까닭이며, 행할 바가 둘이 아닌 까닭이며, 방편이 자재한 까닭이며, 모양 없는 법을 받아들이는 까닭이며, 모양 없는 법을 관찰하는 까닭이며, 부처님 법이 평등함을 아는 까닭이며, 온갖 부처님 법을 갖춘 까닭에 이것을 보살의 청정한 범행이라고 이름 합니다.

다시 열 가지 법을 닦아야 하나니 무엇이 열 가지 법입니까?

이른바 옳은 것과 그른 것을 아는 지혜, 지난 세상, 지금 세상, 오는 세상의 업과 과보를 아는 지혜, 모든 선정·해탈·삼매를 아는 지혜, 모든 근기의 뛰어남과 저열함을 아는 지혜, 가지가지 이해를 아는 지혜, 가지가지 경계를 아는 지혜, 온갖 곳에 이르는 길을 아는 지혜, 천안통(天眼通)의 걸림 없는 지혜, 숙명통(宿命通)의 걸림 없는 지혜, 악업으로 인해 남은 습관을 영원히 끊는 지혜이니 여래의 열 가지 힘을 낱낱이 관찰하며 낱낱이 힘써 한량없는 뜻이 있는 것을 마땅히 물어야 합니다. 들은 뒤에는 크게 자비한 마음을 일으키니 중생을 관찰하여 버리지 아니하며, 모든 법을 생각하여 쉬지 아니하며, 위없는 업을 행하고도 과보를 구하지 아니하며, 경계가 환상과 같고, 꿈 같고, 그림자 같고, 메아리 같고, 변화와 같음을 분명히 알아야 할 것입니다.

만일 보살들이 이렇게 관행(觀行)함으로 더불어 응하면 모든 법에 두 가지 이해를 내지 아니하며, 온갖 부처님의 법이 눈앞에 나타날 것이며, 처음 발심할 때에 최고의 깨달음을 구하는

마음을 얻을 것이며, 온갖 법이 곧 마음의 성품임을 알 것이
며, 지혜의 몸을 성취하되 남에게 의지하여 깨닫지 아니할 것
입니다."

제7장 초발심공덕품(初發心功德品)
― 처음 깨달음을 일으킨 구도자의 공덕 ―

그때 제석천이 법혜보살에게 물었다.

"불자여, 초발심의 보살은 얼마만한 공덕을 완성하고 있습니까?"

법혜보살이 대답하였다.

"불자여, 그 도리는 심원하여 알기 어렵고 믿기도 이해하기가 어려우며, 설하기도 판별하기도 어렵습니다. 그러나 나는 부처님의 신통력을 받아서 그대에게 설하고자 합니다.

불자여, 예를 들면 어떤 사람이 동방의 무수한 세계의 중생을 오랫동안 공양하고 그 뒤에 5계(五戒, 불살생 등)[1]를 행한다

----

1) 5계(五戒)__불교도들의 다섯 가지 근본 윤리.
　①불살생(不殺生) : 살아 있는 생명을 해치지 말라.
　②불투도(不偸盜) : 주지 않는 재물을 훔치지 말라.
　③불사음(不邪淫) : 삿된 음행을 하지 말라.
　④불망어(不妄語) : 거짓말하지 말라.
　⑤불음주(不飮酒) : 술 마시지 말라.

고 합시다. 또 동방의 세계에서와 같이 사방팔방, 시방의 세계의 중생에게도 그와 같이 한다고 합시다. 이렇게 한다면 이 사람의 공덕은 많다고 생각할 수 있습니까?"

제석천이 말했다.

"불자여, 모든 여래 이외에는 이 사람의 공덕과 비교될 만한 사람은 없을 것입니다."

법혜보살이 제석천을 향하여 말했다.

"불자여, 이 사람의 공덕이 아무리 많아도 처음 발심(초발심)한 보살의 공덕에는 비할 수 없습니다. 비유한다면, 그 백분의 일, 천분의 일, 백천분의 일, 억분, 백억분, 천억분 내지 헤아릴 수 없으며, 따라서 그 공덕은 다함이 없고, 설할 수도 없을 만큼 많습니다.

불자여, 또 어느 사람이 시방의 무수한 세계의 중생을 오랫동안 공양하고 그 뒤에 10선(十善)²⁾을 행한다고 합시다. 또 긴 세월 동안 공양한 뒤에 4선(四禪)³⁾을 행한다고 합시다. 이와 같이 하여 모든 중생에게 혜택을 베풀고자 하는 자비심으로 물질

· · · · · · · · ·

2) 10선(十善)＿몸과 입, 생각으로 10악을 범하지 않는 수행 덕목. ① 불살생(不殺生) ② 불투도(不偸盜) ③ 불사음(不邪淫) ④ 불망어(不妄語) ⑤ 불양설(不兩舌) ⑥ 불악구(不惡口) ⑦ 불기어(不綺語) ⑧ 불탐욕(不貪欲) ⑨ 불진에(不瞋恚) ⑩ 불사견(不邪見).

3) 4선(四禪)＿번뇌를 끊고 불법의 공덕을 발생시키는 네 단계의 근본 선정. 4선정(四禪定), 4정려(四靜慮)라고도 한다. 4선이란 악(惡), 불선(不善)을 대치하는 초선, 선정의 희락을 발생시키는 제2선, 정념정지로써 희락의 집착에서 벗어나는 제3선, 마음의 청정을 체득하는 제4선을 가리킨다.

을 초월한 경계에 안정하도록 하며, 한 번 다시 태어남으로써 깨달음을 얻는 경계[一來]에 이르도록 하고, 미혹의 세계에 다시는 태어나지 않는 경계[不還]와 아라한(阿羅漢)의 경계에 이르도록 하며, 최후에는 연각(緣覺)의 깨달음을 얻게 한다면 어떻겠습니까? 이 사람의 공덕은 많다고 생각합니까?"

제석천이 말했다.

"모든 부처님 이외에는 이 사람의 공덕을 낱낱이 알고 있는 사람은 없을 것입니다."

법혜보살은 제석천을 향하여 말하였다.

"불자여, 이 사람의 공덕이 아무리 많다 하여도 초발심한 보살의 공덕에 비한다면, 그 백분의 일, 천분의 일에도 지나지 않습니다. 초발심을 한 보살의 공덕은 헤아릴 수도 없으며 설할 수 없을 만큼 많습니다.

불자여, 왜냐하면 일체 모든 부처님은 시방세계의 무수한 중생을 오랫동안 공양하기 위하여 이 세상에 나온 것이 아니기 때문입니다.

또 무수한 세계의 중생으로 하여금 5계(五戒)와 10선(十善), 4선(四禪), 4무량심(四無量心), 4무색정(四無色定), 예류(預流), 일래(一來), 불환(不還), 아라한(阿羅漢), 연각(緣覺) 등의 길을 행하게 하기 위하여 이 세상에 나오신 것은 아니기 때문입니다.

일체의 모든 보살이 처음으로 깨달음을 구하는 마음[菩提心]을 일으켰던 것은 부처님의 가르침이 끊이지 않게 하기 위함이며, 모든 세계는 스스로 청정함을 알게 하기 위함이며, 모든 중생을 구하고 깨달음을 열고자 생각하였기 때문이며, 모든 중생

의 번뇌와 그 오염 그리고 이별의 아쉬움, 마음의 움직임을 알
기 때문이며, 모든 중생이 여기에서 죽고 저기에서 태어나는
것을 알기 때문이며, 또 일체 모든 부처님의 세계가 평등한 것
을 알기 때문입니다.

불자여, 또 다음과 같은 예가 있습니다.

어느 사람이 한순간에 무량한 세계를 통과할 수 있을 만한
신통력을 가지고 그에 필적할 만한 긴 시간 동안 동방을 향하
여 나아간다 하여도 세계의 끝에 이를 수는 없습니다.

또 두번째 사람이 앞사람의 뒤를 이어서 다시 긴 시간 동안
동방을 향하여 나아간다 하여도 역시 세계의 끝에 이를 수는
없습니다.

이와 같이 하여 제 삼, 제 사, 내지 제 십의 사람이 동방을
향하여 나아간다 하여도 마찬가지로 그 끝에 이를 수는 없습
니다.

또 이 동방의 경우와 같이 시방세계에 있어서도 모두 합쳐서
백 명의 사람이 저마다의 방향을 향하여 나아갈 때, 설사 시방
의 세계의 끝에 이를 수가 있다고 가정한다 하여도 초발심을
한 보살의 공덕의 양을 알 수는 없을 것입니다.

왜냐하면, 초발심을 한 보살은 한정된 세계의 중생만을 위하
여 보리심을 일으킨 것이 아니기 때문입니다. 시방의 무변한
세계의 실정을 알고, 그 세계의 일체중생을 구하고자 생각하기
때문에 최고의 깨달음을 구하는 마음을 일으킨 것입니다.

또 작은 세계는 곧 커다란 세계라고 알고, 커다란 세계는 곧
작은 세계임을 알며, 넓은 세계는 곧 좁은 세계임을 알고, 좁은

세계는 곧 넓은 세계임을 알며, 하나의 세계는 곧 무량한 세계임을 알고, 무량한 세계는 곧 하나의 세계임을 알며, 무량한 세계는 곧 하나의 세계에 드는 것임을 알고, 하나의 세계는 곧 무량한 세계에 드는 것임을 압니다.

또 더럽혀진 세계는 곧 깨끗한 세계임을 알고, 깨끗한 세계는 곧 더럽혀진 세계임을 알며, 하나의 털구멍 속에 일체의 세계가 있음을 알고, 일체의 세계 속에서 일체의 털구멍의 성질을 알며, 하나의 세계로부터 일체의 세계가 생하는 것을 알고, 일체의 세계는 흡사 허공과 같음을 압니다. 또 일념 사이에 일체의 세계를 낱낱이 알고자 하기 때문에 보살은 위없는 궁극의 깨달음을 향하여 마음을 일으키는 것입니다.

불자여, 또 다음과 같은 비유를 들 수 있습니다.

신통력을 가지고는 한순간에 무량한 세계에 사는 모든 중생의 소망을 알 수 있지만, 사람이 아득한 시간에 걸쳐 제아무리 능력을 다해도 동방의 일체 세계에 있는 중생의 소망을 알 수는 없다는 것입니다.

이와 같이 제 이, 제 삼, 내지 제 십의 사람이 그 뒤를 이어서 시간을 다해도 동방세계에 사는 중생의 소망을 낱낱이 알 수는 없습니다. 또 시방세계의 중생에 대해서도 마찬가지입니다.

그러나 가령 시방의 무변한 세계에 사는 중생의 소망을 낱낱이 알 수가 있다고 하더라도 초발심을 한 보살의 공덕을 알 수는 없을 것입니다.

왜냐하면, 초발심의 보살은 한정된 세계의 중생의 소망을 알기 위하여 최고의 깨달음을 구하는 마음을 일으킨 것이 아니기 때문입니다.

보살이 위없는 깨달음을 향한 마음을 일으킨 것은 일체 중생의 다함이 없는 소망의 대해(大海)를 알고자 하고, 중생의 욕망은 하나의 욕망이며, 하나의 욕망은 일체의 욕망임을 알고자 하며, 또 착함(善)과 착하지 않음(不善)에 대한 욕망, 세간 혹은 출세간(出世間)에 대한 욕망, 커다란 지혜의 욕망, 청정한 욕망, 장애가 없는 욕망, 장애를 받지 않는 지혜를 갖춘 욕망 등을 낱낱이 알고자 하기 때문입니다.

불자여, 혹은 또 중생의 감각기관, 희망, 방편, 마음, 움직임, 모든 업, 번뇌 등을 낱낱이 알고자 하는 것을 비유로 들 수 있습니다.

불자여! 혹은 또 다음과 같은 비유도 들 수 있습니다.

어느 사람이 한 찰나에 동방의 무변한 세계에서 활동하고 있는 모든 부처님과 그 일체의 중생을 공경하고 찬탄·예배하며 존경하고, 또 온갖 공양을 다하고 장엄할 수 있는 신통력을 가지고 아득한 오랜 시간을 다한다고 하면, 이같이 하여 동방세계와 마찬가지로 서방세계의 모든 부처님과 일체 중생을 공양할 수 있다고 하면, 불자여, 어떻겠습니까? 이 사람의 공덕은 많다고 생각합니까?"

제석천은 이에 대답하였다.

"오직 부처님만이 이 사람의 공덕을 알고 있으며 다른 사람은 도저히 알 수가 없을 것입니다."

법혜보살은 말했다.

"불자여, 이 사람의 공덕을 초발심한 보살의 공덕에 비한다면, 그 백분의 일, 천분의 일에도 지나지 않을 것입니다. 초발심한 보살의 공덕은 헤아릴 수 없을 만큼 많습니다. 따라서 설할 수도 없습니다.

초발심을 발한 보살이 보리심을 내면, 무한한 과거로부터 활동해 온 모든 부처님의 지혜를 알 수가 있으며, 무한한 미래를 향하여 활동하고자 하는 모든 부처님의 공덕을 믿을 수가 있으며, 현재의 모든 부처님이 설하는 지혜를 알 수가 있습니다.

또 이 보살은 삼세의 모든 부처님의 공덕을 믿고 가르침을 받으며 행하고 체득하여 모든 부처님들의 공덕과 같게 됩니다.

왜냐하면, 초발심을 발한 보살이 최고의 깨달음을 향한 마음을 일으키는 것은 다음의 이유에 근거하기 때문입니다.

즉 이 보살은 일체의 모든 부처님의 본질을 끊이지 않게 하기 위하여 커다란 자비심을 가지고 모든 세계의 중생을 구하고자 생각하기 때문이며, 또 모든 중생의 오염이나 청정함이 생기는 실정을 알고자 하기 때문입니다.

또 모든 중생의 마음의 움직임이나 남은 업으로 인한 번뇌를 낱낱이 알기 때문이며, 또 삼세의 모든 부처님의 위없는 깨달음을 알고자 생각하기 때문이며, 또 삼세의 부처님께서 가지신 힘을 이어받아 그 한없는 평등의 지혜를 얻고자 하기 때문에 이 보살은 위없는 깨달음을 향한 마음을 일으킨 것입니다.

이 초발심을 발한 보살이야말로 실은 부처님인 것입니다. 이 보살은 삼세의 모든 부처님의 세계와 마찬가지로 여래의 한마음〔一心〕과 한량없는 마음〔無量心〕과 삼세의 모든 부처님과 평등한 지혜를 얻고 있습니다.

그는 모든 세계를 비추고 모든 악도의 고통을 잠재우며, 모든 세계에서 성불하는 것을 실현하고, 모든 중생으로 하여금 불법의 기쁨을 얻게 하고, 그 깊은 진리의 세계를 깨닫게 합니다. 또 모든 부처님의 본성을 지키며, 모든 부처님의 지혜와 광명을 얻고 있습니다.

초발심을 발한 보살은 항상 삼세의 모든 부처님과 그 가르침과 모든 보살과 연각(緣覺)과 성문(聲聞) 내지 그 법(法), 세간(世間)·출세간(出世間)의 법, 중생의 법 등을 떠나지 않고 그대로 깨달음을 구하며 그 지혜는 장애를 받는 일이 없습니다."

그때 부처님의 신통력과 초발심을 발한 보살의 공덕을 찬탄하는 힘에 의하여 시방의 끝없는 모든 부처님의 세계가 여섯 가지로 진동하였다. 그리고 하늘의 꽃과 하늘의 향기와 하늘의 꽃다발과 하늘의 보배가 비처럼 뿌려져 미묘한 음악이 울려 퍼졌다.

그때 끝없는 시방세계의 모든 부처님은 낱낱이 그 몸을 법혜보살의 앞에 나타내시었다. 그리고 법혜보살에게 말씀하셨다.

"착하고 착하도다. 불자여, 그대는 능히 초발심의 공덕을 설하였다. 시방의 한량없는 모든 부처님도 또한 낱낱이 초발심의 공덕을 설하고 있다. 그대가 초발심 보살의 공덕을 설하였을 때, 시방의 중생은 모두 초발심 공덕을 얻고 최고의 깨달음을 향한 마음을 일으킨다. 우리는 이제 중생들에게 약속하나니 그들은 미래세에 저마다 동시에 반드시 성불할 것이니라. 우리들은 미래의 모든 보살들을 위하여 이 초발심의 법을 지키고 전하여야 한다."

법혜보살이 이와 같이 사바세계의 수미산 정상(頂上)에서 초발심의 법을 설하고 중생을 교화한 것과 같이, 시방의 헤아릴 수 없고 생각할 수도 없는 모든 세계 안에서도 초발심의 법을 설하고 중생을 교화하였다. 그리고 이 법을 설하는 자를 각각 법혜라고 이름하였다.

그것은 부처님의 신통력에 의하며, 부처님의 본원력(本願力)에 의하며, 지혜의 광명이 남김없이 비추는 것에 의하며, 제일의(第一義)를 깨닫는 것에 의하며, 모든 보살은 기쁨에 넘쳐 있음에 의하며, 모든 부처님의 공덕을 찬탄하는 것에 의하며, 모든 부처님의 평등함을 아는 것에 의하며, 또 법계는 하나이며 둘이 아님을 깨닫는 것에 의하기 때문이다."

그때 법혜보살은 시방세계를 남김없이 관찰하고서, 중생의 미혹과 오염을 제거하고, 넓은 해탈을 얻게 하고자, 또 스스로의 깊고 청정한 공덕을 나타내기 위하여 부처님의 신통력을 받아 다음과 같이 게송을 읊었다.

"초발심의 보살은 일체 중생 안에서
항상 분노를 떠나 대자비를 일으키며,
남을 이롭게 하는 마음을 기릅니다.

그 자비의 빛은 시방세계를 비추어
중생을 위한 의지처가 되도록 하며,
모든 부처님은 이 보살을 지키고자 염원합니다.

그 어느 것도 이 보살의 신심을 방해할 수는 없습니다.
그것은 흡사 금강과 같이 견고하며,
항상 모든 여래의 밑에서
은혜를 알고 은혜에 보답합니다.

보살은 부처님의 지혜를 완성하여
그 뜻에 막힘이 없습니다.
또 진실한 세계를 분명하게 깨달아
마음은 적멸하고 허망을 떠나 있습니다.
그리고 그 믿음의 힘은 고요하고 평안하며
지혜의 힘은 청정합니다.

보살은 미래 끝까지도 중생에게 힘을 바쳐
해탈을 얻게 하고자 하며 어떠한 지옥의 괴로움을 받아도
중생을 위하여 힘을 다합니다.
하나의 털구멍 안에서 시방의 세계를 보니,
그 세계는 미묘하게 장엄한 모습을 띠고 있어
모든 부처님과 보살이 여기에 모여 있습니다.

만약 시방삼세의 모든 부처님을 만나 받들고자 하며,
또 헤아릴 수 없는 깊은 공덕을 얻고자 원하며,
또 일체중생의 생사의 괴로움을 없애고자 생각한다면
진정으로 서원을 세워서
곧 깨달음을 향한 마음을 일으켜야 합니다."

제8장 명법품(明法品)
─ 구도자(보살)의 정진 덕목 ─

　　그때 정진혜(精進慧)보살이 법혜보살에게 물었다.

　　"불자여, 초발심을 발한 보살은 이와 같이 헤아릴 수 없는 공덕을 얻고, 그 모습은 위엄에 가득 차 있으며, 애욕의 밧줄에서 벗어나 모든 부처님이 머무는 곳에 있으며, 그 뜻하는 바는 위없는 깨달음의 세계에 대한 완성을 향하고 있습니다. 그렇다면 이 보살이 어떠한 법을 행하여야 그 공덕은 보다 뛰어나고 모든 여래는 낱낱이 기뻐하며 그리하여 이 보살의 청정한 대행(大行)과 대원(大願)이 완성되겠습니까? 바라옵나니 불자여, 우리들을 위하여 이 불법을 설하여 주십시오. 기쁘게 듣고자 합니다."

　　법혜보살이 정진혜보살을 향해 말했다.

　　"불자여, 그대는 이 문제를 잘 물었습니다. 이 불법은 중생을 안락케 하고 중생에게 커다란 이익을 주는 매우 깊은 보살의 대행입니다. 불자여, 그대는 진실한 지혜 안에 쉬고 있으며, 전심전력으로 대정진(大精進)을 행함으로써 드디어는 한 번 얻은 공덕을 다시는 잃지 않는 경지에 도달하고, 속계(俗界)를 뛰어넘어 있습니다. 그대가 지금 묻고 있는 것은 참으로 여래의 세계입니다.

불자여, 잘 듣고 잘 생각하기 바랍니다. 나는 부처님의 신통력을 받아서 그대를 위하여 설하고자 합니다. 불자여, 이 보살은 이미 초발심의 공덕을 얻고 있으므로 참으로 무지(無知)의 어두움을 떠나고 온갖 게으른 마음을 떠나야 합니다.

보살에게는 열 가지 법이 있어서 게으른 마음을 제거할 수가 있습니다.

즉 마음을 맑게 하고 계율을 지니며 어리석음을 버리고 깨달음을 구하여 중생을 제도하고자 하는 마음을 밝게 하고, 거짓 마음을 버리고, 중생을 연민하며 선행에 정진하여 얻은 공덕을 다시는 잃지 않는 경지를 얻고, 항상 적연(寂然)하기를 원하여 재가나 출가의 모든 범부의 어리석음에서 떠나고, 세속의 즐거움을 마음에 두지 않고, 오직 한결같이 뛰어난 수행을 닦아 소승(小乘)의 가르침을 버리고, 보살의 길을 구하며, 항상 공덕을 잊지 않고 더럽히는 일이 없으며, 스스로 자기의 본분을 훌륭하게 깨닫습니다. 이것이 게으른 마음을 없애는 열 가지 방법입니다.

불자여, 보살은 더욱 나아가 다음의 열 가지 청정한 법을 행합니다.

즉 가르침을 받은 그대로 수행하고, 뜻하는 것이 지혜에 맞게 하며, 게으른 마음을 버리고서 깊은 불법 안에서 쉬며, 항상 불법의 완성을 원하고 구하여 게으르지 아니하며, 마음에 들은 그대로 진실의 세계를 보고 훌륭한 지혜를 낳으며, 부처님의 자유자재한 세계에 들고 마음은 항상 적연(寂然)하여 산란하지 않으며, 설사 좋고 나쁜 일을 들어도 마치 대지와 같이 굳은 마음으로 동요하지 않고, 상·중·하의 중생을 보아도 모두가 부처님을 생각하는 마음을 일으키게 하며, 스승과 선지식·출가자·보살들을 공경하고 공양하며, 한 생각 한 생각에 모든 지혜를 얻게 됩니다. 이것이 보살의 열 가지 청정한 법입니다.

불자여, 보살은 이와 같이 노력하여 생각 생각마다 지혜를 갖추고 방편을 버리지 않으며, 마음에 의지하는 바를 구하지 않고 다툼이 없는 세계에 들며 한량없는 불법을 낱낱이 분별하고 그리하여 일체의 모든 부처님을 기쁘게 합니다.

불자여, 보살은 열 가지 법을 행하여 일체의 모든 부처님을 즐겁게 합니다.

즉 자기의 행하는 바에 힘써서 결코 물러남이 없고, 신명(身命)을 아끼지 않으며, 세속의 이익을 구하지 않고, 일체의 불법을 수행하여 닦지만 흡사 허공과 같이 집착하지 않고, 방편의 지혜에 의하여 모든 것을 관찰하고, 법계와 일체가 되며, 일체를 분별하면서 생각에 의지함을 구하지 않고, 대원(大願)을 일으키고, 청정한 지혜의 빛을 완성하여 중생의 모든 이해득실을 알아서 실천하는 불법은 낱낱이 청정합니다. 이것이 일체의 모든 부처님을 기쁘게 하는 열 가지 법입니다.

불자여, 다음으로 보살은 열 가지 법을 실행하여 재빠르게 보살의 모든 경지를 완성합니다.

즉 마음은 항상 모든 공덕을 행하고자 원하며, 피안에 이르는 모든 길을 닦고, 지혜는 밝아서 헤매지 않으며, 항상 선지식을 가까이 하고, 항상 노력하여 물러남이 없으며, 부처님의 마음을 이어 받아서 모든 불법을 지니고, 모든 선을 행하여 마음의 근심이 없으며, 지혜의 빛은 일체의 사물을 남김없이 비추고, 모든 경지의 불법에 쉬며, 삼세의 모든 부처님의 정법(正法)에 동화합니다. 이것이 보살의 모든 경지를 완성하는 열 가지 법입니다.

불자여, 이 보살은 저마다의 경지에 안주하고 있으며, 여러 가지 방편을 사용하여 얻은 깊은 지혜에 따르고, 스스로의 숙업(宿業)·경계(境界)·지위(地位)에 따르고, 일체의 뛰어난 불법을 낱낱이 판별하면서도 그 모든 사물에는 집착함이 없습니다.

왜냐하면, 모든 사물은 마음에 근거하고 있기 때문입니다. 구도자가 이와 같이 명확하게 관찰하면 모든 보살의 경지를 나의 몸에 갖출 수가 있을 것입니다.

보살은 항상 마음을 '나는 어서 빨리 모든 보살의 경지를 완성하여야 되겠다. 내가 그 경지에 있어서 가르침 그대로를 알 때, 무량한 공덕을 얻을 것이다. 무량한 공덕을 얻은 다음에는 차츰 부처님의 경계에 나아가리라. 부처님의 경계에 이르러서는 부처님의 하고자 하는 임무를 다하리라'고 생각해야 합니다. 그런 까닭에 보살은 항상 노력하여 불법을 행하며 방편을 버리지 않고 마음에 근심이 없으며 보살의 경지에 안주하는 것입니다.

불자여, 또한 보살은 열 가지 법을 행하여 보살의 행을 맑게 합니다.

즉 일체를 버리고 중생이 바라는 바를 채워 주며, 계율을 지니고 어기는 일이 없으며, 인내가 다하는 일이 없으며, 방편을 써서 물러서는 일이 없으며, 무지를 떠나서 모든 형상에 집착하지 않는 삼매에 들어 마음이 혼란하지 않고, 모든 사물을 분명하게 하며, 모든 행을 완성하고 공덕을 존경하는 마음은 흡사 산왕(山王)과 같고, 일체 중생을 위하여 스스로 청량한 연못이 되고, 일체 중생으로 하여금 모든 부처님의 법에 동화되도록 합니다. 이것이 보살의 행을 맑게 하는 열 가지 방법입니다.

불자여, 보살에게는 열 가지 맑은 서원이 있습니다.

즉 중생의 덕을 완성하여 마음에 괴로움이 없기를 원하며, 선행을 오래도록 행하여 부처님의 나라를 청정하게 하는 것을 원하며, 모든 여래를 공경·공양하기를 원하며, 몸과 목숨을 아끼지 않고 정법(正法)을 지키기를 원하며, 여러 가지 지혜나 방편에 의하여 중생이 남김없이 부처님의 나라에 태어나기를 원하며, 보살의 상대적인 차별을 초월한 절대 평등한 경지[不二法門]와 부처님의 한없는 진리에 들어 모든 사물을 밝게 알고자 원하며, 부처님을 만나보고자 원하는 자로 하여금 남김없이 만날 수 있기를 바라며, 다함없는 미래의 시간을 한순간과 같이 느끼기를 원하며, 보현보살의 서원을 스스로 몸에 익히고자 원하며, 모든 종류의 지혜를 밝히고자 원합니다. 이것이 보살의 열 가지 청정한 서원입니다.

불자여, 보살은 보다 나아가서 열 가지 법을 수행하여 모든 서원을 다합니다.

그 열 가지 법이란 마음의 피곤이나 염리(厭離)를 느끼지 않는 것이며, 마음에 근심도 외로움도 없으며, 모든 보살은 시방의 부처님 나라에 낱낱이 왕생하고자 원하고, 미래로 나아가 일체 중생의 덕을 완성하고자 생각하며, 헤아릴 수 없이 오랜 시간 안에 안주하면서도 길다고 하는 느낌이 없으며, 어떠한 괴로움을 당하여도 괴로움을 기억하지 않고, 어떠한 즐거움을 당하여도 마음에 집착하지 않으며, 비교할 수 없는 큰 깨달음을 얻고자 합니다. 이것이 모든 서원을 실천하는 보살의 열 가지 방법입니다.

불자여, 보살은 어떻게 하면 그 구하고자 하는 중생을 교화할 수 있겠습니까?

이 보살은 중생에게 필요적절한 방편을 알고 있으며, 중생의 숙업의 인연을 알고 또 중생이 마음에 생각하고 있는 바를 알고 있습니다. 그리하여 그에 따라서 번뇌를 제거하는 방법을 가르치는 것입니다.

즉, 탐욕이 많은 자에게는 육신의 부정(不淨)을 생각하게 하고, 화를 잘 내는 사람에게는 자비를 생각하도록 가르치며, 어리석은 사람에게는 모든 것은 인연에 의하여 있음을 알게 하고, 모든 것에 집착하는 자에게는 일체는 공(空)임을 가르치며, 게으른 사람에게는 노력할 것을 권하고, 아만(我慢)이 강한 사람에게는 일체는 평등함을 알게 하고, 자기의 마음을 굽혀서 남에게 아첨하는 사람에게는 보살의 마음은 정연하여 아무것에도 집착하지 않음을 가르칩니다.

이와 같이 온갖 번뇌에 대해서 무량한 가르침으로 대응하는 것입니다. 보살은 분별의 지혜를 잘 활용하여 가르침의 의미를 훌륭하게 설하고 전하여 주며, 사물의 질서를 문란하게 함이 없으며, 모든 사물은 곧 사라지고 마는 것이면서도 진리의 세계에 있어서는 소멸함이 없음을 가르치며, 중생의 의혹을 없애고 모든 진리를 기쁘게 하며, 그 능력에 따라서 모든 공덕을 가르치며, 드디어는 여래의 커다란 바다에 들어가게 하는 것입니다.

보살은 이와 같이 모든 중생을 교화하여 그 마음이 정연하여 혼란함이 없고 다음과 같은 열 가지 수행의 완성[十波羅蜜][1]을 갖추고 있습니다.

첫째, 일체 중생을 위하여 정신적·물질적인 모든 것을 베풀면서도 여기에 집착하지 아니하는 것, 이것이 보시의 완성[布施波羅蜜]입니다.

둘째, 모든 계율을 지니면서도 계율을 지녔다고 하는 의식이 없으므로 여기에 집착하지 아니합니다. 이것이 계율의 완성[持戒波羅蜜]입니다.

셋째, 어떠한 고통에도 인내하며 좋고 나쁜 일을 들어도 평등하고 동요하지 않는 모습이, 마치 모든 것을 번성하게 하는 대지와 같습니다. 이것이 인욕의 완성[忍辱波羅蜜]입니다.

넷째, 항상 노력·정진하여 게으르지 않고 흔들림이 없는 마음을 가지고 결코 물러남이 없습니다. 이것이 정진의 완성[精

· · · · · · · · ·

1) 열 가지 수행의 완성[十波羅蜜]__6바라밀에 방편·원(願)·력(力)·지(智) 바라밀을 더한 10바라밀.

進波羅蜜〕입니다.

다섯째, 어떠한 욕망에도 집착함이 없고 차례로 선정(禪定)에 들어 모든 번뇌를 끊고, 드디어 무량한 삼매에 나아가 커다란 신통을 갖추고, 더욱 초월하여 하나의 삼매 안에서 무량한 삼매에 들고, 모든 삼매의 경지를 알아서 모든 부처님의 지혜를 갖추기에 이릅니다. 이것이 선의 완성〔禪定波羅蜜〕입니다.

여섯째, 모든 부처님 밑에서 가르침을 듣고 잘 받들며, 모든 선지식에게 친근하고 공경하며, 마음에 게으름이 없으며, 모든 사물을 바르게 관찰하여 진실한 선정에 들며, 모든 편견을 떠나서 진리의 바다를 건너며, 아무런 바람도 없이 봉사〔無功用〕하는 여래의 길을 알아 모든 지혜를 갖추기에 이릅니다. 이것이 반야의 완성〔般若波羅蜜〕입니다.

일곱째, 세간의 여러 가지 모습을 가르쳐 중생을 교화하며, 그 마음가짐에 따라서 몸을 나타내고, 어떠한 작용에도 집착함이 없이, 혹은 범부의 몸이 되고 혹은 성인의 몸이 되며, 혹은 생사를 나타내고 혹은 열반을 나타내며, 모든 경지에 들어가 중생을 눈뜨게 합니다. 이것이 방편의 완성〔方便波羅蜜〕입니다.

여덟째, 모든 중생을 완성하게 하고, 모든 세계를 장엄하며, 모든 여래를 공양하고, 모든 사물의 진실을 깨달으며 수행하여 법계(法界)의 지혜를 갖추고, 다른 부처님 나라를 알리며 모든 부처님의 지혜를 체득합니다. 이것이 서원의 완성〔願波羅蜜〕입니다.

아홉째, 진리를 추구하는 마음에 의하여 모든 번뇌를 떠나고, 진리에 대한 믿음에 의하여 어떤 고난에도 물러서지 아니하며, 남의 괴로움을 제거해 주는 커다란 연민에 의하여 피로를 모르며, 남에게 즐거움을 주는 깊은 마음에 의하여 행하는 바가 모두 평등하고, 도리를 판별하는 능력에 의하여 모든 중생을 기쁘게 하며, 초인적인 힘으로 모든 중생을 지킵니다. 이것이 힘의 완성〔力波羅蜜〕입니다.

열째, 탐욕과 성냄과 어리석음이 강한 사람들을 알고, 한 생각 동안에 중생의 마음이 움직이는 것을 알며, 모든 사물의 진실을 알고 모든 부처님의 깊은 지혜력에 도달하여 일체의 도리를 남김없이 압니다. 이것이 지혜의 완성〔智波羅蜜〕입니다.

불자여, 보살은 이와 같이 모든 수행을 맑게 완성하며 중생의 취향에 따라서 가르침을 설합니다. 탐욕이 많은 사람에게는 탐욕을 떠나라고 가르치고, 성내는 사람에게는 평등한 관찰을 가르치며, 그릇된 견해를 가진 사람에게는 인연의 관찰을 가르치고, 소승(小乘)을 추구하는 사람에게는 적정(寂靜)의 행을 가르치며, 대승(大乘)을 원하는 사람에게는 불도의 장엄(莊嚴)을 가르칩니다.

그 옛날 보살도를 닦으시던 여래께서 처음으로 깨달음으로 향하는 마음을 일으켰을 때, 많은 중생이 악도에 떨어지는 것을 보고 보살은 다음과 같이 말씀하셨습니다. '나는 중생이 앓는 마음의 병을 알고 그 병에 따라서 중생을 가르치며 드디어 마음의 눈을 뜨게 하리라.' 보살은 이와 같이 지혜를 갖추어 무량한 중생을 구하고 있습니다.

불자여, 또 보살은 3보(三寶)를 훌륭하게 일으키고 끊임없도록 하고자 합니다.

즉 보살은 중생을 교화하여 깨달음을 구하는 마음을 일으키게 하며 이로 인하여 부처님[佛寶]은 끊어지지 않습니다. 또 보살은 항상 뛰어난 법(法)을 열어서 보여 줍니다. 이 때문에 부처님의 가르침[法寶]은 끊이지 않습니다. 또 보살은 항상 규범과 법도를 지키며 가르침을 몸에 지니고 있습니다. 이 때문에 부처님과 부처님의 가르침을 봉행하는 승단[僧寶]은 끊어지는 일이 없습니다.

또 보살은 모든 대원(大願)을 찬탄하고 있습니다. 그 때문에 부처님의 가르침은 끊어지는 일이 없습니다. 보살은 인연의 도리를 판별하고 이것을 설법하고 있습니다. 이 때문에 부처님의 가르침은 끊어지는 일이 없습니다. 보살은 여섯 가지 방편으로 화합하는 길[六和敬]2)을 행하고 있습니다. 이 때문에 부처님의 가르침을 봉행하는 승단은 끊어질 수가 없습니다.

또 보살은 부처님이 될 씨앗[種子]을 중생의 밭에 뿌리고 깨달음의 싹을 트게 합니다. 이 때문에 부처님의 가르침은 끊어지는 일이 없습니다. 보살은 몸과 목숨을 아끼지 않고 정법(正

....

2) 여섯 가지 방편으로 화합하는 길[六和敬]__불교도들의 화합에 필요한 여섯 가지 방편.
　① 동계화경(同戒和敬) : 같이 계율을 지킴.
　② 동견화경(同見和敬) : 같은 견해를 지님.
　③ 동행화경(同行和敬) : 같이 수행함.
　④ 신자화경(身慈和敬) : 서로 예절을 지킴.
　⑤ 구자화경(口慈和敬) : 서로 바른 언행을 지님.
　⑥ 의자화경(意慈和敬) : 서로의 뜻을 존중함.

法)을 지킵니다. 이 때문에 부처님의 가르침은 끊어지는 일이 없습니다. 보살은 대중을 다스리고 싫어하지를 않습니다. 이 때문에 부처님을 신봉하고 그 가르침을 봉행하는 승단은 끊어지는 일이 없습니다.

불자여, 보살은 지혜의 등불에 의하여 무지(無知)의 어두움을 없애고 자비의 힘에 의하여 모든 악마를 격퇴하며, 금강정(金剛定)에 들어서 모든 마음의 때와 번뇌를 없애며, 청정한 지혜를 완성하는 것에 의하여 모든 악도의 재난을 떠나며, 진리를 가르쳐 무량무변한 중생을 눈뜨게 합니다.

불자여, 보살은 이와 같이 무량한 법을 수행하여 차례로 몸에 익히고 드디어는 여래의 경지에 도달하는 것입니다. 무량한 나라에서 정법을 지키고, 큰 스승이 되어 여래의 가르침을 받들며, 대중 안에서 깊은 가르침을 설법하여 전하며, 용모는 단정하고 그 음성은 뛰어나 한 마디 말을 할 때마다 많은 중생을 기쁘게 하며, 적절하게 교화하고 마음의 눈을 크게 하여 지혜의 세계에 들어가게 합니다.

보살은 이와 같이 많은 방편에 의하여 모든 중생을 위한 진리의 보물창고를 엽니다. 그리고 그러한 일에 아직 한 번도 권태를 느낀 일이 없고 대중 속에 있으면서 조금도 두려워하지 않으니 누구도 보살의 지혜를 깨뜨릴 수가 없습니다.

보살은 모든 사물의 실상을 차례로 식별하고, 중생의 괴로움을 없애 주는 대자비심으로 모든 중생을 청정하게 하고 또 즐겁게 하며, 사자(獅子)의 자리에서는 뛰어난 설법으로 모든 중생을 위하여 깊은 진리를 설합니다."

제9장 십행품(十行品)

— 보살의 10지(十地) —

그때 공덕림(功德林)보살은 부처님의 신통력을 받고 선복삼매(善伏三昧)에 들어 헤아릴 수 없는 여러 부처님을 만나 뵈었다.

여러 부처님들께서 공덕림보살에게 말씀하셨다.

"참으로 거룩한 일이다. 불자여, 그대는 능히 이 선복삼매에 들었다. 시방세계의 수없는 여러 부처님이 신통력을 주었기 때문에 그대는 이 선복삼매에 들 수가 있었던 것이다. 그리고 비로자나불의 본원력과 위신력(威神力)이, 그리고 여러 보살의 선근의 힘이 그대로 하여금 이 삼매에 들게 하고 마침내 깊고 깊은 법을 설하게 할 것이다.

즉 보살이 10행(十行, 열 가지 행)을 일으키는 것은 일체의 지혜를 증장하려 함이요, 모든 장애를 떠나서 무엇에도 집착하지 않는 세계에 들어가기 위한 것이며, 진실에 사는 한량없는 방편을 얻기 위한 것이고, 모든 진리를 받아들이고 몸으로 행하기 위한 것이다.

불자여! 그대는 부처님의 신통력을 받아 이 미묘한 법을 설해야 할 것이다.

이와 같이 여러 부처님은 공덕림보살에게 걸림 없는 지혜·안정된 지혜·스승을 필요로 하지 않는 지혜·한량없는 지혜·물러섬이 없는 지혜를 주시었다. 왜냐하면 이 삼매력은 법에 의해서 성취된 것이기 때문이다."

그때 여러 부처님은 제각기 오른손을 내밀어 공덕림보살의 머리를 어루만져 주었다. 공덕림보살은 삼매에서 일어나 많은 보살들을 향해 10행에 대해 설법하기 시작했다.

"여러 불자들이여, 보살의 행은 헤아릴 수가 없습니다. 그 광대함은 마치 법계와 같으며 무량무변하기가 마치 허공과 같습니다. 왜냐하면 보살은 삼세의 여러 부처님이 행하는 것을 배우고 있기 때문입니다.

불자여, 보살에게는 삼세의 여러 부처님이 설하신 10행(十行, 열 가지 행)이 있습니다. 10행이란 환희행(歡喜行), 요익행(饒益行), 무에한행(無恚限行), 무진행(無盡行), 이치란행(離癡亂行), 선현행(善現行), 무착행(無着行), 존중행(尊重行), 선법행(善法行), 진실행(眞實行)입니다.

불자여, 첫째로 보살의 환희행(歡喜行)이란 어떤 것입니까?

보살은 평등한 마음을 갖고 자기의 모든 것을 일체 중생에게 보시합니다. 보시하고 나서도 아까운 생각이 없으며 과보를 바라지 않고 명예를 바라지 않으며 좋은 세계에 태어나려고 생각하지도 않습니다. 오직 바라는 것은 일체 중생을 구하고 거두며, 여러 부처님의 행을 생각하고 배우고 몸에 지니고 실현하고, 모든 사람들에게 그것을 설법하는 것입니다. 이것이 보살의 환희행입니다.

즉 수없는 중생이 보살에게로 와서 '우리는 가난하고 아무런 희망도 없습니다. 아무쪼록 자비로써 목숨을 구해 주십시오'라고 말하면, 보살은 그 요구에 응하여 모두 다 만족시켜 줍니다. 중생이 구하는 게 있어서 찾아오면 보살은 위없는 대자비심을 일으켜 더욱 환희하여 이렇게 생각합니다.

'나는 바라던 일을 얻었다. 이들 중생은 나의 복전(福田)이며 나의 선지식이다. 내가 구하지 않았는데도 이 중생들이 와서 나를 가르치고 나를 발심시키고 불도를 수행시킨다. 나는 이와 같이 수행하여 널리 중생들을 기쁘게 해 주자. 내가 닦은 공덕으로 어서 속히 청정의 법신을 완성하고 중생들의 요구에 응하여 모두 다 환희를 얻을 수 있기를.

또 이 공덕으로 여러 중생이 모두 위없는 궁극의 깨달음을 성취할 수 있기를. 나는 먼저 일체 중생의 소원을 만족시키자. 그 후에 나의 위없는 궁극의 깨달음을 완성하리라.'

보살이 이렇게 생각할 때 보살은 주는 것을 보지 않고, 그 받는 것을 보지 않고, 재물을 보지 않고, 복전을 보지 않고, 업보를 보지 않고, 결과를 보지 않는 것입니다.

보살은 삼세의 중생을 관찰하고 이렇게 생각합니다. '참으로 불쌍한 일이다. 중생은 어리석음에 덮이고 번뇌에 싸이고 항상 생사 속에서 흔들리고 고해(苦海)를 헤매며 조금도 견고한 진실을 얻지 못하고 있다. 나는 여러 부처님들이 배우신 것을 모두 배우고 중생을 위하여 힘을 다하고 중생으로 하여금 위없는 궁극의 깨달음을 얻게 하자.' 이것이 보살의 환희행입니다.

불자여, 두 번째로 보살의 요익행(饒益行)이란 어떤 것입니까?

보살은 계율을 청정하게 지켜서 어떠한 감각의 대상에 있어서도 집착하는 마음이 없으며 중생을 위해서도 무집착의 법을 설하여 스스로의 이익을 구하지 않습니다. 오직 굳게 계율을 견고하게 가지고 다음과 같이 생각합니다. '나는 모든 번뇌와 두려움, 슬픔, 고통을 떠나 중생의 소원을 어기지 않고 아침에는 위없는 최고의 깨달음을 얻도록 하자.'

보살이 이와 같이 계율을 수호할 때 여러 마왕이 아름다운 천녀를 수없이 데리고 와서 보살을 유혹하려고 하여도 그는 다음과 같이 생각합니다. '이 오욕(五欲)은 불도의 장애가 된다. 이에 집착해서는 위없는 최고의 깨달음을 얻을 수 없다.' 그래서 보살은 직접 부처님을 만나 뵌 이래 한 생각의 욕심도 일으키지 않고 마음이 청정하기가 마치 부처님과 같아졌습니다.

그때 보살은 다음과 같이 생각합니다.

'중생은 광야와 같은 생사 가운데서 오욕을 생각하고 오욕을 즐기며 오욕에 집착하고 오욕에 헤매며 오욕에 침몰하며 오욕에서 빠져 나올 수가 없다. 나는 지금 여러 마왕·천녀 및 일체중생으로 하여금 무상의 계율을 세우게 하자. 또 가르쳐서 불퇴전(不退轉)의 경지를 얻게 하고 위없는 최고의 깨달음을 얻게 하자. 왜냐하면 이것이 내가 할 일이며 여러 부처님도 모두 이와 같이 행하였기 때문이다.

온갖 법은 허망하고 진실하지 못하며 잠시도 머물러 있지 않고 견고하지도 못하다. 그것은 마치 환상처럼 중생을 현혹케 한다. 모든 존재는 꿈과 같고 번개와 같이 무상한 것이라고 깨닫는 사람은 능히 생사를 헤아려 열반에 통달할 수가 있다. 또한 번뇌를 극복하지 못한 중생으로 하여금 번뇌를 극복케 하고, 고요하지 못한 중생들로 하여금 고요하게 하며, 청정하지 못한 중생들로 하여금 청정케 하고, 열반에 통달하지 못한 중생들로 하여금 열반에 통달케 할 수가 있다'라고 하는 것이 보살의 요익행입니다.

불자여, 세 번째로 보살의 무에한행(無恚限行)이란 어떤 것입니까?

보살은 항상 인내의 법을 행하고 스스로 겸손하고 남을 공경하며 온유한 얼굴로 상냥한 말을 쓰고 스스로를 해치지 않고 남을 해하지도 않으며 항상 다음과 같이 생각합니다.

'나는 항상 중생을 위하여 법을 설하고 모든 악을 떠나게 하자. 즉 탐욕·노여움·어리석은 마음·교만심·어지러운 마음과 질투심을 떠나게 하여 큰 지혜 속에서 안온케 하자.'

보살이 이와 같이 인내의 법을 완성하면, 예컨대 수없는 중생이 나쁜 소리를 내어 보살을 욕하고 헐뜯고 또한 여러 무기를 가지고 박해를 하더라도 보살은 언제나 다음과 같이 생각합니다.

'만약 내가 이 고통으로 인해서 노여운 생각을 일으킨다면 나 스스로 번뇌를 극복하지 못하고, 고요하지 못하고, 진실하지 않으며, 자기 몸을 애착하는 것이 될 것이다. 하물며 어떻게 남으로 하여금 환희의 마음을 일으켜 망집에서 빠져나오게 할

수 있겠는가.'

또한 보살은 다음과 같이 생각합니다. '나는 아득한 옛적부터 여러 가지 고통을 받았다. 그러므로 스스로 마음을 가다듬어 스스로 번뇌를 극복하자. 왜냐하면 나는 위없는 법에 안주해야 하기 때문이다.'

다시 보살은 중생으로 하여금 이 법을 얻게 하기를 원하여 다음과 같이 생각합니다.

'이 몸은 공적(空寂)하고 나[我]도 없으며, 나에게 속한 것도 없으며 진실의 본성도 없다. 모든 고락(苦樂)도 그 실체가 없다. 모든 것은 공한 것이라는 것을 나는 능히 깨닫고 사람들을 위해 널리 설하리라. 가령 내가 지금 고통이나 박해를 겪더라도 능히 그것을 참고 견디어야 한다. 즉 중생을 가엾이 여기고 중생을 안락케 하여 중생을 거두어 붙들고 중생으로 하여금 불퇴전의 경지를 얻게 하여 마침내는 위없는 최고의 깨달음을 완성시키고자 생각하여, 부처님이 행하던 법을 나도 또한 행해야 할 것이다'라고 하는 것이 보살의 무에한행입니다.

불자여, 네 번째로 보살의 무진행(無盡行)이란 어떤 것입니까?

보살은 항상 많은 노력을 하고 정진을 합니다. 보살은 오욕 때문에 마음이 산란해지거나 노여움, 어리석음, 교만, 질투, 원망 때문에 번뇌하는 일이 없습니다. 또 보살은 다음과 같이 생각합니다.

'어떠한 중생도 괴롭히려고 생각하지 않기 때문에 정진을 행한다. 또 모든 번뇌를 떠나려고 생각하여 모든 중생의 생사, 번뇌, 희망, 마음의 움직임을 알려고 생각하며, 여러 부처님의 진실한 법을 알려고 생각하고, 청정한 평등의 법을 알려고 생각하고, 여러 부처님은 무량무변하여 불가사의하다는 것을 알려고 생각하기 때문에 정진을 행한다.'

보살이 이와 같은 정진을 완성할 때 어떤 사람은 다음과 같이 물을 것입니다. '수없는 세계의 하나하나의 중생을 위해 당신은 천만억 년 동안 지옥의 고통을 받고 그 중생들로 하여금 열반에 들어가게 하려고 생각합니까?

또 수없는 여러 부처님이 세상에 출현하시어 수없는 중생들에게 갖가지 낙을 받게 하여도 당신은 낱낱이 지옥의 고통을 겪은 후 비로소 위없는 최고의 깨달음을 얻으려고 생각합니까?'

이에 보살은 다음과 같이 대답합니다. '나는 수없는 세계의 하나하나의 중생을 위하여 지옥의 고통을 받으리라. 또한 여러 부처님이 세상에 출현하시어 중생에게 기쁨을 주어도 나는 지옥의 고통을 두루 떠맡은 후에야 비로소 위없는 최고의 깨달음을 얻으리라.'

또 어떤 사람은 이렇게 물을 것입니다. '예컨대 당신이 한 개의 털끝으로 큰 바다의 물을 찍어내어 그 바다를 마르게 하고, 또한 수없는 세계를 부수어 티끌로 만든 후, 그 티끌을 낱낱이 셀 정도의 수많은 겁을 지내도 당신은 진리를 구하는 마음을 버리지 않겠습니까?'

보살은 이와 같은 말을 들어도 결코 퇴전하지 않고 후회하지 않으며 큰 기쁨과 노력으로 정진을 행하고 그리고 다음과 같이 생각합니다. '나는 내가 바라는 바를 얻을 수가 있다. 무량무변

의 세계에서 고통 받는 중생들은 나에 의해서 영원히 고통에서 벗어날 것이다.'

다시 보살은 다음과 같이 생각합니다. '나는 일체 중생을 대신하여 일체의 고통을 받을 것이다. 그리고 일체 중생으로 하여금 마침내 모두 열반을 얻게 할 것이다.' 이것이 보살의 무진행입니다.

불자여, 다섯 번째로 보살의 이치란행(離癡亂行)이란 어떤 것입니까?

보살은 어떠한 경우에도 마음을 산란케 하는 일이 없습니다. 보살은 헤아릴 수 없는 겁 동안 정법을 들어왔습니다. 보살은 정법을 들으면서 아직 일찍이 정법에서 물러선 일이 없습니다. 왜냐하면 보살이 불도를 행할 때 아직 일찍이 중생의 삼매를 산란시킨 일이 없고 또한 정법이나 지혜를 끊은 일이 없기 때문입니다.

보살은 남의 험담을 들어도, 또한 칭찬하는 말을 들어도 마음이 산란하지 않습니다. 선정(禪定)도 산란치 않고, 보살행도 산란치 않고, 보리심을 성숙시키는 데도 산란치 않고, 염불삼매도 산란치 않으며, 중생을 가르쳐 인도하는 지혜도 산란치 않습니다.

보살은 선정 가운데서 모든 음성의 모습을 관찰하고 그 본성을 알고 있습니다. 가령 다른 사람에게 좋고 나쁜 소리를 들어도 애증(愛憎)의 마음을 일으키는 일이 없습니다. 왜냐하면 보살은 모든 소리는 실체가 없고 무차별이라는 것을 알고 있기 때문입니다.

보살은 동작·말·마음이 적정하므로 법에서 퇴전하는 일이 없습니다. 그리고 선정에 안주하여 지혜는 깊어지고, 모든 음성을 떠난 삼매를 얻어 자비의 마음을 키우고, 한 생각 한 생각 속에서 한량없는 삼매를 얻고, 마침내는 일체의 지혜를 완성하게 할 것입니다. 보살은 다른 사람의 나쁜 소리를 듣고 나서도 다음과 같이 생각합니다. '나는 모든 중생으로 하여금 청정한 마음으로 안락케 하고 모든 지혜를 얻게 하여 마침내는 큰 열반의 세계를 완성시킬 것이다'라고 생각하는 것이 보살의 이치란행입니다.

불자여, 여섯 번째로 보살의 선현행(善現行)이란 어떤 것입니까?

보살은 동작·말·마음이 청정하며 모든 것이 실체가 없다는 지혜에 도달하고 있습니다. 보살의 동작·말·마음에는 속박도 없고 해탈도 없습니다. 그러므로 보살의 행동은 의지하는 곳이 없고 머무르는 곳이 없습니다. 다만 마음에 따라 나타나고 마음에 따라 움직입니다.

보살은 다음과 같이 생각합니다. '일체 중생은 자성(自性)이 없는 것을 자성으로 삼고, 일체의 것은 적멸을 성품으로 삼고, 일체 국토는 형체가 없음으로 형체를 삼았다. 또 과거·현재·미래의 삼세가 오직 말뿐이고, 모든 말이 여러 법 가운데 의지한 곳이 없고 모든 법이 말 가운데 의지한 곳이 없다.'

보살은 이와 같이 깊은 진리를 깨닫고, 모든 세계를 두루 다니며 고요한 것을 알고, 일체 여러 부처님의 심심한 묘법을 깨닫고, 불법과 세간법과는 동일하여 구별이 없다고 깨닫고 있습니다. 세간의 법은 부처님의 법과 일치하며 부처님의 법은 세간의 법과 일치합니다. 그러므로 보살은 부처님의 법과 세간의 법이 다르지 않다는 것을 깨닫고 있습니다.

보살은 삼세의 평등한 진리에 안주하여 자비심을 버리지 않고, 중생을 교화하고 인도하는 마음을 버리지 않고, 대자대비의 마음을 성숙시켜서 일체 중생을 구하기를 원합니다. 보살은 다음과 같이 생각합니다.

'내가 중생의 덕을 완성시키지 않으면 누가 완성시킬 수 있겠는가. 내가 중생의 번뇌를 극복하지 않으면 누가 극복시킬 수 있겠는가. 내가 중생의 고뇌를 가라앉히지 않으면 누가 가라앉힐 수 있겠는가. 내가 중생의 마음을 청정케 하지 않으면 누가 청정케 할 수 있겠는가.'

또 보살은 다음과 같이 생각합니다. '중생의 덕이 아직 완성되지 않았는데 나 홀로 위없는 궁극의 깨달음을 얻는다는 것은 잘못이다. 나는 우선 중생을 교화하고 인도하며 한없는 겁 동안 보살행을 수행하여 중생의 덕을 완성시키자.'

보살이 이와 같은 행에 안주할 때 여러 천인, 출가자와 재가자들이 이 보살을 보고 마음으로부터 환희하고 공경할 것입니다. 만약 중생이 이 보살을 공경하고 예배하며 그 법에 따르면 마침내 위없는 궁극의 깨달음을 얻을 것입니다. 이것이 보살의 선현행입니다.

불자여, 일곱 번째로 보살의 무착행(無着行)이란 어떤 것입니까?

보살은 집착이 없는 마음으로 생각하며, 수없는 불국토를

관찰하고, 수없는 여래가 계신 곳으로 나아가 예배하고 공양합
니다.

　보살은 부처님의 광명을 받아도 마음에 집착하지 않습니다.
또 부처님의 설법을 들어도 혹은 시방세계와 부처님과 보살과
일체 대중 속에 있어도 집착이 없습니다. 보살은 청정하지 않
은 나라를 보아도 미움을 느끼지 않습니다.

　왜냐하면 보살은 그 마음이 적멸(寂滅)하고 모든 것은 평등
하다는 것을 알고 있기 때문입니다. 즉 모든 것은 청정하지도
않고 부정하지도 않고, 암흑도 아니며, 광명도 아니고, 분별도
없으며, 무분별도 없고, 희망도 아니고, 진실도 아니며, 안락도
아니고, 위험도 아니며, 정도도 아니고, 사도(邪道)도 아니라는
것을 알고 있습니다.

　이와 같이 보살은 모든 것의 진실한 모습을 관찰하고, 중생
의 본성에 들어가 교화하고 인도하여 덕을 완성하였으므로 집
착하는 마음이 없습니다.

　또 보살은 보살의 마음을 버리지 않기에 부처님의 세계에 머
물면서도 집착하지 않고, 여러 가지 말에도 집착하지 않고, 중
생의 속에 들어가도 그 속에 집착하지 않고, 여러 선정을 분별
하고 그 안에 들어가도 마음에 집착함이 없으며, 수없는 여러
부처님의 국토에 들어가 그 불국토를 보아도 집착하지 않고,
혹은 그 불국토를 떠날 때에도 미련을 갖지 않습니다.

　그때 보살은 일체 중생이 여러 고통을 받고 있는 것을 보고
대비심을 일으켜 다음과 같이 생각합니다.

　‘나는 시방세계의 하나하나의 중생을 위해 한량없는 겁을 지

나면서 항상 중생과 더불어 지내고 그 덕을 성취시키며 어떠한 경우에도 중생을 버리려는 생각은 티끌만큼도 하지 않을 것이다.'

이와 같이 보살은 생각 생각마다 대비심을 일으켜서 끊어지는 일이 없고 또 중생에게 집착하지 않습니다.

또 보살은 모든 보살행을 학습하고 몸에 갖추었으나 신체에 집착하지 않고, 진리에 집착하지 않고, 마음에 집착하지 않고, 소망에 집착하지 않고, 선정에 집착하지 않고, 적정(寂靜)에 집착하지 않고, 깊은 진리의 세계에 들어가는 일에 집착하지 않고, 중생을 교화·인도하여 그 덕을 성취시키는 일에 집착하지 않습니다. 왜냐하면 보살은 다음과 같이 생각하고 있기 때문입니다.

'일체의 세계는 환상과 같고 여러 부처님의 설법은 번개와 같고 보살의 행동은 꿈과 같고 듣는 불법은 메아리와 같다.'

보살은 일념 속에서 널리 시방세계에 충만하여 보살의 행을 거듭합니다. 그 행의 광대함은 마치 법계와 같으며 무량무변하기가 마치 허공과 같은 것입니다.

보살은 이와 같이 온갖 것이 무아(無我)라는 것을 관찰하였기에, 대비심을 일으켜 모든 사람들을 구하고, 아직 덕을 성취하지 못한 사람은 성취케 하고, 아직 번뇌를 극복하지 못한 사람은 번뇌를 극복하게 하고, 세간을 초월해 있으면서 더구나 세간을 따르게 합니다. 이것이 보살의 무착행입니다.

불자여, 여덟 번째로 보살의 존중행(尊重行)이란 무엇입니까?

보살은 항상 여러 부처님의 훌륭한 진리를 즐기고 오로지 위없는 최고의 깨달음을 구하여 잠시 동안도 보살의 대원(大願)을 버리지 않고 한량없는 겁 동안 보살의 도를 지니고 있습니다.

보살은 생각 생각마다 끝없는 생사의 고통을 벗으려는 대원을 키우고 있습니다. 만약 중생이 이 보살을 공경하고 예배하고 또한 그 소원을 들을 수가 있다면 중생은 불퇴전의 자리에 머물러 반드시 위없는 최고의 깨달음을 완성할 수가 있을 것입니다.

보살은 한 중생도 소홀히 여기지 않으며 많은 중생에게 집착하지도 않으며, 반대로 많은 중생을 소홀히 여기지도 않으며, 한 중생에게 집착하지도 않습니다. 왜냐하면 중생의 세계와 진리의 세계는 둘이 아니라는 것을 깨닫고 있기 때문입니다.

이와 같이 보살은 깊은 진리의 세계를 깨닫고 형체 없는 형체로 머물면서 온갖 불국토에 몸을 나타내어도 그 불국토에 집착하지 않습니다.

또한 보살은 모든 일에 대하여 욕망을 떠나 있어도 보살의 도를 그만두지 아니하고 보살의 행을 버리지 않습니다.

보살이 지니고 있는 공덕의 보물창고는 다할 수가 없으며 중생을 교화하고 인도하는 것도 또한 다할 수가 없습니다. 즉, 보살은 궁극의 깨달음에 도달해 있는 것도 아니며 도달해 있지 않은 것도 아닙니다. 집착을 떠나 있는 것도 아니며 떠나 있지 않은 것도 아닙니다. 세간의 일도 아니며 부처님의 진리도 아니고 범부도 아닙니다.

보살은 이와 같이 중생을 소중하게 생각하는 지혜의 마음을 성취하여 항상 보살의 행을 닦고, 일체 중생으로 하여금 영원

히 나쁜 길에서 떠나게 하고, 중생을 교화하고 인도하여 삼세
의 여러 부처님의 진리 속에 편안히 머물게 합니다.

그리고 다음과 같이 생각합니다.

'모든 중생은 은혜와 옳은 것[恩義]을 모르고 서로 해치며,
사심이 불타오르고 정도(正道)를 어겨서 번뇌가 많으며, 무지의
어둠에 덮여 있다. 나는 오로지 일체 중생의 번뇌를 극복하고
일체 중생을 청정케 하고 또한 구하려고 생각할 뿐이다.' 이것
이 보살의 존중행입니다.

불자여, 아홉 번째로 보살의 선법행(善法行)이란 어떤 것입
니까?

보살은 일체 중생을 위하여 청정한 진리의 연못이 되며 정법
을 수호하여 부처가 될 씨앗[佛種]이 끊어지지 않게 합니다. 보
살은 중생의 바람과 능력에 따라 설하고 하나하나의 말에 한량
없는 의미를 담고 사람들을 기쁘게 합니다. 가령 중생이 수없
는 말을 알고 한량없는 숙업이나 인과응보를 알고 있고, 그와
같이 중생이 한량없이 세계에 충만해 있어도, 보살은 그 안에
있으면서 진리의 말로써 이들 사람들의 마음을 눈뜨게 합니다.

그때 보살은 다음과 같이 생각합니다. '한 오라기 털끝만한
곳에도 잠깐 사이에 수없는 중생이 와서 모인다. 이와 같이 해
서 일념 일념 사이에 과거 · 현재 · 미래에 걸쳐 모이더라도 중
생은 다하지 않을 것이다. 더구나 중생들의 말은 같지 아니하
고 그 물음은 제각기 다르더라도, 나는 그 중생의 문제를 마음
에 조금의 두려움도 없이 모두 들어서 단 한 마디로써 의문의
그물을 부수고 중생들로 하여금 모두 기쁘게 할 것이다.'

보살이 설법하는 말은 진실이며, 한 마디 한 마디 가운데 한
량없는 지혜가 담겨져 있으며, 그 지혜의 광명은 일체의 세계
를 비추고 중생의 공덕을 완성합니다.

보살은 선법행에 머물며 스스로 청정한 가운데 이와 같이 일
체 중생을 교화하고 인도합니다.

불자여, 이 보살에게는 열 가지 몸이 있습니다.

첫째, 무량무변의 법계에 들어가는 몸입니다. 그것은 일체
세간을 초월하고 있습니다. 둘째, 미래신(未來身)입니다. 그것
은 어떠한 국토에서도 태어날 수가 있습니다. 셋째, 불생신(不
生身)입니다. 그것은 일찍이 난 일이 없다는 진리를 얻고 있습
니다. 넷째, 불멸신(不滅身)입니다. 그것은 일찍이 멸한 일이 없
다는 진리를 얻고 있습니다. 다섯째, 진실신(眞實身)입니다. 그
것은 진실의 도리를 얻고 있습니다. 여섯째, 무지를 떠나 있는
몸입니다. 그것은 중생의 바람에 응하여 교화하고 인도합니다.
일곱째, 과거도 미래도 없는 몸입니다. 그것은 여기서 죽고 저
기서 난다는 일이 전혀 없습니다. 여덟째, 불괴(不壞)의 몸입니
다. 그것은 법계의 본성은 파괴할 수가 없다는 진리를 얻고 있
습니다. 아홉째, 일상(一相)의 몸입니다. 그것은 과거·현재·미
래를 나타낼 도리가 없습니다. 열째, 무상(無相)의 몸입니다. 그
것은 법의 형체를 잘 관찰하고 있습니다.

보살은 이와 같은 열 가지 몸을 완성하여 일체 중생을 위하
여 스스로 집이 됩니다. 보살은 선(善)의 능력을 기르고 있기
때문입니다. 보살은 일체 중생을 구호합니다. 중생에게 두려움
이 없는 마음을 주기 때문입니다. 보살은 일체 중생의 귀의처

가 됩니다. 중생으로 하여금 평안한 세계에 안주하도록 하기 때문입니다. 보살은 일체 중생의 지도자가 됩니다. 중생에게 무상도(無上道)에 이르는 문을 열어 보이기 때문입니다.

보살은 일체 중생의 스승이 됩니다. 중생으로 하여금 진실의 법에 들게 하기 때문입니다. 보살은 일체 중생의 등불이 됩니다. 왜냐하면 중생에게 인과응보를 환히 보게 하기 때문입니다. 보살은 일체 중생의 밝은 지혜가 됩니다. 왜냐하면 중생으로 하여금 미묘한 불법을 얻게 하기 때문입니다. 보살은 일체 중생의 횃불이 됩니다. 중생에게 여래의 자재력(自在力)을 나타내기 때문입니다.

이 보살은 선법행에 머물러 일체 중생을 위하여 청정한 진리의 연못이 됩니다. 보살은 심심미묘한 불법의 근원을 얻고 있기 때문입니다. 이것이 보살의 선법행입니다.

불자여, 열 번째로 보살의 진실행(眞實行)이란 무엇입니까?

보살은 진리의 말을 성취하고 그 말대로 행하고 또 행하는 대로 설법합니다. 보살은 삼세 부처님들의 진실의 말을 배우며 삼세 부처님들의 본성에 들어가 삼세 부처님들의 공덕과 함께 합니다.

보살은 또 다음과 같이 생각합니다.

'일체 중생이 한량없는 고통을 받고 있는 것을 보고 나는 이것을 구하려고 생각한다. 만약 아직 중생을 구하기 전에 스스로 위없는 최고의 깨달음을 이룬다면 이것은 옳지 않다.

나는 먼저 보살의 대원을 만족한 후, 일체 중생으로 하여금 위없는 보리와 무여열반(無餘涅槃)을 얻게 하며 성불케 할 것이다. 왜냐하면 중생은 나에게 의뢰하여 보리심을 일으키는 것이 아니다. 나 자신이 보리심을 일으켜 일체 중생으로 하여금 온갖 종류의 지혜를 얻게 하려고 생각하기 때문이다.

나는 일체 중생 가운데 가장 으뜸이다. 왜냐하면 중생에게 집착하지 않기 때문이다. 나는 일체의 암흑을 떠나 있다. 왜냐하면 중생의 끝이 없음을 알고 있기 때문이다. 나는 얻을 것을 얻고 있다. 왜냐하면 본래의 소원을 성취하고 있기 때문이다. 나는 선을 모두 닦아가고 있다. 왜냐하면 삼세의 모든 부처님에게 보호받고 있기 때문이다.'

보살은 본래의 서원을 버리지 않기 때문에 최고의 지혜에 들어갈 수가 있습니다. 보살은 일체 중생의 바람에 응하여 교화하고 인도하며 그 본래의 소원에 따라 중생의 소원을 만족시키고 모두 청정케 합니다. 보살은 생각 생각마다 널리 시방의 세계에 유행(遊行)하며, 생각 생각마다 한량없는 부처님 나라에 두루 나아가며 생각 생각마다 한량없는 부처님들을 만나 뵙니다.

보살은 여래의 자재한 신통력을 나타내며, 그 마음은 법계와 허공계에 동등합니다. 그 몸은 한량없어 중생의 바람에 응하여 나타나고, 몸과 마음 모두가 방해를 받는 일이 없으며 의지함이 없습니다.

보살은 자신 가운데 일체 중생, 일체 법과 삼세의 여러 부처님들이 모두 나타나 있습니다. 보살은 중생의 갖가지 생각과 갖가지 욕망과 갖가지의 업보를 알며, 중생의 요구에 응하여 그 몸을 나타내고 중생의 번뇌를 가라앉힙니다.

보살은 대비심에 머물러 부처님의 큰 가르침을 실천하며 적정(寂靜)의 세계를 관찰하고 있습니다. 보살은 또 부처님의 위신력을 얻어 자유자재하게 보배로 엮은 그물과 같은[因陀羅網][1] 법계에 들어 여래의 해탈을 성취하고, 지혜의 큰 바다를 관찰하여 항상 일체 중생을 위해 활동하고 있습니다. 이것이 보살의 진실행입니다."

그때 부처님의 신통력으로 시방의 모든 세계가 여섯 가지로 진동하였으며, 하늘에서 꽃비, 향비, 영락의 비, 보배의 비가 내렸다. 또한 하늘의 광명은 두루 일체를 비추고 하늘의 음악은 스스로 미묘한 울림으로 퍼져 나왔다.

그때 수없는 불국토에서 수없는 보살들이 와서 저마다 공덕림보살에게 말하였다.

"얼마나 기쁜 일입니까? 불자여, 당신은 능히 여러 가지 보살의 행을 설법해 주셨습니다. 우리들은 당신과 같은 이름인 공덕림이며 우리들의 국토는 공덕당(功德幢), 우리들의 부처님은 보공덕(普功德)입니다. 불자여, 우리들은 부처님의 신통력을 받고 이 국토에 와서 당신의 설법을 증명합니다."

• • • • • • • • •

1) 5온(五蘊)__범어 pañca-skandha의 역어. 인간 존재를 구성하는 다섯 가지 요소.
　① 흙덩어리와 같은 색온(色蘊 : 물질적 요소 · 色如聚沫)
　② 물거품과 같은 수온(受蘊 : 인상작용 · 受如水泡)
　③ 아지랑이와 같은 상온(想蘊 : 표상작용 · 想如陽炎)
　④ 파초와 같은 행온(行蘊 : 의지, 맹목적인 충동 · 行如芭蕉)
　⑤ 몽환과 같은 식온(識蘊 : 순수감각, 의식 · 識如夢幻)

제10장 십무진장품(十無盡藏品)

― 보살이 갖추어야 할 열 가지 덕목 ―

그때 공덕림보살은 여러 보살들에게 말하였다.

"불자여, 보살에게는 열 가지의 보장(寶藏)이 있는데 삼세의 모든 부처님들이 이미 말씀하신 바입니다.

열 가지의 보장이란 무엇입니까? 그것은 신장(信藏), 계장(戒藏), 참장(慚藏), 괴장(愧藏), 문장(聞藏), 시장(施藏), 혜장(慧藏), 정념장(正念藏), 지장(持藏), 변장(辯藏)입니다.

첫째로, 보살이 얻는 믿음의 보물창고[信藏]란 무엇입니까?

보살은 일체 법이 공(空)함을 믿고, 일체 법이 형태가 없음을 믿고, 일체 법에는 이것을 만드는 주체가 없음을 믿고, 일체 법은 불생(不生)이라고 믿고 있습니다. 만약 보살이 이와 같은 신심(信心)을 완성하면 가령 부처님·중생·법계·열반계 등의 불가사의한 것에 관하여 들어도 놀랍고 두려운 마음을 갖지 않습니다. 왜냐하면 보살은 여러 부처님 밑에서 닦은 신심이 견고

하여 무너지는 일이 없기 때문입니다.

부처님은 무량무변의 지혜를 갖추고 계십니다. 더욱이 시방 세계에 무수한 부처님들이 계시어 이미 위없는 최고의 깨달음을 얻었고, 이미 열반에 들었습니다. 부처님들의 지혜는 더하는 일도 없고 덜하는 일도 없고, 생기는 일도 없고 멸하는 일도 없습니다.

보살은 이와 같이 무변무진한 믿음의 보물창고를 완성하여 여래의 큰 힘을 타고 나아가며, 모든 불법을 지키고 일체의 덕을 닦고, 모든 여래의 덕에 따르고 모든 부처님들의 방편에 나아가고 있습니다. 이 믿음의 보물창고는 결코 퇴전하지 않는 믿음, 산란하지 않는 믿음, 깨뜨리지 않는 믿음, 집착하는 일이 없는 믿음, 여래 본성의 믿음입니다. 이것이 보살의 다함없는 믿음의 보물창고입니다.

불자여, 둘째로, 보살이 얻는 계율의 보물창고〔戒藏〕란 무엇입니까?

보살은 여러 가지 계를 성취합니다.

첫째는 요익계(饒益戒)입니다. 보살은 중생의 이익을 위하여 일하고 중생을 안락케 합니다.

둘째는 불수계(不受戒)입니다. 보살은 외도(外道)의 여러 가지 계를 받지 않고 과거·현재·미래의 부처님들이 설하신 평등의 계를 지킵니다.

셋째는 무착계(無着戒)입니다. 보살은 어떠한 세계의 계에도 집착하지 않습니다.

넷째는 안주계(安住戒)입니다. 보살은 어떤 계도 깨뜨리지 않고 청정하여 의심도 후회도 없는 계를 성취합니다.

다섯째는 부쟁계(不諍戒)입니다. 보살은 항상 열반으로 향하는 계에 따르고 이 계를 위하여 중생을 괴롭히는 일이 없습니다. 보살이 계를 지니는 것은 다만 중생의 이익을 생각하고 중생을 환희케 하기 위해서입니다.

여섯째는 불뇌해계(不惱害戒)입니다. 보살은 계를 지님으로써 중생을 괴롭히거나 주술(呪術)을 배우는 일은 없습니다. 왜냐하면 보살은 중생을 구하기 위해 계를 지니기 때문입니다.

일곱째는 부잡계(不雜戒)입니다. 보살은 한쪽의 견해를 떠나야만 인연을 관찰하고 청정의 계를 갖습니다.

여덟째는 이사명계(離邪命戒)입니다. 보살은 다만 청정한 계를 지니고 오로지 불법을 구하며 일체의 지혜를 성취하려고 생각할 뿐입니다.

아홉째는 불악계(不惡戒)입니다. 보살은 스스로 교만하여 '나는 계율을 잘 지키고 있다'라고 말하지 않습니다. 또 계를 범하는 사람을 보고도 경멸하거나 괴롭히지 않습니다. 다만 일심으로 계를 지닐 뿐입니다.

열째는 청정계(淸淨戒)입니다. 보살은 살생, 도둑질, 음행, 거짓말, 나쁜 말, 이간하는 말, 성내는 일, 어리석음, 바르지 못한 소견 등에서 떠나 오로지 계를 지킵니다.

보살은 다음과 같이 생각합니다.

'만약 중생이 계를 범한다면 그것은 중생의 그릇된 생각에 의한 것이다. 모든 부처님들은 중생이 그릇된 생각에 의하여

계를 범한다는 것을 알고 계십니다. 그래서 나는 오로지 불도
를 구하고 위없는 최고의 깨달음을 완성하여 널리 중생을 위해
진실의 법을 설하고, 중생들로 하여금 그릇된 생각을 떠나 청
정의 계를 지니게 하고 모두 위없는 최고의 깨달음을 성취케
하자.'

이것이 보살의 다함없는 계장(戒藏)입니다.

불자여, 셋째로, 보살이 얻는 참회의 보물창고〔慚藏〕란 무엇
입니까?

보살은 스스로 자기의 과거세를 생각합니다.

'나는 한량없는 옛적부터 부모형제들에게 죄를 범해 왔다.
혹은 상대를 업신여기고 스스로 교만하였으며, 혹은 믿음이 산
란하여 바른 믿음을 잃고 화를 내어 친근함이 없어졌으며, 이
와 같이 혼미하여 여러 가지 악을 지어 왔다. 일체 중생도 또한
그와 마찬가지로 여러 가지 죄를 범하고 있다. 이럴진대 어찌
하여 좋은 일이 있겠는가. 그러니 나는 스스로 죄를 부끄럽게
생각하여 위없는 최고의 깨달음을 완성하고 또한 중생을 위하
여 진실의 법을 설하고 중생으로 하여금 죄를 부끄럽게 생각하
여 위없는 최고의 깨달음을 완성하도록 하자.'

이것이 보살의 다함없는 참회의 보물창고입니다.

불자여, 넷째로, 보살의 부끄러움을 아는 보물창고〔愧藏〕란
무엇입니까?

보살은 스스로 자신의 부끄러움에 대해서 생각합니다.

'나는 옛날부터 감각의 대상이나 처자형제나 재산이나 보물 등에 관한 탐욕이 끝이 없었다. 이러한 일은 그만두지 않으면 안 된다.'

또 다음과 같이 생각합니다.

'중생은 나쁘고 거친 마음을 품고 서로 해치고 있다. 그러나 중생들은 그것을 조금도 수치로 생각하지 않는다. 이 때문에 혼미 속에 빠져 끝없는 고뇌를 받고 있다. 삼세의 부처님들은 모두 이것을 아시고 있다. 나는 자기의 행위를 스스로 부끄럽게 생각하여 위없는 최고의 깨달음을 완성하고 널리 중생을 위하여 이 진리를 설하고 불도를 완성시키자.'

이것이 보살의 끝없는 부끄러움을 아는 보물창고입니다.

불자여, 다섯째로 보살이 법문을 듣는 보물창고〔聞藏〕란 무엇입니까?

보살은 많은 진리를 듣습니다. 이를테면 보살은 이것이 있으므로 저것이 있고, 이것이 없으므로 저것도 없다. 어떤 일이 일어나니까 다른 일도 일어나고 어떤 일이 멸하니까 다른 일도 멸한다는 상대관계를 알고 있습니다. 또 보살은 이 세계의 진리, 이 세계를 초월하고 있는 진리, 모양이 있는 세계의 진리 등을 알고 있습니다.

보살은 다음과 같이 생각합니다.

'중생은 혼미의 세계에서 수많은 윤회를 거듭하면서도 불도를 닦을 줄을 모른다. 그러니 나는 노력·정진하여 불도를 배우고 일체 부처님들의 법을 지녀서 위없는 최고의 깨달음을 완성하고 또한 널리 중생을 위하여 진실의 법을 설하고 위없는 궁

극의 불도를 완성시키자.'

이것이 보살의 끝없이 법문을 듣는 보물창고입니다.

불자여, 여섯째로, 보살이 행하는 보시의 보물창고[施藏]란 무엇입니까?

보살은 열 가지 종류의 보시를 합니다. 즉 수습시법(修習施法), 최후난시법(最後難施法), 내시법(內施法), 외시법(外施法), 내외시법(內外施法), 일체시법(一切施法), 과거시법(過去施法), 미래시법(未來施法), 현재시법(現在施法), 구경시법(究竟施法)입니다.

첫째로, 보살의 수습시법(修習施法)이란 무엇입니까?

보살은 어떠한 귀중한 물건과 맛있는 음식에도 집착하지 않고 모두 사람들에게 보시합니다.

보시한 후에 만약 남은 것이 있으면 자기가 그것을 먹고 다음과 같이 생각합니다.

'내가 식사를 하는 것은 내 몸 속의 약 팔만 마리 가량의 작은 벌레들을 위해서이다. 나의 몸이 안락하면 그들도 또한 안락하고 나의 몸이 굶주림에 고통받으면 그들도 또한 굶주림에 고통스러울 것이다.'

이와 같이 보살이 식사를 하는 것은 몸 속의 벌레를 위한 것이며 그 맛을 보는 것이 아닙니다.

또 보살은 다음과 같이 생각합니다. '나는 오랫동안 자기 몸을 위해 마실 것, 먹을 것을 탐해 왔다. 나는 조속히 이 몸을 떠나는 일에 노력정진하자.' 이것이 보살이 행하는 보시의 방편입니다.

둘째로, 보살이 행하는 가장 어려운 보시법[最後難施法]이란 무엇입니까?

만약 보살이 갖가지 맛있는 음식이나 의복, 그 밖의 생활도구를 자기를 위해 사용하면, 목숨을 연장하여 쾌적한 인생을 보낼 수가 있습니다. 반대로 만약 이것을 모든 사람들에게 보시한다면 보살은 곤궁해지며 목숨이 단축될 것입니다. 그러한 경우 어떠한 거지가 나타나 보살에게 모든 것을 소망해 왔습니다.

그때 보살은 다음과 같이 생각합니다.

'나는 여태까지 목숨을 버린 일은 수없이 많았으나 남을 구하기 위해 자기 목숨을 버린 일은 아직 한 번도 없었다. 다행히 맛있는 음식과 의복을 얻은 것은 더없는 기쁨이다. 이제 나는 목숨을 버리고 일체를 바쳐서 중생을 위해 아끼지 않고 큰 보리를 완성하자.'

이것이 보살이 최후에 행하는 가장 어려운 보시입니다.

셋째로, 보살이 신명을 버려 행하는 보시[內施法]란 무엇입니까? 보살은 젊었을 때 단정하고 아름다운 모습에다 맑은 얼굴을 가졌으며 청정한 의복에 장식을 달고 국왕의 자리에 앉아 천하를 다스리고 있었습니다.

그때 어떤 거지가 나타나서 왕에게 말했습니다.

'나는 지금 늙고 병들고 쇠약하고 고독하고 아무도 돌보아주는 사람이 없습니다. 이대로 있으면 반드시 죽어버릴 것입니다. 대왕이시여, 아무쪼록 나를 살려 주십시오. 만약 내가 당신처럼 왕의 몸을 얻을 수가 있다면 나는 당신의 수족, 혈육, 뇌

수(腦髓) 등을 쓸 수 있을 것입니다. 아무쪼록 자비하신 마음으로 나에게 보시해 주십시오.'

보살은 그때 다음과 같이 생각합니다.

'나의 몸도 마침내는 거지와 같은 운명이 될 것이다. 만약 죽어버리면 무엇 하나 보시할 수도 없게 된다. 그렇다면 조속히 이 몸을 버리고 목숨을 구하자.' 보살은 기꺼이 자기 몸을 거지에게 보시하였습니다. 이것이 보살이 신명을 버려 행하는 보시법입니다.

넷째로, 보살이 자신의 지위를 버려 보시하는 법〔外施法〕이란 무엇입니까? 보살은 젊었을 때 단정하고 엄숙한 모습에 그 얼굴은 더욱 맑았으며 깨끗한 옷을 입고 장식을 몸에 달고 국왕의 자리에 앉아 천하를 다스리고 있었습니다.

그때 한 거지가 나타나서 왕에게 말했습니다.

'나는 나이 많고 병들고 쇠약해서 마침내 빈곤 속에서 목숨이 끊어질 것입니다. 저와는 달리 대왕께서는 모든 즐거움을 몸에 지니고 계십니다. 대왕이시여, 아무쪼록 왕위를 저에게 보시해 주십시오. 나는 천하를 다스려 왕의 행복을 만끽할 것입니다.'

보살은 그때 다음과 같이 생각합니다.

'부귀는 덧없는 것이다. 그것은 마침내 빈천(貧賤)으로 변할 것이다. 만약 빈천해지면 남에게 보시할 수도 없고 그 소원을 이루어 줄 수도 없다. 그렇다면 조속히 왕위를 버리고 거지의 마음을 만족시켜 주자.'

이때 보살은 기꺼이 왕위를 보시하였습니다.

이것이 보살이 자신의 지위를 버려 보시하는 법입니다.

다섯째로, 보살이 안과 밖의 모든 것을 버려 행하는 보시의 법〔內外施法〕이란 무엇입니까?

보살은 젊었을 때 단정하고 엄숙한 모습에다 그 얼굴은 더욱 맑았으며 청정한 의복을 입고 장식을 몸에 달고 국왕의 자리에 앉아 천하를 다스리고 있었습니다.

그때 한 거지가 나타나 왕에게 말했습니다.

'나는 나이 많고 병으로 쇠약하여 은근히 대왕의 생활을 바라고 있습니다. 대왕이시여, 아무쪼록 당신의 자리와 천하를 저에게 보시해 주십시오.'

보살은 그때 다음과 같이 생각합니다.

'나의 몸과 재보(財寶)는 모두 덧없는 것이며 마침내 사라져 갈 것이다. 나는 지금 나이도 젊고 힘도 왕성하여 천하의 부(富)를 갖고 있는데 더구나 구걸하는 사람이 눈앞에 나타나 있다. 나는 이제 이 덧없는 것 가운데서 영원한 진실을 구하자.'

보살은 이와 같이 마음 속으로 생각하고 기꺼이 모든 것을 버려서 거지에게 보시하였습니다.

이것이 보살이 안과 밖의 모든 것을 버려 행하는 보시의 법입니다.

여섯째로, 보살이 일체 모든 것을 버려 행하는 보시의 법〔一切施法〕이란 무엇입니까?

보살은 젊었을 때 단정하고 엄숙한 모습에 그 얼굴은 더욱 맑았으며 향기 높은 탕에서 목욕을 하고 청정한 의복을 입고 장식을 몸에 달고 국왕의 자리에 앉아 천하를 다스리고 있었습니다.

그때 한 거지가 나타나 왕에게 말했습니다.

'대왕의 이름은 널리 세계에 알려져 있습니다. 나는 멀리서 왕의 이름을 듣고 찾아왔습니다. 대왕이시여, 바라옵건대 대왕의 모든 지위와 재보를 나의 소망에 맡겨서 이 마음을 만족시켜 주십시오.'

그리고 그 거지는 왕의 나라와 성, 처자, 권속, 수족, 혈육, 두뇌 등 모두를 요구해 왔습니다.

그때 보살은 다음과 같이 생각합니다.

'아무리 친한 사람이라도 만나면 마침내 헤어지기 마련이다. 지금 남에게 보시를 하지 않으면 그 소원을 이루어 줄 수 없을 것이다. 나는 조속히 탐애의 마음을 떠나서 모든 것을 버리고 남을 위해 힘을 다하자.'

보살은 이와 같이 마음으로 생각하여 기꺼이 거지에게 모든 것을 보시하였습니다.

이것이 모든 것을 버려 행하는 보시의 법입니다.

일곱째로, 보살이 과거의 여러 부처님들과 보살들의 보시법을 본받아 행하는 보시법〔過去施法〕이란 무엇입니까?

보살은 과거의 부처님의 행이나 보살의 행이나 공덕을 들어도 그에 집착하지 않고, 망상도 일으키지 않습니다. 다만 사람들을 교화하고 인도하기 위하여 몸을 나타내고 널리 법을 설하고, 중생으로 하여금 불법을 완성시키려고 생각할 뿐입니다.

또 보살은 가령 시방세계를 두루 다니며 과거의 여러 법을 관찰하더라도 그 실체를 얻을 수가 없습니다.

그때 그는 다음과 같이 생각합니다.

'과거의 여러 가지 보시법을 모두 본받아 행하자.'

이것이 보살이 과거의 여러 부처님들과 보살들의 보시법을 본받아 보시를 실행하는 일입니다.

여덟째로, 보살이 행하는 미래의 보시법[未來施法]이란 무엇입니까?

보살은 미래의 여러 부처님과 보살의 행이나 공덕에 대해 들어도 그 모습을 그리지 않고, 집착하지 않으며, 그 부처님 나라에 탄생하려고 생각하지도 않고, 욕심을 내지도 않으며, 싫어하지도 않고, 마음을 닦아 산란하는 일이 없습니다.

다만 중생을 교화하고 인도하며 중생으로 하여금 불법을 성숙시키게 하려고 진실을 관찰할 뿐입니다.

이 진실의 법은 그 소재가 있는 것도 아니고, 없는 것도 아니고, 안에 있는 것도 아니고, 밖에 있는 것도 아니며, 멀리 있는 것도 아니고, 가까이 있는 것도 아닙니다.

이것이 보살이 미래의 보시법을 실행하는 일입니다.

아홉째로, 보살이 행하는 현재의 보시법[現在施法]이란 무엇입니까?

보살은 4천왕, 33천, 야마천, 도솔천 등 온갖 천상의 세계, 혹은 성문, 연각의 공덕을 자신의 몸에 지니고 있다는 것을 알아도 그 마음은 미혹하지 않고, 두려움을 품지 않고, 항상 고요하여 집착하지 않습니다.

보살은 다만 다음과 같이 생각합니다.

'모든 현상은 꿈과 같고 모든 행은 모두 진실이 아니다. 중생

은 그것을 모르기 때문에 미혹의 세계에 유전하는 것이다.'

보살은 중생을 위하여 널리 설법하고 중생으로 하여금 모든 악을 떠나 불도를 완성시키고 이와 같이 스스로 보살의 도를 닦아 마음에 미혹이 없습니다.

이것이 보살이 현재의 보시법을 실행하는 일입니다.

열째로, 보살이 행하는 궁극의 보시법〔究竟施法〕이란 무엇입니까?

많은 중생 가운데는 눈, 귀, 코, 수족 들이 없는 사람이 있습니다. 이들은 보살에게 '우리들은 불구자이며 불행한 몸입니다. 바라옵건대 보시로써 우리들을 완전하게 해주십시오'라고 말했습니다.

그때 보살은 기꺼이 자기의 것을 보시하였습니다.

그 때문에 보살은 가령 자기가 한량없는 겁 동안 불구자가 되어도 일념의 후회도 일으키지 않습니다.

다만 보살은 스스로 자기 몸을 관찰해 보건대 '이미 수태(受胎) 때부터 부정(不淨)하고 악취를 뿜으며 한 조각의 실체도 없고, 골절이 서로 연결된 그 위에 피와 살이 덮이고 여러 구멍에서는 항상 부정한 물이 흐르고, 이리하여 마침내는 시체가 된다'고 보았기에 일념의 애착도 일으키지 않습니다.

또 보살은 다음과 같이 생각합니다.

'이 몸은 연약하고 위태롭다. 어찌하여 이 몸을 애착하겠는가. 기꺼이 사람들에게 보시하여 그 소원을 만족시켜 주자. 그리고 마침내는 중생의 마음을 열고 교화하며 인도하고 모두 청정한 법신(法身)을 얻게 하며 심신의 몸에서 떠나게 하자.'

이것이 보살이 행하는 궁극의 보시법이며, 이상이 보살이 행하는 보시의 보물창고입니다.

불자여, 일곱째로 보살이 얻는 지혜의 보물창고〔慧藏〕란 무엇입니까?

보살은 형상의 세계와 마음 세계의 고뇌, 그 고뇌의 원인, 그 고뇌가 소멸한 열반, 고뇌를 소멸하는 실천을 분명히 알고 있습니다.

또 근본무지의 고뇌, 그 원인, 그 멸한 열반, 소멸의 방법도 분명히 알고 있습니다. 또 성문, 연각, 보살의 제각기의 법, 그 열반도 분명히 알고 있습니다. 그렇다면 보살은 이 가르침을 어떻게 알고 있는 것입니까?

보살은 온갖 것은 모두 숙업의 과보이며 인연에 따라 생하고 있다고 알고 있습니다. 그러므로 모든 것에는 자아의 실체가 없고 견고하지 않으며 진실이 아니고 모두가 공(空)하다는 것을 알고 있으며 널리 중생을 위해 진실의 법을 설하고 있습니다. 즉 '온갖 것은 마침내 파괴되는 것이 아니다'라고.

형상의 세계, 마음의 세계는 파괴되는 것이 아니고 근본 무지도 파괴되는 것이 아니며 또한 성문, 연각, 보살의 제각기의 법도 파괴되는 것이 아닙니다.

왜냐하면 온갖 것은 스스로 생한 것도 아니고 남에 의해서 만들어진 것도 아닙니다. 그것은 불생(不生)이고 불멸(不滅)이며, 보시하는 것도 아니고 받는 것도 아니며, 말로써 나타낼 수가 없기 때문입니다. 보살은 이와 같은 무진의 혜장을 완성하고 스스로 구극의 도에 도달하고 있습니다.

이것이 보살이 얻는 다함없는 지혜의 보물창고입니다.

불자여! 여덟째로 보살이 얻는 기억의 보물창고〔正念藏〕란 무엇입니까?

보살은 무지의 암흑에서 떠나 과거의 한 생, 열 생, 백 생 내지는 한량없이 많은 생애와 세계와 생성소멸의 되풀이를 마음에 생각합니다.

또 보살은 한 부처님 혹은 한량없이 많은 부처님들의 이름을 기억하고, 한 부처님의 출현이나 혹은 많은 부처님들의 출현을 기억하고, 한 부처님의 한 설법이나 많은 부처님들의 많은 설법을 기억하고, 하나의 번뇌나 많은 번뇌를 기억하고, 하나의 삼매나 많은 삼매를 기억합니다.

이와 같은 보살의 기억에는 열 가지가 있습니다.

즉 고요한 기억, 청정한 기억, 탁하지 않은 기억, 분명한 기억, 티끌을 여읜 기억, 가지가지의 티끌을 여읜 기억, 때를 여읜 기억, 광명이 빛나는 기억, 사랑스러운 기억, 장애가 없는 기억입니다. 보살이 이 기억을 할 때 어떠한 세간도 보살의 마음을 교란시킬 수는 없고 어떠한 악마도 그 마음을 움직일 수는 없습니다. 보살은 부처님들의 진리를 마음에 견지하고 분명히 그 까닭을 깨달아 아직 그릇된 일이 없습니다.

이것이 보살의 다함없는 기억의 보배창고입니다.

불자여, 아홉째로 보살이 얻는 가르침의 보물창고〔持藏〕란 무엇입니까?

보살은 여러 부처님에게서 하나의 경전 내지 한량없이 많은 경전을 배우고, 한 자나 한 구절도 잊은 일이 없습니다. 일생 동안이나 잊지 않고 또한 많은 생애 동안도 잊은 일이 없습니다.

보살은 한 부처님 내지 많은 부처님들의 이름을 들어 기억하고 있습니다. 또 하나의 세계 내지 많은 세계의 이름을 기억하고 있습니다. 또 하나의 법회 내지는 많은 법회를 맡아보고 있습니다. 또 한때의 설법 내지 많은 때의 설법을 시험하고 있습니다. 또 하나의 번뇌 내지는 많은 번뇌를 분별하고 있습니다. 또 하나의 삼매 내지 많은 번뇌에 드나들고 있습니다.

이것이 보살이 얻는 가르침의 보물창고입니다.

불자여, 열째로 보살이 얻는 말씀의 보물창고〔辯藏〕란 무엇입니까?

이 보살은 깊은 지혜를 완성하여 일체 중생을 위하여 여러 가지 진리의 말씀을 전하고 있습니다.

보살은 한 경전의 진리 내지는 한량없이 많은 경전의 진리를 설하고 또 한 부처님의 이름 내지 수없는 부처님들의 이름을 설하고, 또 하나의 세계·하나의 법회·하나의 설법·하나의 번뇌·하나의 삼매 내지 제각기 수없이 많은 세계·집회·설법·번뇌·삼매를 설하고 있습니다.

하루에 한 구절 내지 하나의 법을 설하여도 끝이 없으며 한량없이 오랜 시간에 한 구절 내지 하나의 법을 설하여도 끝이 없습니다.

다시 말하면 시간의 흐름을 다하는 일은 있어도 한 구절이나 혹은 하나의 설법을 다하지는 못할 것입니다. 왜냐하면 이 보살은 열 가지 다함없는 보물창고를 완성하고 있기 때문입니다. 또한 일체의 불법을 닦고 있으며 다라니(陀羅尼)도 얻고 있기 때문입니다.

보살은 이 다라니에 의해서 일체 중생을 위해서 불법을 전하니 그 미묘한 음성은 시방의 세계에 충만하여 중생의 번뇌를 제거하고 중생으로 하여금 모두들 환희케 합니다.

보살은 중생의 모든 음성, 언어, 문자를 분별하고 일체 중생으로 하여금 여래의 종자를 끊기지 않도록 하며 불법을 전하는데 조금도 권태를 느끼지 않습니다.

왜냐하면 보살은 커다란 허공에 충만하는 청정의 법신을 완성하고 있기 때문입니다.

이것이 보살의 다함없는 말씀의 보물창고입니다.

불자여, 이상이 보살이 얻는 열 가지 보물창고이며 이에 의해서 일체중생은 위없는 궁극의 깨달음을 완성할 수가 있는 것입니다."

제11장 십회향품(十廻向品)

― 보살의 공덕과 깨달음의 회향 ―

금강당보살은 부처님의 신통력을 받아 명지삼매(明智三昧)에 들었다. 삼매에 완전히 들어가자 시방세계의 무수한 불국토에 계시는 무수한 부처님들을 뵈올 수 있었다.

그때 여러 부처님들은 금강당보살에게 다음과 같이 말씀하셨다.

"얼마나 훌륭한 일인가. 불자여, 그대는 능히 명지삼매에 들어갈 수가 있었다. 그대가 삼매에 들 수 있는 것은 시방세계의 무수한 부처님들이 그대에게 신통력을 주셨기 때문이다. 또 그대로 하여금 무량한 불법, 열 가지 회향의 실천을 설하게 하려고 생각하셨기 때문이다. 불자여, 그대는 부처님의 신통력을 받아 마땅히 이 법을 설해야 할 것이다."

그때 여러 부처님께서는 금강당보살에게 무량한 지혜와 지장 없는 불법의 광명과 일체의 여래와 똑같은 몸과 온갖 보살의 불가사의한 삼매의 방법과 모든 장소에서 끊어짐이 없는 설법의 능력을 주셨다.

그때 여러 부처님들은 각기 오른손을 내밀어 금강당보살의 머리를 쓰다듬으셨다. 그러자 금강당보살이 삼매로부터 일어나 여러 보살들에게 이렇게 말했다.

"불자여, 이 보살의 불가사의한 대원은 두루 일체 중생을 구하고 지켜주려 함입니다. 보살은 이 원을 세우고 삼세제불의 회향을 배우고 있습니다.

불자여, 보살의 회향이란 어떤 것입니까? 보살의 회향에는 열 가지가 있습니다. 과거·현재·미래의 여러 부처님들은 모두 이 회향에 대해 설하셨습니다. 열 가지란 어떤 것입니까?

첫째는 일체 중생을 구호하면서 중생이라는 관념을 떠난 회향, 둘째는 깨뜨려짐이 없는 회향, 셋째는 모든 부처님과 평등한 회향, 넷째는 모든 처소에 이르는 회향, 다섯째는 다함이 없는 공덕장(功德藏) 회향, 여섯째는 평등에 따르는 공덕의 회향, 일곱째는 평등하게 일체 중생에 따르는 회향, 여덟째는 진여(眞如)의 실상으로 향한 회향, 아홉째는 속박도 집착도 없는 해탈의 회향, 열째는 한량없는 법계의 회향입니다.

불자여! 이 보살의 열 가지 회향은 삼세의 부처님들이 설하시는 것입니다.

불자여, 첫째로 '일체 중생을 구호하면서 중생이라는 관념을 떠난 회향'이란 어떤 것입니까?

이 보살은 보시·지계·인욕·정진·선정·지혜의 6바라밀을 수행하여 다음과 같이 생각합니다. 내가 행하는 바의 선(善)은 일체 중생에게 도움이 되고 중생으로 하여금 마침내는 청정하

게 할 것이다. 내가 행하는 바의 선으로써 일체 중생을 지옥·
아귀·축생 따위의 고통으로부터 구하자.'

또 다음과 같이 생각합니다.

'나는 이 선을 회향해서 스스로 일체 중생을 위해 집이 되자.
스스로 일체 중생을 위해 구호자가 되자. 스스로 일체 중생을
위해 귀의처(歸依處)가 되자. 스스로 일체 중생을 위해 안락처
가 되자. 스스로 일체 중생을 위해 큰 광명이 되자. 스스로 일
체 중생을 위해 등불이 되자.'

불자여, 보살은 이와 같은 무량한 선을 회향하여 일체의 지
혜를 완성시킬 것입니다. 불자여, 보살은 친한 자를 위해서나
원한이 있는 자를 위해서 온갖 선을 회향하여 결코 차별하지
않습니다. 왜냐하면 보살은 일체를 평등히 보아 멀고 가까움을
초월해 있기에 항상 자애의 눈으로 온갖 중생을 보는 까닭입니
다. 만약 중생이 나쁜 마음을 품고 보살을 해치려 든다면 보살
은 그 중생을 위해 좋은 안내자가 되어 온갖 훌륭한 진리를 설
명해 줄 것입니다.

보살이 보리심을 일으켜 온갖 선을 회향하는 것은 한 중생을
위하는 까닭도 아니며, 한 부처님을 믿고자 하는 까닭도 아니
며, 한 부처님의 법을 듣고자 하는 까닭도 아닙니다.

보살은 일체 중생을 구하기 위해 온갖 선을 회향합니다. 일
체의 불국토를 정화하고, 일체의 부처님을 믿고, 일체의 부처
님을 공경·공양하고, 일체의 부처님이 설하시는 바른 법을 듣
기 위해 온갖 선을 최고의 깨달음을 향해 회향하는 것입니다.

보살은 다음과 같이 생각합니다.

'이 회향의 공덕으로 일체 중생이 항상 여러 부처님들을 뵈옵고, 부처님들 밑에서 깨뜨려지지 않는 신심을 얻고, 바른 법을 듣고 가르침대로 수행하여 지혜와 해탈을 완성하며, 일체 중생에 대해 자애의 눈길을 돌려 마침내는 부처님 계신 곳에 안주하게 되었으면 좋겠다.'

보살은 또 이렇게 생각합니다.

'일체 중생은 헤아릴 수 없는 악업을 거듭 짓고 있다. 또 숙업(宿業)을 거듭 받고 있다. 이 숙업으로 인하여 헤아릴 수 없는 고통을 받고 여래도 뵈올 수가 없으며 정법(正法)을 듣지도 못한다. 나는 지옥·아귀·축생의 삼악도 속에서 중생의 고통을 대신 받아 중생으로 하여금 해탈을 얻게 하리라.'

보살은 이와 같이 회향하여 집착하는 데가 없습니다. 중생이나 세계의 모양에도 집착하지 않고, 말에도 집착하지 않는 것입니다. 보살은 오직 중생으로 하여금 진실한 법을 깨닫게 하기 위해 회향하고, 일체 중생은 평등하다고 알아 회향하고, 자신의 욕망을 떠나 온갖 선을 관찰하여 회향합니다. 보살은 이러한 선의 회향으로 영원히 일체의 악을 떠남으로써 부처님께서 찬탄하는 자가 됩니다.

불자여, 이것이 '일체 중생을 구호하면서, 중생이라는 관념을 떠난 회향'입니다.

불자여, 둘째로 '깨뜨려짐이 없는 회향'이란 어떤 것입니까?

이 보살은 과거·현재·미래의 여러 부처님의 처소에서 깨뜨려짐이 없는 청정한 믿음을 얻었기에 모든 부처님들께서 기뻐하고 계십니다. 보살의 마음은 물러섬이 없고 휴식이 없고 잠

시도 태만함이 없습니다. 보살은 근심이나 고민도 품지 않고
모든 집착을 떠나 부처님 계시는 곳에 안주하고 있습니다.

　보살은 빛깔도 없고 형체도 없는 진리 자체의 세계를 관찰하
며 그 보리심은 진리 자체가 되어 있으며 어떤 존재에도 집착
하지 않고 회향하며 처음으로 보리심을 일으킨 이래 뛰어난 선
을 실천하여 남김없이 회향합니다. 보살이 실천한 선은 비록
생사 중에 있어서도 깨뜨려지는 일이 없습니다.

　보살은 진실한 지혜를 구하여 물러나지 않으며 어떤 환경에
서도 마음이 어지러워지지 않으며 일체의 중생을 깨닫게 하고
자 노력하며 집착하는 바가 없습니다.

　보살은 이같이 무명을 떠나 보리심을 성취하며 청정한 마음
으로 일체가 평등함을 관찰하여 존재의 진실을 깊이 깨닫는 것
입니다. 업은 마치 꿈같고, 그림자 같고, 업보는 번개 같고, 인
연에서 생긴 존재들은 메아리 같고, 보살행은 그림자 같다고
알며, 또 집착을 떠난 지혜의 눈이 열리는 곳, 보살의 활동은
언제나 늘 작용하면서도 조금도 작용함이 없어서 모든 존재에
있어서 둘이 아님을 깨달아서 보살은 있는 그대로의 진실에 도
달합니다.

　보살은 이렇게 온갖 선을 회향하여 두루 일체 법계를 비추고
일체의 지혜를 성취하고 있습니다. 불자여, 이것이 '깨뜨려짐이
없는 회향'입니다.

　보살이 이 회향에 안주하면 무수한 부처님을 뵐 수 있으며
온갖 청정한 진리를 얻게 되며 일체 중생에 있어서 평등한 마
음을 지니며 무명을 떠나 일체의 존재를 깨달으며 온갖 여래의

자재한 신통력을 얻어서 모든 악마를 꺾으며 장애 없는 지혜를 얻어 스스로 마음의 눈을 뜨게 됩니다. 이것이 보살의 '깨뜨려짐이 없는 회향'입니다.

불자여, 셋째로 '모든 부처님과 평등한 회향'이란 어떤 것입니까?

보살은 삼세제불의 회향을 배웁니다. 보살이 보살행을 닦을 때, 그 마음은 청정하여 사랑도 미움도 없으며 모든 근심과 고민을 떠나 정직한 마음을 얻어서 몸과 마음이 부드럽고 깨끗해집니다.

이런 기쁨을 얻을 때에 보살은 여러 부처님께 다음과 같이 회향합니다.

'모든 부처님께서는 이 이상 없는 맑은 즐거움을 누리고 계시거니와 다시 다음과 같이 되기를 축원하자. 즉 부처님들께서는 불가사의한 부처님의 즐거움을 갖추시고, 헤아릴 수 없는 부처님의 삼매의 즐거움을 닦으시고, 헤아릴 수 없는 대자비의 즐거움을 성취하시고, 다시 부처님들의 헤아릴 수 없는 힘의 즐거움, 영원히 일체의 번뇌를 떠나는 즐거움, 적멸의 극치에 이르러 결코 변함이 없는 즐거움, 어지러워지지도 않고 깨뜨려지지도 않는 행(行)의 즐거움을 갖추시게 되시라.'

보살은 이렇게 온갖 선을 부처님들께 회향한 다음 또 다시 일체 보살들에게 다음과 같이 회향합니다.

'원컨대 아직 만족하고 있지 않는 자는 모두 만족시켜 주고, 아직 마음이 청정해지지 않은 자는 모두 청정하게 해 주어서, 금강(金剛)같이 견고한 보리심에 안주하여 일체의 지혜에 있어서 물러섬이 없도록 하여 주고, 태만한 마음을 떠나 보리심을 일으키게 하여 각자의 소원을 만족케 하자.' 보살은 온갖 선을 일체 보살에게 회향합니다.

그리고 보살은 일체 중생으로 하여금 부처님을 뵙고 법을 듣고 승가에 접근하도록 하기 위해 다음과 같이 회향합니다. 즉 오로지 부처님을 생각하게 하고자 회향하며, 청정하고 뛰어난 법을 염원하게 하고자 회향하며, 스님을 공경하고 존중하게 하고자 회향합니다.

또 보살은 일체 중생으로 하여금 부처님을 뵙고 멀어져 감이 없게 하고자 회향하며, 온갖 청정한 마음을 완성케 하고자 회향하며 모든 의혹을 제거하게 하고자 회향합니다. 보살은 일체 중생으로 하여금 모두 위없는 궁극의 깨달음을 얻고자 하는 마음을 일으키게 하여 그 마음을 길러서 오로지 일체의 지혜를 구하게 합니다.

보살은 집에서 처자와 함께 있어도 잠시라도 깨달음을 구하는 마음을 떠나지 않고, 모든 지혜의 경계를 마음에 떠올려 스스로 깨달음을 지향하며, 다른 사람들도 깨달음으로 인도합니다. 보살은 솔직하고 평등한 마음을 가지고 여러 모습으로 처자·친척 앞에 나타나 방편의 지혜로써 모두 궁극의 해탈을 완성케 하며 함께 살면서도 마음에 집착하는 바가 없습니다.

또 보살은 대비심(大悲心)에 의하여 집에서 행동하고, 대자심(大慈心)에 의하여 처자와 함께 있어도 보살의 청정한 실천에 있어서는 아무런 장애를 받지 않습니다.

이와 같이 보살이 집에 있을 때에는 일체의 지혜의 마음을 가지고 온갖 선을 회향합니다. 이를테면 보살은 옷을 입고 음식을 먹고 걸을 때나 설 때나 앉을 때나 잘 때나 항상 언행에 조심하여 결코 흐트러지는 일이 없습니다. 보살은 이런 생활방식으로 온갖 선을, 최고의 깨달음을 중생에게 회향합니다.

보살은 이렇게 생각합니다.

'과거의 보살은 모두 부처님들을 공경·공양하고, 중생을 해탈케 하고 온갖 선을 행하여 깨달음에 회향했으며, 그리고도 집착함이 없었다. 모든 존재는 불생불멸이므로 어디에도 집착할 데가 없고 파괴될 수도 없으며 진실의 세계에 안주하고 있다고 체득하고 있었다. 이런 과거의 보살같이 나도 또한 진리를 구하고 진리를 체득하여 모든 것은 환상 같고 번개 같고 물에 비친 달과 같고 거울 속의 그림자 같아서 실체가 없고 공(空)한 줄을 알자. 오직 여래만이 내가 도달해야 할 궁극의 세계다.'

보살은 이렇게 온갖 선을 회향하여 행동과 말과 마음이 청정해지며, 안주해야 할 곳에 안주하여 일체의 존재는 공이며 실체가 없다는 것을 깨닫습니다. 이러하기에 세간을 초월하는 진리를 배워서 마음에 조금도 집착하는 바가 없습니다.

이것이 보살의 '모든 부처님과 평등한 회향'입니다.

불자여, 넷째로 '모든 처소에 이르는 회향'이란 어떤 것입니까? 보살은 온갖 선을 배울 때, 그 선을 다음과 같이 회향합니다.

'나는 이 선의 힘을 모든 처소에 이르게 하겠다. 이를테면 사물의 실상은 세간에나 중생에나 과거·현재·미래의 삼세에나 이르지 않는 곳이 없듯이 내 선의 힘도 모든 처소에 이르러 두

루 모든 부처님의 처소까지 도달하여 그것으로 부처님들을 공양하겠다.'

보살은 부처님들 밑에서 온갖 선을 행하여 일체의 힘을 부처님께 회향합니다. 오직 한마음으로 어지러움이 없고 흔들림이 없으며 집착을 떠난 고요한 마음을 가지고 여러 부처님들께 회향합니다. 보살은 막힘이 없는 진리의 등불을 얻어 중생을 가르치고 인도하여 모든 선을 중생에게 회향하면서 생사의 세계를 초월하게 합니다.

보살은 일체 중생으로 하여금 모든 무량한 부처님들을 뵙게 하며 온갖 것 중에 안주케 하며 모든 사물에 집착함이 없게 하며 헤아릴 수 없는 모든 세계에 들어가게 하고 또 선의 힘을 회향하여 모든 여래의 신통력 속에 들어가게 하고 그리하여 최고의 깨달음을 완성시킵니다.

보살은 이와 같이 선을 회향해서 일체 중생으로 하여금 모든 나라를 정화시키며 부처님의 자유자재한 힘을 얻어 중생들을 가르쳐 인도하고 스스로 모든 세간의 최상의 복전(福田)이 되어 중생을 위해 불법의 보배를 발굴하는 인도자가 됩니다.

보살은 일체 세간을 위해 밝은 등불을 켭니다. 보살이 닦은 하나하나의 선은 법계에 차고 넘쳐서 중생을 지켜주며 일체 중생으로 하여금 모두 청정한 공덕을 완성케 합니다. 불자여, 이것이 '모든 처소에 이르는 회향'입니다.

불자여, 다섯째로 '다함이 없는 공덕장(功德藏)의 회향'이란 어떤 것입니까?

이 보살은 온갖 선을 배움으로써 모든 숙업(宿業)의 장애를 뛰어넘습니다. 보살은 삼세제불과 모든 선(善)의 기쁨을 나누며 과거·현재·미래에 있는 일체 중생과도 선의 기쁨을 나눕니다. 온갖 여래를 존중·공경하고, 예배·공양하여 생기는 선(善), 여러 부처님들의 설법을 듣고 기억하여 그대로 수행함으로써 불가사의한 경계로 들어가는 선, 과거·현재·미래의 모든 부처님들께서 닦으신 다함없는 선, 모든 보살이 수행하는 선, 모든 부처님이 깨달음을 완성할 때의 최고선, 보살은 이와 같은 일체의 선에 의한 기쁨을 함께 나눕니다.

보살은 삼세 모든 부처님께서 처음으로 깨달음을 지향하는 뜻을 일으키신 후, 여러 보살행을 실천하여 마침내 부처가 되어 열반을 실현하는 사이에 얻는 선을 일체 중생에게 회향하여 그 모두와 함께 기쁨을 나눕니다. 보살은 이러한 모든 선을 남김없이 회향합니다.

보살은 온갖 청정한 공덕을 갖추고 지혜를 완성하여 모든 중생의 세계를 인식하고 어리석음을 떠나 해탈의 세계에 들어갑니다. 그리고 부처님을 믿고 불가사의한 법을 기억하고 청정한 승가를 찬탄합니다.

그 마음은 깨끗하기 허공과 같으며 일체의 법계를 완전히 인식하고 있습니다.

보살은 또 온갖 불가사의한 삼매에 자유자재로 출입하며 일체의 지혜로 나아가고, 부처님들의 나라에 안주하여 능히 부처님들의 신통력을 분별하며 조금도 두려워하는 바가 없습니다. 보살은 일체 제불, 일체 보살, 일체 정각, 일체 대원, 일체 중생, 일체 세계에 회향하여 항상 여래를 뵙고 법계와 평등해지려고 생각합니다.

이와 같이 보살은 온갖 선을 회향함으로써 모든 세계를 정화하며, 모든 중생의 바다를 정화하며, 모든 부처님으로 하여금 법계에 충만케 하며, 또 여래의 청정한 법신으로 하여금 모든 불국토에 충만케 합니다.

보살이 이와 같이 회향할 때 그 회향의 위력에 의해 보살의 행위는 뛰어나서 비길 데 없고, 모든 세간도 이를 파괴하지 못하며, 온갖 악마를 항복받아 물러섬이 없는 공덕의 힘을 완전히 성취하여 헤아릴 수 없는 큰 소원이 완전히 채워집니다.

보살의 마음은 더욱 크고 넓어져서 순간에 무량한 모든 불국토에 갈 수 있으며, 무량한 지혜의 힘을 얻어 빠뜨림 없이 부처님의 경계를 이해하고, 항상 일체의 불법을 보호하여 헤아릴 수 없는 대지에 안주하고 있습니다. 이것이 '다함이 없는 공덕장의 회향'입니다.

불자여, 여섯째로 '평등에 따르는 공덕의 회향'이란 어떤 것입니까?

보살은 숙업의 장애를 떠나 청정한 몸이 되고, 모든 보시를 행합니다. 이를테면 마실 것, 먹을 것, 의복, 가옥, 약, 기타 갖가지 보배를 보시하는 것입니다. 죄수가 고통 받는 것을 보면 보살은 대비심을 일으켜 스스로 감옥을 찾아가 그를 구하고, 또 죄수가 사형장으로 호송되는 것을 보면 스스로 몸을 버려서 그의 목숨을 건집니다. 만약 중생이 희망해 오는 것에 대해서는 부귀빈천을 가리지 않고 모든 것을 보시하여 조금도 아까워하지 않습니다.

보살은 이와 같이 온갖 선을 회향한 다음 이렇게 생각합니다. '내가 행하는 보시는 집착과 번뇌가 없고, 그 마음은 곧아서 아까워하는 바가 없다. 나는 이런 보시 공덕의 힘으로 모든 중생으로 하여금 큰 지혜를 얻게 하고 마음에 장애가 없도록 하겠다.'

보살이 마실 것을 보시할 때에는 다음과 같이 회향합니다. '이 선행에 의해 일체 중생으로 하여금 불법의 감로를 마시게 하고 보살도를 완성하고 애욕을 제거하여 항상 대승을 희구하도록 하겠다. 삼매에 의해 마음을 가다듬고 지혜의 바다에 들어가 대법(大法)의 구름을 일으켜 대법의 감로를 비오듯 내리게 하리라.'

보살이 보시하는 음식, 이른바 매운 것·신 것·짠 것·단 것·담백한 것·쓴 것 등의 무한한 음식은 먹어도 싫증이 안 나며 몸을 부드럽게 하고 편안하게 합니다. 그 힘은 온몸에 넘쳐 기력이 강해지고 유쾌한 기분이 되며 눈과 귀 같은 각 기관은 밝고 깨끗해지며 살결은 윤이 나고 어떤 독도 침범하지 못하며 모든 병은 소멸하여 청정한 불법을 즐기게 하여 줍니다.

보살은 이렇게 무량한 음식을 보시할 때 다음과 같이 회향합니다.

'이 선행에 의해 모든 중생으로 하여금 법미(法味)의 깊은 지혜에 안주케 하며, 법계에 충만케 하며 모든 중생의 몸을 부드럽게 해 주겠다. 다시 모든 중생으로 하여금 무애(無碍)의 맛을 얻게 하며, 지혜의 수레를 타고 불퇴전(不退轉)의 자리에 나아가게 하여 청정한 불법에 안주하게 하겠다.'

보살이 집을 보시할 때는 다음과 같이 회향합니다. '이 선행에 의해 모든 중생으로 하여금 모두 불국토를 얻게 하며 공덕을 닦아 그 불국토를 장엄케 하며 깊은 삼매의 경지에 안주케 하고 그리고 그 경지에 집착함이 없게 하겠다.' 보살이 약을 보시할 때에는 다음과 같이 회향합니다.

'이 선행에 의해 모든 중생으로 하여금 온갖 장애에서 떠나게 하며, 병든 몸을 버리고 모두 여래의 청정한 법신을 얻게 하며 모든 악업의 병을 고치게 하며, 번뇌의 가시를 뽑게 하며, 일체의 병을 고치도록 하겠다.'

보살이 온갖 보배의 창고를 열어 보시할 때는 다음과 같이 회향합니다.

'이 선행에 의해 모든 중생으로 하여금 항상 부처님을 뵙고 어리석음을 떠나 정념(正念)에 머물도록 하겠다. 또 모든 중생으로 하여금 부처님의 가르침을 얻어 세계를 밝게 비치게 하며 일체 제불의 보배를 지키도록 하겠다. 또 모든 중생으로 하여금 승가에 의지하여 인색한 마음을 떠나 보시를 행하도록 하겠다. 또 모든 중생으로 하여금 일체를 깨닫는 마음의 보배를 얻어 청정한 보리심에서 물러섬이 없도록 하겠다.'

보살은 감옥에서 고통 받고 있는 죄수들을 보면 자기 몸까지도 버려서 감옥에 갇힌 사람들을 구합니다. 보살이 감옥에 갇힌 사람들을 구할 때 다음과 같이 회향합니다.

'이 선행에 의해 모든 중생을 애욕의 구속으로부터 해방하며, 또 모든 중생으로 하여금 생사의 흐름을 끊고 지혜의 피안에 이르게 하며, 또 모든 중생으로 하여금 무명(無明)을 제거하고 맑고 청정한 지혜를 얻게 하며, 또 모든 중생으로 하여금 영구히 번뇌를 없애고 장애 없는 지혜를 얻게 하며, 또 모든 중생으로 하여금 집착과 구속이 없는 마음을 얻게 하겠다.'

또 보살은 죄수가 호송되어 사형장으로 가는 것을 보면 스스로 목숨을 내던져 죄수의 고난을 구합니다. 그리고 이와 같이 생각합니다. '내 몸을 버려 그 목숨을 대신해 주자. 비록 내 고통이 헤아릴 수 없더라도 고통을 대신 받아 그를 해탈케 해 주자.'

보살은 다시 이렇게 생각합니다.

'이런 고통을 보고도 대신해 주지 않는다면 큰 이익을 잃게 된다. 왜냐하면 나는 오로지 중생을 구하기 위해 보리심을 일으켰기 때문이다. 그러므로 몸을 희생하여 그의 고통을 받아 주자.'

보살은 이와 같이 괴로워하는 사람을 구할 때 다음과 같이 회향합니다.

'이 보살행에 의해 모든 중생으로 하여금 영원히 근심과 슬픔과 고뇌를 떠나게 하며, 또 모든 중생을 온갖 공포에서 구하여 악도를 떠나게 하며, 또 모든 중생으로 하여금 영원한 생명을 얻어 죽음을 초월한 지혜에 이르게 하며, 또 모든 중생으로 하여금 공포 없는 경지에 이르러 모든 고뇌를 겪고 있는 중생을 지키도록 하겠다.'

또 진리의 말씀을 보시하는 사람이 있어서, '당신이 만약 몸을 불에 던진다면, 당신에게 법을 들려주리라'고 한다면 보살은 이를 듣고 기쁨에 차서 다음과 같이 말합니다.

'나는 진리의 말씀을 위해서라면 지옥에라도 떨어져 무량한 고뇌를 받겠다. 하물며 인간 세계의 작은 불에 들어가는 것만으로 법을 들을 수 있음에랴. 얼마나 다행한 일인가. 정법은 이렇게 얻기 쉽지 않은가. 나는 다행히도 지옥의 무량한 고통을 면하고 작은 불 속에 들어가는 것만으로 정법을 들을 수 있게 되었다. 부디 법을 설해 달라. 나는 불 속에 뛰어들겠다.'

보살은 기꺼이 불에 들어가 다음과 같이 회향합니다.

'모든 중생으로 하여금 온갖 악도의 불을 제거하여 즐거움을 받게 하며, 또 모든 중생으로 하여금 항상 법을 희구하여 보살의 마음을 얻어서 법을 체득하게 하며, 또 모든 중생으로 하여금 보살의 마음을 얻어 탐욕과 성냄과 어리석음의 불을 끄게 하며, 또 모든 중생으로 하여금 보살의 삼매를 얻어 널리 여러 부처님을 뵙고 크게 기쁜 마음을 얻도록 하겠다.'

보살이 정원이나 동산을 보시할 땐, 이렇게 생각합니다. '나는 모든 중생들을 위해 스스로 진리의 숲이 되겠다. 나는 모든 중생들을 위해 즐거운 처소를 보여주겠다. 나는 모든 중생들을 위해 청정한 진리의 문을 열어 미혹의 세계에서 벗어나게 하겠다.'

보살은 이와 같이 정원이나 동산을 보시하고 모든 중생에게 다음과 같이 회향합니다. '모든 중생으로 하여금 뛰어난 공덕을 얻어 마침내는 더없는 깨달음의 마음을 완성케 하며, 모든 중생으로 하여금 항상 진리의 숲을 원하고 부처님 나라의 동산을 얻게 하며, 모든 중생으로 하여금 여래의 자유자재한 활동을 동경하여 두루 시방에 놀도록 하겠다.'

보살은 이와 같이 회향할 때 안에도 집착하지 않고 밖에도 집착하지 않고 환경에도 집착하지 않고 마음의 작용에도 집착하지 않고 인연에도 집착하지 않습니다. 따라서 보살은 어떤 것에도 구속받지 않습니다. 왜냐하면 모든 존재는 생기는 일도 없고 멸하는 일도 없고 스스로의 실체도 없으며 선도 없고 악도 없고 고요함도 없고 어지러움도 없으며 하나라든가 둘이라고 하는 것도 없는 까닭입니다.

보살이 이런 진리를 깨닫고 보면 사실 그런 진리도 역시 존재하지 않습니다. 왜냐하면 모든 것은 언어로 나타낼 수 없으며 꿈과 같고, 음향과 같고, 거울 속의 그림자와 같고, 그러면서도 인연과 숙업을 어기지 않는 까닭입니다. 깊은 숙업 속에 들어가 인생의 진실을 깨달으면 털끝만큼의 수행도, 활동도 없으면서 숙업과 수행의 길이 틀림없음을 알게 됩니다.

회향이란 무엇입니까? 고뇌로 가득 찬 생사의 피안에 건너가기 때문에 회향이라 하며, 5온(五蘊)의 피안에 건너가기 때문에 회향이라 하고, 언어의 세계의 피안에 건너가기 때문에 회향이라 하며, 중생의 모습의 피안에 건너가기 때문에 회향이라 합니다. 이것이 '평등에 따르는 공덕의 회향'입니다.

불자여, 일곱째로 '평등하게 일체 중생을 따르는 회향'이란 어떤 것입니까?

보살은 헤아릴 수 없는 온갖 선을 실천하여 중생을 성숙시키고 마침내는 중생의 깨달음을 완성케 하여 영원히 부정한 마음을 떠나 일체 제불의 가르침을 받아들이는 그릇이 됩니다. 보살은 두루 일체 중생을 위해 복덕의 밭이 되며 온갖 선을 낳

아 그를 성숙시키며 자유자재한 힘을 얻어 일체 제불을 공양
합니다.

보살은 모든 여래의 힘을 궁극까지 추구하며 하늘에 태어나
기를 바라지 않으며 온갖 수행에 집착하지 않으며 생사 속에서
중생을 구해내되 중생에도 집착하지 않고 세상에도 의지하지
않으며 일체의 지혜의 문을 엽니다.

또 보살은 다음과 같이 생각합니다. '나는 헤아릴 수 없는 보
시를 행할 때, 집착 없는 마음, 속박 없는 마음, 큰마음, 깊은
마음, 애증(愛憎)을 떠난 마음, 지혜의 광명으로 충만한 마음으
로써 하겠다.'

보살은 또 생각 생각마다 다음과 같이 회향합니다.

'모든 중생으로 하여금 다함이 없는 공덕의 보물창고를 갖추
게 하며, 일체 제불을 뵙게 하며, 모두 청정하고 평등한 마음을
얻게 하며, 부드러운 보시의 마음을 얻게 하며, 미래제가 다하
도록 보시하게 하며, 깨뜨려짐이 없는 정직한 마음을 갖게 하
며, 평등한 지혜를 얻어 온갖 것을 관찰케 하며, 모두 보살의
불퇴전의 힘을 얻어 평등히 만족케 하겠다.'

또 보살은 이렇게 회향할 때 다음과 같이 생각합니다.

'모든 중생으로 하여금 부처님의 지혜를 만족하게 얻고, 청
정한 몸을 얻어 고요한 마음으로 삼세제불의 집에 태어날 수
있게 하겠다.'

보살은 이같이 회향을 행해서 평등한 숙업을 얻으며, 평등한
과보를 얻으며, 평등한 도(道), 평등한 원, 평등한 일체지(一切
智), 평등한 일체행(一切行)을 얻어 이것으로 일체 중생을 완성

시킬 수가 있습니다. 이것이 '평등하게 일체 중생에게 따르는 회향'입니다.

불자여, 여덟째로 '진여(眞如)의 실상에 회향한다는 것'은 어떤 것입니까?

불자여, 보살은 지혜를 완성하여 부동의 세계에 안주합니다. 모든 경계에 있어서 불퇴전이요, 두려움이 없는 대승의 용맹심을 얻습니다. 보살은 다함이 없는 온갖 선을 닦고 일체 제불의 청정한 법을 염하면서 갖가지 방편으로 중생에게 회향합니다.

보살은 이 같은 온갖 선을 닦아 오로지 일체의 지혜가 둘이 아닌 경계를 관찰합니다. 보살은 이와 같은 온갖 선을 중생에게 회향하여 장애가 없는 몸을 성취하고 장애가 없는 마음의 작용을 갖추어 중생으로 하여금 대승의 세계에 안주케 하려고 합니다. 보살은 자유자재한 마음을 얻어 모든 존재를 비치며 깨뜨려짐이 없는 마음을 얻어 일체의 지혜를 갖추며 삼세의 일체 제불을 염하여 완전히 염불삼매를 체득할 수 있습니다.

보살은 모든 중생으로 하여금 모든 존재를 이해하게 하고자 회향하며, 모든 존재는 자성(自性)이 없다고 회향하며, 부처님들의 법에서 물러섬이 없고자 회향하며, 모든 중생을 안주케 하고자 회향합니다.

보살은 새롭게, 거듭 새롭게 보리심을 일으켜서 원컨대 미혹에서 오는 생사를 제거하여 중생을 청정하게 하려고 회향하며, 완전히 번뇌를 제거하여 일체의 지혜를 만족케 하고자 회향합니다. 이것이 '진여의 실상에 회향'하는 것입니다.

불자여, 아홉째로 '속박도 집착도 없는 해탈의 회향'이란 어떤 것입니까?

이 보살은 모든 선에 있어서 경박한 마음을 내지 않습니다. 이를테면 생사의 해탈을 가벼이 여기지 않는 마음, 오로지 온갖 선을 구하기를 가벼이 여기지 않는 마음, 부처님을 예배하기를 가벼이 여기지 않는 마음 등입니다.

보살은 항상 온갖 선을 닦아 그 선에 안주하며, 그 선에 마음을 쓰며, 그 선을 육성하고 그러면서도 그 선에 집착하지 않습니다. 보살은 속박도 집착도 없는 해탈심을 가지고 온갖 선을 회향하고, 보현보살과 같은 행위와 변재(辯才)와 마음의 작용을 갖추고 있습니다. 보살은 속박도 집착도 없는 해탈심을 가지고 보현보살과 같이 순간순간 속에서도 무량한 부처님을 뵙고, 그 설법을 들어 결코 잊는 일이 없습니다. 보살은 속박도 집착도 없는 해탈심을 가지고 보현보살과 같이 미래 영겁에 걸쳐 온갖 세계에서 진리를 전파하고 있습니다.

보살은 속박도 집착도 없는 해탈심을 가지고 궁극의 깨달음을 완성하여 현실 세계에 나타나 한 광명으로 모든 세계를 비추며 헤아릴 수 없는 지혜로써 항상 보현보살의 행을 수행하고 있습니다. 보살은 속박도 집착도 없는 해탈심을 가지고 모든 부처님의 장애 없는 법신을 얻어 부처님의 경지에 안주하며, 자유자재한 대승의 활동을 일으켜 온갖 중생을 위없는 궁극의 깨달음으로 향하게 하여 보현보살의 행과 원에 회향합니다.

보살은 속박도 집착도 없는 해탈심을 가지고 여래의 집에 태어나 보살행을 수행함으로써 무량하고 불가사의한 진리를 체득하고, 무량한 대원은 빠짐없이 완성하여 보현보살의 행을 따라 지혜의 세계를 다함없이 탐구합니다.

보살은 속박도 집착도 없는 해탈심을 가지고 무한한 시간을 한순간으로 만들며, 일체 중생의 무수한 생각을 한순간에 이해하며, 무량한 여러 몸을 한 몸 속에 섭수하여 보현보살의 깊은 마음의 세계에 들어갑니다. 보살은 속박도 집착도 없는 마음을 가지고 한 처소에서 무량한 여러 처소를 인식하며, 한 업(業)에서 무량한 여러 업과 연기(緣起)[1]를 분별하며, 한 법에서 모든 법을 알며, 한 마디 말에서 무량의 음성이 마치 음향 같은 줄 알며, 한 진리 속에서 무수한 진리를 전파합니다. 이것이 '속박도 집착도 없는 해탈의 회향'입니다.

불자여, 열째로 '한량없는 법계의 회향'이란 어떤 것입니까?

보살은 대자비를 완성하여 중생의 마음을 깨달음으로 향하게 하고 중생을 위해 활동함에 잠시도 쉬는 일이 없습니다. 보살은 보리심을 가지고 온갖 선을 닦아 모든 중생을 위해 지도자가 되어 지혜의 길을 보여주며, 모든 중생을 위해 진리의 태양이 되어 두루 일체의 국토를 비추고, 모든 중생으로 하여금 선을 행하게 하여 잠시도 쉬는 일이 없습니다.

보살은 부처님께서 설하시는 진리를 듣고 분별하여 다시 그것을 중생에게 설법함으로써 다음과 같이 회향합니다.

● ● ● ● ● ● ● ● ●

1) 연기(緣起)＿연기는 인연생기(因緣生起)의 준말. 존재의 상의상관성과 무자성(無自性)을 표명하는 불교의 중심 교리. 모든 존재는 상의상관성의 법칙에 의해 생성소멸한다는 관계성의 존재론. 부처님의 깨달음은 바로 이 12연기(十二緣起)를 깨달은 것이라고 한다.

'나는 마음을 오로지 하여 무량무변한 세계의 삼세제불을 바로 염원하여 보살의 의무를 행하겠다. 나는 한 세계에서 한 중생을 위해 미래 영겁에 걸쳐 보살의 의무를 행하겠다. 나는 모든 세계에서 모든 중생을 위해 미래 영겁에 걸쳐 보살의 의무를 행하겠다. 그리고 부처님과 보살이 떨어지지 않도록 하겠다.'

이를 위해 보살은 항상 현재의 모든 부처님을 뵙고 한 부처님으로부터도 떠난 적이 없습니다.

보살은 스스로 정직한 마음을 가지며 또 다른 사람으로 하여금 정직한 마음을 가지게 합니다. 보살은 스스로 무엇에나 인내하고, 온갖 선으로 그 마음을 가다듬으며 또 다른 사람으로 하여금 무엇에나 인내하고, 온갖 선으로 그 마음을 가다듬게 합니다. 보살은 스스로 온갖 의혹을 떠나며 또 다른 사람으로 하여금 온갖 의혹에서 벗어나게 합니다. 보살은 스스로 기쁜 신심(信心)을 얻으며, 또 다른 사람으로 하여금 기쁜 신심을 얻게 합니다.

보살은 이같이 온갖 선을 회향합니다.

'무량무변한 모든 부처님을 뵙고, 무량무변한 모든 중생을 가르쳐 인도하고, 무량무변한 모든 불국토를 정화하고, 무량무변한 보살의 온갖 지혜를 얻고, 무량무변한 온갖 선을 체득하겠다.'

또 보살은 온갖 선을 다음과 같이 회향합니다.

'진리의 세계가 무량하듯 지혜 또한 무량하다. 진리의 세계가 무량하듯 뵈옵는 부처님들도 또한 무량하다. 진리의 세계가 무량하듯 불국토에 들어가는 것도 또한 무량하다. 진리의 세계가 무량하듯 보살의 행(行)도 또한 무량하다. 진리의 세계는 끊을 수가 없듯 일체의 지혜도 또한 끊을 수가 없다. 진리의 세계가 한결같듯이 일체의 지혜도 또한 한결같다. 진리의 세계가 스스로 청정하듯 일체 중생도 또한 스스로 청정하게 한다.'

보살은 이와 같이 회향함으로써 진리의 세계는 주체가 없음을 깨닫고, 진리의 세계는 그 자신의 본성이 없으며 의지할 근거가 없음을 깨닫고, 진리의 세계는 적정하여 모든 형상을 떠났음을 깨닫는 것입니다."

그때 부처님의 신통력으로 말미암아 일체 시방세계는 여섯 가지 모양으로 진동했다. 그때 시방세계의 불국토에 무량무변한 보살이 있어서 부처님의 신통력을 힘입고 모두 구름처럼 모여 와 다음과 같이 말했다.

"얼마나 훌륭한 일인가. 불자여, 그대는 이 온갖 대회향에 대해 잘 설해 주셨습니다. 우리들은 모두 같은 이름으로서 금강당이라 하며, 금강광세계(金剛光世界)의 금강당 부처님 처소로부터 이 국토에 왔습니다. 저 온갖 세계에서도 부처님의 신통력으로 말미암아 같은 진리가 설해지고 있습니다. 우리들은 부처님의 신통력을 받아 저 국토로부터 왔거니와 그대를 위해 증명하겠습니다."

제12장 십지품(十地品)
— 보살이 수행해야 할 열 가지 실천 덕목 —

그때 부처님께서는 타화자재천왕궁(他化自在天王宮)의 마니
보전에서 큰 보살들과 함께 계셨다. 그 보살들은 모두 최고의
바른 깨달음에서 물러나지 않는 이들로서 다른 세계로부터 모
여 왔다. 그들의 이름은 금강장보살·보장보살·연화장보살·덕
장보살·일장보살·월장보살·묘덕장보살·여래장보살·불덕장
보살·해탈월보살 등 헤아릴 수 없는 많은 보살들이 있었다. 그
중에서도 금강장보살이 가장 으뜸이었다. 그때 금강장보살마
하살이 부처님의 위신력을 받들어 보살의 큰 지혜광명 삼매에
들었다.

그때 시방세계의 모든 부처님께서 한결같은 음성으로 금강
장보살을 찬탄하셨다.

"훌륭하고 훌륭하도다. 금강장이여, 그대는 보살의 큰 지혜
광명 삼매에 들었구나. 그것은 시방세계의 티끌 수 같은 부처
님이 다 같은 이름으로 그대에게 위신력을 더한 것이니 이른바

비로자나 부처님의 본래 원력 때문이며 그대에게 큰 지혜가 있기 때문이다.

또 그것은 이른바 보살 10지(十地)[1]의 차별을 여실히 말하게 하려는 것이며, 보살 10지에 편히 머물게 하려는 것이며, 번뇌 없는 법을 분별해 말하게 하려는 것이며, 큰 지혜 광명으로 잘 분별해 스스로 장엄하게 하려는 것이며, 원만한 지혜의 문에 들게 하려는 것이며, 걸림 없는 변재의 광명을 얻게 하려는 것이며, 걸림 없는 큰 지혜 자리를 모두 갖추게 하려는 것이며, 보살의 마음을 잃지 않게 하려는 것이며, 모든 중생의 세계를 교화해 성숙시키게 하려는 것이니라.

금강장이여, 그대는 이 법문의 차별을 말해야 할 것이니 그것은 모든 부처님의 신력을 위해서이며, 그대의 선근을 청정하게 하기 위해서이며, 법계를 청정하게 하기 위해서이며, 중생을 이롭게 하기 위해서이며, 일체 세간의 길을 뛰어나게 하기 위해서이며, 세간을 뛰어난 선근을 깨끗하게 하기 위해서이다."

그리고 곧 시방의 여러 부처님은 금강장에게 진실하고 위없

· · · · · · · ·

1) 10지(十地)＿대승불교의 구도자(보살), 수행자의 수행 단계. 그 단계를 열 가지로 나눈 것. 지(地)란 깨달음의 단계, 또는 경지(境地)를 뜻하는데, 처음 단계인 초지(初地, 제1지)를 바탕으로 점진적으로 수행하여, 최종 경지, 목적지인 법운지(10지)까지 올라간다. 법운지가 완전히 깨달은 정각(正覺)의 경지인 불지(佛地, 부처님의 경지)이다. 화엄경에서 말하는 보살이란 구도자, 수행자를 뜻한다. 따라서 누구든 진정으로 구도의 길, 수행자의 길을 가고 있다면 보살이라고 할 수 있다. 10지의 명칭은 다음 쪽에 나옴.

는 궁극의 깨달음을 주고 걸림 없이 잘 말하는 변재를 주며,
잘 분별하는 청정한 지혜를 주고, 잘 기억하여 잊지 않는 힘을
주며, 잘 결정하는 지혜를 주고, 어디든 갈 수 있는 지혜를 주
며, 모든 부처님의 무너지지 않는 힘을 주고, 모든 부처님의 두
려움 없음을 주며, 모든 부처님의 일체 법을 잘 분별하고 법문
을 잘 아는 걸림 없는 지혜를 주고, 모든 부처님의 가장 묘한
몸과 입과 뜻의 업을 주었다.

그때 시방의 모든 부처님이 다 오른손을 펴서 금강장보살의
머리를 어루만지셨다. 금강장보살은 곧 삼매에서 일어나 여러
보살들에게 말하였다.

"불자들이여, 이 모든 보살의 서원은 잘 결정되어 허물도 없
고 부술 수도 없으며, 광대하기는 법계와 같고 끝이 없기는 허
공과 같아 모든 부처님 세계의 중생들을 두루 덮습니다. 그것
은 일체 세간을 구제하기 위해서요, 모든 부처님들의 신력의
보호를 받기 위해서입니다. 왜냐하면 모든 보살마하살은 과거
모든 부처님의 지혜의 자리에 들어갔고 또 미래와 현재의 모
든 부처님의 지혜의 자리에 들어갔고 또 들어갈 것이기 때문
입니다.

어떤 것이 보살마하살의 지혜의 자리인가. 보살마하살의 지
혜의 자리에는 열 가지가 있습니다. 첫째는 환희지(歡喜地)이
며, 둘째는 이구지(離垢地)이며, 셋째는 발광지(發光地)이며, 넷
째는 염혜지(焰慧地)이며, 다섯째는 난승지(難勝地)이며, 여섯째
는 현전지(現前地)이며, 일곱째는 원행지(遠行地)이며, 여덟째는
부동지(不動地)이며, 아홉째는 선혜지(善慧地)이며, 열째는 법운

지(法雲地)입니다.

이 10지(十地)는 삼세의 모든 부처님이 이미 말씀하셨고 지금도 말씀하시며 또 장차 말씀하실 것입니다. 나는 모든 부처님의 국토에서 이 10지를 말하지 않는 이를 보지 못했습니다. 왜냐하면 이 10지는 보살이 수행하는 최상의 미묘한 진리이며, 최상의 밝고 깨끗한 법문으로서 이른바 10지의 일을 분별하는 것이기 때문입니다. 불자들이여, 이 일은 불가사의한 것이니, 이른바 보살의 모든 자리[地]의 지혜를 따르기 때문입니다."

금강장보살은 10지의 이름을 설명한 뒤에 다시는 분별하지 않고 잠자코 있었다.

그때 모든 보살은 10지의 이름을 듣고는 모두 그 진리에 대해서 듣고자 바라면서 이렇게 생각했다.

'무엇 때문에 금강장보살은 10지의 이름만을 말하고 잠자코 있는가.'

그때 금강장보살이 다시 자리에서 일어나 10지에 대하여 설명했다.

"불자들이여, 초지인 환희지(歡喜地)에 들어가자마자, 보살은 범부지(凡夫地)를 초월한 자가 되며, 보살의 확정된 자리에 들어가며, 여래의 집에 태어나며, 깨달음을 궁극의 목적으로 해서 미래의 혈통에 속하는 자가 됩니다.

불자여! 그래서 환희지에 들어간 보살은 많은 환희가 있게 됩니다. 그는 환희의 보살지에 들어가자마자, 곧 이러한 서원을 세웁니다.

'모든 부처님을 공양하고 공경하기 위해, 모든 뛰어난 모습을 갖추고 뛰어난 확신에 의해 마음을 청정히 하겠다.

모든 여래께서 설하신 진리의 눈을 수지(受持)하고, 그 가르침을 지켜 가겠다.

여러 부처님들이 세상에 나오시는 온갖 세계에서 갖가지 보살의 생존의 모습을 나타내겠다.

모든 보살의 10지에 이르는 길을 있는 대로 가르치며 바라밀의 청정한 가르침을 설하며, 보시에 의해 이룩된 발심을 하겠다. 모든 중생계를 성숙시키기 위해 불법에 들어가고, 모든 미혹을 끊으며 전지자의 지혜에 안주하게 하기 위해 모든 중생계의 성숙에 힘쓰겠다. 넓고 좁고 크고 작은 모든 곳에 두루 들어가, 제석천의 그물같이 시방의 온갖 분별에 들어가는 지혜를 얻겠다.

모든 국토가 한 국토에 들어가고, 한 국토가 모든 국토에 두루 들어가, 무량한 불국토의 광명으로 장식되며, 모든 번뇌를 떠나 청정한 도에 도달하며, 헤아릴 수 없는 지혜로 중생을 채워 주겠다. 어떠한 대가도 바람도 없는 선근(善根)을 닦기 위해, 여러 부처·보살과 떨어짐이 없기 위해, 궁극에 도달한 초자연적인 능력을 얻기 위해, 불가사의한 대승의 진리를 갖추도록 하겠다. 물러섬이 없는 보살행을 하기 위해, 신(身)·구(口)·의(意)의 활동이 헛되지 않게 하기 위해, 번뇌를 제거하기 위해 활동을 게을리 하지 않겠다.

모든 세계에서 더없는 깨달음을 얻기 위해, 또 온갖 중생의 경계 안에서 위대하고 완전한 열반을 나타내 보이기 위해, 또 부처님의 위대한 경계·위신력·지혜에 도달하기 위해, 또 중

생의 소원에 응해 그때그때에 맞는 분별과 편안을 나타내기 위하여, 대지(大智)의 활동을 계속하겠다.'

불자들이여, 제1의 보살지에서 아주 청정한 수행을 한 보살은 두 번째 단계 즉 제2 보살지인 이구지(離垢地)를 원하게 됩니다. 그에게는 열 가지 마음가짐이 일어납니다. 열 가지 마음가짐이란 정직·유연(柔軟)·근면·교화·정적·진실·잡란되지 않는 것·돌아보지 않는 것·큰 마음가짐입니다. 그래서 더러움을 떠났다〔離垢〕라는 제2의 보살지에 들어간 것이 됩니다.

불자여, '이구'라는 보살지에 든 보살은 본래 열 가지 선한 행위의 길〔十善業道〕을 갖춘 구도자입니다. 열 가지 선한 행위의 길이란, 그는 살아 있는 목숨을 해치는 것에서 떠납니다. 그는 주어지지 않은 것을 훔치는 일에서 떠납니다. 그는 욕정에 사로잡힌 행위에서 떠납니다. 그는 거짓말에서 떠납니다. 그는 이 말 하고 저 말 하는 일에서 떠납니다. 그는 욕설에서 떠납니다. 그는 야유하는 말에서 떠납니다. 그는 탐욕이 없는 자가 됩니다. 그는 성내지 않는 자가 됩니다. 그는 바른 견해를 가진 자가 됩니다.

또한 그는 중생을 관찰한 끝에 다음과 같이 생각합니다.

'아, 그들 중생은 악한 견해에 떨어지고, 지혜도 악하며 뜻도 악하다. 아, 그들 중생은 사이좋게 못 지내고 서로 배반하여 항상 증오하고 있다. 아, 그들 중생은 만족할 줄 몰라서 남이 얻은 것을 가지고 싶어 한다. 아, 그들 중생은 욕심〔貪〕·성냄〔瞋〕·어리석음〔痴〕에 사로잡혀서 여러 가지의 번뇌의 불꽃 속에 타고 있다. 아, 그들 중생은 큰 어리석음〔無明〕에 덮여서 깨달음의 지혜의 광명과는 멀리 떨어져 있다. 아, 그들 중생은 항상 큰 윤회의 숲을 헤매어 언제나 불안에 떨고 있다. 아, 그들 중생은 정욕과 무지의 흐름 속에 떨어지고, 윤회의 물결에 표류하여 갈망의 기슭에 도달한다. 아, 그들 중생은 많은 고뇌와 근심과 불안을 수반하고 탐욕에 의해 방해받는다. 아, 그들 중생은 자기와 자기 소유라는 관념에 사로잡혀 있다. 아, 그들 중생은 보잘것없는 것을 믿고 대승에 귀의하려 하지 않는다.'

불자여, 제2의 보살지에서 마음이 청정해진 보살은 그 다음 단계인 제3의 보살지인 발광지(發光地)로 들어갑니다.

불자여, 이 보살은 제3의 보살지에 머물면서 모든 존재가 무상(無常)함을 있는 그대로 관찰합니다. 또 그것이 고뇌요, 깨끗하지 못한 것임을 관찰합니다. 이렇게 하여 모든 존재를 관찰하면 그것들은 반려가 없고, 편이 없고, 모든 근심과 슬픔, 고뇌가 없어 그의 마음은 여래의 지혜 쪽으로 돌아가게 됩니다. 그는 여래의 지혜가 불가사의하며, 비할 데 없으며, 무량함을 잘 관찰합니다. 그는 중생계의 많은 고난을 잘 관찰하면서 다음과 같은 노력을 일으킵니다.

'이들 중생은 마땅히 내가 구제해야 한다.'

그는 중생을 구제하고자 하여 다음과 같이 관찰합니다.

'어떠한 방편으로 저토록 고뇌에 싸인 중생들을 구원하며, 궁극의 안락처인 열반에 안주시켜야 하는가.'

또한 보살은 이렇게 생각합니다.

'그것은 자유로운 지혜에서 생기는 깨달음을 얻는 수밖에 없다.'

그러므로 그는 더욱 진리의 가르침을 듣고자 원합니다. 주야로 진리의 가르침에 대해서 듣기를 원하며, 진리를 사랑하며, 진리를 기뻐합니다. 그는 처음으로 듣는 진리의 말씀에 접하면 기뻐하지만, 삼천대천세계에 가득 찬 보배를 얻어도 기뻐하지 않습니다. 그는 잘 설해진 한 시구를 들으면 기뻐하지만 전륜성왕의 지위를 얻어도 기뻐하지 않습니다. 그는 4섭사(四攝事)[2]의 실천 가운데 중생을 이롭게 하는 실천[利行攝]이 가장 뛰어나며, 10바라밀 중에서는 인욕바라밀이 가장 뛰어납니다.

불자여, 제3의 보살지에서 청정한 광명을 체득한 보살은 그 다음 단계인 제4의 염혜지(焰慧地)에 도달합니다.

보살은 염혜지를 얻자마자 곧 스스로 진리를 얻기 위해 지혜를 성숙케 하는 열 가지 진리를 가지고, 여래의 집에서 성장하는 자가 됩니다. 그 열 가지 진리란 무엇입니까?

퇴전하지 않는 생각을 지닐 것, 3보에 대한 궁극의 신앙에 도달할 것, 존재의 생멸을 관찰할 것, 모든 것의 자성은 불생(不生)임을 관찰하는 지혜, 세계의 생성과 소멸을 관찰하는 지혜, 업(業)에 의해 생존이 생김을 관찰하는 지혜, 윤회와 열반

· · · · · · · · ·

2) 4섭사(四攝事)__4섭법(四攝法)이라고도 한다. 보살이 중생을 교화하기 위하여 베푸는 네 가지 방편.
   ① 보시섭(布施攝) : 중생이 좋아하는 바를 베풂.
   ② 애어섭(愛語攝) : 부드럽고 온화한 말을 사용함.
   ③ 이행섭(利行攝) : 중생에게 이익되는 바를 행함.
   ④ 동사섭(同事攝) : 중생의 근기에 맞추어 행동을 같이하여 불법으로 인도함.

을 관찰하는 지혜, 중생의 국토와 업을 관찰하는 지혜, 원초와 종말을 관찰하는 지혜, 비존재(非存在)와 소멸을 관찰하는 지혜가 그것입니다.

불자여, 염혜지에 든 보살은 개체는 실재한다는 견해와 이것으로 야기되고 사고되고 관찰된 모든 것을 떠나버립니다. 그는 도를 깨닫기 위해 여덟 가지 바른 진리를 수행해 감에 따라 그 마음은 윤택해지고, 부드러워지고, 부지런해지고 순수해져 갑니다. 그는 4섭법 중에서 중생과 더불어 불도를 행하는 실천〔同事攝〕이 가장 뛰어났고, 10바라밀 중에서는 정진바라밀이 뛰어납니다.

불자여, 제4의 보살지에 이르러 도가 정화된 보살은 제5의 난승지(難勝地)에 들어갑니다.

여기에 이른 보살은 4제(四諦)와 팔정도(八正道)에 의해 청정한 활동이 생기고 고결한 마음이 생겼으므로 다시 다음 단계의 도를 구하면서 실다운 성품〔如實性〕에 도달한 자가 됩니다. 그리고 자비로워서 중생을 버리는 일이 없이 복덕과 지혜를 닦아 점점 위를 바라보고 나아갑니다.

그는 '이것은 고(苦)라는 성스러운 진리〔苦諦〕이다'라고 있는 그대로 인식합니다. 또한 '이는 고의 원인〔集諦〕이다. 이는 고의 소멸〔滅諦〕이다. 이는 고의 소멸로 이끌어 가는 길〔道諦〕이다'라고 있는 그대로 인식합니다.

또한 그는 세속적 진리와 불법의 진리에 다 같이 뛰어난 자가 됩니다. 그는 '모든 존재는 헛되고 허망한 것'이라고 있는 그대로 인식합니다. 그리고 그에게는 중생에 대한 위대한 연민의

정이 나타납니다. 그는 이리하여 지혜의 힘으로 모든 중생을 돌아보며, 부처님의 지혜를 구하며, 온갖 존재의 원초와 종말을 관찰합니다. 그는 어떤 선을 행할 때든 중생을 구제하기 위해 행합니다. 모든 중생의 이익을 위해, 모든 중생의 안락을 위해, 모든 중생을 열반에 들게 하기 위해 선을 행합니다.

그는 보시(布施)·애어(愛語)·이행(利行)·동사(同事), 기타 모든 일로 중생을 교화합니다. 또 세상에서 중생구제에 도움이 될 것, 즉 글씨·논서·도장·수학·의학·복술 등에 대해서도 배웁니다. 그에게 있어서는 10바라밀 중 선정바라밀이 가장 뛰어납니다. 불자여, 이것이 난승지라는 보살지입니다.

불자여, 제5지에서 도가 충만해진 보살은 제6의 현전지(現前地)에 들어갑니다.

그는 열 가지 진리의 평등성에 의해 거기에 도달합니다. 열 가지 진리의 평등성이란 무엇입니까?

모든 것은 무상(無相)이라는 평등성, 모든 것은 발생하지 않는다는 평등성, 모든 것은 무성(無性)이라는 평등성, 모든 것은 불생(不生)이라는 평등성, 모든 것은 고요하다는 평등성, 모든 것은 원래 청정하다는 평등성, 모든 것에는 희론(戱論)이 있을 수 없다는 평등성, 모든 것에는 본래 버리고 취함이 없다는 평등성, 모든 것은 환상·꿈·그림자와 같다는 평등성, 모든 것은 존재와 비존재가 둘이 아니라는 평등성입니다.

그는 세간의 발생과 소멸을 관찰할 때, 다음과 같이 생각합니다. '무릇 세간의 작용이 발생하는 것은 모두 아집(我執)에서 생긴다. 자아의 집착을 제거하면, 세간의 작용은 발생하지 않

는다.'

그는 12연기(十二緣起)를 순역(順逆)3)으로 관찰한 끝에 다음과 같이 생각합니다. '이 미혹의 세계가 존재하는 원인은 오직 마음뿐이다.' 여래가 설하신 12인연도 또한 한 마음에 의지함을 알 수 있습니다. 왜냐하면 어떤 사물에 대해 탐욕과 결부된 마음이 생겼을 때 인식작용이 발생하기 때문입니다. 사물은 구성된 것이며, 구성에 관한 어리석음이 무지입니다. 무지에서 생기는 것이 개체입니다. 개체에서 증대된 것이 여섯 감각기관입니다. 이 감각기관과 결부되는 것이 접촉입니다. 접촉과 함께 생기는 것이 감수작용입니다. 감수에서 싫증을 안 느낄 때, 그것이 갈망입니다. 핍박되는 것이 취착(取着)입니다. 이런 생존의 지분(支分)이 생기는 것이 생존입니다. 생존이 발생하는 것이 생입니다. 생은 늙음을 낳습니다. 늙음의 끝에는 죽음이 있습니다.

이리하여 그는 열두 가지 양상을 가진 연기(緣起)를 관찰하면서 자아가 없고, 중생이 없고, 개체의 존재가 없으며, 원래

· · · · · · · ·

3) 12연기(十二緣起)를 순역(順逆)__12연기는 인간 존재의 근본적인 존재방식을 열두 가지의 항목으로 설한 것. 즉 무명(無明) - 행(行) - 식(識) - 명색(名色) - 육입(六入) - 촉(觸) - 수(受) - 애(愛) - 취(取) - 유(有) - 생(生) - 노사(老死)이다. 이와 같은 12연기는 그 실천의 측면에서 순관(順觀)과 역관(逆觀)의 두 체계를 갖고 있다. 그것은 인간 존재의 근본적인 미망을 나타내는 무명 … 에서 노사에 이르는 과정을 관찰하는 순관과, 노사 … 에서부터 무명을 지멸하는 반성적 사유과정을 나타내는 역관이다. 이 12연기를 순관하고 역관하는 것.

공이요, 지은 자와 감수하는 자를 떠난 것으로 관찰할 때, 모든 존재는 공(空)해서 그 본성이 없다〔空無性〕라는 깨달음의 문〔空解脫門〕이 열리게 됩니다.

그가 이런 온갖 생존의 지분(支分)의 자성을 없애고 궁극의 깨달음에 안주할 때, 어떤 상(相)도 생겨나는 일이 없습니다. 그러므로 그는 무상의 깨달음의 문〔無相解脫門〕을 연 자가 됩니다. 그가 공무성과 무상의 깨달음에 들어갔을 때, 그에게는 중생에 대한 대자비 이외의 어떤 원도 생기지 않습니다. 이리하여 그는 소원 없는 깨달음의 문〔無願解脫門〕을 연 자가 됩니다. 그는 10바라밀 중에서 지혜의 바라밀에 가장 뛰어났습니다. 불자여, 이것이 보살의 제6지인 현전지입니다.

불자여, 제6보살지에서 보살도를 만족시킨 보살은 그 다음 단계인 제7의 원행지(遠行地)에 들어갑니다.

제7의 보살지에 머무는 보살은 헤아릴 수 없는 중생계·세계·여러 가지 차별성을 지닌 진리·겁수(劫數)·뛰어난 확신·갖가지 의향·마음의 작용·성문승(聲聞乘)의 출리(出離)에 수반되는 갖가지 확신의 성질·독각승(獨覺乘)의 완전지(完全智)의 완성·보살행의 가행(加行)에 들어가며 그와 동시에 부처님의 지혜에 들어갑니다.

그는 이렇게 생각합니다. '여래의 경계는 백 천 억 내지 무수의 겁을 세어도 셀 수가 없다. 그리고 부처님의 경계는 우리들에 의해 완성되지 않으면 안 된다. 더욱이 그것은 저절로 분별함이 없이 충족되어야 한다.'

부처님의 지혜를 구하며, 선을 중생에게 회향하는 일, 이것이 그의 보시바라밀입니다. 번뇌의 온갖 불꽃을 끄는 일, 이것이 그의 지계바라밀입니다. 자비한 마음으로 모든 중생에 대해 참는 일, 이것이 그의 인욕바라밀입니다. 선을 쉬지 않고 닦는 일, 이것이 그의 정진바라밀입니다. 전지자의 지혜를 실현코자 어지러움이 없는 도를 갖추는 일, 이것이 그의 선정바라밀입니다. 모든 것은 본래 불생(不生)임을 아는 일, 이것이 그의 지혜바라밀입니다. 헤아릴 수 없는 지혜를 완성하는 일, 이것이 그의 방편바라밀입니다. 훌륭한 지혜를 얻으려는 원을 세우는 일, 이것이 그의 원(願)바라밀입니다. 외도(外道)의 논설과 악마에 의해 도가 끊이지 않는 일, 이것이 그의 역(力)바라밀입니다. 모든 것에 대해 있는 그대로 지혜를 내는 일, 이것이 그의 지(智)바라밀입니다. 그러나 그에게 있어서는 10바라밀 중 방편바라밀이 가장 뛰어납니다. 불자여, 이것이 보살의 제7지인 원행지입니다.

불자여, 보살이 제8부동지(不動地)에 들면 신(身)·구(口)·의(意)의 의식적 활동을 떠나고 온갖 사념이나 분별을 떠나 과보(果報)의 본성에 머무는 자가 됩니다. 불자여, 제8지에 이른 보살은 구제와 지혜의 방편을 완성하고, 저절로 체득된 보살의 깨달음에 의해 부처님의 지혜를 관찰하면서 세계의 생성을 잘 관찰하고 세계의 소멸을 잘 관찰합니다. 그는 세계의 극소성(極小性)을 알고, 또 위대성과 무량성에 대해서도 잘 압니다. 그는 국토, 중생 등 온갖 것의 극소성을 알고 또 위대성과 무량성을 압니다.

또 그는 온갖 중생신(衆生身)의 차별을 이해하여 불국토와 집회에서 각기 그대로 자기 몸을 나타냅니다. 그는 온갖 신체의 분별을 떠나 평등성을 얻었건만 중생을 구제하기 위해 그 몸을 나타내 효과를 거듭합니다.

그는 중생신이 업신(業身)임을 알고 또 번뇌신·색신(色身)·무색신(無色身)임을 압니다. 그는 이렇게 신체에 관한 지혜를 완성하여 자재한 자가 됩니다. 또 마음·용구(用具)·업·생을 받는 것·확신·원·신통력·진리·지혜의 자재를 얻습니다.

그는 모든 번뇌를 떠났으므로 마음가짐이 안정되고, 도를 떠나지 않으므로 고결한 마음이 안정되고, 중생의 이익을 버리지 않으므로 대비(大悲)의 힘이 안정되고, 온갖 중생을 구제하므로 대자(大慈)의 힘이 안정되고, 진리성을 망각하지 않으므로 다라니의 힘이 안정되고, 불법을 잘 분별하므로 변재(辯才)의 힘이 안정되고, 무한한 세계에서 일어나는 행위를 잘 구별하므로 신통력이 안정되고, 보살행을 버리지 않으므로 원력이 안정되고, 불법을 수집하므로 바라밀의 힘이 안정되고, 온갖 형태로 부처님의 지혜를 실현하므로 여래의 가지력(加持力)이 안정되어 있습니다.

또 그는 원하자마자 한순간에 백 천만 억의 셀 수도 없는 삼매를 얻어 거기로 들어가고, 백 천만 억의 셀 수도 없는 부처님의 나라에 들어가고, 백 천만 억의 셀 수도 없는 중생을 제도할 수 있습니다. 불자여! 이것이 보살의 제8지인 부동지입니다.

불자여, 보살이 제9지인 선혜지(善慧地)에 들면 선도 악도 아닌 무기(無記)[4]의 법과 세간·출세간의 법과 보살행의 법, 여래지(如來地)의 법이 현재에 나타나는 것을 그대로 인식하게 됩니다. 그는 온갖 중생의 마음을 있는 그대로 압니다. 마음은 다양하다는 것, 마음은 순식간에 변하고 또 변하지 않기도 한다는 것, 마음에는 뿌리가 없다는 것, 마음은 미혹의 세계를 따라 현존한다는 것을 압니다.

그는 온갖 소질의 둔하고, 예민하고, 그 중간인 것의 성질을 있는 그대로 알고, 또 처음과 끝에 따라 차별이 있고 없는 것을 압니다. 그는 온갖 미혹된 습성이 뜻과 함께 생기고, 마음과 함께 생김을 있는 그대로 압니다. 그는 생(生)을 받는 것의 갖가지 성질을 있는 그대로 압니다. 그것이 업에서 나온다는 것, 그리고 물질적인 세계와 정신적인 세계에 생긴다는 것을 압니다.

이 보살지에 들어간 보살은 설법자가 되고 여래의 진리의 창고를 지킵니다. 그는 4무애지(四無碍智)로써 완성된 변설을 가지고 설법을 합니다. 4무애지란 법(法)무애지 · 의(義)무애지 · 사(辭)무애지 · 변설(辨說)무애지입니다. 그는 법무애지에 의해 모든 존재 자체의 모습[相]을 알고, 의무애지에 의해 온갖 존재의 차별을 알고, 4무애지에 의해 온갖 존재를 착란 없이 설하고, 변재무애지에 의해 모든 존재가 연속하여 끊어지지 않음을 압니다.

불자여! 이리하여 보살이 위대한 설법자가 되고 여래의 진리

• • • • • • • • •

4) 무기(無記)__선도 악도 아닌 성질로 선과 악의 어떤 결과도 발생시키지 않는 중간적 특성. 이 무기에는 선악의 결과를 모두 발생시킬 능력이 없으면서도 수행을 방해하는 유부무기(有覆無記)와 수행을 방해하지 않는 무부무기(無覆無記)가 있다.

의 창고를 수호할 때, 그는 무수한 다라니를 얻게 됩니다. 그는 무량한 다라니를 얻어 무수한 부처님에게서 진리를 듣고 그것을 잊지 않는 것입니다. 이리하여 그는 다라니를 얻고 변재를 얻어, 설법하기 위해 한 곳에 앉았으면서도 동시에 온갖 삼천대천세계에 충만하여 모든 중생을 위해 진리를 설합니다.

제9지인 선혜의 보살지를 얻은 사람은 밤이나 낮이나 오로지 부처님의 경계에 들어가, 여래와 함께 있으면서 보살의 깊은 깨달음을 얻은 자가 됩니다.

불자여, 이 보살이 제9지에 이르면, 무량한 대상을 잘 관찰한 각지(覺智)에 의해 힘과 무외(無畏)와 불공법(不共法)을 바로 관찰하기에 이르고, 전지자의 지혜를 체득하는 경지인 법운지를 얻게 됩니다.

불자여, 보살이 제10지인 법운지(法雲地)에 이르면 무수한 삼매가 나타납니다. 즉, 헤아릴 수 없는 종류의 삼매를 얻고 수용하게 됩니다. 이 삼매가 실현되면 삼천세계의 백만 배나 되는 큰 보옥의 연꽃이 나타납니다. 그것은 온갖 보배로 아로새겨지고, 불가사의한 아름다움으로 차 있습니다.

그가 전지자의 지혜를 체득하는 삼매를 얻자마자 그는 이 연꽃에 앉게 됩니다. 보살이 이 위에 앉으면 무수한 보살이 시방세계로부터 와서 앉아 이 보살을 둘러싸고 연꽃 위에 앉습니다. 그들 각자가 이 보살을 우러러보면서 백만의 삼매에 들어가는 것입니다.

이 법운지에 안주한 보살은 진리의 세계를 있는 그대로 인식합니다. 그는 욕망의 세계, 물질의 세계, 정신계의 세계, 중생계의 세계, 기타 모든 세계에 대해 있는 그대로 인식합니다.

그는 중생신의 변화를 있는 그대로 알고, 부처님의 가지(加持)를 있는 그대로 알고, 여래가 티끌 속으로 들어가는 지혜를 알고, 여래의 모든 비밀, 그 신체·언어·마음 등의 비밀을 있는 그대로 압니다. 그리고 여래가 겁(劫)에 들어가 깨닫는 지혜, 온갖 깨달음에 들어가는 지혜를 알게 됩니다. 그리하여 이 보살지를 얻은 자는 '불가사의'라는 이름의 깨달음과 '무애'라는 깨달음을 얻습니다. 그리하여 모든 보살의 깨달음으로는 헤아릴 수 없는 것을 이 10지의 보살은 얻게 되는 것입니다.

여기에 안주한 보살은 대개 대자재천왕(大自在天王)이 되며 온갖 중생에게 바라밀을 가르치는 데 뛰어난 위력을 갖추어 진리의 세계를 분별하는 질문에 막히는 일이 없습니다.

또 보시나 애어(愛語) 등에 의해 활동을 해도 어떤 경우라도 부처님의 지혜를 떠나지 않는 것입니다. 왜냐하면 '나는 온갖 중생의 우두머리가 되겠다. 가장 뛰어난 자, 가장 탁월한 자, 지도자가 되겠다'라고 생각하기 때문입니다. 그의 신체에 대해서, 광명에 대해서, 신통력에 대해서, 음성이나 장식에 대해서, 가호나 확신이나 활동에 대해서, 그 어떠한 것에 대해서도 무수한 겁이 지나도 다 헤아릴 수는 없을 것입니다."

제13장 십명품(十明品)

— 보살의 수행단계 —

그때 보현보살은 여러 보살들에게 말하였다.

"불자들이여, 보살은 무엇이든지 훤히 꿰뚫어보는 열 가지 눈[十明, 十通]을 가지고 있습니다.

첫째, 보살은 삼천대천세계에 있는 모든 중생들의 마음을 다 아는 것이니[他心知通], 이른바 착한 마음과 악한 마음, 넓은 마음, 좁은 마음, 훌륭한 마음, 생사를 따르는 마음, 생사를 등지는 마음, 성문의 마음, 연각의 마음, 보살의 마음, 사람의 마음, 지옥 중생의 마음, 축생의 마음, 아귀의 마음 등 한량없는 갖가지 중생들의 마음을 다 분별해 압니다. 불자여, 이것이 보살의 첫 번째, 남의 마음을 아는 지혜[他心知通]의 밝음입니다.

불자여, 보살은 무량 무수한 세계의 티끌 수 같은 중생들이 생사에 유전하는 것을 다 아나니 좋고 나쁜 것과 아름답고 추한 얼굴과 깨끗하고 더럽고 희고 검은 얼굴 등 한량없는 중생들의 죽고 나는 것을 다 잘 압니다[天眼通].

보살은 장애가 없이 밝고 깨끗한 하늘눈으로 다 비추어 보되, 그 업보에 따라 받는 고락과 갖가지 업과 행과 생각하는 소원과 견해를 다 봅니다. 불자여, 이것이 보살마하살의 두 번째, 걸림 없는 하늘의 지혜〔天眼知通〕의 밝음입니다.

불자여! 보살은 세계의 티끌 수 같은 말할 수 없이 무수한 중생들의 지나간 일, 즉 그 생(生)은 어떠했고 그 이름은 무엇이며, 어떤 음식을 먹었고 어떤 고락을 받았는지 등을 다 압니다〔宿命通〕. 뿐만 아니라 보살은 티끌 수같이 무수한 부처님의 이름은 무엇이고 어떻게 집을 떠나 도를 구했고 어떤 보리수 밑에서 정각을 얻었으며, 머무는 곳은 어떠했고 앉은자리는 어떠했으며 어떻게 설법하고 어떻게 교화했으며 수명은 어떠했고 어떻게 불사를 하였으며 어떻게 남음 없는 열반에 들었으며, 그 부처님이 멸도한 뒤에는 그 정법이 얼마나 오래 머물렀는지 등을 모두 기억합니다. 불자여, 이것이 보살마하살의 세 번째, 과거 겁에 깊이 들어가 걸림 없이 전생을 아는 지혜〔宿命知通=숙명통〕의 밝음입니다.

불자여, 또 보살마하살은 미래 겁에 깊이 들어가 티끌 수같이 수많은 중생들이 생사와 3계에서 헤매는 것을 잘 압니다. 즉, 중생들의 업과 과보를 알며 중생들의 선과 불선을 알며, 중생들의 날 것과 나지 않을 것을 알고 중생들의 정취(定聚)와 정취 아닌 것을 알며, 중생들의 정정(正定)과 사정(邪定)을 알고, 중생들이 선근을 갖춘 것과 갖추지 못한 것을 알고, 중생들이 선을 모으는 것과 불선(不善)을 모으는 것을 알고, 중생들이 악법을 모으는 것과 악법을 모으지 않는 것을 압니다. 불자여, 이것이 보살마하살의 네 번째, 미래 겁에 깊이 들어가는 걸림이 없는 지혜〔知未來劫通〕의 밝음입니다.

불자여, 보살마하살은 걸림 없는 천이통(天耳知通)을 내는데, 그것은 청정하고 광대하며 완전하여 이루 헤아릴 수 없습니다. 그리하여 보살은 시방세계의 멀고 가까운 모든 소리를 다 들으며 모든 부처님의 설법과 좋은 이치와 좋은 뜻과 생각하는 것과 분별하는 것 등을 모두 다 듣습니다. 불자여, 이것이 보살마하살의 다섯 번째, 걸림 없는 청정한 지혜〔天耳知通〕의 밝음입니다.

불자여, 또 보살마하살은 두려움 없는 신력의 지혜에 편히 머물면서 자재하여 지음이 없는 신력과 평등한 신력, 광대한 신력, 생각대로 이르는 신력, 변하지 않는 신력, 물러나지 않는 신력, 다함이 없는 신력, 깨뜨릴 수 없는 신력, 자라나는 신력, 따라 행하는 신력 등을 얻습니다. 그리하여 항상 바른 법을 들어 끊임이 없고 즐겨 불법을 구하며, 뛰어난 소원을 모두 이루고 보현보살의 한량없는 모든 행을 다 완전히 갖춥니다. 불자여, 이것이 보살마하살의 여섯 번째, 두려움 없는 신력에 편히 머무는 지혜의 밝음입니다〔往一切刹智通=神足通〕.

불자여, 또 보살마하살은 무량무수하며 말할 수 없는 세계의 티끌 수 같은 중생들의 음성과 말을 다 잘 듣습니다. 이른바 하늘의 소리, 용의 소리, 야차·건달바·아수라의 소리, 가루다·긴나라·마후라가의 소리, 사람의 소리, 사람 아닌 것의 소리 등 온갖 중생들의 말과 소리는 다 다르지만 그러나 보살마하살은 그것을 다 분별해 압니다. 불자여, 이것이 보살마하살의 일곱 번째, 일체 말소리를 분별하여 아는 지혜의 밝음입니다[善別言辭智通].

불자여, 또 보살마하살은 일체의 빛깔[色], 즉 파랑·노랑·빨강·하얀 빛깔과 깊이 법계에 들어가 갖가지 형색으로 변화하는 빛깔, 한량없는 빛깔, 밝고 깨끗한 빛깔, 두루 비추는 빛깔, 더러움이 없는 빛깔, 모양을 갖춘 빛깔, 악을 떠난 빛깔, 단엄한 빛깔, 측량할 수 없는 빛깔, 걸림 없는 빛깔, 훌륭한 빛깔, 나쁜 빛깔, 성품이 청정한 빛깔, 항상 선한 빛깔, 허공처럼 밝고 깨끗한 빛깔, 티끌을 떠난 빛깔, 고요한 빛깔, 욕심을 떠난 빛깔, 뛰어난 지혜의 빛깔 등을 잘 압니다.

그리하여, 보살마하살은 무형의 법계에 들어가 갖가지 형상으로 변화하는 빛깔을 맡아 지닙니다. 그것은 응하여 따르기 때문이니 이른바 견해로써 교화하고 바른 생각으로써 교화하며, 법륜을 굴려 교화하고 때를 따라 교화하며, 생각생각에 따라 교화하고 신력으로 교화하며, 갖가지 신통으로 교화하고 불가사의한 큰 신변으로 교화하여 일체 중생을 다 구제하여 해탈케 합니다. 불자여, 이것이 보살마하살의 여덟 번째, 한량없는 아승지 색신의 장엄을 내는 지혜 밝음입니다[無數色身智通].

불자여, 또 보살마하살은 모든 법은 이름이 없음을 알고, 모든 법은 성품이 없음을 알며, 모든 법은 가고 옴이 없음을 알며, 모든 법은 둘도 아니고 둘이 아닌 것도 아님을 알며, 모든 법은 '나'가 없음을 알고, 모든 법은 견줄 데 없음을 알며, 모든 법은 나지 않음을 알며, 모든 법은 온 곳이 없음을 알고, 모든 법은 가는 곳이 없음을 압니다.

또 모든 법은 무너짐이 없음을 알며, 모든 법은 진실하지 않음을 알고, 모든 법은 한 모양도 없음을 알며, 모든 법은 있는 것도 없는 것도 아님을 알며, 모든 법은 업이 아님을 알고, 모든 법은 업 아닌 것이 아님을 알며, 모든 법은 과보가 아님을 알고, 모든 법은 과보가 아닌 것도 아님을 압니다.

보살마하살은 이렇게 모든 법을 알기 때문에 세속 이치에도 집착하지 않고, 으뜸가는 이치에도 집착하지 않으며, 허망하게 모든 법을 취하지도 않고, 어떤 문제에도 집착하는 마음을 일으키지 않으며, 적멸한 성품을 따르면서도 모든 서원을 버리지 않으며, 말할 수 없는 방편에 들어가면서도 그 방편을 뛰어나며, 끝없는 변재로 여실한 이치를 자세히 말하되 진실한 법을 어기지 않고, 좋고 절묘한 방편으로 모든 법을 설명하며, 다함 없는 변재로 큰 자비를 성취합니다.

문자 없는 경계에서 문자의 뜻을 내어 문자의 성품을 깨뜨리지 않고, 모든 법은 인연을 따라 일어나는 것임을 관찰하여 거기에 집착하지 않으며, 모든 법을 알아 중생을 깨우치고 인도하며, 법을 드날리고 나타내며, 완전히 청정하여 온갖 의심을 없애며, 중생을 포용하되 진실한 이치를 버리지 않고, 둘이 아닌 법에서 물러나지 않으며, 걸림 없는 법문과 미묘한 음성을 완전히 갖추어 법비를 두루 내리되 그때를 놓치지 않습니다. 불자여, 이것이 보살마하살이 체득하는 아홉 번째, 모든 법에 대한 진실한 지혜의 밝음입니다〔達一體法智通〕.

불자여, 또 보살마하살은 생각 생각에 모든 법을 멸하는 삼매에 들어가 물러나지 않으면서도 보살의 일을 버리지 않고,

큰 자비심을 버리지 않으며, 바라밀을 버리지 않고, 모든 부처님의 세계를 잘 분별하되 만족할 줄 모르며, 큰 서원을 버리지 않고 중생을 구제하며, 쉬지 않고 법륜을 굴려 중생을 교화하고, 다스리기를 끊이지 않으며, 모든 부처님을 공경하고 공양하기를 쉬지 않고, 모든 부처님을 항상 뵈오며, 모든 업은 다 평등한 줄을 잘 알고, 모든 부처님의 훌륭한 법과 온갖 서원을 다 완전히 성취합니다.

그는 항상 삼매에 들어 있으면서도 얼굴이 달라지지 않고 몸도 여위는 법이 없으며 또한 허물어지지도 않습니다. 불로 태울 수도 없고 물에 빠뜨릴 수도 없으며, 잃게 할 수도 없고 끝내게 할 수도 없으며, 일이 있거나 없거나 아무 하는 일이 없습니다.

그러면서도 보살의 할 일을 모두 잘 이루고, 모든 법을 자세히 설명하여 중생을 교화하되 때를 놓치지 않으며, 모든 부처님 법을 전하며, 모든 보살행을 다 완성하며, 중생을 이롭게 하는 일을 버리지 않고, 시방에 응해 교화하되 잠깐도 쉬지 않으며, 끊임없이 모든 길을 두루 비추지만 삼매에서 조금도 움직이지 않습니다. 불자여, 이것이 보살마하살이 체득하는 열 번째, 모든 법이 멸한 삼매의 지혜 밝음입니다〔入一切滅盡三昧智通〕.

보살마하살이 이 열 가지 밝은 지혜〔十明〕에 편히 머무는 경지는 모든 천신이나 인간도 헤아리지 못하며, 일체 세간도 헤아리지 못하며, 성문과 연각도 헤아리지 못하며, 자재한 삼매로도 헤아리지 못하며, 지혜의 경계로도 헤아리지 못하며, 오직 부처님만이 그 보살마하살의 공덕을 잘 헤아립니다.

　불자여, 이것이 보살마하살이 체득하는 열 가지의 지혜 밝음
으로서 보살마하살은 이 지혜 밝음에 머물면서 과거·현재·미
래의 걸림 없는 지혜 밝음을 다 얻습니다."

제14장 십인품(十忍品)

— 보살이 수행해야 할 열 가지 지혜 —

그때 보현보살은 다시 여러 보살들에게 말하였다.

"불자들이여, 보살마하살은 또 열 가지 인내하는〔忍〕마음을 성취하여 걸림없는 모든 인내의 자리를 얻고 또 모든 부처님의 다함없고 걸림없는 법을 얻습니다.

그 열 가지란 무엇입니까? 그것은 이른바 음성을 따르는 인(忍)과 순응하는 인(忍), 생멸하는 법이 없는 인(忍), 꼭두각시와 같은 인, 아지랑이와 같은 인, 꿈과 같은 인, 메아리와 같은 인, 번개와 같은 인, 허깨비와 같은 인, 허공과 같은 인(忍) 등입니다.

불자여, 이것이 보살마하살의 열 가지 인(忍)으로서, 과거 부처님도 이미 말씀하셨고 미래 부처님도 장차 말씀하실 것이며 현재 부처님도 지금 말씀하시는 것입니다.

불자여, 그러면 어떤 것이 보살마하살의 음성을 따르는 인(忍)인가?

그는 혹 진실한 법을 들어도 놀라거나 두려워하지 않고 겁내지도 않으며, 믿고 이해하여 받아 지니고 사랑하고 좋아하며 그대로 따라 들어가, 닦아 익혀 편히 머뭅니다. 불자여, 이것이 보살마하살이 얻는 첫번째, 음성을 따르는 인입니다.

불자여, 어떤 것이 보살마하살의 순응하는 인(忍)인가?

불자여, 보살은 고요함에 순응해 모든 법을 관찰하고, 평등한 바른 생각으로 모든 법을 어기지 않으며, 모든 법에 순응해 깊이 들어가고, 청정하고 정직한 마음으로 모든 법을 분별하며, 평등한 관찰을 닦고는 거기에 완전히 깊이 들어가나니 불자여, 이것이 보살마하살이 얻는 두번째, 순응하는 인입니다.

불자여, 어떤 것이 보살마하살의 생멸하는 법이 없는 인(忍)인가?

불자여, 보살은 어떤 법의 나고 멸하는 것을 보지 않습니다. 왜냐하면 나지 않으면 멸하지도 않을 것이며, 멸하지 않으면 다함이 없을 것이며, 다함이 없으면 오염〔垢〕을 떠날 것이며, 오염을 떠나면 무너짐이 없을 것이며, 무너짐이 없으면 움직이지 않을 것이며, 움직이지 않으면 그곳이 바로 적멸의 자리일 것이며, 적멸의 자리이면 욕심을 떠났을 것이며, 욕심을 떠났으면 행하는 것이 없을 것이며, 행하는 것이 없으면 그것이 큰 원〔大願〕일 것입니다. 만일 그것이 큰 원이면 장엄에 머물 것이기 때문이니 불자여, 이것이 보살마하살이 얻은 세번째, 생멸하는 법이 없다는 인입니다.

불자여, 어떤 것이 보살마하살의 꼭두각시 같다는 인(忍)인가?

불자여, 보살은 모든 것은 다 꼭두각시 같다고 보는 데에 깊이 들어가 인연으로 일어나는 법을 관찰하고, 한 법 가운데서 많은 법을 알며, 많은 법 가운데서 한 법을 압니다.

보살마하살은 저 모든 법에서 세계를 분별하고 중생계와 법계에 들어가 세간을 평등하게 보며 부처님의 나고 드는 것을 평등하게 보아, 거기에 머물고 그것을 지닙니다.

비유하면 꼭두각시는 남자도 여자도 아니며 소년도 소녀도 아니요, 나무도 잎도 아니며 꽃도 열매도 아니요, 땅도 물도 불도 바람도 아니며, 밤도 낮도 아니요 해도 달도 아니며, 고요함도 어지러움도 아니며, 좋은 것도 나쁜 것도 아니요, 많은 것도 적은 것도 아닙니다.

보살마하살은 이와 같아서 일체 모든 것을 다 실체가 없는 꼭두각시와 같은 것으로 봅니다.

보살마하살은 이렇게 모든 것을 다 꼭두각시와 같다고 관찰할 때, 중생을 일으키지도 않고 중생을 깨뜨리지도 않으며, 세계를 일으키지도 않고 세계를 깨뜨리지도 않으며, 모든 법을 일으키지도 않고 모든 법을 깨뜨리지도 않으며, 과거의 허망한 모양을 취하지도 않고 미래를 짓지도 않으며, 미래에 머물지도 않고, 현재에 머물지도 않으며, 집착하지도 않습니다.

보리를 관찰하지도 않고 허망하게 보리를 취하지도 않으며, 부처님이 세상에 나오심을 취하지 않습니다. 또 부처님의 열반도 그에게는 없으며 큰 원을 취하지도 않습니다.

또 중생을 구제하고 모든 존재를 평등하게 보아 차별이 없으며, 모든 법은 문자도 말도 아닌 줄 알면서도 깊고 묘한 변재를 버리지 않고, 중생 교화에 집착하지 않으면서도 법륜을 굴리며, 중생을 위하기 때문에 대비를 받아 지녀 일체를 구제하면서 과거의 인연을 말하며, 모든 법을 진실로 알아서 이르지 않는 곳이 없습니다.

불자여, 이것이 바로 보살마하살이 얻는 네번째, 꼭두각시와 같다는 인(忍)입니다.

불자여, 어떤 것이 보살마하살의 아지랑이와 같다는 인(忍)인가?

불자여, 보살은 일체 세간을 마치 더울 때의 아지랑이와 같이 실체가 없는 것임을 깨달아 압니다. 또 보살마하살은 모든 것은 일정하지 않아서 안도 바깥도 아니요, 있는 것도 없는 것도 아니며, 모든 것은 다 거짓 이름으로서 한 빛깔도 아니요, 여러 빛깔도 아니라고 관찰합니다. 그리하여 모든 법을 완전히 깨달아 아나니 불자여, 이것이 보살마하살이 얻는 다섯번째, 아지랑이와 같다는 인(忍)입니다.

불자여, 어떤 것이 보살마하살의 꿈과 같다는 인(忍)인가?

불자여, 보살은 모든 세간이 꿈과 같음을 압니다. 비유하면 꿈은 세간도 아니요, 세간을 떠난 것도 아니며, 욕심의 세계도, 형상의 세계도, 무형의 세계도 아니요, 남(生)도 죽음도 아니며 깨끗한 것도 더러운 것도 아니요, 맑은 것도 흐린 것도 아닙니다. 그러면서도 모든 것은 나타난 것과 같습니다.

이와 같이 보살마하살은 모든 세간이 다 꿈과 같음을 알아 꿈을 깨뜨리려 하지도 않고 꿈에 집착하지도 않으며, 꿈은 본래 적멸하고 꿈은 실체가 없으므로 모든 법을 받아 지니되 다 꿈과 같음을 알아 허망하게 그것을 취하지도 않습니다. 그리하여 모든 세간이 다 꿈과 같음을 아나니, 불자여, 이것이 보살마하살이 얻은 여섯번째, 꿈과 같다는 인(忍)입니다.

불자여, 어떤 것이 보살마하살의 메아리와 같다는 인(忍)인가?

불자여, 보살은 모든 법을 잘 배우고 성취하여 저 언덕에 이르고 모든 법이 다 메아리 같음을 알면서도 온갖 소리를 다 분별합니다. 마치 메아리가 이르는 곳이 없는 것처럼, 모든 것이 인연을 따라 일어나는 것임을 알지만 그래도 법의 보시를 파괴하지 않고 음성에 깊이 들어가서는 뒤바뀐 생각을 멀리 떠나 일체를 잘 배웁니다.

또 제석천이 한 음성에서 천 가지 묘한 소리를 내면서도 허망한 음성에 집착하지 않는 것처럼 보살마하살도 그와 같아서 허망을 떠난 법계에 들어가 절묘한 방편의 지혜를 내어 한량없는 세계에서 중생들을 위해 깨끗한 법륜을 굴려 일체 중생을 구제합니다. 불자여, 이것이 보살마하살이 얻은 일곱번째, 메아리와 같다는 인(忍)입니다.

불자여, 어떤 것이 보살마하살의 번개와 같다는 인(忍)인가?

불자여, 보살은 세간에서 나지도 않고 세간에서 죽지도 않으며, 세간 안에 있지도 않고 세간 밖에 있지도 않으며, 세간에 다니지도 않고, 세간을 파괴하지도 않고, 세간의 갈래를 일으키지도 않고 세간의 갈래를 떠나지도 않으며, 세간과 같지도 않고 세간과 다르지도 않으며, 보살행을 행하지도 않으면서 큰 원을 버리지도 않고, 진실도 아니고 허망도 아니면서 그 행이 진실하여 모든 부처님의 바른 법을 다 이루고, 세간의 모든 일을 다 갖추면서도 세간의 흐름을 따르지 않습니다.

불자여, 이것이 보살마하살이 얻은 여덟번째, 번개와 같다는 인입니다. 이 인을 성취한 보살은 모든 부처님이 계신 곳에 가지 않으면서도 모든 부처님의 세계에 두루 나타나고 일체 세계에 가지 않으면서도 일체 세계에 그 몸을 나타냅니다.

마치 번갯불이 나타나는 것처럼 그는 걸림없이 노닐어 시방에 두루 이르되, 금강으로 된 모든 산의 견고한 물건도 그를 막지 못하며, 부처님의 청정한 몸과 입과 뜻을 완전히 성취하여 한량없이 청정한 일체의 색신(色身)을 얻습니다.

불자여, 어떤 것이 보살마하살의 아홉번째, 허깨비와 같다는 인(忍)인가?

보살은 일체 세간이 다 허깨비와 같은 줄을 압니다. 허깨비는 마음을 따라 일어나지도 않고 마음 속에 머물지도 않으며, 업으로 말미암아 일어나지도 않고 혹 그 과보를 받지도 않으며, 세간에서 생기는 것도 아니요 세간에서 멸하는 것도 아니며, 법에 포섭되는 것도 아니요 법과 무관하게 존재하는 것도 아니며, 오랫동안 머무는 것도 아니요 잠깐 동안 머무는 것도 아니며, 세간의 행도 아니요 세간을 떠난 것도 아닙니다.

또 싫은 것도 아니요 싫지 않은 것도 아니며, 범부도 아니요 성인도 아니며, 깨끗한 것도 아니요 더러운 것도 아니며, 나는 것도 아니요 죽는 것도 아니며, 어리석은 것도 아니요 지혜로운 것도 아니며, 보이는 것도 아니요 없어지는 것도 아니며, 영리한 것도 아니요 미련한 것도 아니며, 불꽃처럼 일어나는 것도 아니요 고요한 것도 아니며, 생사도 아니요 열반도 아니며,

있는 것도 아니요 없는 것도 아닙니다.

그러므로 보살마하살은 세간에 살면서 보살행을 행할 때, 방편을 받아 지녀 세간을 다 허깨비와 같다고 관찰합니다. 그리하여 세간에도 집착하지 않고 허깨비에도 집착하지 않으며, 허망하게 세간을 취하지도 않고 또한 허깨비도 취하지 않으며, 세간에 머물지도 않고 세간에서 멸하지도 않으면서 중생 교화를 버리지 않으며, 한결같은 바른 생각으로 모든 원을 원만히 갖추고 모든 법을 장엄한 모든 법을 깨뜨리지 않으며, 아무 법도 가지지 않으면서 모든 불법을 완전히 갖춥니다. 비유하면 허깨비는 있는 것도 아니요 없는 것도 아닌 것처럼, 보살마하살 역시 이 허깨비 같다는 인에 머물면서 모든 보리를 다 갖추어 중생을 이롭게 합니다.

불자여, 이것이 보살마하살이 얻은 아홉번째, 허깨비와 같다는 인(忍)입니다.

불자여, 보살마하살이 만일 이 인을 성취하면 그는 모든 부처님의 세계에 아무 집착이 없나니, 그것은 허깨비가 일체 세계에 아무 집착이 없는 것과 같습니다. 또 허깨비의 행은 행동하는 것이 없어 모든 뒤바뀜을 떠난 것처럼 그는 모든 불법에 대해 허망하게 행동하지 않습니다.

불자여, 어떤 것이 보살마하살의 열번째, 허공과 같다는 인(忍)인가?

보살은 모든 세계가 허공과 같음을 아나니 그것은 실체가 없기 때문이며, 일어남이 없기 때문이며, 두 법이 없기 때문이며, 행해도 행함이 없기 때문이며, 분별이 없기 때문이며, 모든 법이 허공과 같음을 알기 때문입니다.

불자여, 보살마하살은 이와 같이 모든 법이 다 허공과 같음을 알아 허공과 같은 인의 지혜를 얻고 허공과 같은 몸을 얻고 허공과 같은 입을 얻고 허공과 같은 마음을 얻습니다. 마치 허공이 나지도 않고 죽지도 않는 것처럼 보살마하살도 그와 같아서 모든 법신은 나지도 않고 죽지도 않습니다.

마치 허공은 무너뜨릴 수 없는 것처럼 보살마하살도 그와 같아서 그 지혜의 모든 힘은 무너뜨릴 수 없습니다. 마치 허공이 모든 세간의 의지하는 것이 되면서도 그는 의지하는 곳이 없는 것처럼, 보살마하살도 그와 같아서 모든 법의 의지하는 곳이 되면서도 그는 의지하는 곳이 없습니다. 마치 허공이 나지도 않고 멸하지도 않으면서 모든 생멸의 의지하는 곳이 되는 것처럼 보살마하살도 그와 같아서 행하지도 않고 이루어주지도 않으면서 모든 중생들을 다 청정하게 합니다.

마치 허공이 다니지도 않고 머물지도 않으면서 갖가지 위의를 잘 나타내 보이는 것처럼 보살마하살도 그와 같아서 다니지도 않고 머물지도 않으면서 모든 행을 다 잘 분별합니다.

마치 허공은 빛깔도 아니요, 빛깔이 아닌 것도 아니면서 백천 가지의 빛깔을 잘 나타내 보이는 것처럼, 보살마하살도 그와 같아서 세간의 빛깔도 아니요, 출세간의 빛깔도 아니면서 모든 빛깔을 다 잘 나타내 보입니다.

마치 허공이 오래 머물지도 않고 잠깐 머물지도 않는 것처럼 보살마하살도 그와 같아서 오래 나아가지도 않고 잠깐 나아가지도 않으면서 모든 보살의 머물고 행하는 것을 두루 잘 연설합니다. 마치 허공이 깨끗한 것도 아니요, 더러운 것도 아닌 것처럼, 보살마하살도 그와 같아서 세간의 장애도 아니요, 또 청정한 것도 아닙니다. 마치 허공은 모든 곳에 머물러 있지만 허공에는 한계가 없는 것처럼, 보살마하살도 그와 같아서 모든 법에 머물러 있지만 보살의 마음에는 한계가 없습니다.

무슨 까닭인가. 보살마하살은 자기 선근이 저 허공처럼 청정하고 원만하며, 평등하고 고요하며, 같은 맛이며 같은 분량이며, 청정하기는 허공의 빛깔과 같으며, 모든 것은 한 가지도 존재하지 않는 줄로 생각하기 때문입니다.

그리하여 무너지지 않는 모든 법을 얻어서 모든 세계에 노닐고, 일체의 몸을 다 갖추었으면서도 그 몸에 조금도 집착하지 않으며 모든 의혹을 떠나고, 깨뜨릴 수 없는 힘을 완전히 성취하며, 모든 공덕의 경계를 원만히 갖추고 갖가지 법을 다 얻으며, 허공과 같은 견고한 선근을 얻으며, 모든 묘한 음성을 내어 일체 세간에서 항상 법륜을 굴리되 그때를 놓치지 않습니다.

불자여, 이것이 보살마하살이 얻은 열번째, 허공과 같다는 인(忍)입니다.

이 인을 성취한 보살마하살은 옴[來]이 없는 몸을 얻나니 그것은 감[去]이 없기 때문이며, 나지 않는 몸을 얻나니 그것은 멸하지 않기 때문이며, 모이지 않는 몸을 얻나니 그것은 흩어지지 않기 때문이며, 진실하지 않는 몸을 완전히 갖추나니 그것은 진실이 없기 때문이며, 한 모양의 몸을 얻나니 그것은 모양이 없기 때문이며, 한량없는 몸을 얻나니 그것은 부처님의 힘이 한량없기 때문이며, 평등한 몸을 얻나니 그것은 진여(眞

如)와 같은 모양이기 때문이며, 무너지지 않는 몸을 얻나니 그
것은 삼세를 평등하게 보기 때문입니다.

또한 보살마하살은 탐욕을 모두 버린 몸을 얻나니 그것은 모
든 법은 모이거나 흩어짐이 없기 때문이며, 무궁무진하고 평등
한 법에 대한 변재를 얻나니 그것은 모든 법의 성품은 허공과
같은 한 성품이기 때문이며, 한량없고 걸림없는 미묘한 음성을
얻나니 그것은 걸림없기가 허공과 같기 때문이며, 청정하고 완
전한 보살행에 대한 절묘한 방편을 얻나니 그것은 모든 법은
걸림없고 청정하기가 허공과 같기 때문이며, 모든 불법의 바다
를 얻나니 그것은 끊을 수 없기가 허공과 같기 때문입니다.

불자여, 이것이 보살마하살의 열 가지 인(忍)입니다."

제15장 수명품(壽命品)

― 자유자재한 여래의 수명 ―

그때 심왕보살이 여러 보살에게 말하였다.

"불자들이여, 석가모니 부처님 세계의 한 겁은 저 안락 세계 아미타 부처님 세계의 하룻밤 하루 낮이요, 그 안락 세계의 한 겁은 저 성복당(聖服幢) 세계에 있는 금강(金剛) 부처님 세계의 하룻밤 하루 낮이며, 그 성복당 세계의 한 겁은 불퇴전음성륜(不退轉音聲輪) 세계에 있는 선락광명청정개부(善樂光明淸淨開敷) 부처님 세계의 하룻밤 하루 낮이요, 불퇴전음성륜 세계의 한 겁은 저 이구(離垢) 세계에 있는 법당(法幢) 부처님 세계의 하룻밤 하루 낮이며, 그 이구 세계의 한 겁은 저 선등(善燈) 세계에 있는 사자(師子) 부처님 세계의 하룻밤 하루 낮입니다.

또 그 선등 세계의 한 겁은 저 선광명(善光明) 세계에 있는 노사나장 부처님 세계의 하룻밤 하루 낮이요, 그 선광명 세계의 한 겁은 초출(超出) 세계에 있는 법광명청정개부연화(法光明淸淨開敷蓮華) 부처님 세계의 하룻밤 하루 낮이며, 그 초출 세계의 한 겁은 저 장엄혜(莊嚴慧) 세계에 있는 일체 광명(一切光明) 부처님 세계의 하룻밤 하루 낮이요, 그 장엄혜 세계의 한 겁은 저 경광명(鏡光明) 세계에 있는 각월(覺月) 부처님 세계의 하룻밤 하루 낮입니다.

불자들이여, 이와 같이 차례로 백만 아승지 세계를 지나 최후 세계의 한 겁은 저 승련화(勝蓮華) 세계에 있는 현수(賢首) 부처님 세계의 하룻밤 하루 낮인데, 여러 큰 보살들이 그 안에 가득 차 있습니다."

제16장 보살주처품(菩薩住處品)

— 보살이 머무는 곳은 사바세계 —

그때 심왕보살이 다시 여러 보살들에게 말하였다.

"불자들이여, 동방에 보살들이 사는 곳이 있는데 이름은 선인기산(仙人起山)으로서 과거에 모든 보살들이 살았고, 현재는 금강승(金剛勝)이라는 보살이 살면서 3백 보살을 권속으로 두고 항상 그들을 위해 설법하고 있습니다.

또 남방에는 보살들이 사는 곳이 있는데 이름은 승누각산(勝樓閣山)으로서 과거에 모든 보살들이 살았고, 현재는 법혜(法慧)라는 보살이 살면서 5백 보살을 권속으로 두고 항상 그들을 위해 설법하고 있습니다.

또 서방에도 보살들이 사는 곳이 있는데 이름은 금강염산(金剛焰山)으로서 과거에 모든 보살들이 살았고, 현재는 무외사자행(無畏師子行)이라는 보살이 살면서 3백 보살을 권속으로 두고 항상 그들을 위해 설법하고 있습니다.

또 북방에도 보살들이 사는 곳이 있는데 이름은 향취산(香聚

山)으로서 과거에 모든 보살들이 살았고, 현재는 향상(香象)이라는 보살이 살면서 3천 보살을 권속으로 두고 항상 그들을 위해 설법하고 있습니다.

또 동북방에도 보살들이 사는 곳이 있는데 이름은 청량산(淸凉山)으로서 과거에 모든 보살들이 살았고, 현재는 문수사리라는 보살이 살면서 1만 보살을 권속으로 두고 항상 그들을 위해 설법하고 있습니다.

또 동남방에도 보살들이 사는 곳이 있는데 이름은 지견고(枝堅固)로서 과거에 보살들이 살았고, 현재는 천관(天冠)이라는 보살이 살면서 1천 보살을 권속으로 두고 항상 그들을 위해 설법하고 있습니다.

또 서남방에도 보살들이 사는 곳이 있는데 이름은 수제광명산(樹提光明山)으로서 과거에 모든 보살들이 살았고, 현재는 현수(賢首)라는 보살이 살면서 3천 보살을 권속으로 두고 항상 그들을 위해 설법하고 있습니다.

또 서북방에도 보살들이 사는 곳이 있는데 이름은 향풍산(香風山)으로서 과거에 모든 보살들이 살았고, 현재는 향광명(香光明)이라는 보살이 살면서 5천 보살을 권속으로 두고 항상 그들을 위해 설법하고 있습니다.

또 네 큰 바다 가운데도 보살들이 사는 곳이 있는데 이름은 지달(枳怛)로서 과거에 모든 보살들이 살았고, 현재는 담무갈이라는 보살이 살면서 2천 보살을 권속으로 두고 항상 그들을 위해 설법하고 있습니다.

또 바다 가운데 보살들이 사는 곳이 있는데 이름은 공덕장엄굴(功德莊嚴窟)로서 과거에 여러 보살들이 항상 거기에 살았습니다.

또 비사리성(城) 남쪽에도 보살들이 사는 곳이 있는데 이름은 선주(善住)로서 과거에 여러 보살들이 항상 거기에 살았습니다.

또 파련불읍(邑)에도 보살들이 사는 곳이 있는데 이름은 금등승가람(金燈僧伽藍)으로서 과거에 여러 보살들이 항상 거기에 살았습니다."

제17장 불부사의법품(佛不思議法品)

— 부처님의 지혜작용은 불가사의 —

그때 법회에 있던 여러 보살들은 모두 이렇게 생각했다.

'모든 부처님의 국토와 모든 부처님의 깨끗한 서원과 모든 부처님의 종성(種姓)과 모든 부처님이 세상에 나오심은 불가사의하며, 또 모든 부처님의 법신과 음성과 지혜와 신력과 자재함은 불가사의하며, 또 모든 부처님의 걸림없는 머무름과 해탈은 불가사의하다.'

그때 부처님은 보살들의 생각을 아시고, 곧 청련화(靑蓮華)보살에게, 부처님의 신력과 부처님의 지혜와 부처님의 변재와 부처님의 공덕과 부처님의 두려움 없음 등을 주어 그 몸에 충만하게 하여 모든 부처님 법계를 다 성취하게 하시고, 또 부처님의 신력의 경계와 걸림없는 행과 부처님의 종성을 분별하는 힘을 주시고 또 셀 수 없는 모든 부처님의 방편을 주셨다.

그때 청련화보살은 곧 걸림없는 법계와 일체의 걸림없는 법에 들어가 보살행을 닦고, 보현보살의 소원을 성취한 뒤 모든 부처님을 따라 큰 장엄을 스스로 장엄하고, 큰 자비로 일체 중생을 두루 관찰하였다. 또 부처님의 한량없는 큰 지혜를 내어 부처님의 다함없는 지혜의 문을 성취하고 부처님의 모든 다라니와 모든 변재를 성취한 뒤에, 그 광명으로 일체를 두루 비추었다.

그때 청련화보살은 부처님의 위신력을 받들어 연화장(蓮華藏)보살에게 말하였다.

"불자여, 모든 부처님에게는 한량없이 깨끗하고 청정한 주처(住處)가 있으며, 모든 부처님은 무량한 자재에 편히 머물며, 모든 부처님은 일체의 일에 있어서 그때를 놓치지 않으며, 모든 부처님은 평등하고 깨끗한 법륜을 굴리며, 모든 부처님은 네 가지 변설이 무궁무진하고, 모든 부처님의 법은 불가사의하며, 모든 부처님의 청정한 음성은 이르지 않는 곳이 없으며, 모든 부처님은 한량없는 법계를 다 분별하며, 모든 부처님은 시방세계를 광명으로 두루 비추며, 모든 부처님의 말씀은 모두 깊은 법계에 들어갑니다.

불자여, 모든 부처님에게는 열 가지 법계의 무량무변한 것이 있습니다. 그 열 가지란 이른바 모든 부처님의 청정한 색신은 무량무변하여 세간에 뛰어나고, 모든 부처님은 걸림없는 눈이 무량무변하여 청정하고, 평등하게 일체 법을 깨달으며, 모든 부처님은 걸림없는 귀가 무량무변하여 일체 중생의 음성을 분별하고, 모든 부처님은 신통이 저 언덕에 이르고, 모든 부처님은 넓고 긴 혀가 무량무변하여 묘한 음성을 내어서 온 법계에 두루 들리게 합니다.

또 모든 부처님은 그 몸이 무량무변하여 중생들의 능력에 따라 부처님의 몸을 나타내고, 모든 부처님은 그 뜻이 무량무변하며, 모든 부처님은 걸림없는 해탈의 법문이 무량무변하여 끝없이 자재한 위신력을 나타내고, 모든 부처님은 일체 세계에서 부처님의 세계를 장엄하는 것이 무량무변하여 중생에 순응하며, 모든 부처님은 무량무변한 여러 보살의 행과 훌륭한 소원과 자재한 신력을 다 완성하며, 모든 부처님의 바른 법을 다 완성하며, 모든 부처님의 바른 법을 다 깨닫는다는 것입니다.

불자여, 이것이 모든 부처님의 열 가지 법계의 무량무변한 것입니다.

불자여, 모든 부처님은 찰나 사이에 열 가지 다함없는 지혜를 냅니다.

불자여, 모든 부처님에게는 열 가지 때를 놓치지 않는 일이 있습니다.

불자여, 모든 부처님에게는 열 가지 비유할 수도 없고 헤아릴 수도 없는 경계가 있습니다.

불자여, 모든 부처님은 열 가지 지혜를 내어 거기에 머무릅니다.

불자여, 모든 부처님에게는 열 가지 매우 깊고 큰 법이 있습니다.

불자여, 모든 부처님은 열 가지 공덕으로 악을 떠나 청정하십니다.

불자여, 모든 부처님에게는 열 가지의 끝까지 청정한 행(行)이 있습니다.

불자여, 모든 부처님은 일체 세계에서 언제나 열 가지 불사 (佛事)를 짓습니다.

불자여, 모든 부처님에게는 열 가지의 다함이 없는 방편 지혜의 큰 바다가 있습니다.

불자여, 모든 부처님에게는 열 가지 항상한 법이 있습니다.

불자여, 또 모든 부처님에게는 한량없이 말하는 열 가지 불법의 문이 있습니다.

불자여, 모든 부처님은 열 가지 법으로 항상 중생들을 위하여 불사를 짓습니다.

불자여, 모든 부처님에게는 열 가지 견고한 보살의 법이 있습니다.

불자여, 모든 부처님에게는 열 가지 장애 없이 머무르는 법이 있습니다.

불자여, 또 모든 부처님에게는 열 가지의 가장 훌륭하고 위없는 장엄이 있습니다.

불자여, 모든 부처님은 열 가지 바른 법에 자재함이 있습니다.

불자여, 또 모든 부처님은 열 가지 불가사의한 법을 다 갖춘 뒤에라야 등정각을 이룹니다.

불자여, 모든 부처님에게는 열 가지의 절묘한 방편이 있습니다.

불자여, 모든 부처님에게는 열 가지의 불사(佛事)가 있는데, 그것은 무량무변하고 불가사의하여, 부처님의 신력 이외에는 어떤 천신이나 사람도 헤아릴 수 없고, 삼세의 어떤 성문도 연각도 말할 수 없습니다.

불자여, 모든 부처님에게는 법왕과 다름없는 열 가지 법이 있습니다.

불자여, 모든 부처님에게는 머무름으로 향하는 열 가지 법이 있습니다.

불자여, 모든 부처님은 열 가지 법을 모두 다 알고 있습니다.

불자여, 모든 부처님에게는 가장 훌륭한 열 가지 힘이 있으니, 그것은 큰 힘이요 한량없는 힘이며, 큰 공덕의 힘이요 존귀한 힘이며, 물러나지 않는 힘이요 견고한 힘이며, 깨뜨릴 수 없는 힘이요 어떤 세간도 헤아릴 수 없는 힘이며, 어떤 중생도 부술 수 없는 힘으로서, 대력나라연당(大力那羅延幢)이신 부처님의 머무는 법입니다.

불자여, 모든 부처님에게는 결정된 열 가지 법이 있습니다.

불자여, 모든 부처님에게는 열 가지 법이 있어서 어떤 중생도 부처님을 보는 이는 모두 열 가지 좋은 과보를 빨리 얻습니다.

불자여, 모든 부처님에게는 일체 보살이 항상 바로 생각해야 할 열 가지 청정한 법이 있습니다.

불자여, 모든 부처님에게는 열 가지 일체지에 머무름이 있습니다.

불자여, 또 모든 부처님에게는 한량없이 불가사의한 삼매가 있습니다.

불자여, 모든 부처님에게는 열 가지 걸림없는 해탈이 있습니다."

제18장 여래상해품(如來相海品)

─ 부처님의 공덕은 보살행의 결과 ─

그때 보현보살마하살이 여러 보살들에게 말하였다.

"불자들이여, 자세히 듣고 잘 명심하십시오. 나는 당신들에게 부처님의 모습을 말하겠습니다.

부처님 머리에는 대인(大人)의 모습이 있으니, 이름은 명정(明淨)으로서 서른두 가지의 보배로 장엄하고 한량없는 큰 광명을 놓아 일체 시방세계를 두루 비춥니다.

또 부처님 머리에는 대인의 모습이 있으니, 이름은 보조불방편해(普照佛方便海)로서 원만한 여러 가지 보배와 갖가지 마니보배로 장엄하였습니다. 그것은 금강광명(金剛光明) 세계에서 일어난 것으로서, 일체 세계를 두루 비춥니다.

또 부처님에게는 대인의 모습이 있으니 이름은 보조(普照)로서, 불가사의한 모든 부처 세계를 다 나타내고, 금강마니의 묘한 보배 광명은 아무리 보아도 싫증이 나지 않으며, 온갖 보배 꽃뭉치가 떨쳐 일어나는 듯, 일체 법계의 부처 광명을 두루 비춥니다.

또 부처님에게는 대인의 모습이 있으니, 이름은 평등여래음성등운이구보해(平等如來音聲燈雲離垢寶海)로서 온갖 광명을 놓아 일체 법계, 시방세계의 보살의 공덕을 두루 비추고, 삼세 부처님의 지혜 바다를 굳건히 세웁니다.

또 부처님에게 대인의 모습이 있으니, 이름은 무량보광명륜(無量寶光明輪)으로서 과거의 청정한 선근을 나타내 보이고, 청정한 지혜의 빛을 내어 시방의 지혜바다를 두루 비춥니다.

또 부처님에게 대인의 모습이 있으니 이름은 명정운(明淨雲)으로서 보배 꽃과 유리의 달로 한량없는 백천 광명을 놓아 일체 법계와 허공계와 부처님 세계를 두루 비추고, 시방의 모든 부처님을 두루 나타냅니다.

또 부처님에게 대인의 모습이 있으니 이름은 각광명운(覺光明雲)으로서, 일체 법계에서 모든 부처님이 깨끗한 법륜을 굴리는 것을 두루 비춥니다.

불자여, 이처럼 부처님 몸에는 연화장 세계의 티끌 수 같은 대인의 모습이 있으며 이 외에 부처님 몸에는 여러 가지 묘한 보배가 장엄되어 있습니다."

제19장 보현보살행품(普賢菩薩行品)
— 보현보살의 열 가지 행원 —

그때 보현보살마하살은 여러 보살에게 말했다.

"여러 불자들이여, 이것은 미묘한 설법입니다. 왜냐하면 일체 여래·응공·등정각은, 교화해야 할 중생을 그 근기를 따라 설법하기 때문입니다.

즉 우치한 중생들이 번뇌에 결박되어 '나'와 '내 것'을 헤아리고 '나'라는 견해에 집착하며, 항상 착각을 따라 그릇된 견해를 추종하며 그릇되게 허망함에 집착하며, 번뇌에 결박되어 생사의 세계에 윤회하면서 부처님의 가르침을 멀리하나니, 이런 중생을 위해 여래·응공·등정각은 세상에 출현하신 것입니다.

불자들이여, 만일 보살마하살이 한 번만이라도 성내는 마음을 일으킨다면 모든 악 중에서 그보다 더한 악은 없습니다. 왜냐하면 보살마하살로서 성내는 마음을 일으키면 진리의 문에 드는 길을 방해하는 백천 가지 장애를 받게 되기 때문입니다.

그 백천 가지 장애란 무엇입니까?

이른바 보리(菩提)를 보지 못하는 장애와 바른 진리를 듣지 못하는 장애, 나쁜 갈래에 태어나는 장애, 여덟 가지 어려움이 있는 곳에 태어나는 장애, 병이 많은 장애, 비방을 많이 듣는 장애, 어둡고 둔한 갈래에 태어나는 장애, 바른 생각을 잃는 장애, 지혜가 적은 장애, 눈·귀·코·혀·몸·뜻의 장애, 나쁜 지도자를 가까이하는 장애, 나쁜 무리를 가까이하는 장애, 나쁜 사람을 가까이하는 장애, 악인과 같이 사는 장애, 선량한 사람과 함께 수행하기를 좋아하지 않는 장애, 바른 견해를 멀리하는 장애 등을 받는 것입니다.

불자들이여, 그러므로 보살마하살이 보살행을 빨리 갖추려면 열 가지 바른 법을 닦아야 합니다.

그 열 가지란 무엇입니까?

일체 중생들을 버리지 않고 모든 보살에 대해 부처님이라는 생각을 내며, 언제나 일체 불법을 비방하지 않고 모든 부처님의 세계에서 다함없는 지혜를 얻으며, 보살이 행하는 바를 공경하고 함께 기뻐하며, 허공과 법계와 같은 보리심을 버리지 않고 진리를 분별하며, 부처님의 힘을 성취하여 저 언덕에 이르고 보살의 일체 변재를 닦아 익혀 중생을 교화하되 싫증을 내지 않으며, 일체 세계에서 태어남을 나타내 보이되 거기에 집착하지 않는 것 등입니다.

불자들이여, 이와 같은 열 가지 바른 법을 실천하는 보살마하살은 열 가지 청정한 법을 거두어 지닙니다.

그 열 가지란 무엇입니까?

매우 깊은 법을 배워서 끝까지 청정하고, 선지식을 친근함이

청정하며, 모든 부처님의 바른 법을 보호함이 청정하고, 허공
계를 다 분별함이 청정하며, 법계에 잘 들어감이 청정하고, 지
혜로 마음의 작용을 아는 것이 청정하며, 보살의 선근을 청정
하게 하고 마음이 항상 모든 겁에 집착하지 않음이 청정하며,
지혜로 삼세를 관찰함이 청정하고, 모든 부처님의 종성(種姓)[1]
을 성취함이 청정한 것 등입니다.

불자들이여, 이와 같이 청정한 바른 법에 편히 머무르는 보
살마하살은 열 가지 바른 지혜를 완전히 갖춥니다.

그 열 가지란 무엇입니까?

이른바 중생의 마음과 마음의 작용을 분별하는 지혜, 중생의
모든 업보를 분별하는 지혜, 일체 불법을 두루 비추는 지혜, 모
든 불법에서 방편의 차례를 얻는 지혜, 일체 문자와 변론을 성
취하는 지혜, 중생들의 모든 언어를 잘 아는 지혜, 일체 세계에
몸을 나타내는 지혜, 자비의 빛으로 일체 중생을 두루 비추는
지혜, 일체 갈래에서 얻는 일체의 지혜 등입니다.

불자들이여, 이렇게 진리의 세계에 들어가는 지혜를 갖춘 보
살마하살은 열 가지 바른 마음에 편히 머무릅니다.

그 열 가지란 무엇입니까?

일체 세계의 말과 말이 아닌 법을 아는 바른 마음에 편히 머
물고, 일체 중생을 바로 생각하는 바른 마음에 편히 머물며, 허
공계와 같은 바른 마음에 편히 머물고, 법계의 무량무변한 바

---

1) 모든 부처님의 종성(種姓)__과거 · 현재 · 미래의 모든 부처님들이 이어가
 는 전통과 계통.

른 마음에 편히 머물며, 모든 부처님의 바른 법을 따르는 바른 마음에 편히 머물고, 매우 깊은 선법과 무너지지 않는 법을 아는 바른 마음에 편히 머뭅니다.

또 일체 의혹을 없애는 바른 마음에 편히 머물고, 삼세의 법을 평등하게 관찰하는 바른 마음에 편히 머물며, 삼세 모든 부처님의 평등을 아는 바른 마음에 편히 머물고, 모든 부처님의 평등을 아는 바른 마음에 편히 머물고, 모든 부처님의 한량없는 힘을 아는 바른 마음에 편히 머무는 것 등입니다.

불자들이여, 이와 같이 열 가지 바른 마음에 편히 머무는 보살은 곧 모든 부처님의 미묘한 방편법을 얻습니다.

그 열 가지란 무엇입니까?

미묘한 방편으로 일체 부처님의 깊은 법을 두루 비추고, 미묘한 방편으로 모든 부처님의 매우 깊고 훌륭한 법을 내며, 미묘한 방편으로 일체 부처님의 장엄한 법을 분별해 연설하고, 미묘한 방편으로 일체 부처님의 평등한 법에 깊이 들어가며, 미묘한 방편으로 갖가지 모양의 일체 불법을 분별하고, 미묘한 방편으로 깨뜨릴 수 없는 모든 부처님의 바른 법에 들어가며, 미묘한 방편으로 일체 부처님의 모든 장엄한 법에 들어가고, 미묘한 방편을 얻어 한 방편으로 일체의 불법에 들어가며, 미묘한 방편으로 부처님의 한량없는 모든 방편법에 들어가고, 미묘한 방편으로 일체 불법에서 마음이 자재함을 얻고는 물러나지 않는 것 등입니다.

불자여, 이것이 열 가지 미묘한 방편법입니다.

불자들이여! 그러므로 보살마하살은 일심으로 공경하면서

이 법을 듣고 지녀야 합니다.

왜냐하면 보살마하살이 이 법을 들으면 조그만 방편으로도 위없는 바른 깨달음을 빨리 얻어 삼세 부처님과 평등하게 될 수 있기 때문입니다."

그때 부처님의 위신력으로 티끌 수 같은 세계의 수많은 보살마하살들이 그곳으로 모여들어 이렇게 말하였다.

"장하십니다. 불자여, 당신은 이렇게 모든 부처님의 서원과 수기하는 깊은 법을 잘 말했습니다. 우리는 다같이 보현이라는 이름으로서, 저 보승(普勝) 세계에 계시는 보당자재(普幢自在) 부처님의 처소로부터 여기 왔습니다. 저 다른 일체 세계에서도 이 법을 연설하는데 그 글귀와 뜻과 일체의 행이 모두 꼭 같아서 조금도 가감이 없습니다. 그러므로 우리는 여기 와서 당신을 위해 증명하는 것입니다."

그때 보현보살마하살은 부처님의 신력과 자기 선근의 힘으로 시방과 모든 법계를 관찰하고는, 모든 보살행과 부처님의 보리를 밝히기 위해, 큰 서원을 말하기 위해, 일체 세계의 모든 겁을 분별하기 위해, 때를 따라 부처님이 보이는 것을 밝히기 위해, 중생들이 그 근기를 따라 모두 교화를 받게 하기 위해, 부처님이 여러 곳에서 행하는 설법에 허망이 없음을 밝히기 위해, 선근을 심은 대로 그 과보가 헛되지 않게 하기 위해, 보살의 청정한 법신을 밝히고자 미묘한 음성을 내어 중생들을 깨우쳐 보리심을 일으키게 하였다.

제20장 여래성기품(如來性起品)
— 중생과 부처는 차별이 없다 —

그때 부처님께서 두 눈썹 사이의 백호상(白毫相)[1]으로부터 큰 광명을 놓으시니, 그 광명의 이름은 명여래법(明如來法)이었다. 명여래법은 무량한 아승지 광명으로 권속을 삼아서 시방의 일체 세계를 두루 비추고, 열 바퀴를 돌며 부처님의 한량없는 자재로움을 나타내어 무수한 보살 대중을 깨우쳤다.

그때 모든 세계는 여섯 가지로 진동하고 일체 악마의 광명을 가리어 마치 먹덩이처럼 만들었다. 그리고 모든 보리를 나타내고 모든 대중을 나타내며, 장엄을 성취하여 법계 허공계 등 일체 세계를 두루 비추었다. 그리고 다시 일체 보살 대중을 돌고는 여래성기묘덕(如來性起妙德)보살의 정수리로 들어갔다.

그때 모든 대중의 마음은 매우 기쁘고 몸과 뜻은 부드러워져

· · · · · · · · ·

1) **백호상(白毫相)**_부처님의 32상 중의 하나. 부처님의 두 눈썹 사이에 있는 희고 빛나는 터럭. 오른쪽으로 말렸으며 끊임없이 광명을 발한다고 함.

이렇게 생각하였다. '참으로 신기하고 희유하다. 부처님께서 지금 큰 광명을 놓으시니 반드시 매우 깊고 바른 법을 연설하실 것이다.'

그때 여래성기묘덕보살은 보현보살에게 물었다.

"불자여, 부처님이 나타내시는 큰 위력은 불가사의합니다. 이것이 무슨 상서로운 징조입니까?"

보현보살은 여래성기묘덕보살에게 답하였다.

"불자여, 내 생각과 내가 본 바로는 과거 여래께서 큰 광명을 놓으시면 반드시 여래의 성품이 일어나는 바른 법을 말씀하셨습니다. 그러므로 지금 부처님이 큰 광명을 놓아 자재한 힘을 나타내시는 것도 반드시 여래의 성품이 일어나는 바른 법을 말씀하실 것입니다."

그때 여래성기묘덕보살이 여래성기정법이라는 이름을 듣자 일체 대지가 여섯 가지로 진동하면서 무량한 광명이 나타났다.

여래성기묘덕보살은 보현보살에게 물었다.

"불자여, 어떻게 하면 보살마하살이 여래의 성품이 일어나는 바른 법을 알 수 있습니까?"

보현보살은 여래성기묘덕보살에게 답하였다.

"불자여, 여기 모인 무수한 보살마하살은 청정한 모든 업을 잘 배워 수행하고 생각하는 지혜로 모든 부처님의 장엄을 성취하여 저 언덕에 도달하였다. 또 부처님의 위의에 머무르고 부처님의 행을 갖추었으며, 모든 부처님을 바로 생각하되 어지러운 일이 없으며, 큰 자비로써 일체 중생을 관찰하고 궁극의 지혜로 보살의 묘한 신통을 분별하며, 부처님의 신력을 얻고 모

든 부처님의 공덕에 머뭅니다. 이와 같이 다함없는 공덕을 성
취한 보살이 모두 여기 와 모였습니다.

그대는 과거에 한량없이 무수한 부처님을 공경·공양하면서
온갖 선근을 심어 보살의 위없는 묘한 행을 성취하고, 모든 삼
매문에서 자재를 얻어 모든 부처님의 비밀의 법에 깊이 들어갔
으며, 또 모든 불법에서 온갖 의혹을 없앴으며, 일체 중생의 근
기를 잘 알고 그들의 성질을 따라 설법하며, 부처님의 지혜를
따라 일체 불법을 분별해 연설하면서 저 언덕에 이르러 이런
한량없는 공덕을 성취했습니다."

그때 다시 여래성기묘덕보살이 보현보살에게 물었다.

"훌륭하십니다. 불자여! 부처님의 성품이 일어나는 바른 법
을 설명해 주십시오."

그때 보현보살은 여래성기묘덕보살과 여러 대중에게 말하
였다.

"불자들이여, 여래의 성품이 일어나는 바른 법은 불가사의합
니다. 왜냐하면 조그만 인연으로 깨달음을 이루어 세상에 나올
수 없기 때문입니다. 불자들이여, 무량 무수한 백천 아승지의
열 가지 인연이 있어야 깨달음을 이루어 세상에 나오는 것이니
그 열 가지란 어떤 것입니까?

첫째는 무량한 보리심을 내어 일체 중생을 버리지 않는 것이
요, 둘째는 과거의 무수한 겁 동안 온갖 선근을 닦아 그 마음이
정직하고 깊은 것이며, 셋째는 무량한 자비로 중생을 구호하는
것이요, 넷째는 무량한 수행을 닦아 큰 서원에서 물러나지 않
는 것이며, 다섯째는 무량한 공덕을 쌓되 충분하다는 마음이

없는 것이요, 여섯째는 무량한 모든 부처님을 공경하며 중생을 교화하는 것입니다. 일곱째는 무량한 방편의 지혜를 내는 것이요, 여덟째는 무량한 모든 공덕의 창고를 성취하는 것이며, 아홉째는 무량한 장엄의 지혜를 내는 것이요, 열째는 무량한 모든 법의 진실한 뜻을 분별해 연설하는 것이다.

불자들이여, 이와 같은 무량 무수한 백천 아승지의 열 가지 법문이라야 등정각을 이룬 부처로서 세상에 출현하는 것입니다.

여러 불자들이여, 보살마하살은 또한 마땅히 알아야 합니다. 여래의 성품이 일어나는 바른 법은 그 공덕이 무량하나니, 그 것은 행이 무량하기 때문이요, 시방에 충만하여 오고 감이 없기 때문이며, 나고 머물고 멸함을 떠나 행이 없기 때문이요, 마음과 의식을 떠나서 몸이 없기 때문이며, 성품이 허공과 같아 다 평등하기 때문입니다.

또 일체 중생에게는 '나'도 없고 '내 것'도 없고 그 끝도 없기 때문이며, 일체의 세계가 다함도 없고 변함도 없기 때문이며, 미래 세상은 끊어지지도 않고 물러나지도 않기 때문이며, 여래의 지혜에 의심이 없고 둘이 없어 평등하며 유위(有爲)와 무위(無爲)[2]를 관찰하기 때문이며, 정각을 이루어 중생을 이롭게 하고 본래 행을 회향하여 자재하고 만족하기 때문입니다."

그때 보현보살은 거듭 여러 보살들에게 말하였다.

"여러 불자들이여, 여래를 알거나 보는 보살은 한량없는 공

• • • • • • • • • •

2) 유위(有爲)와 무위(無爲)_유위는 번뇌를 수반하는 행위 혹은 요소. 무위 는 번뇌의 작용이 지멸되어 분별망상이 없어진 상태.

덕을 원만히 성취합니다. 왜냐하면, 여래는 한 법이나 한 행이나 한 몸이나 한 세계로 중생을 교화하지 않고, 한량없는 법과 한량없는 행과 한량없는 몸과 한량없는 세계를 갖춰 일체 중생을 평등하게 교화하기 때문입니다.

불자들이여, 비유하면 저 허공은 빛이 있는 곳이나 빛이 없는 곳이나 어디고 다 갑니다. 그러나 그것은 가는 것도 아니요, 가지 않는 것도 아닙니다. 왜냐하면 허공은 형상이나 빛이 없기 때문입니다. 여래의 법신도 그와 같아서 일체의 장소, 일체의 세계, 일체의 법, 일체의 중생, 어디에도 가지만 가는 곳이 없습니다. 그것은 바로 여래의 몸은 정해진 몸이 아니기 때문이며, 교화할 곳을 따라 그 몸을 나타내 보이기 때문입니다.

또 불자들이여, 비유하면 허공이 아주 넓어 일체 중생을 다 수용하면서도 거기에 집착하지 않는 것처럼, 여래의 법신도 그와 같아서 일체 중생과 세간의 선근을 비추면서도 세간의 선근을 떠나 집착하지 않습니다. 왜냐하면 여래의 법신은 일체의 집착을 모두 버렸기 때문입니다.

또한 불자들이여, 해가 세상에 나오면 한량없는 일로 중생을 이롭게 합니다.

즉 어두움을 없애고 일체 산림과 약초와 온갖 곡식과 풀·나무 등을 기르며, 냉기와 습기를 없애고, 허공을 비춰서 허공의 중생을 이롭게 하며, 연못을 비춰서 연꽃을 피게 하고, 세상을 두루 비추어 일체 빛깔과 형상을 나타내며 세간의 일들을 다 성취시킵니다. 왜냐하면 해는 광명을 두루 놓기 때문입니다. 여래의 지혜도 또한 그와 같아서 한량없는 일로 일체 중생을 두루 이롭게 합니다.

또한 불자들이여, 해가 뜨면 먼저 큰 산을 비추고 다음에는 일체 대지를 두루 비춥니다. 그러나 햇빛은 '나는 먼저 큰 산을 비추고 차례로 대지를 두루 비추리라'고 생각하지 않습니다. 다만 그 산과 대지에 높고 낮음이 있기 때문에 그 비침에 먼저와 나중이 있을 뿐입니다.

또한 불자들이여, 저 해가 세상에 나타나더라도 태어날 적부터 장님인 중생은 그것을 보지 못합니다. 왜냐하면 육안이 없기 때문입니다. 그러나 그 장님이 비록 해를 보지는 못하더라도 그 햇빛의 이익은 받습니다. 즉 그 햇빛 때문에 음식과 살림살이와 도구를 얻고 냉기와 습기를 없애어 몸을 가뿐하게 하며, 바람기·한기·담증·종기 등의 병을 모두 치료할 수 있습니다. 부처님의 지혜의 해가 세상에 나오는 것도 그와 같아서 일체의 그릇된 견해·무지·그릇된 생활 등으로 날 적부터 장님이 된 중생은 부처님의 지혜 광명을 보지 못합니다.

그러나 불자들이여, 그 장님이 여래의 지혜 햇빛은 보지 못하더라도 여래의 지혜 햇빛의 이익은 얻습니다. 즉 4대(四大, 地水火風)[3]의 모든 고통을 없애어 몸이 안락하고 일체의 번뇌와 고통의 근본을 끊습니다.

또 불자들이여, 보살마하살은 부처님의 열 가지 한량없는 음성을 알아야 합니다. 열 가지 한량없는 음성이란 어떤 것입

3) 4대(四大)__만유를 구성하는 지대(地大)·수대(水大)·화대(火大)·풍대(風大).

니까?

이른바 허공과 같이 한량없음을 알고 보나니 그것은 이르지 않는 곳이 없기 때문이요, 법계와 같이 한량없음을 알고 보나니 사무치지 않는 곳이 없기 때문이며, 중생계와 같이 한량없음을 알고 보나니 일체 중생들을 모두 기쁘게 하기 때문이요, 행업(行業)과 같이 한량없음을 알고 보나니 일체의 과보를 두루 설명하기 때문이며, 번뇌와 같이 한량없음을 알고 보나니 끝까지 적멸하기 때문이요, 갖가지 음성과 같이 한량없음을 알고 보나니 교화받을 중생들이 다 그 소리를 듣기 때문입니다.

또 욕락과 같이 한량없음을 알고 보나니 모든 해탈을 다 분별해 말하기 때문이요, 삼세와 같이 한량없음을 알고 보나니 한계가 없기 때문이며, 지혜와 같이 한량없음을 알고 보나니 모든 법에 깊이 들어가기 때문이요, 물러나지 않는 부처님의 경계와 같이 한량없음을 알고 보나니 여래의 법계에 순응하기 때문입니다.

불자들이여, 보살마하살은 여래의 음성에 이런 열 가지 한량없는 아승지가 있음을 알고 봅니다."

그때 여러 보살들은 보현보살에게 물었다.

"이 경은 무엇이라 이름해야 하며 또 어떻게 받들어 지녀야 합니까?"

"불자들이여, 이 경의 이름은 '모든 부처님의 비밀한 진리의 창고'라 합니다. 그리하여 이것은 세간의 그 누구도 헤아리지 못하며 오직 여래만이 알고 있는 큰 지혜 광명으로서 여래의 종성(種性)을 개발하고, 일체 보살의 공덕을 기르며, 일체 여래의 경계에 순응하며, 일체 중생들을 다 청정하게 하고 부처님의 궁극의 법을 분별해 연설하는 것입니다.

불자들이여, 이 경전은 다만 불가사의한 교법을 의지하는 보살마하살로서 한결같이 보리를 구하는 이를 위해 분별해 연설할 것이지, 다른 사람을 위한 것이 아닙니다. 왜냐하면 이 경은 보살 이외에는 어떤 중생의 손에도 들어갈 수 없기 때문입니다.

불자들이여, 비유하면 전륜성왕이 가진 칠보는 첫째 부인이 낳은 왕자로서 원만한 성왕의 상을 갖춘 이 이외에는 아무도 가질 수 없는 것과 같습니다.

불자들이여, 만일 전륜성왕에게 온갖 덕을 갖춘 왕자가 없다면, 그 왕이 목숨을 마친 뒤에는 그 보배들은 저절로 없어질 것입니다.

불자들이여, 이 경전도 그와 같아서, 여래의 참 아들로서 모든 여래의 종성의 집에 태어나 여래의 성과 모든 선근을 심은 이 이외에는 어떤 중생의 손에도 들어가지 않을 것입니다. 만일 그런 부처님의 참 아들이 없다면 이 경전은 곧 없어질 것입니다.

왜냐하면 일체의 성문이나 연각은 이 경의 이름조차도 듣지 못하거늘 하물며 받아 지니며 쓰거나 해설할 수 있겠습니까? 그럴 수는 없는 일입니다. 그러나 보살마하살은 이것을 스스로 외워 지니고 베껴 쓸 수 있을 것입니다.

불자들이여, 그러므로 보살마하살은 이 경전의 이름이라도 들으면 기뻐하여 공경하고 정성껏 받들어 지닙니다. 왜냐하면 보살마하살은 이 경전을 믿고 좋아하기 때문에 방편을 조금만

쓰더라도 반드시 위없는 보리를 얻을 것입니다.

불자들이여, 보살마하살이 비록 무량 억 겁 동안 6바라밀을 행하고 도품(道品)의 선근을 닦아 익히더라도, 이 경전의 이름을 듣지 못했거나, 들었더라도 믿고 받들지 않으면, 그들은 거짓 보살로서, 여래 종성의 가문에 태어난 이라 할 수 없는 것입니다.

불자들이여, 만일 보살마하살로서 이 경의 이름을 듣고는 그 것을 믿고 받들어 지니거나 또 따르면, 그는 참 불자로서, 부처님의 가문에 태어난 이라 할 수 있습니다.

그리하여 일체 여래의 경계에 순응하고, 일체 보살의 바른 법을 갖추어, 일체종지(一切種智)[4]의 경계에 편히 머물고, 일체 세간의 모든 법을 멀리 떠나며, 여래의 행을 내어 기르고, 일체 보살의 모든 법의 저 언덕에 이르러, 여래의 자재한 바른 법에 대해 의혹하는 마음이 없으며, 스승 없는 자리에 끝까지 편히 머물고, 일체 여래의 경계에 깊이 들어갈 것입니다.

불자들이여, 보살마하살로서 이 경의 법을 듣는 이는 평등한 뜻의 행과 무량한 마음을 내고, 일체 허망한 생각을 멀리 떠나 끝까지 정직한 마음으로 평등하고 청정하기를 닦아 익힘이 허공과 같으며, 일체 보살의 행업을 분별하고 관찰하여 법계에 평등하고, 일체종지를 완전히 성취하여 세간의 더러움을 멀리 떠날 것입니다.

. . . .

4) 일체종지(一切種智)__불보살의 지혜. 일체만법의 차별상을 낱낱이 모두 아는 지혜.

또 청정한 마음을 내어 일체 시방세계에 가득 채우고 보살의 법문에 깊이 들어가 삼세의 부처님들을 평등하게 관찰하며, 선근의 공덕과 지혜를 완전히 갖추어 이런 모든 법에 깊이 들어가되 들어감이 없고, 한 법도 생각하지 않고 두 법도 생각하지 않으면서 무량한 모든 법을 평등하게 다 관찰해야 하는 것입니다.

불자들이여, 보살마하살이 이런 공덕을 성취하면 조그만 방편으로도 스승 없는 지혜를 얻을 것입니다."

제21장 이세간품(離世間品)

― 불도 완성을 위한 수행방편과 그 실천 ―

그때 부처님께서는 마가다국 적멸도량의 보광법당에 계시면서 연화장의 보배 사자좌에 앉아 정각을 이루셨다. 둘이 아닌 생각과 모양이 없는 생각을 관찰하고 부처님의 자리에 머물면서 일체 부처님과 평등하여, 걸림 없는 세계에 이르러서는 물러나지 않는 법과 걸림 없는 경계를 얻었다. 불가사의한 경계에 머물러 삼세를 멀리 떠나고 일체 세계에서 그 몸을 두루 나타내며, 일체의 법을 알고 일체의 묘한 행을 원만히 성취하여 의혹을 아주 떠났으며 허망한 몸도 떠나버렸다.

또 부처님의 둘이 없는 법에 머물면서 끝내 저 언덕에 이르러 일체 보살들에게 한량없는 지혜를 주고 여래의 깨뜨릴 수 없는 지혜의 법문을 완전히 갖추어 무량무변한 허공계 법계와 같은 여래의 모든 자리를 성취하였다.

그리하여 모든 부처님이 차례로 주는 수기를 환히 알고 그 세계에서 정각을 이루어 깨끗한 법륜을 굴렸다. 부처님이 없는 세계에서는 그 몸을 나타내되, 부처님이 되어 세상에 나와서는 무명에 가린 이들을 모두 청정하게 하며, 일체 보살의 업장을 없애며, 걸림 없는 법계에 들어가 있었다.

그때 보현보살은 불화엄(佛華嚴)이라는 삼매에 들었다.

그가 삼매에 들자 시방의 모든 세계는 여러 가지 모양으로 진동하면서 미묘한 소리를 내니 일체 세계의 중생들이 모두 다 들었다. 진동이 그치자 보현보살은 삼매에서 일어났다.

그때 보혜보살은 대중이 구름처럼 모인 것을 알고 보현보살에게 물었다.

"불자여, 어떤 것을 보살마하살이 의지하는 과보라 하고, 어떤 것을 기특한 생각이라 하며, 어떤 것을 행이라 하고, 어떤 것을 선지식이라 하며, 어떤 것을 부지런히 닦는 정진이라 하고, 어떤 것을 바른 희망이라 하며, 어떤 것을 중생을 성취한다 하고, 어떤 것을 계율이라 하며, 어떤 것을 수기법(授記法)1)을 아는 것이라 하고, 어떤 것을 듦[入]이라 하며, 어떤 것을 여래에 든다 하고 어떤 것을 중생의 마음에 들어가 활동한다 하며, 어떤 것을 세계에 든다 하고 어떤 것을 겁(劫)에 든다 하며, 어떤 것을 3계(三界)에 드는 것이라 합니까?

또 어떤 것을 근심을 떠나 의혹이 없는 것이라 하고 어떤 것을 무너지지 않는 지혜라 하며, 어떤 것을 다라니라 하고 어떤 것을 부처를 분별해 말할 줄 아는 것이라 하며, 어떤 것을 보현

- - - - - - - -

1) 수기법(授記法)_부처님 또는 덕이 높은 보살이 중생에게 언제 마땅히 성불하게 되리라는 예언을 주는 것. 법화경 권3에 수기품(授記品)이 있다.

의 마음을 내는 것이라 하고 어떤 것을 보현의 행원(行願)이라 하며, 어떤 것을 대비(大悲)라 하고 어떤 것을 보리심을 내는 인연이라 하며, 어떤 것을 선지식에 대해 공경하는 마음을 일으키는 것이라 합니까?

홀륭하십니다. 불자여, 이제 이 물음에 대하여 자세히 설명해 주시기 바랍니다."

그때 보현보살은 여러 보살에게 말하였다.

"불자들이여, 보살마하살에게는 열 가지 행이 있으니 그 열 가지 행이란 어떤 것인가?

이른바 일체 중생으로 하여금 오로지 바른 법을 구하게 하는 행이요, 선근을 완전히 성숙하게 하는 행이며, 일체 계율을 잘 배우는 행이요, 일체 선근을 기르는 행이며, 일심으로 삼매를 닦는 행이요, 일체 지혜를 분별하는 행이며, 일체의 닦을 바를 닦아 익히는 행이요, 일체 세계를 장엄하는 행이며, 선지식을 공경하고 공양하는 행이요, 모든 여래를 공경하고 공양하는 행입니다.

불자들이여, 이것이 보살마하살의 열 가지 행이니, 만일 보살마하살이 이 행에 편히 머물면 그는 곧 여래의 위없는 큰 지혜의 행을 얻을 것입니다.

불자들이여, 또 보살마하살에게는 열 가지 선지식이 있으니, 그 열 가지란 어떤 것입니까?

이른바 보리심에 편히 머물게 하는 선지식이요, 선근을 닦아 익히게 하는 선지식이며, 모든 바라밀을 다 성취하게 하는 선지식이요, 일체 법을 분별해 해설하는 선지식이며, 일체 중생을 성숙시켜 편히 머물게 하는 선지식이요, 변재를 갖추어 묻는 대로 대답하게 하는 선지식이며, 생사에 집착하지 않게 하는 선지식이요, 보살행을 행하되 싫증을 내지 않게 하는 선지식이며, 보현의 행에 편히 머물게 하는 선지식이요, 모든 부처님의 지혜에 깊이 들어가게 하는 선지식입니다. 불자들이여, 이것이 보살마하살의 열 가지 선지식입니다.

불자들이여, 또 보살마하살에게는 열 가지 부지런히 닦는 정진이 있으니, 그 열 가지란 어떤 것입니까?

이른바 일체 중생을 교화하기 위해 부지런히 닦는 정진과, 일체 법에 들어가기 위해 부지런히 닦는 정진과, 일체 세계를 청정하게 하기 위해 부지런히 닦는 정진과, 일체 보살의 배울 바를 성취하기 위해 부지런히 닦는 정진과, 일체 중생들로 하여금 모든 악을 멸하게 하기 위해 부지런히 닦는 정진과, 일체 지옥·아귀·축생·염라왕 등의 고통을 멸하기 위해 부지런히 닦는 정진과, 일체 악마를 항복받기 위해 부지런히 닦는 정진과, 일체 중생의 청정한 눈이 되기 위해 부지런히 닦는 정진과, 일체의 부처님을 공경하고 공양하기 위해 부지런히 닦는 정진과, 일체 여래를 모두 기쁘게 하기 위해 부지런히 닦는 정진입니다.

불자들이여, 이것이 보살마하살의 열 가지 부지런히 닦는 정진이니, 만일 보살마하살이 이 정진에 머물면 그는 곧 여래의 위없는 정진바라밀을 갖추게 될 것입니다.

불자들이여, 또 보살마하살에게는 열 가지 바른 희망이 있으니 그 열 가지란 어떤 것입니까?

이른바 자신도 보리심에 머물고 중생도 보리심에 머물게 하는 희망과, 자신도 성냄과 다툼을 떠나고 중생들도 그것을 떠나게 하는 희망과, 자신도 어리석음을 떠나 불법에 편히 머물고 중생들도 어리석음을 떠나 불법에 편히 머물게 하는 희망입니다.

또한 자신도 선근을 닦아 오로지 바른 법을 구하고 중생들도 선근을 닦아 오로지 바른 법을 구하게 하려는 희망과, 자신도 모든 바라밀을 성취하여 저 언덕에 이르고 중생들도 모든 바라밀을 성취하여 저 언덕에 이르게 하려는 희망과, 자신도 여래 종성의 가문에 나고 중생들도 여래 종성의 가문에 나게 하려는 희망과, 자신도 일체 법을 관찰하여 다함이 없는 성품에 깊이 들어가고 중생도 일체 법을 관찰하여 다함이 없는 성품에 깊이 들어가게 하려는 희망입니다.

또한 자신도 일체 불법을 비방하지 않고 중생들도 일체 불법을 비방하지 않게 하려는 희망과, 자신도 일체의 지혜와 소원을 성취하고 중생들도 일체의 지혜와 소원을 성취하게 하려는 희망과, 자신도 일체 여래의 다함없는 지혜의 창고에 깊이 들어가고 중생들도 일체 여래의 다함없는 지혜의 창고에 깊이 들어가게 하려는 희망 등입니다.

불자들이여, 이것이 보살마하살의 열 가지 바른 희망이니, 만일 보살마하살이 법에 편히 머물면 그는 곧 여래의 위없고도 평등한 큰 지혜의 바른 희망을 얻게 될 것입니다.

불자들이여! 또 보살마하살은 열 가지 법으로 중생을 성숙시킵니다. 그 열 가지란 어떤 것입니까?

이른바 보시로 중생을 성숙시키고, 단엄한 색신으로 중생을 성숙시키며, 설법으로 중생을 성숙시키고, 뜻을 같이하여 중생을 성숙시키며, 집착 없음으로써 중생을 성숙시키고, 보살행을 찬탄함으로써 중생을 성숙시키며, 일체 세계가 불붙는 것을 나타내 보임으로써 중생을 성숙시키고, 여래의 공덕을 찬탄함으로써 중생을 성숙시키며, 신력의 자재함을 나타내 보임으로써 중생을 성숙시키고, 갖가지 교묘한 방편으로 치밀하게 세간행에 순응함으로써 중생을 성숙시킵니다.

불자들이여, 이것이 보살마하살이 중생을 성숙시키는 열 가지 법이니, 만일 보살마하살이 이 법에 편히 머물면 그는 곧 일체 중생을 잘 성숙시킬 것입니다.

불자들이여, 또 보살마하살에게는 열 가지 계율이 있으니 그 열 가지란 무엇입니까?

이른바 보리심을 깨뜨리지 않는 계율과, 성문과 연각의 자리를 떠나는 계율과, 일체 중생을 관찰하여 이롭게 하는 계율과, 일체 중생을 불법에 머물게 하는 계율과, 일체 소유가 없는 계율과, 일체 선근을 보리로 회향하는 계율과, 일체 여래의 형상에 집착하지 않는 계율 등입니다.

불자들이여, 보살마하살에게는 또 수기(授記, 예언, 예고) 받음을 스스로 알게 하는 법, 열 가지가 있으니 그 열 가지란 무엇입니까?

이른바 한결같이 보리심을 내는 보살이 받는 수기와, 보살행을 싫어하지 않는 보살이 받는 수기와, 일체의 겁(劫)에서 고행을 닦는 보살이 받는 수기와, 일체 불법에 순응하는 보살이 받는 수기와, 일체 여래의 말을 결정코 믿고 행하는 보살이 받는 수기와, 일체 선근을 원만히 닦아 익히는 보살이 받는 수기와, 일체 중생을 보리에 굳게 머물게 하는 보살이 받는 수기와, 일체 선지식과 더불어 화합하고 그를 따르는 보살이 받는 수기와, 일체 선지식을 여래라고 생각하는 보살이 받는 수기와, 보리에 대한 본래의 서원을 수호하는 보살이 받는 수기 등입니다.

불자들이여, 이것이 보살마하살의 수기 받음을 스스로 알게 하는 열 가지 법이니, 그 보살이 스스로 알아서 받는 수기입니다.

불자들이여, 보살마하살은 또 열 가지 보현의 마음을 내나니 그 열 가지란 무엇입니까?

이른바 큰 자심(慈心)을 내나니 일체 중생을 구호하기 위해서요, 큰 비심(悲心)을 내나니 일체 중생을 대신하여 일체의 고통을 받기 위해서이며, 보시가 가장 으뜸가는 보살행이라는 마음을 내나니 일체의 소유를 다 버리기 위해서요, 일체지가 우두머리라고 바로 생각하는 마음을 내나니 일체의 불법을 즐겨 구하기 위해서이며, 공덕으로 장엄하려는 마음을 내나니 모든 보살행을 배우기 위해서요, 금강 같은 마음을 내나니 일체의 태어남을 잊지 않기 위해서입니다.

또 큰 바다와 같은 마음을 내나니 일체 깨끗한 법을 다 흘러들게 하기 위해서요, 수미산왕과 같은 마음을 내나니 일체의 비방과 고언(苦言)을 참기 위해서이며, 안온한 마음을 내나니 일체 중생이 두려워하지 않게 하기 위해서요, 반야바라밀다를 성취하여 저 언덕에 이르려는 마음을 내나니 일체의 법이 공(空)함을 잘 깨닫기 위해서입니다.

　불자들이여, 이것이 보살마하살이 내는 열 가지 보현의 마음
이니 만일 보살마하살로서 이 마음에 편히 머물면 조그만 방편
으로 곧 보현의 묘한 방편의 지혜를 두루 갖출 것입니다.

　불자들이여, 또 보살마하살은 보리심을 내는 열 가지 인연이
있으니 그 열 가지란 무엇입니까?

　이른바 일체 중생을 교화하여 성숙시키려는 것이 보리심을
내는 인연이요, 일체 중생의 고통을 없애려는 것, 일체 중생에
게 갖가지 즐거움을 주려는 것, 일체 중생의 어리석음을 없애
려는 것, 일체 중생에게 부처님의 지혜를 주려는 것, 일체 부처
님을 공경하고 공양하려는 것, 여래의 가르침을 따라 부처님을
기쁘게 하려는 것, 부처님의 색신의 상호를 보려는 것, 일체 부
처님의 지혜에 들어가려는 것, 부처님의 힘과 두려움 없음을
나타내려는 것이 보리심을 내는 인연입니다.

　불자들이여, 이것이 보살마하살이 보리심을 내는 열 가지 인
연이니, 만일 보살마하살이 보리심을 내었으면 선지식을 공경·
공양하고 친근해야 합니다. 왜냐하면 일체지를 빨리 깨닫기 위
해서입니다.

　또 그 보살마하살은 선지식을 공경·공양하고 친근한 뒤에는
열 가지 마음을 일으키나니 그 열 가지란 무엇입니까?

　이른바 그 선지식에 대해 모시려는 마음, 그 선지식을 어기
지 않으려는 마음, 따르려는 마음, 그 선지식을 보고 기뻐하는
마음, 이익을 구하지 않는 마음, 한결같은 마음, 선근을 같이하
려는 마음, 서원을 같이하려는 마음, 그 선지식을 여래라고 생
각하는 마음, 원만한 행을 같이 하려는 마음 등을 일으킵니다.

불자들이여, 이것이 보살마하살이 선지식에 대해 일으키는 마음 열 가지입니다.

불자들이여, 만일 보살마하살이 이런 열 가지 마음을 내면 그는 곧 열 가지 청정함을 얻습니다. 그 열 가지란 무엇입니까?

이른바 정직한 마음이 청정하나니 끝까지 잃지 않았기 때문이요, 색신이 청정하나니 교화하는 이를 따라 누구나 다 보기 때문이며, 원만한 음성이 청정하나니 일체 언어의 법을 성취했기 때문이요, 변재가 청정하나니 묘한 방편으로 불가사의한 모든 불법을 설명하기 때문이며, 지혜가 청정하나니 일체의 어리석음을 없앴기 때문이요, 태어남이 청정하나니 보살의 자재한 힘을 완전히 갖추었기 때문입니다.

또 권속이 청정하나니 과거에 같이 수행한 중생들이 온갖 선근을 성취하였기 때문이요, 과보가 청정하나니 일체의 업장을 없앴기 때문이며, 모든 원이 청정하나니 일체 보살들과 같기 때문이요, 모든 행이 청정하나니 보현보살의 행을 성취했기 때문입니다.

불자들이여, 이것이 보살마하살의 열 가지 청정입니다.

불자들이여, 보살마하살에게는 열 가지의 바라밀이 있습니다. 그 열 가지란 무엇입니까?

이른바 보시바라밀이니 일체 소유를 버리기 때문이요, 계율바라밀이니 부처님의 계율을 깨끗하게 하기 때문이며, 인욕바라밀이니 부처님의 인욕을 원만히 갖추었기 때문이요, 정진바라밀이니 언제나 물러나지 않기 때문이며, 선정바라밀이니 바른 생각이 산란하지 않기 때문이요, 반야바라밀이니 일체 법이

다 여여(如如)함을 보기 때문이며, 지혜바라밀이니 부처님의 힘에 깊이 들어가기 때문이요, 서원바라밀이니 보현보살의 원행이 원만하기 때문이며, 신력바라밀이니 일체 신통의 힘을 나타내 보이기 때문이요, 법의 바라밀이니 일체의 법을 취하기 때문입니다.

불자들이여, 이것이 보살마하살의 열 가지 바라밀입니다. 만일 보살마하살로서 이 법에 편히 머물면 그는 곧 여래의 궁극적인 지혜바라밀을 얻을 것입니다.

불자들이여, 보살마하살에게는 열 가지 법문이 있습니다.

그 열 가지란 이른바 한 몸이 일체 세계에 가득 차는 법문, 일체 세계의 갖가지 무량한 빛깔을 나타내 보이는 법문, 일체 세계가 한 부처님의 세계에 들어가는 법문, 일체 중생을 맡아 지니는 법문, 여래의 장엄한 몸이 일체 세계에 가득 차는 법문, 일체 세계에 두루 이르는 법문, 한 찰나 사이에 일체 세계에 노니는 법문, 한 부처님의 세계에 일체 여래가 세간에 나오심을 나타내 보이는 법문, 한 몸이 일체 법계에 가득 차는 법문, 한 찰나 사이에 일체 부처의 신력을 나타내 보이는 법문 등입니다.

불자들이여, 이것이 보살마하살의 열 가지 법문이니, 만일 보살마하살로서 이 법문에 편히 머무르면 그는 곧 여래의 위없는 법문을 얻을 수 있을 것입니다.

불자들이여, 보살마하살에게는 열 가지 신통이 있습니다.

그 열 가지란 이른바 전생을 생각해 내는 신통과, 걸림없이 들을 수 있는 신통, 일체 중생의 불가사의한 마음을 알아내는 신통, 걸림없이 모든 세계를 보고 중생을 관찰하는 신통, 불가

사의하고 자재한 신력을 내어 중생을 나타내 보이는 신통, 한
몸에 불가사의한 세계를 나타내 보이는 신통, 한 찰나 사이에
말할 수 없는 세계에 나아가는 신통, 불가사의한 장엄물로 일
체 세계를 장엄하는 신통, 헤아릴 수 없는 화신을 중생에게 나
타내 보이는 신통, 말할 수 없는 세계에서 위없는 궁극의 깨달
음의 불가사의함을 이루어 중생들에게 나타내 보이는 신통 등
입니다.

불자들이여, 이것이 보살마하살의 열 가지 신통이니, 만일
보살마하살로서 이 신통에 편히 머무르면, 그는 곧 위없는 큰
방편 지혜의 신통을 얻어 모든 부처님의 자재한 신력을 나타낼
수 있을 것입니다.

불자들이여! 보살마하살에게는 열 가지 해탈이 있습니다.

그 열 가지란 이른바 번뇌로부터의 해탈, 사견(邪見)으로부터
의 해탈, 치연(熾然)으로부터의 해탈, 음(陰)·계(界)·입(入)[2]으
로부터의 해탈, 성문·연각의 지위를 뛰어넘는 해탈, 일체 부처
님의 세계와 일체의 중생과 일체의 법에 집착하지 않고 무량무
변한 모든 보살의 지위에 머물면서도 일체의 보살행을 떠나 여
래의 자리에 머무는 해탈, 한 찰나 사이에 일체 삼세의 모든

· · · · · · · · ·

2) 음(陰)·계(界)·입(入)__음은 5음(五陰) 즉 색·수·상·행·식을 말함. 음
은 온(蘊, skandha)의 고역(古譯). 계는 육근(六根 : 眼根·耳根·鼻根·舌
根·身根·意根)과 그 인식대상인 육진(六塵 : 色·聲·香·味·觸·法)과
그 인식결과인 육식(六識 : 眼識·耳識·鼻識·舌識·身識·意識)이 합해진
18계이다. 육입(六入)은 지각의 다섯 가지 감관적 근거인 안·이·비·
설·신·의를 뜻함.

법을 다 아는 해탈 등입니다.

불자들이여, 이것이 보살마하살의 열 가지 해탈이니 만일 보살마하살로서 이 해탈에 머무르면 그는 곧 일체 중생을 위해 위없는 불사를 지을 수 있을 것입니다.

불자들이여! 또 보살마하살에게는 열 가지의 버리지 않는 깊은 마음이 있습니다. 그 열 가지란 이른바 모든 부처님의 보리를 깨달으려는 깊은 마음, 모든 중생을 교화해 성숙시키려는 깊은 마음, 모든 부처님의 종성을 끊어지지 않게 하려는 깊은 마음, 선지식을 친근하려는 깊은 마음, 모든 부처님의 국토에서 모든 부처님을 공경하려는 깊은 마음 등입니다.

또 오로지 대승과 모든 공덕을 구하려는 깊은 마음, 모든 부처님의 처소에서 범행을 닦으면서 계율을 지키려는 깊은 마음, 모든 보살을 포용하려는 깊은 마음, 모든 불법을 가지려는 깊은 마음, 모든 보살의 행과 원을 닦아 익히려는 깊은 마음, 모든 불법을 한결같이 구하려는 깊은 마음 등입니다.

불자들이여, 이것이 보살마하살의 열 가지 버리지 않는 깊은 마음이니, 만일 보살마하살로서 이 법에 편히 머무르면 그는 곧 일체 부처님의 버리지 않는 깊은 마음의 바른 법을 얻을 것입니다.

불자들이여, 보살마하살에게는 법을 분별하는 열 가지가 있습니다.

그 열 가지란 이른바 모든 법이 다 인연을 따라 일어남을 분별하고, 모든 법이 다 꼭두각시 같음을 분별하며, 모든 법이 다 다툼이 없음을 분별하고, 모든 법이 다 무량무변함을 분별하며, 모든 법이 다 의지함이 없음을 분별하고, 모든 법이 다 금강 같음을 분별하며, 모든 법이 바로 여래임을 분별하고, 모든 법이 고요함을 분별하며, 모든 법이 바른 도임을 분별하고, 모든 법이 한 모양 한 뜻임을 분별하는 것입니다.

불자들이여, 이것이 보살마하살이 분별하는 열 가지 법이니 만일 보살마하살이 이 법에 편히 머무르면 그는 곧 미묘한 방편으로 일체 모든 법을 다 잘 분별할 것입니다.

불자들이여, 또 보살마하살에게는 열 가지 방편이 있습니다.

그 열 가지란 이른바 보시의 방편이니 일체를 다 버리고도 그 갚음을 구하지 않기 위해서요, 일체의 학문을 배우고 일체의 계율을 지키며 두타(頭陀)3)의 행을 두루 갖추는 청정한 방

· · · · · · · · ·

3) 두타(頭陀)＿범어 dhūta의 음역. 욕심을 버리고 번뇌를 털어 버린다는 뜻. 초기불교 이래 무소유, 무집착, 인욕을 체득하기 위한 불교수행자들의 수행 방법. 모두 열두 가지의 두타행법이 있다.
   ① 산림과 황야에서의 생활〔在阿蘭若處〕
   ② 항상 걸식한다〔常行乞食〕
   ③ 빈부를 차별하지 않고 차례대로 걸식한다〔次第乞食〕
   ④ 하루 한 때만 먹는다〔受一食法〕
   ⑤ 먹는 일에 욕심내지 않는다〔節食〕
   ⑥ 오후에는 주스나 우유도 마시지 않는다〔中後不得飮漿〕
   ⑦ 사람들이 쓰고 버린 천으로 옷을 만들어 입는다〔著弊衣〕
   ⑧ 다만 세 가지 가사만을 소지한다〔但三衣〕
   ⑨ 묘지에서 산다〔塚間住〕
   ⑩ 나무 아래 산다〔樹下住〕
   ⑪ 지붕이나 벽이 없는 야외에서 산다〔露地住〕
   ⑫ 다만 앉기만 할 뿐 눕지 않는다〔但坐不臥〕

편이니 남을 무시하지 않기 위해서이며, 일체의 구속과 착각과
분노와 아만을 버리고 중생들의 모든 악을 참는 방편이니 일체
의 '저'와 '나'라는 생각을 떠나기 위해서요, 정진하여 물러나지
않는 방편이니 3업(三業)을 완성하여 잊지 않기 위해서이며, 일
체의 선정과 삼매와 해탈과 신통의 방편이니 온갖 오욕과 번뇌
를 멀리 떠나기 위해서입니다.

또 바로 지혜로 향하는 방편이니 모든 공덕을 기르되 만족하
는 마음이 없기 위해서요, 대자(大慈)의 방편이니 일체 중생이
라 해도 중생이 없음을 말하기 위해서요, 일체 중생을 대신해
온갖 고뇌를 받으면서도 대비(大悲)를 버리지 않는 방편이니
모든 사물의 자성(自性)이 없음을 알기 때문이요, 10력(十力)[4]
을 깨닫는 방편이니 결정코 걸림 없는 지혜를 일체 중생에게
보이기 위해서이며, 물러나지 않는 법륜을 굴리는 방편이니 중
생의 마음에 이르기 위해서입니다.

불자들이여, 이것이 보살마하살의 열 가지 방편이니, 만일
보살마하살이 이 법에 편히 머무르면 그는 곧 일체 부처님의
위없는 큰 지혜의 방편을 얻을 것입니다.

불자들이여, 또 보살마하살에게는 해탈로써 세계에 깊이 들
어가는 열 가지가 있습니다.

그 열 가지란 이른바, 일체 세계를 한 세계에 넣고 한 세계

....

4) 10력(十力)_보살에게 있는 열 가지 지력(智力), 심심력(深心力)·증상심
   심력(增上深心力)·방편력(方便力)·지력(智力)·원력(願力)·행력(行力)·
   승력(乘力)·신변력(神變力)·보리력(菩提力)·전법륜력(轉法輪力).

를 일체 세계에 넣으며, 한 여래의 몸이 일체 세계에 다 충만하고 일체 세계가 모두 허공임을 나타내 보이며, 모든 부처님의 장엄으로 일체 세계를 장엄하는 것입니다.

또 한 보살의 몸이 일체 세계에 충만하여 한 털구멍 속에 일체 세계를 넣어두고 일체 세계를 한 중생의 몸 속에 넣으며, 한 부처님 도량의 한 보리수가 일체 세계에 충만하고 한 묘한 음성이 일체 세계에 충만하되, 그 응함을 따라 듣지 못하는 이가 없어 모두 기뻐합니다.

불자들이여, 이것이 보살마하살의 해탈로써 세계에 깊이 들어가는 열 가지이니, 만일 보살마하살이 이 법에 편히 머무르면 그는 곧 모든 부처님이 부처 세계를 내는 위없는 해탈을 얻을 것입니다.

불자들이여, 또 보살마하살에게는 열 가지 마음이 있습니다.

그 열 가지란 이른바 용맹스런 마음이니 시작한 사업을 다 이루기 때문이요, 게으르지 않는 마음이니 온갖 선근을 쌓기 때문이며, 용맹하고 건실한 마음이니 일체의 악마를 다 항복받기 때문이요, 바로 생각하는 마음이니 일체 더러운 번뇌를 다 없애기 때문이며, 물러나지 않는 마음이니 도량에 나아가 보리를 성취하기 때문입니다.

또 성품이 청정한 마음이니 마음은 가는 곳이 없고 집착할 것이 없음을 깨닫기 때문이요, 중생을 아는 마음이니 중생의 성품을 따라 그를 깨우쳐 해탈을 얻게 하기 때문이며, 대범천에 들어가 불법에 머무르는 마음이니 갖가지 중생 성품을 다 구호하기 때문이요, 비어 있고 모양 없고 소원 없고 행이 없는 마음이니 모양이 있다는 견해를 떠나 3계에 집착하지 않기 때문이며, 금강처럼 장엄한 마음이니 중생의 수와 같은 악마도 그 털 하나 움직일 수 없기 때문입니다.

불자들이여, 이것이 보살마하살의 열 가지 마음이니, 만일 보살마하살로서 이 마음에 굳건히 머물면 그는 곧 모든 부처님의 위없는 금강장(金剛藏)의 마음을 얻을 것입니다.

불자들이여, 또 보살마하살에게는 열 가지 깨끗한 보시가 있습니다.

그 열 가지란 이른바 평등한 마음의 보시이니 나쁜 중생이 없기 때문이요, 뜻을 따르는 보시이니 일체의 원을 이루었기 때문이며, 어지러운 마음이 없는 보시이니 물러나지 않기 때문이요, 가리지 않는 보시이니 과보를 구하지 않기 때문입니다.

또 한결같은 보시이니 어떤 물건에도 집착하는 마음이 없기 때문이요, 안팎의 모든 보시이니 끝까지 청정하기 때문이며, 보리를 회향하는 보시이니 유위(有爲)와 무위(無爲)를 멀리 떠나기 때문이요, 중생을 교화하여 성숙시키는 보시이니 도량을 버리지 않기 때문이며, 세 가지가 원만하고 청정한 보시이니 보시하는 이와 그것을 받는 이와 그 재물이 평등하고 청정하기가 허공과 같기 때문입니다.

불자들이여, 이것이 보살마하살의 열 가지 깨끗한 보시이니, 만일 보살마하살로서 이 보시에 굳건히 머무르면 그는 모든 부처님의 위없는 청정한 큰 보시를 얻을 것입니다.

불자들이여, 보살마하살에게는 열 가지 깨끗한 사랑이 있습니다.

그 열 가지란 이른바 평등한 마음의 깨끗한 사랑이니 중생을 가리지 않기 때문이요, 이롭게 하는 깨끗한 사랑이니 중생들에 대해 할 일이 있으면 모두 마련해 주기 때문이며, 구호하는 깨끗한 사랑이니 일체 중생을 생사의 험난에서 끝까지 구제해 주기 때문이요, 중생을 가엾이 여겨 버리지 않는 깨끗한 사랑이니 유위(有爲)의 선근을 기리기 때문이며, 해탈시키는 깨끗한 사랑이니 중생들의 온갖 번뇌를 없애 주기 때문입니다.

또 보리를 내는 깨끗한 사랑이니 중생들로 하여금 즐겨 보리를 구하게 하기 때문이요, 중생들에 대해 걸림이 없는 깨끗한 사랑이니 무량한 광명을 놓아 중생들을 두루 비추기 때문이며, 허공과 같은 깨끗한 사랑이니 일체 중생을 구호하기 때문이요, 법에 의한 깨끗한 사랑이니 진실한 법을 깨닫기 때문이며, 반연이 없는 깨끗한 사랑이니 생멸을 떠난 법을 증득했기 때문입니다.

불자들이여, 이것이 보살마하살의 열 가지 깨끗한 사랑이니, 만일 보살마하살로서 이 사랑에 굳건히 머무르면, 그는 모든 부처님의 위없는 청정한 큰사랑을 얻을 것입니다.

불자들이여, 또 보살마하살에게는 열 가지 청정한 슬픔이 있습니다.

그 열 가지란 이른바 거룩한 슬픔이니 자재한 큰 슬픔이기 때문이요, 싫어함이 없는 청정한 슬픔이니 중생들을 대신해 큰 괴로움을 받기 때문이며, 일체의 나쁜 세계에 사는 청정한 슬픔이니 생사를 받으면서 중생을 구제해 주기 때문이요, 천상 인간에 태어나는 청정한 슬픔이니 모든 법은 다 무상하다는 것을 보이기 때문입니다.

또 사정취(邪定聚)의 중생들을 위하는 청정한 슬픔이니 무량한 겁 동안 큰 서원의 장엄을 버리지 않기 때문이요, 자기의 즐거움에 집착하지 않는 청정한 슬픔이니 중생들과 함께 즐거워하기 때문이며, 갚음을 바라지 않는 청정한 슬픔이니 스스로의 마음이 청정하기 때문이요, 일체 중생들의 착각과 의혹을 없애 주는 청정한 슬픔이니 진실한 법을 말하기 때문이며, 모든 법의 자성이 청정하여 아무것도 없는데 객진(客塵)에 물들어짐을 알아서 일으키는 청정한 슬픔이니 진실한 법을 말하기 때문이요, 모든 중생들이 어리석어 진실한 법을 알지 못할 때 일으키는 청정한 슬픔이니 중생들로 하여금 대승의 마음을 내어 열반을 이루게 하기 때문입니다.

불자들이여, 이것이 보살마하살의 열 가지 청정한 슬픔이니, 만약 보살마하살로서 이 슬픔에 굳건히 머무르면, 그는 모든 위없는 청정한 큰 슬픔을 얻을 것입니다.

불자들이여, 또 보살마하살에게는 열 가지 생(生)이 있습니다.

그 열 가지란 이른바 어리석음을 떠난 생이며, 큰 광명의 그물을 놓아 삼천대천세계를 두루 비추는 생이며, 다시 윤회함이 없는 최후의 몸의 생이며, 나지 않는 생이며, 3계의 모든 겁이 다 꼭두각시와 같음을 아는 생이며, 시방세계에 몸을 두루 나타내는 생이며, 일체지의 몸을 다 갖춘 생이며, 일체 여래의 광명을 놓아 중생들을 두루 비추어 깨우치는 생이며, 큰 지혜가 자재한 모든 선정에 바로 드는 생입니다.

불자들이여, 보살이 날 때에는 모든 부처님의 국토가 여섯

가지로 진동하고 중생들은 다 해탈을 얻으며, 일체 나쁜 갈래
는 모두 없어지고, 모든 악마들의 광명은 다 덮이며, 한량없는
보살이 구름처럼 모여 옵니다.

불자들이여, 이것이 보살마하살의 열 가지 생이니, 중생들을
교화하기 위해 그런 생을 나타내 보이는 것입니다.

불자들이여, 또 보살마하살은 열 가지 일 때문에 고행을 나
타내 보입니다.

마음이 옹졸한 중생들을 교화하고 성숙시키기 위해 고행을
나타내 보이며, 그릇된 견해에 집착하는 중생을 건지기 위해
고행을 나타내 보이며, 업보가 없다는 그릇된 견해를 가진 중
생들로 하여금 업보를 알게 하기 위해 고행을 나타내 보이고,
5탁(五濁)5) 세계의 중생들에게 순응하기 위해 고행을 나타내
보입니다.

또 게으른 중생들을 위해 고행을 나타내 보이고, 중생들로
하여금 즐겨 법을 구하게 하기 위해 고행을 나타내 보이며, 쾌
락과 아락(我樂)에 집착하는 중생을 위해 고행을 나타내 보이

⚫ ⚫ ⚫ ⚫ ⚫ ⚫ ⚫ ⚫

5) 5탁(五濁)__말법의 시대에 나타나는 다섯 가지 오염된 현상.
　① 겁탁(劫濁) : 사람의 수명이 점차 줄어들며 기근, 질병, 전쟁이 잦음.
　② 견탁(見濁) : 온갖 그릇되고 비도덕적인 견해가 일어나 세상을 어지
　　럽힘.
　③ 번뇌탁(煩惱濁) : 중생의 번뇌가 깊고 무거워짐.
　④ 중생탁(衆生濁) : 중생들이 나쁜 일을 좋아하며 과보를 두려워하지
　　않음.
　⑤ 명탁(命濁) : 중생의 수명이 점차 줄어듦.

고, 보살의 뛰어난 행을 보이기 위해 고행을 나타내 보이며, 미래 중생들로 하여금 정진하게 하기 위해 고행을 나타내 보이고, 사람들의 근기가 성숙하지 못했을 때 성숙할 때를 기다리게 하기 위해 고행을 나타내 보입니다.

불자들이여, 이것이 보살마하살의 고행을 나타내 보이는 열 가지입니다.

불자들이여, 이것이 보살마하살의 청정하고 훌륭한 행의 큰 법문이며, 모든 부처님 말씀의 무량한 깊은 뜻입니다.

그리하여 그것은 모든 지혜 있는 이를 다 기쁘게 하고, 일체 보살의 큰 서원을 이루며 그 행을 끊이지 않게 하는 것입니다.

불자들이여, 만일 어떤 중생이 이 경을 듣고 신심이 청정하여 그것을 비방하지 않고 그대로 수행한다면, 그는 위없는 바른 깨달음을 빨리 이룰 수 있을 것입니다.

왜냐하면 그는 부처님의 가르침대로 수행했기 때문입니다. 그러므로 보살마하살은 부디 부처님의 가르침 그대로 수행하고, 일심으로 이 경을 공경하고 믿으며 받들어 지녀야 할 것입니다.

불자들이여, 이 경은 일체 보살행의 공덕과 깊고 묘한 이치의 꽃을 내며, 지혜에 깊이 들어가 일체 법문을 포함하며, 세간을 멀리 떠나 성문이나 연각, 일체 중생은 미치지 못하는 독특한 법으로 선근을 길러 중생들을 제도합니다.

그러므로 보살마하살은 일심으로 이 경을 듣고 받들어 지녀야 하는 것입니다.

만일 보살마하살로서 이 경을 받들어 지니면 그는 일체의 서

원을 세워 조그만 방편으로 위없는 바른 깨달음을 빨리 얻을
수 있을 것입니다."

제22장 입법계품(入法界品)
— 선재동자의 구도여정 —

그때 부처님께서는 사위성 기수급고독원의 대장엄중각 강당에서 문수보살을 비롯한 오백 명의 보살마하살들과 함께 계셨다.

존자 사리불은 부처님의 신력을 받들어 문수사리보살이 장엄을 갖추고 기원림을 나와 남방으로 떠나는 것을 보고 이렇게 생각하였다.

'나도 문수사리보살과 함께 남방으로 가리라.'

그리하여 존자 사리불은 육천 명의 비구들과 함께 부처님께 경의를 표하고 문수사리보살에게로 향하였다.

그때 문수사리보살은 코끼리의 왕이 무리들을 위엄 있게 바라보듯이 비구들을 바라보며 이렇게 말하였다.

"비구들이여, 그대들은 마땅히 알아야 한다. 만일 선남자 선여인으로서 열 가지 큰마음을 성취하면 그는 여래의 지위를 얻을 것이거든 하물며 보살의 자리이겠는가.

　그 열 가지란 바로, 광대한 마음을 내어 일체 선근을 기르면서 끝까지 물러나지 않고 마음에 싫증을 내지 않는 것이며, 모든 부처님을 뵈옵고 공경·공양하여 마음에 싫증을 내지 않는 것이며, 일체의 불법을 구하여 마음에 싫증을 내지 않는 것이며, 보살의 모든 바라밀을 두루 행하면서 마음에 싫증을 내지 않는 것이며, 보살의 모든 삼매를 구족하되 만족하다는 마음을 내지 않는 것이다.

　또 불국토를 장엄하여 시방에 가득히 채우되 만족하다는 마음을 내지 않는 것이며, 일체 중생을 교화해 성숙시키되 만족하다는 마음을 내지 않는 것이며, 모든 국토와 모든 겁 동안에 보살행을 하면서도 만족하다는 마음을 내지 않는 것이며, 광대한 마음을 내어 모든 불국토의 티끌 수 같은 온갖 바라밀을 닦아 익혀 일체 중생을 구제하고 부처님의 열 가지 힘을 다 갖추되 만족하다는 마음을 내지 않는 것이다.

　만일 선남자 선여인으로서 이런 열 가지 큰 법을 성취하면, 그는 일체의 선근을 길러 생사의 갈래와 일체 세간의 성품을 떠나고, 성문과 연각의 지위를 뛰어넘어 여래의 가문에 태어나며, 보살의 큰 서원을 모두 갖추고 보살의 행을 행하며, 보살의 지위에 머무르고, 여래의 공덕의 힘을 성취하여 온갖 악마를 항복받고 모든 외도를 제어할 것이다."

　그 말씀을 들은 비구들은 모두 다 걸림이 없는 깨끗한 눈의 삼매를 얻었으며, 시방의 여래와 무량한 중생을 다 보며, 그 중생들의 생각과 근성 등을 알며, 그 중생들의 과거와 미래를 모두 다 알았다.

그때 문수사리보살은 비구들에게 보현의 행을 닦고 보현의 행에 머물도록 권하였다. 그리하여 비구들은 큰 서원을 세운 뒤 몸과 마음이 청정해져 불사(不死)의 밝은 길을 얻었다. 또한 그 자리를 떠나지 않고 일체 여래의 법신을 내어 시방에 충만하고 일체의 불법을 원만히 갖추었다.

그때 문수사리보살은 비구들의 보리심을 확립시킨 뒤, 그들과 함께 차츰 남방으로 내려가 각성(覺城)의 동쪽에 이르러, 장엄당 사라숲 속의 큰 탑이 있는 곳에 머물렀다.

그 곳은 과거의 모든 부처님이 계시던 곳이며, 또 과거 부처님께서 보살로 있을 때 고행을 닦으시던 곳으로서, 언제나 하늘·용·야차·건달바·아수라 들의 공양을 받는 곳이었다.

그때 각성 사람들은 문수사리보살이 장엄당 사라숲의 큰 탑이 있는 곳에 머문다는 말을 듣고, 천 명의 우바새와 오백 명의 우바이, 그리고 선재동자(善財童子)를 비롯한 오백 명의 동자와 오백 명의 동녀도 함께 문수사리보살의 처소에 나아갔다. 그들은 모두 문수사리보살의 발에 예배하고 물러나 한쪽에 앉았다.

그때 문수사리보살은 대중이 모인 것을 알고 그 알맞음에 따라 대자대비의 힘으로 그들을 기쁘게 하고, 장차 설법하기 위해서 매우 깊은 지혜로 그들의 마음을 분별하고 큰 변재의 힘으로 그들을 위해 설법하였다.

먼저 문수사리보살은 코끼리의 왕처럼 선재동자를 돌아보며 말하였다.

"나는 그대를 위해 미묘한 법을 설하리라. 즉 모든 부처님의 바른 법을 분별하고, 부처님의 차례로 세상에 나타나는 법과,

권속을 깨끗하게 하는 법과, 법륜을 굴리는 법과, 모든 부처님의 색신과 상호의 청정하고 장엄한 법과, 일체 부처님의 법신을 갖추는 법과, 부처님 음성의 묘하고 장엄한 법 등을 분별하고 일체 여래의 평등하고 바른 법을 설하리라."

그때 선재동자[1]는 문수사리보살[2]로부터 불법의 여러 가지 공덕을 듣고 일심으로 최상의 깨달음을 구하며, 문수보살에게 간청하였다.

"대성(大聖)이시여, 저에게 말씀해 주십시오. 보살은 어떻게 보살의 행을 배우며, 어떻게 보살의 행을 닦으며, 어떻게 보살의 행에 나아가며, 어떻게 보살의 행을 행하며, 어떻게 보살의 행을 청정히 행하며, 어떻게 보살의 행에 들어가며, 어떻게 보살의 행을 성취하며, 어떻게 보살의 행을 따라가며, 어떻게 보살의 행을 기억하며, 어떻게 보살의 행을 더 넓히며, 어떻게 보현의 행을 속히 성취할 수 있습니까?"

문수사리보살이 선재동자에게 말하였다.

"착하다, 선남자여, 그대는 위없는 보리심을 발하고 보살의 행을 찾는구나. 중생이 위없는 보리심을 내는 것도 어려운 일인

....

1) 선재동자(善財童子)__『화엄경』〈입법계품〉에 등장하는 소년 구도자. 보리심을 발하고 문수사리보살의 가르침에 따라 53선지식을 순례하며 불법의 진리와 보살행의 방법을 묻는다.
2) 문수사리보살(文殊舍利菩薩)__범어 Mañjuśri의 역어. 불교의 지혜를 상징하는 보살. 실천을 상징하는 보현보살과 함께 석가모니 부처님의 좌우에서 보좌하는 보살. 사자를 탄 형상으로 석가모니 부처님의 왼쪽에 모신다.

데, 하물며 발심하여 보살행을 닦는 것은 더욱 어려운 일이다.

선남자여! 모든 것을 아는 지혜〔一切智〕를 성취하려면 반드시 진실한 선지식을 찾아야 한다. 선지식을 찾는 일에 지치거나 게으르지 말고, 선지식의 가르침에 그대로 순종하며, 선지식의 절묘한 방편에 허물을 보지 말아야 한다.

이곳으로부터 남쪽으로 가면 승락(勝樂)이라는 나라가 있다. 그 나라의 묘봉산(妙峰山)에는 덕운(德雲)이라고 하는 비구가 있다. 그대는 그에게 가서 '보살은 어떻게 보살행을 배우며, 어떻게 보살행을 닦으며, 어떻게 해야 보현행을 속히 성취합니까?'라고 물으라. 덕운비구는 그대에게 말해줄 것이다."

선재동자는 이 말을 듣고 기뻐서 어쩔 줄을 몰랐다.

문수보살에게 엎드려 절하고, 무수히 돌고 말없이 우러르고, 눈물을 흘리면서 하직하고 남쪽으로 떠났다.

선재동자는 덕운비구를 찾아가 엎드려 절하고 오른쪽으로 세 번 돌고 나서 여쭈었다.

"대성(大聖)이시여, 저는 이미 위없는 보리심을 발했으나 보살이 어떻게 보살행을 배우며, 어떻게 보살행을 닦으며, 어떻게 해서 보현행을 속히 성취할 수 있는지 알지 못합니다. 듣자오니 성자께서는 잘 가르쳐 주신다 하오니, 자비를 베푸시어 저에게 말씀해 주소서. 어떻게 하면 보살이 위없는 깨달음을 성취할 수 있습니까?"

덕운비구는 선재동자에게 말하였다.

"착하다. 선남자여, 그대가 이미 위없는 보리심을 발했고 또 보살행을 물으니 이것은 어려운 일 중에도 어려운 일이다. 이

른바 보살행을 구하며, 보살의 경계(境界)를 구하며, 보살의 벗
어나는 도를 구하며, 보살의 청정한 도를 구하며, 보살의 청정
하고 광대한 마음을 구하며, 보살의 신통을 성취하기를 구한
다. 보살의 해탈문이 보이기를 구하며, 보살이 세간에서 짓는
업을 나타내기를 구하며, 보살이 중생의 마음에 따라줌을 구하
며, 보살의 생사와 열반문을 구하며, 보살이 유위(有爲)와 무위
(無爲)를 관찰하되 마음에 집착이 없음을 구함이다.

선남자여, 나는 모든 부처님의 경계를 생각하여 지혜의 광명
으로 두루 보는 법문은 얻었지만, 큰 보살들의 끝없는 지혜를
청정하게 수행하는 문이야 어떻게 알겠는가.

남쪽에 해문(海門)이라는 한 나라가 있는데 거기에 해운(海
雲)비구가 있다. 그대는 그에게 가서 '보살이 어떻게 보살행을
배우며 보살도를 닦느냐'고 물으라. 그는 광대한 선근을 발하는
인연을 분별하여 말해 줄 것이다."

선재동자는 해운비구의 처소에 가서 그 발 앞에 엎드려 절하
고 오른쪽으로 세 번 돌고 나서 합장하며 이와 같이 말하였다.

"성자시여, 저는 이미 위없는 보리심을 발하였고 또 위없는
지혜의 바다에 들고자 하오나, 보살이 어떻게 세속의 집을 버
리고 여래의 집에 나는지를 아직 모르고 있습니다. 어떻게 생
사의 바다를 건너 부처님의 지혜바다에 들어가며, 어떻게 범부
의 자리를 떠나 여래의 자리에 들어가며, 어떻게 생사의 흐름
을 끊고 보살행의 흐름에 들어가며, 어떻게 생사의 바퀴를 깨
뜨리고 보살의 서원을 성취합니까?"

해운비구는 선재동자에게 말하였다.

"선남자여, 그대가 위없는 보리심을 발하였는가?"

선재동자는 대답했다.

"그렇습니다. 저는 이미 위없는 보리심을 발하였습니다."

해운비구가 말하였다.

"선남자여, 중생들이 선근(善根)을 심지 않으면 위없는 보리심을 낼 수 없으니 보문(普門)³⁾의 선근 광명을 얻어야 한다. 보리심을 발한다는 것은 대비심(大悲心)을 발하는 것이니, 모든 중생을 널리 구제하기 때문이다. 크게 인자한 마음을 내어 모든 세간을 다 같이 복되게 해야 하며, 안락한 마음을 내어 모든 중생들의 괴로움을 없애 주어야 하며, 이롭게 하는 마음을 내어 모든 중생들이 나쁜 업에서 떠나게 해야 하며, 애민심을 내어 두려워하는 이들을 다 수호해야 한다."

이윽고 선재동자는 다시 선주(善住)비구 앞에 나아가 합장예배하고 이와 같이 말하였다.

"성자시여, 저는 이미 위없는 보리심을 발했지만, 보살이 어떻게 불법을 수행하며, 어떻게 불법을 쌓아 모으며, 어떻게 불법을 갖추며, 어떻게 불법을 익히며, 어떻게 불법을 키우며, 어떻게 불법을 모두 거두며, 어떻게 불법을 끝까지 구하며, 어떻게 불법을 깨끗이 다스리며, 어떻게 불법을 깨끗하게 하며, 어떻게 불법을 통달하는지 알지 못합니다. 든건대 성자께서는 잘 가르쳐 주신다 하오니, 사랑하고 가엾이 여기시어 저에게 말씀

---

3) 보문(普門)_관세음보살의 교화 방편을 넓은 문에 비유하는 표현.

해 주소서."

이때 선주비구는 선재동자에게 말하였다.

"착하다. 선남자여, 그대가 이미 위없는 보리심을 발했고, 이제 또 발심하여 불법과 모든 지혜의 법과 자연의 법을 구하는구나.

선남자여, 나는 다만 빨리 부처님께 공양하고 중생들을 성취시키는 데 걸림 없는 이 해탈문만을 알 뿐이다.

저 보살들은 대비계(大悲戒)와 바라밀계와 대승계, 보살이 중생을 도와 서로 응하는 계, 장애가 없는 계, 물러남이 없는 계, 보리심을 버리지 않는 계를 지니고 있다.

또 항상 불법으로써 상대할 이를 위한 계, 일체지(一切智)에 뜻을 두는 계, 허공과 같은 계, 모든 세간에 의지함이 없는 계, 허물 없는 계, 손해 없는 계, 모자람이 없는 계, 섞임이 없는 계, 흐름이 없는 계, 뉘우침이 없는 계, 티끌을 벗은 계, 때를 벗은 계를 지닌다.

그러나 이와 같은 공덕을 내가 어떻게 다 알고 말하겠는가. 여기서 남쪽으로 가면 자재(自在)라는 성이 있고 그곳에 미가(彌伽)라는 장자가 있다. 그대는 마땅히 그에게 가서 '보살은 어떻게 보살행을 배우며 보살도를 닦는가'를 물으라."

선재동자는 일심으로 법의 광명인 법문을 생각하면서 깊은 믿음으로 나아갔다.

오로지 부처님을 생각하고 3보를 끊이지 않게 하며, 욕심을 떠난 성품을 찬탄하고 선지식을 생각하며, 삼세(三世)를 두루 비추어 큰 원을 기억하며, 중생을 널리 구제하되 유위(有爲)에 집착하지 않고 끝까지 모든 법의 성품을 생각하였다.

선재동자는 여러 부처님의 도량에 모인 대중에게 집착하지 않으면서 점점 남쪽으로 가다가 자재성에 이르러 미가장자를 찾았다.

미가장자는 선재동자에게 물었다.

"그대는 이미 위없는 보리심을 발하였는가?"

선재동자는 대답했다. "그렇습니다."

"착하다. 선남자여, 그대가 위없는 보리심을 발했구나. 위없는 보리심을 발한 사람은 모든 부처의 씨앗을 끊어지지 않게 하며, 모든 부처님의 세계를 깨끗이 한다.

또 모든 중생을 성숙하게 하며, 모든 법의 성품에 통달하게 되고, 모든 업의 종자를 깨닫게 되고, 모든 행이 원만하게 되며, 모든 큰 원을 끊이지 않게 되고, 탐욕을 떨쳐버린 성품을 사실대로 이해하고, 삼세의 차별을 분명히 보고, 믿는 지혜가 영원하여 허물어짐이 없다. 보살은 또 밝은 해와 같으니 지혜의 광명이 널리 비추기 때문이며, 수미산과 같으니 선근이 높이 솟아나기 때문이며, 밝은 달과 같으니 지혜의 빛이 나타나기 때문이다. 용맹스런 장수와 같으니 마군을 굴복시키기 때문이며, 임금과 같으니 불법의 성 중에서 자유자재하기 때문이며, 맹렬한 불과 같으니 중생들의 애착심을 태우기 때문이다.

또 큰 구름과 같으니 한량없이 오묘한 법리를 내리기 때문에, 때에 맞추어 내리는 비와 같으니 모든 믿음의 싹을 자라게 하기 때문이며, 뱃사공과 같으니 법 바다의 나루를 건네주기 때문이며, 다리와 같으니 생사의 흐름을 건네게 하기 때문이다."

　선재동자는 보살의 걸림 없는 지혜다라니의 광명으로 장엄한 문을 생각하면서 보살의 말씀, 심연 속으로 깊이 들어갔다. 선재동자는 12년을 다니다가 마침내 주림성(住林城)에 이르러 해탈장자를 만나게 되었다. 선재동자는 그의 앞에 엎드려 절하고 일어서서 합장한 후 말하였다.

　"성자시여, 제가 오늘에야 선지식의 회상(會上)에 함께하게 되었으니 제가 마침내 광대한 좋은 이익을 얻은 것입니다. 왜냐하면, 선지식은 보기도 어렵고 듣기도 어렵고, 출현도 어렵고 받들어 섬기기도 어렵고, 가까이 모시기도 어렵기 때문입니다. 또 함께 대하여 뵙기도 어렵고, 만나기도 어렵고, 함께 있기도 어렵고, 기쁘게 하기도 어렵고, 따라다니기도 어려운데, 제가 이제 만났으니 이것이 어찌 좋은 이익을 얻은 것이 아니오리까? 듣건대 성자께서는 보살들을 잘 가르쳐 방편으로써 얻은 바를 밝히시고, 길을 보이시며 나루터를 일러주고 법문을 주신다고 하였습니다. 성자시여, 보살이 어떻게 보살행을 배우며 보살도를 닦으며, 닦아 익힌 것이 빨리 청정해지고 분명해지는지 저에게 말씀해 주소서."

　이때 해탈장자가 삼매에서 일어나 선재동자에게 말하였다.

　"선남자여, 마땅히 알아야 하리니 보살이 불법을 닦아 부처님의 세계를 청정케 하며, 미묘한 행을 쌓아 중생을 조복하며, 큰 서원을 발하여 온갖 지혜에 들어가 자재하게 유희하며, 불가사의한 해탈문으로 부처님의 깨달음을 얻으며, 큰 신통을 나타내고 모든 시방 법계에 두루 가며, 미세한 지혜로 여러 겁(劫)에 널리 들어가는 이런 것들이 다 자기의 마음으로 인해서다.

그러므로 선남자여, 마땅히 착한 법으로 자기 마음을 붙들고, 법의 물로 자기 마음을 적시고, 모든 환경에서 자기 마음을 깨끗이 다스리고, 자기 마음을 굳게 하라. 인욕으로써 자기 마음을 평온케 하고, 지혜의 증득으로 자기 마음을 결백케 하고, 지혜로써 자기 마음을 밝게 하고, 부처님의 자재함으로써 자기 마음을 개발하고, 부처님의 평등으로써 자기 마음을 너그럽게 하고, 부처님의 열 가지 힘으로써 자기 마음을 비추고 살펴야 한다.

나는 다만 이 여래의 걸림 없는 장엄해탈문에 드나들 뿐이다. 그러므로 저 보살마하살들은 걸림 없는 지혜를 얻고, 걸림 없는 행에 머물며, 모든 부처님을 항상 보는 삼매를 얻고, 열반의 틈에 머물지 않는 삼매를 얻었다.

또한 삼매의 보문(普門)경계에 통달하고, 삼세의 모든 법에 다 평등하고, 몸을 나누어 여러 세계에 두루하고, 부처님의 평등한 경계에 머물고, 시방세계의 경계가 다 앞에 나타남을 지혜로 관찰하여 분명히 안다. 몸 가운데 모든 세계가 이루어지고 무너짐을 나타내어도, 자기 몸과 여러 세계가 둘이라는 생각을 내지 않는다. 이와 같이 미묘한 행을 내가 어떻게 알며 어떻게 말할 수 있겠는가."

선재동자는 일심으로 해탈장자의 가르침을 바로 생각하고, 그 가르침을 관찰하고, 그 불가사의한 보살의 해탈문을 기억하고, 불가사의한 보살의 지혜광명을 생각하고, 불가사의한 법계문(法界門)에 깊이 들어갔다.

그때 해당비구는 그 몸의 털구멍마다 아승지 세계의 티끌 수

와 같은 광명을 발했다. 그 광명마다 아승지 색상(色相)과 아승
지 장엄과 아승지 경계와 아승지 사업을 갖추어 시방의 모든
세계에 충만하였다.

이때 선재동자는 일심으로 해당비구를 관찰하면서 간절한
마음으로 그 삼매의 해탈을 생각하였다.

불가사의한 보살의 삼매를 생각하고, 중생을 이롭게 하는 불
가사의한 방편을 생각하고, 불가사의하고 작용이 없는 보장엄
문(普莊嚴門)을 생각하고, 법계를 장엄하는 청정한 지혜를 생각
하고, 부처님의 가피를 받는 지혜를 생각하고, 보살의 자재(自
在)를 내는 힘을 생각하고, 보살의 큰 원을 견고히 하는 힘을
생각하고, 보살의 모든 행을 넓히는 힘을 생각하였다.

선재동자는 찬탄하였다.

"성자시여, 희유하고 기이합니다. 이와 같은 삼매는 가장 깊
고 가장 광대합니다. 성자시여, 이 삼매의 이름이 무엇입니까?"

해당비구는 말하였다.

"선남자여, 이 삼매의 이름은 넓은 눈으로 얻음을 버림〔普眼
捨得〕이라 하고, 또는 반야바라밀 경계의 청정한 광명이라고도
하고, 모든 장엄을 완성한 청정문〔普莊嚴淸淨門〕이라고도 한다.
나는 반야바라밀을 닦았으므로 이와 같은 모든 장엄을 완성한
청정삼매 등과 같은 백만 아승지 삼매를 얻은 것이다.

선남자여, 나는 오로지 이 한 가지 반야바라밀 삼매의 광명
만을 알 뿐이다. 그러므로 저 보살들은 지혜 바다에 들어가 법
계의 경계를 깨끗이 하며, 모든 길에 통달하여 한량없는 세계
에 두루하며, 총지(總持)에 자재하여 삼매가 청정하며, 신통이

광대하여 변재가 다함없으며, 여러 경지를 잘 말하여 중생의 의지처가 되는 일 등, 이같이 미묘한 행이야 내가 어떻게 다 알겠는가.

내가 어떻게 그 공덕을 말하며, 그 실천하는 바를 알며, 그 경계를 밝히며, 그 원력을 끝까지 마치며, 그 요문(要門)에 들어가며, 그 증득한 바를 통달하며, 그 진리에 이르는 길을 말하며, 그 삼매에 머물며, 그 심경을 보며, 그 가진 바 평등한 지혜를 얻겠는가."

그때 선재동자는 휴사청신녀가 미묘한 자리에 앉아 있는 것을 보고, 그곳에 나아가 발에 절하고 말하였다.

"성자시여, 저는 이미 위없는 보리심을 발했으나 아직도 보살이 어떻게 보살행을 배우고 어떻게 보살도를 닦는지 알지 못합니다. 듣자온즉 성자께서 잘 가르쳐 주신다 하오니 저에게 말씀해 주소서."

휴사청신녀는 말하였다.

"선남자여, 나는 오로지 보살의 한 해탈문을 얻었으니, 나를 보거나 듣거나 생각하고 나와 함께 있거나 공양하는 이는 모두 헛되지 않을 것이다. 만약 중생들이 선근을 심지 않으면 선지식의 거두어 줌을 받지 못하고 부처님의 보호를 받지 못할 것이니, 이런 사람은 끝내 나를 볼 수 없을 것이다. 중생이 나를 보게 되면 모두 위없는 깨달음에서 물러나지 않을 것이다."

선재동자는 휴사청신녀에게 말하였다.

"이 해탈의 이름은 무엇입니까?"

"이 해탈의 이름은 근심을 떠난 편안한 당〔離憂安隱幢〕이라한다.

나는 다만 이 한 가지 해탈문을 알 뿐이지만, 저 보살마하살들은 그 마음이 바다와 같아서 모든 부처님의 법을 모두 다 받아들인다. 수미산과 같이 의지가 견고하여 흔들리지 않으며, 선견약(善見藥, 名藥)[4]과 같아서 중생들의 무거운 번뇌병을 치료하며, 밝은 해와 같아서 중생의 무명 업장을 깨뜨리며, 대지(大地)와 같아서 모든 중생의 의지처가 된다.

좋은 바람과 같아서 모든 중생에게 이익을 주며, 밝은 등불과 같아서 중생들의 지혜광을 내며, 큰 구름과 같아서 중생들에게 적멸법(寂滅法)을 내리며, 밝은 달과 같아서 중생들에게 복덕의 빛을 놓으며, 하늘의 제석(帝釋)과 같아서 모든 중생을 수호한다. 이와 같은 일들을 내가 어떻게 알고 어떻게 그 공덕의 행을 말할 수 있겠는가.”

그때 선재동자는 선지식에게 가장 존중하는 마음을 일으켜서 광대하고 청정한 이해를 내어, 항상 대승(大乘)을 생각하고 오로지 부처님의 지혜를 구하여 부처님 뵙기를 원하였다.

법의 경계를 관찰하되 걸림이 없는 지혜가 항상 앞에 나타나 모든 법의 실제(實際)와, 상주제(常住際)와, 모든 삼세의 찰나제(刹那際)와, 허공과 같은 사이[際]와, 둘이 없는 사이, 모든 법의 분별이 없는 사이, 모든 이치의 걸림이 없는 사이, 모든 겁

• • • • • • • •

4) 선견약(善見藥)＿설산에서 난다는 양약. 눈으로 보면 눈이 청정해지고 약의 이름을 들으면 귀가 청정해지며 냄새를 맡으면 코가 청정해지며 먹으면 모든 병이 치유된다는 약.

의 무너지지 않는 사이, 모든 여래의 사이 없는 사이[無際之際]를 분명히 알았다.

　선재동자는 점점 남쪽으로 가다가 사자분신성(師子奮迅城)에 이르러 여기저기 다니면서 자행동녀를 찾았다. 이 동녀는 사자당왕(師子幢王)의 딸인데 오백 동녀가 시종이 되어 비로자나장(藏) 궁전에 살면서 미묘한 법을 설한다고 했다. 이 말을 듣고 선재동자는 왕궁을 찾아가 자행동녀를 만나려고 하던 참인데, 무수한 사람들이 궁중으로 들어가는 것을 보았다. 사람들에게 어디로 가느냐고 물으니, 자행동녀에게 법을 들으러 간다고 하였다.

　선재동자는 생각하기를, 이 왕궁의 문은 통제가 없으니 나도 이대로 들어가리라 하고 들어가 비로자나장 궁전을 보았다. 그 안에 있는 자행동녀는 살갗이 금빛이고 눈은 자줏빛을 띠고 있고 머리카락은 검푸르렀는데, 범천의 음성으로 법을 설하고 있었다. 선재동자는 앞으로 나아가 그의 발에 예배드리고 무수히 돌고 합장한 후 말하였다.

　"성자시여, 저는 이미 위없는 보리심을 발했으나 보살이 어떻게 보살행을 배우고 어떻게 보살도를 닦아야 할지를 알지 못합니다. 성자께서 잘 가르쳐 주신다는 말을 듣고 찾아왔으니 말씀해 주소서."

　자행동녀는 선재에 말하였다.

　"그대는 내 궁전의 장엄을 보라."

　선재동자는 예배드리고 나서 두루 살펴보았다. 벽과 기둥, 거울과 마니보배와 장엄거리와 황금풍경마다 온 법계의 여래께서 처음 발심하여 보살행을 닦고 큰 서원을 가득 채워 바른 깨달음을 이루던 일이며, 미묘한 법을 설하시다가 열반에 드신 그런 일들이 영상처럼 나타났다.

마치 맑은 물속에 해와 달과 별 등 온갖 형상이 비치듯 하였다. 이런 현상은 모두 자행동녀가 과거세에 심은 선근의 힘이었다.

선재동자는 방금 궁전의 장엄에서 본 부처님들의 여러 가지 모습을 생각하면서 합장하고 자행동녀를 우러러보았다.

이때 자행동녀가 선재동자에게 말하였다.

"선남자여, 이것은 반야바라밀의 두루 장엄하는 문[普莊嚴門]이니 나는 항하사 부처님의 처소에서 이 법을 얻었다. 저 여래들께서 각기 다른 문으로써 나로 하여금 이 반야바라밀로 두루 장엄하는 문에 들게 하였으며, 한 부처님이 말씀하신 것은 다른 부처님이 거듭 말씀하지 않으셨다.

선남자여, 나는 다만 이 반야바라밀로 두루 장엄하는 해탈문을 알 뿐이다. 그러나 저 보살마하살들은 마음이 광대하기 허공과 같고, 법계에 들어가 복덕을 가득 채웠으며, 출세간법에 머물러 세간의 행을 멀리하였다.

또 지혜의 눈이 걸림없이 법계를 두루 관찰하며, 지혜의 마음이 광대하여 허공과 같으며, 모든 경계를 다 밝게 보며, 걸림없는 지혜의 큰 광명장을 얻어 온갖 법과 뜻을 잘 분별한다. 세상의 법을 행하여도 세상에 물들지 않고, 세상을 이롭게 하되 세상을 훼손하지 않고, 모든 세상의 의지가 되어 중생의 마음을 두루 알고, 그들에게 알맞게 법을 설하고, 어느 때나 항상 자유자재하다. 내가 어떻게 이런 일들을 알며, 그 공덕의 행을 말할 수 있겠는가."

그때 선재동자는 선견비구에게 나아가 발에 예배드리고 허리를 굽혀 합장하고 말하였다.

"성자시여, 저는 이미 위없는 보리심을 발하여 보살행을 구하고 있습니다. 듣자오니 성자께서 보살도를 잘 열어 보이신다 하시니, 원컨대 보살이 어떻게 보살행을 배우며 어떻게 보살도를 닦아야 할지 저에게 말씀해 주소서."

선견비구는 대답하였다.

"선남자여, 나는 어리고 출가한 지도 오래 되지 않지만, 이승에서 삼십팔 항하사 부처님의 처소에서 범행(梵行)을 깨끗이 닦았다. 어떤 부처님 처소에서는 하루 낮 하룻밤에 범행을 닦았고, 어떤 부처님 처소에서는 칠일 칠야 동안 범행을 닦았으며, 또 다른 부처님 처소에서는 반 달, 한 달 혹은 일 년, 십 년을 지내기도 했었다. 이러는 동안 미묘한 법문을 듣고 그 가르침을 받들어 행하며, 모든 서원을 장엄하고 증득할 곳에 들어가 온갖 행을 닦아 6바라밀을 가득 채웠다.

또 그 부처님들의 성도와 설법이 각기 다르지만 어지럽지 않고, 남기신 가르침을 지니고 열반에 드시기까지를 보았다.

또 그 부처님들의 본래 세운 서원과 삼매의 원력으로 모든 불국토를 깨끗이 장엄하며, 일체행(一切行) 삼매에 들어간 힘으로 모든 보살행을 청정하게 닦고, 보현(普賢)의 법인 벗어나는 힘으로써 여러 부처님의 바라밀을 청정히 하심을 알았다."

그때 선재동자는 자재주(自在主)동자의 발에 예배드리고 오른쪽으로 무수히 돌고 합장·공경하면서 한쪽에 서서 말하였다.

"성자시여, 저는 이미 위없는 보리심을 발했으나 보살이 어떻게 보살행을 배우며 보살도를 닦아야 할지를 알지 못하니 원컨대 말씀해 주소서."

자재주동자가 말하였다.

"선남자여, 나는 보살의 계산법을 안다. 보살의 계산법으로 한량없는 유순의 광대한 모랫더미를 계산하여 그 안에 있는 알맹이 수효를 모두 알고, 동서남북 등 시방에 있는 모든 세계의 갖가지 차별과 차례로 머물러 있음을 계산하여 안다.

시방에 있는 모든 세계의 넓고 좁고 크고 작은 것이며 그 이름과 그 가운데 있는 모든 겁의 이름, 모든 부처님의 이름, 모든 법의 이름, 모든 중생의 이름, 모든 업의 이름, 모든 보살의 이름, 모든 진리의 이름을 다 분명히 안다.

나는 다만 이 온갖 공교한 큰 신통과 지혜광명 법문만을 알 뿐이다. 그러나 저 보살마하살은 모든 중생의 수효를 알고, 모든 법의 종류와 수를 알며, 모든 법의 차별된 수를 알고, 모든 삼세의 수도 안다.

또 모든 중생의 이름을 알고, 모든 법의 이름을 알고, 모든 여래의 수를 알고, 모든 여래의 이름을 알고, 모든 보살의 수를 알고, 모든 보살의 이름을 알고 있거늘 내가 어떻게 그 공덕을 말하고, 그 수행을 보이겠는가.

또 내가 어떻게 그 경지를 드러내며 그 뛰어난 힘을 찬탄하며 그 좋아함을 말하겠는가. 그리고 그 도를 돕는 것을 말하며,

그 큰 원을 나타내며, 그 미묘한 행을 찬탄하며, 그 바라밀을 열어 보이며, 그 청정함을 연설하며, 그 뛰어난 지혜광명을 펼 수 있겠는가."

그때 선재동자는 보안(普眼)장자의 앞에 나아가 예배드리고 합장한 후 말하였다.

"성자시여, 저는 이미 위없는 보리심을 발했지만, 보살이 어떻게 보살행을 배우며 어떻게 보살도를 닦는지를 알지 못합니다."

장자는 말하였다.

"착하다, 선남자여, 그대가 위없는 보리심을 발했구나. 나는 모든 중생의 여러 가지 병을 안다. 나는 풍병 · 황달 · 해소 · 열병 · 귀신과 독충 · 수재 · 화재로 인해 생기는 온갖 병을 모두 방편으로 치료한다. 누구든지 병이 있는 이가 내게 오면 다 치료하여 낫게 하며, 향탕으로 목욕시키고 향과 꽃과 영락과 좋은 옷으로 갈아 입히고, 음식과 재물을 보시하여 아쉬움이 없게 한다. 그런 다음 그들에게 알맞은 법을 말해 준다. 탐욕이 많은 이에게는 부정관(不淨觀)⁵⁾을 가르치고, 남을 미워하고 성을 잘 내는 이에게는 자비관(慈悲觀)⁶⁾을 가르치며, 어리석음이 많은 이에게는 여러 가지 법의 모양을 분별하도록 가르치고,

---

5) 부정관(不淨觀)＿욕망이 과도한 사람들이 닦는 관법(觀法). 시체의 부패, 팽창, 해체, 풍화과정을 응시하면서 육신의 더러움을 깨닫고 욕망에 집착하지 않게 됨.
6) 자비관(慈悲觀)＿화를 잘 내고 난폭한 사람들이 닦는 관법. 불보살의 자비로운 모습을 마음 속으로 관하여 자비로운 성품을 깨닫는 관법.

이 세 가지가 균등한 이에게는 아주 뛰어난 법문을 보여준다. 그들에게 부처의 거룩한 모습을 갖추게 하려고 보시바라밀을 찬탄하고, 부처의 깨끗한 몸을 얻어 온갖 곳에 이르게 하려고 지계바라밀을 찬탄하고, 부처의 청정 불가사의한 몸을 얻게 하려고 인욕바라밀을 찬탄하고, 여래의 이길 이 없는 몸을 얻게 하려고 정진바라밀을 찬탄하고, 청정하고 견줄 데 없는 몸을 얻게 하려고 선정바라밀을 찬탄하고, 여래의 청정한 법신을 드러내려고 반야바라밀을 찬탄한다."

그때 선재동자는 무염족왕의 처소에 나아가 그의 발에 예배드리고 말하였다.

"성자시여, 저는 이미 위없는 보리심을 발했으나, 보살이 어떻게 보살행을 배우며 어떻게 보살도를 닦는지를 알지 못합니다. 성자께서는 잘 가르쳐 주신다 하오니 말씀해 주소서."

왕이 선재동자에게 말하였다.

"선남자여, 나는 보살의 여환해탈(如幻解脫)을 얻었노라. 내 국토에 있는 중생들이 살생과 도둑질과 내지는 그릇된 소견을 가진 이가 많아서, 다른 방편으로는 그들의 나쁜 업을 버리게 할 수가 없다. 나는 그들을 조복하기 위해 악인으로 변신, 온갖 죄악을 지어 갖가지 고통을 받는 장면들을 보여주었다. 중생들이 이를 보고 무섭고 두려워하며 싫어하고 겁을 내어, 나쁜 업을 끊고 위없는 보리심을 발하게 하려는 것이다.

나는 이와 같이 교묘한 방편으로써, 중생들이 열 가지 나쁜 업을 버리고 열 가지 착한 길에 머물러 항상 즐겁고 편안하게 하여 마침내 일체지(一切智)의 자리에 머물게 하려는 것이다.

선남자여, 나는 몸과 말과 뜻으로 짓는 일로써 아직까지 한 중생도 해친 적이 없다. 내가 차라리 무간지옥에 들어가 고통을 받을지언정 한순간이라도 모기 한 마리, 개미 한 마리일지라도 괴롭게 하려는 생각이 없는데 하물며 사람이겠는가. 사람은 복밭이다. 이는 모든 선한 법을 내기 때문이다.

나는 다만 이 여환해탈(如幻解脫)을 얻었을 뿐이다. 그러나 저 보살마하살은 생사가 없는 법의 지혜인 무생인(無生忍)을 얻어, 모든 세계가 허깨비 같고, 보살행이 다 요술과 같으며, 모든 세간이 그림자 같고, 모든 법이 꿈과 같은 줄을 안다. 그래서 실상의 걸림 없는 법문에 들어가 제석천의 그물 같은 행을 닦고, 걸림 없는 지혜로 경계에 행하고, 모든 것이 평등한 삼매에 들어가 다라니에 자유자재를 얻는 일이야 내가 어떻게 알며 어떻게 그 공덕의 행을 말하겠는가."

그때 선재동자는 대광왕(大光王)의 발에 예배드리고 공경하여 오른쪽으로 무수히 돌고 합장하고 서서 말하였다.

"성자시여, 저는 이미 위없는 보리심을 발했으나 보살이 어떻게 보살행을 배우며, 어떻게 보살도를 닦는지 알지 못합니다. 듣자오니 성자께서 잘 가르쳐 주신다 하오니 저에게 말씀해 주소서."

왕이 말했다.

"선남자여, 나는 보살의 대자당행(大慈幢行)을 닦으면서 그것을 가득 채웠다. 나는 한량없는 부처님의 처소에서 이 법을 묻고 생각하고 관찰하고 닦아서 장엄하였다. 나는 왕이 되어서 이 법으로 가르치고, 또한 이 법으로 거두어 준다. 이 법으로 세상을 따라가고, 이 법으로 중생을 인도하고, 이 법으로 중생들에게 수행케 하고, 이 법으로 중생들이 나아가게 한다.

또 이 법으로 중생들에게 방편을 주고, 이 법으로 중생들이 익히도록 하고, 이 법으로 중생들이 행을 일으키게 하고, 이 행으로 중생들이 법의 성품에 머물러 생각케 한다. 또 이 법으로써 중생들이 인자한 마음에 머물러 인자함으로 근본을 삼아 인자한 힘을 갖추게 한다.

이와 같이 이로운 마음, 안락한 마음, 가엾이 여기는 마음, 거두어 주는 마음, 중생을 보호하며 버리지 않는 마음, 중생의 고통을 제거하는 데 게으른 마음이 없게 한다.

나는 이 법으로써 모든 중생들이 끝까지 즐겁고 항상 기뻐하며, 몸에는 고통이 없고, 마음에는 시원함을 얻게 한다. 또 이 법으로써 생사의 애착을 끊고 바른 법의 낙을 즐거워하며, 번뇌의 때를 씻고 악업의 장애를 깨도록 한다. 생사의 흐름을 끊고 진실한 법의 바다에 들어가며, 모든 윤회의 길을 끊고 온갖 지혜를 구하며, 마음 바다를 깨끗이 하여 무너지지 않는 믿음을 내게 한다. 나는 이와 같이 이 대자당행에 머물러 바른 법으로써 세상을 교화한다.”

선재동자는 왕의 발에 예배드리고 무수히 돌고 우러르며 하직하고 길을 떠났다.

선재동자는 앞으로 나아가다가 누각성에 이르렀다. 한 뱃사공이 성문 밖 바닷가에서 수많은 상인과 사람들에게 둘러싸인 채, 큰 바다의 법을 말하면서 부처님의 공덕 바다의 방편을 일러 주고 있었다. 선재동자는 그 앞에 나아가 발에 예배드리고 무수히 돌고 합장한 후 말하였다.

"성자시여, 저는 이미 위없는 보리심을 발했지만, 보살이 어떻게 보살행을 배우며 어떻게 보살도를 닦는지 알지 못합니다. 듣자오니 성자께서 잘 가르쳐 주신다 하오니 말씀하여 주소서."

뱃사공이 말하였다.

"착하다, 선남자여. 그대가 이미 위없는 보리심을 발했고, 이제 또 큰 지혜를 내는 근원을 묻는구나.

모든 생사의 괴로움을 끊는 인(因)과 온갖 지혜의 큰 보물섬에 가는 인, 무너지지 않는 대승(大乘)을 성취하는 인, 이승(二乘)들이 생사를 두려워하고 고요한 삼매의 소용돌이에 머무름을 멀리 떠나는 인, 큰 원의 수레를 타고 모든 곳에 두루하여 보살행을 행하여도 장애가 없는 청정한 도의 인, 보살행으로 깨뜨릴 수 없는 지혜를 장엄하는 청정한 도의 인, 모든 시방세계의 법을 두루 살펴도 장애가 없는 청정한 도의 인, 온갖 지혜의 바다에 빨리 들어가는 청정한 도의 근원을 묻는구나.

선남자여, 나는 이 성의 바닷가에 있으면서 보살의 대비당행(大悲幢行)을 깨끗이 닦았다.

나는 염부제에 있는 가난한 중생들을 이롭게 하려고 온갖 고행을 닦았다.

그들의 소원을 모두 만족케 하는데, 먼저 세상 물건을 주어 마음을 채워준 후, 다시 법의 제물을 베풀어 환희케 한다. 복덕의 행을 닦게 하고, 지혜를 내게 하고, 선근의 힘을 북돋우고, 보리심을 일으키게 하고, 보리의 원을 맑게 하고, 대비력(大悲力)을 견고케 한다. 생사를 없애는 도를 닦게 하고, 생사를 싫어하지 않는 행을 내게 하고, 모든 중생들을 거둬 주게 하고, 모든 공덕을 닦게 하고, 모든 법을 비추게 하고, 모든 부처님들을 보게 하고, 일체지의 지혜에 들어가게 한다.

어떤 중생이 내 몸을 보거나 내 법을 듣는 이는 영원히 생사의 바다를 무서워하지 않고, 온갖 지혜의 바다에 들어가 애욕의 바다를 말리고, 지혜의 광명으로 삼세의 바다를 비추며 모든 중생의 고통 바다를 끝나게 한다.

모든 중생의 마음 바다를 맑히고, 모든 세계의 바다를 빨리 청정하게 하며, 시방의 큰 바다에 들어가 중생의 근기를 알고, 모든 중생의 수행을 알고, 모든 중생의 마음에 두루 따른다.

선남자여, 나는 다만 이 대비당행(大悲幢行)을 얻었으므로, 나를 보거나 내 음성을 듣거나 나와 함께 있거나 나를 생각하는 이는 모두 헛되지 않게 한다.

그러나 저 보살마하살들은 생사의 바다에 다니면서도 모든 번뇌에 물들지 않고, 허망한 소견을 버리며, 모든 법의 성품을 살피고, 네 가지 거두어 주는 법으로 중생들을 제도한다.

이미 온갖 지혜의 바다에 머물러 모든 중생의 애착을 없애고, 모든 시간에 평등하게 있으면서 신통으로 중생들을 제도하고, 때를 놓치지 않고 중생들을 조복하는 일을 내가 어떻게 알며 어떻게 그 공덕을 말할 수 있겠는가."

그때 선재동자는 사자빈신비구니에게 합장하고 서서 말하였다.

"성자시여, 저는 이미 위없는 보리심을 발했으나 보살이 어떻게 보살행을 배우며 어떻게 보살도를 닦는지 알지 못합니다.

원컨대 저에게 말씀해 주소서."

비구니가 말했다.

"선남자여, 나는 모든 지혜를 성취하는 해탈을 얻었다."

"어째서 모든 지혜를 성취한다고 합니까?"

"이 지혜의 광명은 잠깐 사이에 삼세의 모든 법을 비추기 때문이다."

"성자시여, 이 지혜의 광명은 그 경지가 어떻습니까?"

사자빈신비구니가 말하였다.

"나는 모든 중생을 보아도 중생이라는 분별을 내지 않으니 지혜의 눈으로 보기 때문이다.

온갖 말을 들어도 말이란 분별을 내지 않으니 마음에 집착이 없기 때문이며, 여래를 뵙고도 여래라는 분별을 내지 않으니 법신을 통달했기 때문이며, 모든 법륜을 주지(住持)하면서도 법륜이라는 분별을 내지 않으니 법의 자성(自性)을 깨달았기 때문이며, 한 생각에 일체 법을 두루 알면서도 일체 법이라는 분별을 내지 않으니 법이 허깨비 같음을 알았기 때문이다.

선남자여, 나는 다만 일체지를 성취하는 해탈을 알 뿐이다. 그러나 저 보살마하살들은 마음에 분별이 없어 모든 법을 두루 안다. 한 몸이 단정히 앉아서도 법계에 가득하며, 자신의 몸속에 모든 세계를 나타내며, 잠깐 동안에 모든 부처님 계신 데 나아가며, 자신의 몸속에서 모든 부처님의 신통력을 나타내며, 한 생각에 말할 수 없이 많은 중생들과 함께 있으며, 한 생각에 말할 수 없이 많은 겁(劫)에 들어가는 일이야, 내가 어떻게 알며 그 공덕의 행을 어떻게 말할 수 있겠는가."

그때 선재동자는 바수밀다여인 앞에 나아가 예배드리고 합장한 후 말하였다.

"성자시여, 저는 이미 위없는 보리심을 발했지만, 보살이 어떻게 보살행을 배우며 어떻게 보살도를 닦는지를 알지 못합니다. 듣자오니 성자께서 잘 가르쳐 주신다 하오니 원컨대 말씀해 주소서."

바수밀다여인이 말하였다.

"선남자여, 나는 탐욕의 굴레를 벗어난 해탈을 얻었다. 나는 모든 중생의 욕락(欲樂)을 따라 현신(現身)하는데, 천인이 나를 볼 때에는 나는 천녀가 되어 모양과 광명이 견줄 데 없이 뛰어나며, 이와 같이 인비인(人非人)⁷⁾이 볼 때에는 나도 인비인(人非人)의 여인이 되어 그들의 욕락대로 나를 보게 한다.

어떤 중생이 애욕에 얽매여 내게 오면, 나는 그에게 법을 말하여 탐욕이 사라지고 보살의 집착 없는 경계의 삼매를 얻게 한다. 어떤 중생은 잠깐만 나를 보아도 탐욕이 사라지고 보살의 환희삼매를 얻는다. 어떤 중생은 잠깐만 나와 이야기하여도 탐욕이 사라지고 보살의 걸림 없는 음성삼매를 얻는다. 어떤 중생은 잠깐만 내 손목을 잡아도 탐욕이 사라지며 보살의 모든

· · · · · · · ·

7) 인비인(人非人)__사람과 사람 아닌 존재. 팔부신중과 사람을 구별하여 부르는 호칭. 비인은 불보살이 설법하는 장소에 사람의 모습으로 변하여 온 천신 등을 가리킨다. 단 주의해야 할 점은 팔부신중 중의 긴나라(緊那羅)를 인비인이라고 옮기는 한역불전이 있어서 혼동할 수 있다. 『관음경』 등에서는 긴나라와 인비인을 구별하여 사용하고 있다.

부처 세계에 두루 가는 삼매를 얻는다.

어떤 중생이 잠깐만 나를 관(觀)해도 탐욕이 사라지고 보살의 고요하게 장엄한 삼매를 얻으며, 어떤 중생은 잠깐만 내가 팔을 펴는 것을 보아도 탐욕이 사라지고 보살이 외도를 굴복시키는 삼매를 얻으며, 어떤 중생은 내 눈이 깜짝이는 것을 보기만 해도 탐욕이 사라지고 보살이 구하는 부처님의 경계, 광명삼매를 얻는다.

또 어떤 중생이 나를 끌어안으면 탐욕이 사라지고 보살이 모든 중생을 거두어 주면서 떠나지 않는 삼매를 얻으며, 어떤 중생은 내 입술을 한 번만 맞추어도 탐욕이 사라지고 보살이 모든 중생의 복덕이 늘어나게 하는 삼매를 얻는다.

이와 같이 중생들이 나를 가까이 하면 모두 탐욕을 떠나는 틈에 머물러 보살의 온갖 지혜가 앞에 나타나는 걸림 없는 해탈에 들어간다."

그때 선재동자는 관자재보살의 발에 예배드리고 오른쪽으로 무수히 돌고 합장하고 서서 말하였다.

"성자시여, 저는 이미 위없는 보리심을 발했지만, 보살이 어떻게 보살행을 배우며 어떻게 보살도를 닦는지 알지 못합니다. 듣건대 성자께서 잘 가르쳐 주신다 하오니 저에게 말씀해 주소서."

관자재보살이 말하였다.

"착하다. 선남자여, 그대는 이미 위없는 보리심을 내었구나. 나는 보살의 대비행(大悲行) 해탈문을 성취하였다. 나는 끊임없이 이 대비행의 문으로 모든 중생을 평등하게 인도한다.

나는 대비행의 문에 머물러 항상 모든 여래의 처소에 있으며, 모든 중생의 앞에 두루 나타난다. 보시로써 중생을 거두어 주기도 하고, 사랑스런 말과 이롭게 하는 행과 같은 일로써 중생을 거두어 주기도 한다.

또 육신을 나타내어 중생을 거두어 주기도 하고, 온갖 불가사의한 빛과 맑은 광명을 나타내어 중생을 거두어 주기도 하며, 음성과 위의와 설법으로써 거두어 주기도 하며, 신통변화를 나타내기도 하며, 그 마음을 깨닫게 하여 성숙시키기도 하며, 같은 형상으로 변화하여 함께 있으면서 성숙케 하기도 한다.

선남자여, 나는 이 대비행문을 수행하여 항상 모든 중생을 구호하려고 한다. 모든 중생이 험난한 길의 두려움에서 벗어나기를 원하며, 번뇌의 두려움에서 벗어나고, 미혹의 두려움에서 벗어나고, 속박의 두려움에서 벗어나고, 살해의 두려움에서 벗어나고, 가난의 두려움에서 벗어나기를 원한다.

또 생활하기 어려운 두려움에서 벗어나고, 악명의 두려움에서 벗어나고, 죽음의 두려움에서 벗어나고, 대중의 두려움에서 벗어나고, 나쁜 길의 두려움에서 벗어나고, 암흑의 두려움에서 벗어나기를 원한다.

또 옮겨 다니는 두려움에서 벗어나고, 사랑하는 이와 헤어지는 두려움에서 벗어나고, 원수를 만나는 두려움에서 벗어나고, 몸을 핍박하는 두려움에서 벗어나고, 마음을 핍박하는 두려움에서 벗어나고, 걱정과 슬픔의 두려움에서 벗어나기를 원한다. 또 중생들이 나를 생각하거나 내 이름을 부르거나 내 모습을 보게 되면, 다 모든 두려움에서 벗어나기를 원한다.

선남자여, 나는 이와 같은 방편으로 중생들을 두려움에서 벗어나게 하고, 다시 가르쳐서 위없는 보리심을 발하고 영원히 물러나지 않게 한다.

나는 다만 보살의 대비행문을 얻었을 뿐이다. 그러나 저 보살마하살들은 보현의 모든 원을 맑게 하고 보현의 모든 행에 머물러 있으면서, 온갖 착한 법을 항상 행하고, 모든 삼매에 항상 들어가고, 모든 그지없는 겁(劫)에 항상 머문다. 모든 삼세 법을 항상 알고, 모든 끝없는 세계에 항상 가고, 모든 중생의 악을 항상 쉬게 하고, 모든 중생의 선을 항상 늘게 하고, 모든 중생의 생사의 흐름을 항상 끊는 일이야 내가 어떻게 알며 그 공덕의 행을 어떻게 말할 수 있겠는가.”

그때 선재동자는 적정음해(寂靜音海)주야신의 발에 예배드리고 무수히 돌고 합장한 후 말하였다.

“성자시여, 저는 이미 위없는 보리심을 발했습니다. 저는 선지식을 의지하여 보살행을 배우고 보살행에 들어가고 보살행을 닦고 보살행에 머물고자 하오니, 원컨대 자비로 가엾이 여기시고, 저를 위해 보살이 어떻게 보살행을 배우며 어떻게 보살도를 닦는지 말씀해 주십시오.”

적정음해주야신이 선재동자에게 말하였다.

“착하다. 선남자여, 그대가 선지식을 의지하여 보살행을 구하는구나. 나는 보살의 생각 생각마다 광대한 기쁨을 내는 장엄 해탈문을 얻었노라.”

선재동자가 말했다.

“성자시여, 그 해탈문은 어떤 일을 하며, 어떤 경계를 행하며, 어떤 방편을 일으키며, 어떤 관찰을 합니까?"

적정음해주야신이 말하였다.

"선남자여, 나는 청정하고 평등함을 좋아하는 마음을 내었다. 나는 또 모든 세간의 티끌을 떠나 청정하고 견고하게 장엄하여 깨뜨릴 수 없는 좋아하는 마음을 내었으며, 불퇴전의 자리와 관계하여 영원히 퇴전하지 않을 마음을 내었으며, 공덕보배의 산을 장엄하여 동요되지 않는 마음을 내었다.

나는 머무는 곳이 없는 마음을 내었으며, 모든 중생 앞에 두루 나타나 구호하는 마음을 내었으며, 모든 부처님 바다를 보고도 만족할 줄 모르는 마음을 내었으며, 모든 보살의 청정한 원력을 구하는 마음을 내었으며, 큰 지혜의 광명 바다에 머무는 마음을 내었다.

어떤 중생이 탐욕이 많으면 나는 그에게 부정관문(不淨觀門)을 설하여 생사의 애착을 버리게 하고, 어떤 중생이 성내는 일이 많으면 나는 그에게 대자관문(大慈觀門)을 설하여 부지런히 닦는 데 들어가게 하고, 어떤 중생이 어리석은 짓을 많이 하면 그에게 법을 설하여 밝은 지혜를 얻어 모든 법의 바다를 보게 하고, 어떤 중생이 삼독을 행하면 그에게 법을 설하여 여러 가르침의 바다에 들게 한다.

어떤 중생이 생사의 낙을 좋아하면 법을 설하여 싫어서 떠나게 하고, 어떤 중생이 생사의 고통을 싫어하여 여래의 교화를 받을 만하면 법을 설하여 방편으로 일부러 태어나게 하고, 어떤 중생이 5온(五蘊)에 애착하면 법을 설하여 의지함이 없는 경지에 머물게 한다. 어떤 중생이 그 마음이 옹졸하면 나는 그에게 훌륭하게 장엄한 도를 보이고, 어떤 중생이 마음이 교만하면 그에게 평등한 법의 지혜를 말하고, 어떤 중생이 마음이 곧지 못하면 나는 그에게 보살의 곧은 마음을 말한다."

그때 선재동자는 구파여인에게 예배드리고 합장한 후 말하였다.

"성자시여, 저는 이미 위없는 보리심을 발했으나 보살이 어떻게 생사 중에 있으면서도 생사의 근심에 물들지 않으며, 법의 바탕[自性]을 깨달아 성문이나 벽지불의 자리에 머물지 않는지를 아직 모릅니다.

또 어떻게 하면 불법을 갖추고도 보살행을 닦으며, 보살의 자리에 있으면서 부처님 경계에 들어가며, 세상에서 초월해 있으면서 세상에 태어나며, 법신(法身)을 성취하고도 끝없는 갖가지 육신을 나타내며, 상(相)이 없는 법을 증득하고도 중생을 위해 모든 상을 나타내며, 법이 설할 것 없는 줄 알면서도 중생을 위해 법을 설하며, 중생이 공한 줄 알면서도 중생을 교화하는 일을 버리지 않으며, 부처님이 불생불멸임을 알면서도 부지런히 공양하여 물러가지 않으며, 모든 법이 업도 없고 과보도 없는 줄 알면서도 어째서 온갖 선행을 닦아 항상 쉬지 않는지를 아직 알지 못합니다."

구파여인이 선재동자에게 말하였다.

"장합니다. 선남자여, 당신이 이제 보살마하살이 마땅히 행해야 하는 법을 묻는군요. 보현의 모든 행원을 닦는 이라야 이와 같이 물을 수 있습니다. 자세히 듣고 잘 생각해 보십시오. 내가 부처님의 위신력을 빌어 당신에게 말하겠습니다.

선남자여, 보살이 열 가지 법을 성취하면 인드라 그물같이 넓은 지혜 광명인 보살행을 가득 채우게 될 것입니다.

그 열 가지란, 선지식을 의지하고, 광대하고 뛰어난 이해를 얻고, 청정한 욕락을 얻고, 온갖 복과 지혜를 모으고, 여러 부처님 처소에서 법을 듣고, 마음에 항상 삼세 부처님을 버리지 않고, 모든 보살행과 같고, 모든 여래께서 보호하고 생각하고, 큰 자비와 서원이 다 청정하고, 지혜의 힘으로 모든 생사를 끊는 일들입니다.

불자여, 보살이 선지식을 가까이 섬기면 물러남이 없는 정진으로 다함이 없는 불법을 닦아서 냅니다. 보살은 열 가지 법으로 선지식을 가까이 섬기는데 그것은 이렇습니다. 자기의 몸과 목숨을 아끼지 않으며, 세상의 오락 기구를 탐내어 구하지 않으며, 모든 법의 바탕이 평등함을 알며, 모든 지혜와 서원에서 물러가거나 버리지 않으며, 모든 법계의 실상을 관찰하며, 마음은 항상 모든 존재의 바다를 버리고 떠나며, 법이 공한 줄 알고 마음에 의지함이 없으며, 모든 보살의 큰 원을 성취하며, 모든 세계 바다를 항상 나타내며, 보살의 걸림 없는 지혜를 맑게 닦는 일들입니다."

그때 선재동자는 천궁에 가서 천주광(天主光)왕녀에게 예배드리고 합장하고 서서 말하였다.

"성자시여, 저는 이미 위없는 보리심을 발했지만, 보살이 어떻게 보살행을 배우며 보살도를 닦는지 알지 못합니다. 듣건대 성자께서 잘 가르쳐 주신다 하오니 저에게 말씀해 주소서."

천녀가 답해 말했다.

"선남자여, 나는 보살의 해탈을 얻었으니, 그 이름은 걸림 없는 생각의 청정한 장엄입니다. 나는 이 해탈의 힘으로 지난 세상의 일을 기억합니다. 지나간 세월에 푸른 연꽃〔靑蓮華〕이라는 뛰어난 겁이 있었는데, 나는 그때 항하의 모래처럼 많은 부처님 여래께 공양하였습니다. 그 여래들께서 처음 출가할 때부터 내가 받들어 섬기고 공양하여, 절을 짓고 도구들을 마련했습니다.

또한 저 부처님들께서 보살로 어머니의 태에 있을 때와 탄생할 때, 일곱 걸음을 걸을 때, 크게 사자후를 토할 때, 동자의 몸으로 궁중에 있을 때, 보리수 아래서 정각을 이룰 때, 바른 법륜을 굴리며 부처님의 신통변화를 나타내어 중생들을 교화하고 조복할 때 여러 가지로 하시던 일들을, 초발심으로부터 법이 다할 때까지를 내가 다 똑똑히 기억하여 잊음이 없으며, 항상 눈앞에 나타나듯하여 잊지 않습니다.

또 기억되는 것은, 과거에 선지(善地)라는 겁이 있었는데 나는 그 겁에서 열 항하의 모래 수 같은 부처님 여래께 공양하였습니다. 또 과거에 묘덕(妙德)이라는 겁이 있었는데 나는 그때에도 한 세계의 티끌 수 같은 부처님 여래께 공양하였습니다.

이와 같이 항하의 모래 수 겁을 두고 내가 부처님·여래·응공·등정각을 항상 버리지 않았음을 기억하며, 저 모든 여래께서 이 걸림 없는 생각의 청정한 장엄인 보살의 해탈을 듣고, 받아 지니고 닦아 행하며 항상 잊지 않았습니다.

선남자여, 나는 다만 이 걸림 없는 생각의 청정한 해탈을 알 뿐입니다."

선재동자는 점점 남쪽으로 가다가 최적정(最寂靜)바라문의 마을에 이르렀다. 선재동자는 최적정바라문에게 예배드리고 합장 공경하면서 한쪽에 서서 말하였다.

"성자시여, 저는 이미 위없는 보리심을 발했지만, 보살이 어떻게 보살행을 배우며 보살도를 닦는지 알지 못합니다. 원컨대 저에게 말씀해 주소서."

최적정바라문이 말하였다.

"선남자여, 나는 보살의 해탈을 얻었으니 그 이름은 진실하게 원하는 말〔誠願語〕이다. 과거·현재·미래의 보살들이 이 말로써 위없는 깨달음에서 물러가지 않았다. 또한 지금 물러가지도 않고, 앞으로도 물러가지 않을 것이다. 나는 이 진실하게 원하는 말에 머물렀으므로 마음대로 하는 일이 모두 만족했다.

나는 다만 이 진실하게 원하는 말의 해탈을 알 뿐이다. 그러나 저 보살마하살들은 진실하게 원하는 말과 함께 다니고 멈춤에 어김이 없고, 그 말은 반드시 진실하여 허망하지 않으며, 한량없는 공덕이 여기에서 생기는 일이야, 내가 어떻게 알며 말할 수 있겠는가."

선재동자는 점점 남쪽으로 가다가 묘의화문성(妙意華門城)에 이르러 덕생동자와 유덕동녀를 만났다. 선재동자는 예배드리고 합장한 후 말하였다.

"성자들이시여, 저는 이미 위없는 보리심을 발했지만, 보살이 어떻게 보살행을 배우며 어떻게 보살도를 닦는지 알지 못합니다. 원컨대 자비를 베풀어 저에게 말씀해 주소서."

덕생동자와 유덕동녀가 선재동자에게 말하였다.

"선남자여, 우리는 보살의 해탈을 증득했으니 그 이름은 환주(幻住)입니다. 이 해탈을 얻었으므로 모든 세계가 다 환상〔幻〕처럼 머무는 것을 보는데 그것은 인연으로 생기기 때문입니다. 일체 중생이 다 환주와 같으니 업과 번뇌로 일어나기 때문이며, 일체 세간이 다 환주와 같으니 무명과 존재와 욕망 등이 서로 인연이 되어 생기기 때문이며, 모든 법이 다 환주와 같으니 '나'라는 소견 등 갖가지 환 같은 인연으로 생기기 때문이며, 일체 중생의 생멸과 생로병사와 근심과 슬픔과 고뇌가 모두 환주와 같으니 허망한 분별에서 생기기 때문입니다.

선남자여, 우리 두 사람은 다만 이 환주해탈을 알 뿐입니다.

선남자여, 당신은 한 가지 선을 닦고, 한 가지 법을 비추고, 한 가지 행을 행하고, 한 가지 원을 발하고, 한 가지 수기(授記)를 얻고, 한 가지 지혜에 머물러 구경(究竟)이라는 생각을 내지 마십시오. 한정된 마음〔限量心〕으로 여섯 바라밀을 행하거나 10지(十地)에 머무르거나 불국토를 맑히거나 선지식을 섬기려고 하지 마십시오.

왜냐하면 보살마하살은 한량없는 선근을 심어야 하고, 한량없는 깨달음의 도구를 모아야 하며, 한량없는 깨달음의 인(因)을 닦아야 하고, 한량없이 묘한 회향(廻向)을 배워야 하며, 한량없는 중생계를 교화해야 하기 때문입니다.

또 한량없는 중생의 마음을 알아야 하고, 한량없는 중생의 뿌리를 알아야 하고, 한량없는 중생의 이해를 알아야 하고, 한량없는 중생의 행을 보아야 하고, 한량없는 중생을 조복해야 합니다.

또 한량없는 번뇌를 끊어야 하고, 한량없는 업의 버릇을 맑혀야 하고, 한량없는 사견(邪見)을 없애야 하고, 한량없이 물든 마음을 제거해야 하고, 한량없는 청정심을 발해야 하고, 한량없는 고통의 독화살을 뽑아야 하고, 한량없는 애욕의 바다를 말려야 하고, 한량없는 무명의 어둠을 깨뜨려야 하고, 한량없는 교만의 산을 허물어야 하고, 한량없는 생사의 결박을 끊어야 하고, 한량없는 존재의 흐름을 건너야 하고, 한량없이 태어나는 바다를 말려야 하고, 한량없는 중생들을 오욕의 진창에서 나오게 하고, 한량없는 중생들을 3계의 감옥에서 떠나게 하고, 한량없는 중생들을 성스러운 길에 있게 해야 합니다."

그때 선재동자는 합장공경하며 미륵보살마하살에게 말씀드렸다.

"큰 성자시여, 저는 이미 위없는 보리심을 발했으나 보살이 어떻게 보살행을 배우며 어떻게 보살도를 닦는지 알지 못합니다. 모든 여래께서 존자(尊者)에게 수기(授記)하시기를, 한 생〔一生〕에 위없는 보리를 얻으라 하셨습니다.

큰 성자시여, 보살이 어떻게 보살행을 배우며 어떻게 보살도를 닦아야, 그 닦고 배움에 따라 모든 불법을 빨리 갖출 수 있습니까? 또 어떻게 해야 염려되는 중생을 다 제도할 수 있으며, 세운 큰 원을 두루 채울 수 있으며, 일으킨 행을 두루 마칠 수 있으며, 모든 하늘과 사람들을 널리 위로할 수 있으며, 자신을 등지지 않고 3보(三寶)를 끊어지지 않게 하며, 모든 불보살의 종자를 헛되지 않게 하며, 모든 부처님의 법안(法眼)을 지닐 수 있습니까? 이와 같은 일들을 말씀해 주소서."

미륵보살[8]마하살은 선재동자의 온갖 공덕을 칭찬하여 무량 중생에게 보리심을 발하게 한 후, 선재동자에게 말하였다.

"착하다. 선남자여, 그대는 모든 세간을 이롭게 하기 위해, 일체 중생을 구호하기 위해, 모든 부처님 법을 부지런히 구하기 위해 위없는 보리심을 발한 것이다.

그대는 좋은 이익을 얻었고, 사람의 몸을 얻었고, 수명이 길고, 여래의 출현을 만났고, 문수사리 큰 선지식을 보았으니, 그대의 몸은 좋은 그릇이라 온갖 선근으로 윤택해졌다. 그대는 선한 법으로 유지되었으므로 이해와 욕구가 다 청정하였으며, 여러 부처님께서 함께 보호하고 염려한 바가 되었으며, 선지식들이 함께 거두어 주게 되었다.

왜냐하면 보리심은 씨앗과 같아 모든 불법을 내게 하며, 보리심은 좋은 밭과 같아 중생들의 깨끗한 법을 자라게 하며, 보리심은 대지와 같아 모든 세간을 지탱하며, 보리심은 맑은 물과 같아 모든 번뇌의 때를 씻어 주며, 보리심은 태풍과 같아 세간에 두루 걸림이 없다.

또 보리심은 타오르는 불과 같아 온갖 소견의 숲을 태우며, 보리심은 밝은 해와 같아 모든 세간을 두루 비추며, 보리심은 보름달과 같아 깨끗한 법이 다 원만하며, 보리심은 밝은 등불

• • • • • • • •

8) 미륵보살(彌勒菩薩)_범어 Maitreya의 음역. 석가모니 부처님의 수기를 받은 미래불. 석존의 입적 후 56억 7천만 년이 지난 후에 사바세계에 출현하여 중생들을 제도한다고 한다. 지금은 일생보처의 보살로서 도솔천에 머물고 있다고 한다.

과 같아 갖가지 법의 광명을 발한다.

또한 보리심은 큰 산과 같아 모든 세간에서 우뚝 솟아 있으며, 보리심은 부처님의 탑과 같아 모든 세간에서 공양할 바이다.

선남자여! 보리심은 이와 같이 한량없는 공덕을 성취하는 것이니, 요약해 말하면, 보리심은 모든 불법의 공덕과 같다. 왜냐하면, 보리심은 보살의 행을 낳게 하니 과거·현재·미래의 여래가 모두 보리심에서 출현하기 때문이다. 그러므로 위없는 보리심을 내는 이는 이미 한량없는 공덕을 낸 것이며, 일체지의 길을 널리 거두어 가짐이다.

선남자여, 그대가 묻기를, 보살이 어떻게 보살행을 배우며, 보살도를 닦느냐고 했는데, 그대는 이 비로자나장엄장 큰 누각에 들어가 두루 살펴보라. 곧 보살행을 배우는 것을 알게 될 것이고, 배우면 한량없는 공덕을 성취할 것이다."

이때 선재동자는 미륵보살마하살을 공경하며 오른쪽으로 돌고 나서 여쭈었다.

"원컨대 성자께서 이 누각문을 열어 제가 들어가게 하소서."

미륵보살이 누각 앞에서 손가락을 퉁겨 소리를 내니 문이 곧 열리었다. 선재동자가 기뻐하며 들어가니 문이 곧 닫혔다. 선재동자가 누각 안을 살펴보니, 넓고 크기가 무한하여 허공과 같았다. 아승지 보배로 땅이 되고, 아승지 궁전과 아승지 문과 아승지 창호, 아승지 섬돌, 아승지 난간, 아승지 길이 모두 칠보로 되어 있었다.

또 그 가운데 한량없는 누각이 있었는데, 크고 넓고 화려하기가 허공과 같아서 서로 걸리지도 않고 어지럽게 섞이지도 않았다. 선재동자가 한 곳에서 모든 곳을 보듯이, 모든 곳에서도 다 이와 같이 보았다.

선재동자는 비로자나장엄장 누각이 이처럼 가지가지로 헤아릴 수 없이 자유자재한 경계를 보고 아주 기뻐했으며 몸과 마음이 유연해져서 모든 의혹이 사라졌다. 본 것은 잊지 않고 들은 것은 기억하며 생각이 어지럽지 않아 걸림 없는 해탈문에 들어갔다. 마음을 두루 움직이며 모든 것을 두루 보고 널리 예경하였다.

잠깐 머리를 숙이자 미륵보살의 위신력으로 인해 자신의 몸이 누각마다 두루하여 있음을 보았고, 갖가지 불가사의한 자재로운 경계를 보았다. 미륵보살이 처음 위없는 보리심을 발할 때의 이름과 그 집안과 선지식의 깨우침으로 선근을 심던 일들을 보았다.

또 미륵보살이 처음 자심(慈心)삼매를 증득하고 난 그때부터 자씨(慈氏)라고 부르던 일을 보기도 했고, 미륵보살이 묘행(妙行)을 닦으며 모든 바라밀을 이루던 일을 보기도 했고, 청정한 국토를 성취하는 것을 보고, 여래의 바른 교법을 보호하며, 큰 법사가 되어 무생인(無生忍)을 얻고, 어느 여래에게 위없는 보리의 수기(授記)를 받던 일을 보기도 하였다.

또 여러 누각의 사방 벽은 온갖 보배로 장식되었는데, 낱낱 보배에서는 미륵보살이 과거세에 보살도를 수행하던 일을 나타내었다. 자신의 손과 발 등 온갖 지체를 보시하고, 병든 이를 치료해 주고, 길을 잘못 든 이에게 바른 길을 가리켜 주고, 혹은 뱃사공이 되어 바다를 건네주던 일들이 새겨져 있었다.

이때 선재동자는 잊어버리지 않는 기억력을 얻고, 시방을 보는 청정한 눈을 얻고, 잘 관찰하는 걸림 없는 지혜를 얻고, 보살들의 자재한 지혜를 얻고, 보살들의 지혜의 자리에 들어간 광대한 이해를 얻었기 때문에, 여러 누각 속에서 이와 같이 한량없고 불가사의하고 자재한 경계와 여러 가지로 장엄된 일들을 볼 수 있었다. 마치 사람이 꿈을 꾸면서 여러 가지 일들을 보는 것과 같았다.

그때 미륵보살마하살이 신통력을 거두고 누각 안으로 들어와 손가락을 퉁겨 소리를 내고 선재동자에게 말하였다.

"선남자여, 일어나라. 법의 바탕이 이와 같으니, 이는 보살의 모든 법을 아는 지혜의 인연이 나타난 현상이다. 이러한 자성(自性)이 환상과 같고 꿈과 같고 그림자 같고 영상 같아서 다 성취하지 못한다."

선재동자는 이때 손가락 퉁기는 소리를 듣고 삼매에서 깨어났다. 미륵보살이 다시 선재동자에게 말하였다.

"선남자여, 그대가 보살의 불가사의한 자재해탈에 머물러 삼매의 기쁨을 받았으므로, 보살의 신통력을 지니고 도를 돕는 데서 흘러 나오는 원과 지혜로 나타난 여러 가지로 눈부시게 장엄한 궁전을 본 것이다. 보살의 행을 보고, 보살의 법을 듣고, 보살의 덕을 알고, 여래의 원을 이룬 것이다."

선재동자는 이렇게 생각하였다.

'나는 이제 반드시 보현보살을 뵙고 선근을 더욱 늘릴 것이며, 모든 부처님을 뵙고 보살의 광대한 경계에 대해 궁극적인 이해를 내어 일체지를 얻을 것이다.'

선재동자는 몸과 마음을 가다듬어 일심으로 보현보살을 보려고 분발하여 정진하며 물러가지 않았다. 넓은 눈으로 시방의 부처님과 보살들을 관찰하면서 보이는 것마다 다 보현보살을 뵙는다고 생각하였다.

지혜의 눈으로 도를 보니, 마음이 광대하기가 허공과 같았고, 대비(大悲)가 견고하기가 금강과 같았으며, 미래가 다하도록 보현보살을 따라다니면서 순간마다 보현행을 수순하여 닦으려 하였고, 지혜를 성취하고 여래의 경지에 들어 보현의 자리에 머물려고 하였다.

이때 문득 보니, 보현보살이 여래 앞에 있는 대중 가운데서 보련화 사자좌에 앉아 있었다. 여러 보살들이 에워싸고 있었는데 가장 뛰어나 세간에 견줄 이가 없고, 지혜의 경지는 한도 끝도 없어 헤아리기 어렵고 생각하기 어려워 삼세 부처님과 같았으며, 보살들로서는 제대로 살펴볼 수 없었다.

다시 보니, 보현보살의 몸에서 모든 세계의 미진수 광명구름을 내어 법계와 허공계의 모든 세계에 두루하였고, 일체 중생의 괴로움과 근심을 없애어 보살들이 아주 기뻐하였다.

선재동자는 보현보살의 이와 같이 자재하고 신기한 경계를 보고 몸과 마음이 한량없이 기뻤다. 그리고 곧 열 가지 지혜바라밀을 얻었다.

즉, 순간마다 모든 부처님 세계에 두루하는 지혜바라밀, 순간마다 모든 부처님 처소에 나아가는 지혜바라밀, 순간마다 모든 여래께 공양하는 지혜바라밀, 순간마다 모든 여래의 처소에서 법을 듣고 받아 지니는 지혜바라밀, 순간마다 모든 여래의 법륜을 생각하는 지혜바라밀, 순간마다 모든 부처님의 불가사의한 큰 신통을 아는 지혜바라밀, 순간마다 한 마디 법을 말하시는데 오는 세상이 끝나도록 변재가 다하지 않는 지혜바라밀, 순간마다 깊은 반야로 모든 법을 관찰하는 지혜바라밀, 순간마다 모든 법계와 실상 바다에 들어가는 지혜바라밀, 순간마다 모든 중생의 마음을 아는 지혜바라밀, 순간마다 보현보살의 지혜와 행이 모두 앞에 나타나는 지혜바라밀 등이다.

선재동자가 이 열 가지 지혜바라밀을 얻은 뒤 보현보살이 바른손을 펴서 선재의 머리를 만졌고, 머리를 만진 뒤에는 곧 모든 세계의 빠짐없는 삼매문을 얻었다.

묘법연화경

현해 번역

[한 권으로 읽는 대승경전]에 수록된 『묘법연화경』은 28품 가운데 서품과 핵심이 되는 8품만 수록하였다. 9품은 다음과 같다. 게송은 본문과 중복되므로 부분적으로 줄였다. 서품(序品)·방편품(方便品)·비유품(譬喻品)·신해품(信解品)·여래수량품(如來壽量品)·상불경보살품(常不輕菩薩品)·약왕보살본사품(藥王菩薩本事品)·묘음보살품(妙音菩薩品)·관세음보살보문품(觀世音菩薩普門品).

묘법연화경 해설

1. 법화경의 사상과 가르침

『묘법연화경(妙法蓮華經)』을 우리나라에서는 보통 『법화경(法華經)』이라고 한다. 묘법연화경은 대승불교의 사상을 종합한 경전이다. 대승불교가 무르익던 기원전 1세기부터 기원후 1세기에 걸쳐서 서북 인도에서 성립된 것으로 추측하고 있다.

역자(현해)는 1996년에 『법화경요품강의』(민족사, 1996년)를 쓴 적이 있다. 법화경의 핵심적인 내용이라 할 수 있는 8품을 강의했는데, 그 이유는 8품이 법화경의 내용 전체를 대변하고 있기 때문이다. 또 2006년에는 梵文·漢譯·英譯·國譯 四本對照『묘법연화경』(민족사, 전 3권)을 간행하여 산스크리트본, 영역본, 한역본, 한글본 법화경을 서로 대조할 수 있도록 했다.

『한 권으로 읽는 대승경전』에 수록된 법화경은 한역본이 아닌 산스크리트본(梵文)을 번역한 것으로(日譯 참고), 28품 가운데 서론격인 서품(序品)과 핵심적인 내용을 담고 있는 8품만 수록하였다. 이것을 '법화경요품(要品, 중요한 품)'이라고 하는데, 방편품(方便品), 비유품(譬喻品), 신해품(信解品), 여래수량품(如來壽量品), 상불경보살품(常不輕菩薩品), 약왕보살본사품(藥王菩薩本事品), 묘음보살품(妙音菩薩品), 관세음보살보문품(觀世音菩薩普門品)이다. 그 가운데서도 방편품과 여래수량품이 법화경의 핵심사상이라고 할 수 있다.

법화경은 '일승(一乘)' '일불승(一佛乘)' 사상과 '여래는 멸(滅)하지 않는 영원한 존재'라고 하는 '불신상주설(佛身常住說)'을 설하고 있는 경전이다. 특히 절묘한 비유와 방편으로써, 모든 중생을 최고의 진리인 '일승(一乘)' '일불승(一佛乘)'으로 안내하고 있어서 많은 사람들의 감탄을 자아내게 한다.

또한 그 어느 경전보다도 신앙적인 경전, 경전 독송의 공덕을 설하고 있는 경전, 찬불(讚佛) 문학의 경전으로서 사상적·문학적인 가치도 높다. 법화경이 우리나라 불자들에게 널리 읽혀진 까닭은 바로 이런 사상적·문학적인 요소 때문이다.

법화경은 먼저 중생들을 최고의 진리인 '일불승'으로 이끌기 위하여 방편으로 삼승(三乘 : 성문, 연각, 보살)의 가르침을 설한다. 그런 다음에 그들에게 대승의 가르침인 '일승(一乘)' '일불승(一佛乘)'을 강조한다. 수행의 궁극, 궁극적인 진리는 '일승'뿐이며, 이승(二乘, 성문, 연각)이나 삼승(성문, 연각, 보살)은 방편적인 가르침으로 단지 '일승으로 가기 위한 과정에 불과하다'는 것이 법화경을 비롯한 대승경전의 입장이다.

그럼에도 불구하고 소승을 포함한 삼승의 가르침을 설하고 있는 것은 '응병여약(應病與藥 : 병에 따라 약을 주는 것)'과 '대기 설법(對機說法 : 근기에 따라 설법)'으로서, 믿음에도 천차만별이 있으며, 그들이 알아듣고 소화할 수 있는 이해 능력이나 정도에 따라 적합한 가르침을 주는 것이다. 즉 진실은 하나지만 그 것을 설명하는 데는 여러 가지 방법과 방편이 있다. 방편이라 하더라도 단순히 방편에 그치는 것이 아니라 그 밑바탕에는 부 처님의 절대적인 가르침이 흐르고 있다.

2. 방편과 비유에 녹아 있는 최고의 진리 일불승(一佛乘)

묘법연화경에는 모두 7가지 비유가 있다. 그 가운데서도 비 유품에 나오는 '불난 집의 비유〔火宅의 比喩〕', 신해품에 나오는 '가난한 아들의 비유〔窮子의 比喩〕', 여래수량품에 나오는 '의사 의 비유〔醫師의 比喩〕, 약초유품에 나오는 '약초의 비유〔藥草 喩〕', 화성유품에 나오는 '성(城)의 비유〔化城喩〕'는 이 경전을 대표하는 유명한 장면이다.

특히 '불난 집의 비유'는 우리가 살고 있는 현실세계를 불타 고 있는 집에 비유한 것으로 방편설의 으뜸이라 할 만하다. 어 리석은 중생들은 자신의 집이 불에 타고 있는지도 모르는 채 노는 데에만 빠져 있다. 부처님께서는 그들을 위험으로부터 구 하고자 "지금 밖에는 양이 끄는 수레〔羊車, 성문승〕, 사슴이 끄 는 수레〔鹿車, 연각승〕, 소가 끄는 수레〔牛車, 보살승〕가 있다. 그리고 그 외에도 많은 것들이 있으니 어서 속히 나와서 너희 들 마음대로 가지라"고 하여, 중생들을 '불타는 집'으로부터 나 오도록 이끌어 준다. 그런 다음 세 가지 수레보다도 훨씬 더

화려한 흰 소가 끄는 수레〔大白牛〕를 주는데, 그것이 바로 '일
불승'이라는 수레이다.

한편 '가난한 아들의 비유'는 어릴 적에 잃어버린 아들을 찾
은 장자가 여러 가지 방편으로 가난한 아들에게 '이 많은 재산
(일불승)이 모두 너의 것'이라고 일러주는 과정을 묘사하고 있다.

앞의 두 가지 비유는 묘법연화경을 사상적·교리적으로 대표
하고 있는 비유로서 일승을 설하고자 하는 절묘한 장면임과 동
시에 뛰어난 찬불문학의 극치인 것이다.

묘법연화경에는 신심(信心)을 일으키게 하는 감동적인 장면
도 많고 또 모든 것을 하나로 통합하여 화합하고자 하는 사상
이 녹아 있다. 뿐만 아니라 많은 보살, 많은 부처님이 존재하고
있음〔多佛思想〕이 전편에 깔려 있어 대승불교가 성립한 이후
상당히 발전한 뒤에 이루어진 경전이라는 것을 간접적으로 말
해 주고 있다.

제1장 서 품(序品)

— 법화경을 설하게 된 인연 —

이와 같이 나는 들었다.

어느 때 부처님께서 왕사성(王舍城, 라자그리하) 기사굴산(영취산)에서 1천2백 명의 비구들과 함께 계셨다. 그 비구들은 모두 아라한[1]으로 번뇌를 다 끊었으며, 모든 속박에서 벗어났고, 여섯 가지 바라밀[6바라밀][2]을 얻어서 지혜와 자유자재한 마음을 가진 이들이었다.

그들의 이름은 아야교진여, 마하가섭, 우루빈나가섭, 가야가섭, 나제가섭, 사리불, 대목건련, 마하가전연, 아니루타, 겁빈

----

1) 아라한(阿羅漢)__초기 불교의 최고의 성자. 수행을 완성한 사람. 마땅히 공양을 받아야 한다는 뜻에서 응공(應供), 더 이상 닦을 것이 없다는 뜻에서 무학(無學)이라고도 한다.
2) 여섯 가지 바라밀[波羅蜜]__대승불교의 수행자, 보살이 열반에 이르기 위해서 해야 할 여섯 가지의 수행. 보시(布施)·지계(持戒)·인욕(忍辱)·정진(精進)·선정(禪定)·지혜(智慧).

나, 교범바제, 이바다, 필릉가바차, 박구라, 마하구치라, 난타, 손타라난타, 부루나미다라니자, 수보리, 아난, 라후라 존자들로서 위대한 아라한이었다. 이 밖에 아직 더 배울 것(수행)이 있는 비구[有學]³⁾와 더 배울 것이 없는 비구[無學]⁴⁾ 2천 명도 함께 있었다.

또 그 곳에는 마하파사파제비구니를 비롯한 6천 명의 비구니와 라후라의 어머니인 야쇼다라비구니도 함께 있었고, 문수사리보살, 관세음보살, 득대세보살, 상정진보살, 보장보살, 약왕보살, 미륵보살 등 8만 명의 보살들과 제석천과 사천왕, 범천들도 함께 있었다. 또 마가다국의 국왕인 아자타삿투왕[阿闍世王)도 함께 있었다.

그때 세존께서는 사부대중에게 둘러싸여 존경과 공양을 받으셨다. 그리고는 광대한 가르침이며, 보살에 대한 가르침이며, 모든 부처님들께서 지지하시는 위대한 설법인 무량의경⁵⁾을 설하셨다.

그 뒤 세존께서는 그 자리에서 결가부좌하시고 무한한 가르침인 '무량의처(無量義處)'라는 삼매⁶⁾에 드시어, 몸과 마음을 움

· · · · · · · ·

3) 유학(有學)__아직 더 배워야 할 것이 있는 사람. 아직은 수행을 완성하지 못한 사람.
4) 무학(無學)__더 배울 것이 없는 사람. 즉 수행을 완성한 사람.
5) 무량의경(無量義經)__부처님께서 설하신 경전 중에서 묘법연화경이 가장 뛰어난 경전임을 밝힌 경전.
6) 무량의처(無量義處) 삼매__무량한 법의 뜻을 나타내도록 하는 힘을 지닌 삼매.

직이지 않으셨다. 세존께서 삼매에 드시자마자, 천상에서 꽃비가 내려, 세존과 사부대중의 위를 덮었다. 그리고 전 불국토가 여섯 가지로 진동했다.

제2장 방편품(方便品)

― 중생을 위한 좋은 방법 ―

그때 세존께서는 깨달음을 이루신 후 조용히 삼매에서 일어나시어 사리불[1]에게 말씀하셨다.

"사리불이여, 정각을 이룬 존경받는 여래는 깨닫기 어려운 부처님의 지혜를 깨달으셨다. 그 지혜를 성문이나 연각들은 알기 어렵다.

왜냐하면 사리불이여, 여래는 과거세부터 수많은 부처님을 섬기고 수행하셨으며, 또 오랫동안 최고의 바른 깨달음을 이루기 위하여 정진 노력하셨고, 지금까지 없었던 보기 드문 법을 성취하셨고, 알기 어려운 법을 아시기 때문이다.

사리불이여, 여래의 깊은 말씀을 듣고 이해한다는 것은 쉬운 일이 아니다. 여래는 여러 가지 절묘한 방편과 지견(知見)과

· · · · · · · · ·

1) 사리불(舍利弗)＿석존의 10대 제자의 한 사람. '지혜제일(智慧第一)'이라고 한다.

교리로써 설하시기 때문이며, 또 때에 맞는 절묘한 방편을 써서 집착하고 있는 중생들을 해탈시키시기 때문이다.

사리불이여, 여래는 불지견(佛知見, 부처의 지견)의 최고의 경지에 도달하셨다. 여래는 집착과 막힘이 없는 지견을 소유하셨으며, 부처님의 10력(十力)[2]과 4무외[四無畏][3] 열여덟 가지 부처님의 특유한 성질[十八不共法][4], 다섯 가지 기능[五根], 다섯 가지 능력[五力][5], 깨달음을 돕는 일곱 가지[七覺支],[6] 선정, 해탈, 삼매, 등지(等至)[7]라는 특성을 소유하고 있다. 이렇게 누구도 소유하지 못하는 덕성을 갖추고 여러 가지 가르침

- - - - - - - - -

2) 10력(十力)__깨달은 부처님만 소유하고 있는 열 가지 힘.

3) 4무외(四無畏)__4무소외(四無所畏). 부처님만이 가질 수 있는 네 가지 두려움 없는 것.

4) 여덟 가지 부처님의 특유한 성질(十八不共法)__여래는 ① 신체가 흔들리는 일이 없다, ② 큰소리를 내는 일이 없다, ③ 잊어버리는 일이 없다, ④ 마음이 통일되지 않는 일이 없다 등 18가지.

5) 다섯 가지 기능[五根], 다섯 가지 능력[五力]__① 믿음[信], ② 노력[勤], ③ 기억[念], ④ 선정[定], ⑤ 지혜[慧].

6) 깨달음을 돕는 일곱 가지[七覺支]__① 명료하게 기억하는 것[念], ② 지혜로 가르침의 진위를 골라내는 것[擇法], ③ 바른 가르침에 정진노력하는 것[精進], ④ 바른 가르침을 행하고 기뻐하는 것[喜], ⑤ 심신을 경쾌하고 평정하게 하는 것[輕安], ⑥ 삼매의 상태에서 마음이 흐트러지지 않는 것[定], ⑦ 마음이 집착에서 해탈되고 평등하여 한쪽에 치우치지 않는 것[捨].

7) 선정(禪定, dhyāna), 삼매, 등지(等至, samāpatti)__이 셋은 유사한 개념임. 즉 마음을 한곳에 집중시켜서 흩어지지 않게 하는 것, 마음을 평온하게 유지하는 것.

을 설하신다.

사리불이여, 이런 까닭에 여래들은 가장 보기 드문 것을 얻으셨음을 알아야 한다. 사리불이여, 모든 법은 여래만 아시고 여래만 설하실 수 있다. 여래만이 그 법이 어떤 것인지, 어떻게 있는지, 어떤 상태인지, 어떤 성질이 있는지, 어떤 본성이 있는지, 즉 법 자체, 존재양식, 상태, 특질, 본성이라는 범주에 대해 바로 아시며, 명석한 지혜를 지니신다."

세존께서는 다시 그 의미를 알게 하시려고 다음과 같이 게송을 설하셨다.

이 세간에 계시는
부처님들의 수는 무량, 무수하다.
천신과 인간을 포함하여, 모든 중생들은
그 부처님들의 수를 다 알 수는 없다.

부처님의 힘〔十力〕과 해탈과
4무외〔四無畏〕가 어떤 것인지,
또 부처님들의 특성이 어떤 것인지에 대해서
아는 이는 아무도 없다.

그 수천만 억 부처님들을 섬기면서,
오랜 세월 동안 내가 행한 수행은
매우 미묘하고 심원하다.

알기도 어렵고 가늠하기도 힘들다.

세간을 잘 아는 불타의 제자들로서,
모든 부처님들께 공양을 올리고,
여래의 칭찬을 받고 번뇌를 다 끊고,
윤회의 마지막 몸인 불환과(不還果, 不來果)[8]를 이룬
성문들도 여래의 지혜는 알 수가 없다.

사리불이여, 여래께서 설하실 때 그것을 믿도록 하여라.
위대한 성인(聖人)인 여래께서는
잘못된 것을 설하지 아니 하시며,
오랫동안 최고의 진리를 설하고 계신다.

모든 성문과 연각의 깨달음으로 향하고 있는 사람들과,
내가 열반 속에 머물게 하여
괴로움의 연속으로부터 해탈시킨 사람들에게 나는 설한다.

'이것이야말로 나의 최고의 절묘한 방편이니,
그 방편으로 세간에 많은 법을 설하고,
집착하고 있는 사람들을 해탈시키기 위해,
먼저 세 가지 교법〔三乘; 성문, 연각, 보살)[9]을 설하고자 한다.'

● ● ● ● ● ● ● ●

8) 불환과(不還果, 不來果)__성문 4과 가운데 세 번째. 곧 아라한이 될 몸.
9) 세 가지 교법[三乘]__성문 · 독각(연각) · 보살을 가리킴. '승(乘)'은 물건을

그때 사부대중 가운데에 위대한 성문인 교진여[10]비구를 비롯하여, 번뇌를 끊고 자재를 얻은 1천2백 명의 아라한들과 성문의 길을 지향하고 있는 비구, 비구니, 우바새, 우바이들과 연각의 길을 지향하고 있는 이들이 있었는데, 이들은 모두 다음과 같이 생각했다.

'세존께서는 도대체 어떤 이유로 여래의 절묘한 방편을 칭찬하시는 것일까? 어떤 까닭으로 세존께서 깨달으신 법은 심원한 것이며, 또 성문들과 연각들도 알기 어려운 것이라고 말씀하시는 것일까? 세존께서 그렇게 설하신 의미가 우리는 이해되지 않는다.'

그때 사리불 존자는 마음으로 사부대중들이 의문을 갖고 있음을 알았다. 또 자신도 부처님의 법(대승)에 의문이 있었으므로 세존께 다음과 같이 여쭈었다.

"세존이시여, 세존께서는 어떤 연유로 거듭 여래의 절묘한 방편과 지견과 설법을 칭찬하시는 것이며, 또는 '나는 심원한 법을 깨달았다' '깊은 의미가 담긴 말은 알기 어렵다'라고 말씀하시는 것이옵니까? 저는 이런 가르침을 들은 적이 없사옵니다. 사부대중도 모두 의문을 품고 있사옵니다. 그 까닭을 말씀

· · · · · · · · ·

실어 옮김을 뜻함. 부처님의 가르침으로 중생을 실어 열반의 언덕에 이르게 하는 데 비유한 것임.

10) 교진여(憍陳如, Ajñata-kauṇḍinya)__석존이 출가했을 때 함께 고행했고, 후에는 녹야원에서 석존으로부터 최초의 설법을 들은 다섯 비구 중의 한 사람. 석존의 최초의 제자.

해 주시옵소서."

그때 사리불 존자는 다음과 같이 한 구절의 게송을 올렸다.

인간의 최고자시여,
분명히 설해 주시옵소서.
이곳에는 수천의 중생이 있사온데,

그들은 믿음이 두터우며,
여래께 존경심을 갖고 있어
세존께서 말씀하신 법을 이해할 것이옵니다.

세존께서는 사리불 존자에게 이렇게 말씀하셨다.

"사리불이여, 그 의미를 분명히 설한다고 한들 무슨 소용이 있겠느냐? 그 뜻을 설명하면 천신들도 세간의 중생들도 모두 놀랄 것이며, 교만한 자들은 마음속으로 비방할 것이기 때문이다."

그때 세존께서는 다음과 같은 게송을 설하셨다.

그 법을 여기서 설한들 무슨 소용이 있겠는가.
그 지혜는 미묘해서 분별을 초월한 것이다.
어리석고 무지하고 교만한 자들은
그 법을 설했을 때 오히려 비방할 것이다.

사리불은 거듭 세 번씩이나 세존께 간청했다. 사리불의 간청을 보시고 세존께서는 그에게 말씀하셨다.

"사리불이여, 그대가 세 번씩이나 간청했으므로 설하지 않을 수 있겠느냐. 잘 듣도록 하여라. 마음속으로 깊이 생각하여라. 그대에게 설하겠다.

사리불이여, 나는 중생들에게 가장 뛰어난 진리[一乘][11])에 대해 설하고자 한다. 그것은 부처님의 진리[佛乘]로, 그 밖에 제2, 제3의 진리는 없다. 이것이 최고의 진리이며, 이것이 법의 본래 모습이다.

사리불이여, 과거세에 헤아릴 수 없이 많은 바른 깨달음을 얻은 존경받는 여래가 계셔서, 많은 중생들과 천신들의 안락을 위해 이 세상에 출현하셨다. 그 부처님들께서는 모든 사람들의 소망과 소질이 각각 다르고, 그들이 무엇을 원하는지 아셨다. 그리하여 인간이 지켜야 할 도리와 이유, 비유, 인연 등에 대하여 절묘한 방편으로 설하셨다.

과거세의 모든 부처님들은 궁극적인 목표인 일승(一乘, 佛乘, 一佛乘)만 설하셨으며, 일체지자(一切智者, 붓다)가 되는 불승(佛乘)에 대해서만 설하셨다. 중생들에게 여래의 지견을 열어 보이시고, 그들로 하여금 여래의 지견을 깨닫게 하시고, 그 길로 들어가는 법을 설하셨다. 과거의 여래들로부터 직접 바른 법을

• • • • • • • •

11) 가장 뛰어난 진리[一乘]__ '일승(一乘)' '불승(佛乘)' '일불승(一佛乘)'을 말함. 일승이 제일의 진리이며, 기타 2승(성문, 연각), 삼승(三乘, 성문, 연각, 보살)은 궁극적인 진리가 아니며, 또 그것은 일불승으로 가기 위한 방편이라는 것.

들은 중생들은 모두 위없는 바른 깨달음을 얻었다.

사리불이여, 위에서 내가 말한 것은 현재에도 이와 같고, 미래세에도 이와 같다. 그래서 현재의 여래들로부터 직접 법을 들은 중생들은 모두 위없는 바른 깨달음을 얻었고, 미래세의 여래로부터 직접 법을 듣게 될 중생들도 모두 위없는 바른 깨달음을 얻게 될 것이다.

사리불이여, 위없는 바른 깨달음을 얻은 여래로서 많은 사람들의 행복과 안락을 위하여, 그리고 천신과 인간 등 대중들의 행복과 안락을 위해 법을 설하고자 한다. 중생들의 믿음과 소질과 소망이 각각 다름을 알기 때문에, 그들이 지켜야 할 도리, 원인, 이유, 비유, 인연, 해석 등에 대하여, 여러 가지 절묘한 방편을 써서 설하리라.

오직 궁극적인 목표인 일승에 대하여, 일체지자(붓다)에 대하여, 불승에 대하여 설하고자 한다. 달리 말하면, 중생들에게 여래의 지견을 열어 보이고, 그 속으로 들어가게 하고 깨닫게 하고, 그 길로 들어가는 법을 설하고자 한다. 그래서 지금 나의 설법을 듣는 중생들은 모두 위없는 바른 깨달음을 얻게 될 것이다. 사리불이여, '시방세계 즉 과거·미래·현재의 세계 어디든 제2의 교법(성문, 연각 등)이나 제3의 교법은 마련되어 있지 않다.

그러나 사리불이여, 올바른 깨달음을 얻은 존경받는 여래들께서는, 악으로 더럽혀진 탁(濁)한 세상, 중생의 욕망으로 더럽혀진 탁(濁)한 세상, 번뇌와 갖가지 삿된 견해와 수명의 오탁 속에서 이 세상에 출현하신다. 여래는 중생들이 그런 오탁 속에 있으며, 탐욕스럽고 선근이 적은 것을 아시고, 절묘한 방편을 사용하시어 단 하나의 진리인 불승의 가르침을 설하시는데, 먼저 삼승(성문, 연각, 보살승)을 설하신다. 성문이든 아라한이든 연각(독각, 벽지불)이든 이것은 모두 여래께서 일불승으로 인도하기 위한 방편설이라고 이해하지 않는다면, 그들은 성문도 아라한도 연각도 아님을 알아야 한다.

또 사리불이여, 비구든 비구니든 스스로 아라한이라고 칭하면서 위없는 올바른 깨달음(아뇩다라삼먁삼보리)을 향한 서원은 세우지 않은 채, '나는 불승이나 일승과는 인연이 없다'고 하거나, '나의 이 몸은 윤회의 마지막 몸으로 깨친 경지'라고 우쭐댄다면, 그대는 그자를 교만한 자라고 보아야 한다. 여래의 면전(面前)에서 아라한으로서 번뇌를 끊어버린 비구가 이 법을 듣고 믿지 않는다는 것은 있을 수 없는 일이며, 도리에도 맞지 않기 때문이다.

그런데 이미 여래께서 열반에 들었을 때에는 반드시 그렇지만은 않다. 여래께서 열반에 들었을 때에는 성문들이 여러 경전들을 간직하시거나 설하시는 일은 없기 때문이다. 또 사리불이여, 다른 여래들께서 이 세상에 계실 때는, 그들은 부처님의 법을 의심하지 않기 때문이다.

사리불이여, 그대들은 나를 믿고 신뢰하고 따라야 한다. 여래의 말씀에는 거짓은 없다. 진리는 오직 일불승(一佛乘, 일승, 불승)이 있을 뿐이다."

그때 세존께서는 이 의미를 다시 분명히 하시고자 게송을 설하셨다.

이 최고의 가르침을 듣는 자는
세간의 지도자이신 부처님의 제자이며,
한 게송만이라도 듣거나 기억한다면,
모두 틀림없이 깨달음으로 향하게 될 것이다.

진리는 하나[一乘]이며,
제2 진리[二乘], 제3의 진리[三乘]는 존재하지 않는다.
인간의 최고자이신 부처님께서
방편으로써 따로 설하시는 경우를 제외하고는.

부처님의 지혜를 밝히기 위해,
세간의 보호자이신 부처님께서는 이 세상에 출현하셨다.
그 부처님께서 말씀하신 것은 단 하나 일승으로,
제2의 것은 존재하지 않는다.

부처님께서는 열등한 소승법으로 이끌지는 않으신다.
부처님께서 어떻게 무엇을 깨달으셨든
스스로 안주하는 곳에 선정과 해탈을 원하여
체력과 감각의 기능을 가진 사람들을 안주시키는 것이다.

청정하고 뛰어난 깨달음을 얻은 뒤,
만일 한 사람의 중생이라도 소승 속에 있게 된다면,
좋지 못한 일이며 나에게 맞지 않는 일이다.

나는 아까워하는 마음도 지니지 않으며,
질투심도 없고 욕망이나 탐욕도 없다.
나는 모든 악을 끊었다.
세간을 널리 알고 있으므로 부처인 것이다.

32상(三十二相)[12]을 지닌 나의 신체는
빛을 놓아 여러 세간을 비추고 있다.
그와 마찬가지로 나는 많은 중생들로부터 숭앙을 받으며,
핵심이 되는 법의 본성을 설한다.

사리불이여, 나는 다음과 같은 것을 생각했다.
'32상을 갖춘 부처님께서는 스스로 빛을 내신다.
어떻게 하면 모든 중생들이
부처님과 같은 깨달은 이가 될 수 있을까'라고.

나의 서원은 내가 보고 생각한 대로 이루어졌다.
그러나 나는 깨달음을 얻은 뒤에도
아직 깨달음에 대해 말하지 않았다.

사리불이여, 내가 중생들에게
'대승의 깨달음을 향해 마음을 일으켜라'라고 설한다 해도

· · · · · · · ·

12) 32상(三十二相)__부처님이나 전륜성왕 등 위대한 인물에게만 갖추어져
있다는 뛰어난 32가지의 신체상의 특징.

무지한 그들은 미혹하여 내가 바르게 설한 것을
결코 이해할 수 없을 것이다.

그들은 애욕 때문에 악도에 떨어져,
육도(六道)를 편력하며 괴로움에 시달리고 있다.
죽음을 되풀이해서 무덤을 늘리며,
복덕이 적어 괴로워하고 있을 뿐이다.

그들은 언제나 잘못된 견해 속에서 '있다, 없다'
혹은 '있기도 하고 없기도 하다'는
62가지 삿된 견해[13)에 빠져 있다.
그들은 진실하지 못한 것[邪見]에 머물고 있다.

사리불이여,
나는 그들에게 '괴로움을 소멸시켜라'라고 설하며,
또 괴로움에 시달리고 있는 중생들에게는
방편으로 스스로 열반에 들어가는 것을 보이기도 한다.

나는 다음과 같이 설하기도 한다.
'모든 존재는 본래부터 적정이며, 언제나 적멸한 모습이라고.

• • • • • • • • •

13) 62가지 잘못된 견해[六十二見]＿고대 인도사상계에서 불교사상 이외의
잘못된 모든 견해에 대한 통칭. 석존 당시 자아와 세계에 관해 62가지
견해가 주장되고 있었다고 한다.

그러나 불제자들은 수행을 마쳐 미래에는
깨달은 자가 될 것이다'라고 설하리라.

내가 설한 세 가지 가르침〔三乘〕은 절묘한 방편이다.
그러나 진실한 의미에서
진리는 하나〔一乘〕이며 가르침도 하나이다.
그리고 여러 여래들의 설법도 모두 이와 같다.

이 점에 의문을 갖는 사람이 있다면
그대는 그 의문을 풀어주어야 한다.
세간을 인도하는 여래들께서 잘못된 것을 설하는 일은 없으며,
진리는 오직 이것 하나〔일승〕이며, 제2의 것은 없다.

모든 부처님께서는 비유와 인연,
그리고 절묘한 방편으로 청정한 법을 설하셨다.
모든 부처님께서는 오직 일승을 설하셨다.
많은 중생들을 일불승(一佛乘)으로 나아가게 하여
그 속에서 깨닫게 할 것이다.

이 밖에도 여래들은
중생들의 믿음과 마음을 알아
여러 가지 방편으로 천신들을 포함한 중생들에게
최고의 법(대승, 일승)을 설하신다.

그곳에는 여래들 앞에서 법을 듣고 있거나
이미 법을 다 들은 중생들이 있다.
그들은 보시, 지계, 인욕, 정진, 선정, 지혜의 6바라밀로써
여러 가지 수행을 완성하였다.
그런 중생들은 모두 깨달음을 얻었다.

사리불이여,
이것이 그대에게 주는 비밀의 가르침이다.
내 모든 제자들과 훌륭한 보살들도
이 비밀의 가르침을 받아 지니도록 하라.

제3장 비유품(譬喩品)

— 비유와 진실 —

그때 사리불 존자는 한없이 기뻐하며, 세존을 우러러보면서 이렇게 여쭈었다.

"세존이시여, 직접 여래의 설법을 듣게 되니 너무나도 기쁩니다. 제가 여래의 가르침을 듣지 못했을 때는, 다른 보살들을 보거나 그들의 이름을 들으면 여래로부터 버림받았다는 생각에 매우 슬프고 괴로웠습니다.

또 다음과 같이 생각하였습니다.

'법계에 들어가는 것은 같다. 그러나 세존께서는 먼저 우리를 열등한 가르침(삼승)으로 이끄셨다. 그것은 우리의 근기가 하열하기 때문이지, 세존께서 그렇게 하신 것은 아니다'라고 생각하였습니다. 만일 저희가 세존께 대승의 법을 간청했더라면, 세존께서는 당연히 대승의 가르침으로 이끄셨을 것이기 때문입니다.

세존이시여, 오늘 저는 불제자로서 세존의 가슴으로부터 태어난 자이며, 입으로부터 태어난 자이며, 법으로부터, 법의 화신, 법의 상속자로부터 나타난 자이옵니다. 세존이시여, 오늘 이와 같이 친히 이전에 들은 적이 없는 경탄할 만한 법을 듣게 되어, 저희들의 고통은 말끔히 사라졌사옵니다."

이렇게 말씀드리자, 세존께서는 사리불에게 다음과 같이 말씀하셨다.

"사리불이여, 천신과 마왕, 범천, 사문, 바라문을 포함한 모든 사람들 앞에서 그대에게 법(法)의 진실을 말하리라. 사리불이여, 나는 그대에게 과거의 서원과 수행, 지혜, 그리고 깨달은 것을 생각케 하기 위하여, '바른 가르침의 백련(白蓮, 묘법연화경)'이라는 법문을 성문들을 위하여 밝히고자 한다. 그것은 모든 부처님이 찬탄하는 광대한 경전이며 보살을 위한 가르침이다.

또 사리불이여, 그대는 장래 헤아릴 수 없는 무한한 겁 동안, 수천만 억 나유타나 되는 수많은 부처님들의 바른 법을 간직하고, 여러 가지를 공양하고 보살의 수행을 완성하여 '화광(華光)'이라는 이름의 바른 깨달음을 얻은 존경받는 여래가 될 것이며, 그 국토는 먼지가 하나도 없는 '이구(離垢)'로, 그곳은 쾌적하고 청정하고 안온한 곳일 것이다.

사리불이여, 그 화광여래는 세 가지 가르침[三乘]에 대하여 법을 설하실 것이다. 또 그 여래는 오탁(汚濁, 더러움)이 있는 시대에는 태어나지 않지만, 본래 세운 서원(중생 제도)을 실행하기 위하여 오탁악세에서도 법을 설하실 것이다.

사리불이여, 그 겁은 '대보장엄(大寶莊嚴)'으로 그 국토에서는 모든 보살들을 보물이라고 부르고, 그 이구세계에는 많은 보살들이 있으며, 그들의 수는 무한하여 헤아릴 수도 없다. 오직 여래의 생각으로만 알 수가 있다. 그런 이유로 '대보장엄겁'이라고 불린다.

사리불이여, 화광여래가 열반하셔도 바른 가르침〔正法〕은 32 중겁 동안 계속될 것이다. 그 뒤 바른 가르침이 다했을 때, 32 중겁 동안 바른 가르침〔正法〕과 비슷한 가르침인 상법(像法)[1]이 계속될 것이다."

사리불은 다음과 같이 세존께 말씀드렸다.

"세존이시여, 오늘 세존으로부터 직접 위없는 바른 깨달음을 얻을 것이라는 수기(受記, 예언)를 들으니, 이제 저는 아무런 의심도 없으며 미혹을 벗어났습니다. 세존이시여, 전에는 1천2백명의 제자들을 보고 아직 배울 것이 있다고 하셨는데, 오늘 세존께서는 그들에게 '비구들이여, 내가 설하는 가르침과 계율은 생로병사의 근심을 넘어 열반에 도달하는 것을 궁극의 목적으로 한다'라고 말씀하셨사옵니다.

그리고 세존의 제자들 가운데는 아직 더 배울 것이 있는 이〔有學〕든 혹은 더 배울 것이 없는 이〔無學〕든, 자아의 존재(아뜨만)와 세계의 파멸에 대하여 잘못된 생각을 모두 버리고, 자

· · · · · · · · ·

1) 상법(像法)＿정법보다는 못하지만 그러나 정법에서 크게 벗어나지 않는 가르침〔像法〕'. 정법의 가르침이 지난 뒤에는 상법시대가 도래한다고 함. 그 뒤에는 상법에도 미치지 못하는 말법시대가 온다고 함. 지금이 바로 말법시대라고 함.

신들은 이미 열반의 경지에 들어 있다고 생각하고 있는 비구가 2천 명 있사옵니다. 이들은 세존의 이 말씀을 듣고 의혹을 품고 있습니다. 그러므로 세존께서는 의혹을 풀 수 있도록, 또 사부대중의 의심과 미혹이 제거되도록 말씀해 주시옵소서."

세존께서는 사리불에게 다음과 같이 말씀하셨다.

"사리불이여, 내가 이전에 그대에게 설하지 않았더냐. 바른 깨달음을 얻은 존경받는 여래는 중생들이 무엇을 바라고 있는지를 아신 뒤, 그들이 행해야 할 길을 설하시며, 원인과 이유, 비유와 인연, 언어 등 여러 가지 절묘한 방편을 써서 법을 설하신다고 말하지 않았더냐. 그리고 '모든 설법은 최고의 바른 깨달음에 대한 것이며, 이는 사람들을 보살의 길로 이끌기 위함이다.'

사리불이여, 그 의미를 다시 널리 알리기 위하여 그대에게 한 가지 비유를 들겠다. 지혜 있는 이라면 그 의미를 바로 알 수 있기 때문이다.

사리불이여, 어느 마을에 부유한 가장(家長)이 있었다. 그는 나이가 들어 기력이 쇠약했으나, 재력이 있고 부유하여 생활도 매우 풍요로웠다. 그의 저택은 높고 넓어서 5백명이라는 많은 시종을 거느리며 살고 있었는데, 어느 날 갑자기 저택에 큰 불이 나서 여기저기 불꽃이 타올랐다. 또 그에게는 20명이나 되는 아들들이 있었으나, 갑자기 불이 나는 바람에 겨우 자신만 집 밖으로 나오게 되었다.

사리불이여, 그때 그 사람은 자신의 집이 큰 불에 휩싸여 있는 것을 보고 두려워 떨면서 어찌할 바를 몰랐다. 자신은 비록

큰 불덩이 속에서 도망쳐 나왔지만, 어린 자식들은 불이 난 줄
도 모르고 장난감을 가지고 놀고 있었으며, 곧 불덩이에 싸여
큰 고통이 다가오는 것도 알지 못했고, 또 집 밖으로 나가야겠
다는 생각도 하지 못했다.

사리불이여, 그 아버지는 매우 화급하여 속히 '아이들을 구
출해야겠다'고 생각하고는 이렇게 아이들을 보고 외쳤다.

'얘들아, 지금 집이 불에 타고 있으니 어서 빨리 밖으로 나오
너라. 어서 빨리 도망쳐 나오너라.'

그러나 아이들은 놀이에 빠진 나머지, 밖으로 나오려고 하지
않았고, 밖에서 부르는 것도 모르고, 놀라워하지도, 두려워하지
도 않았다. 또 어리석어서 집이 불타고 있다는 것을 전혀 느끼
지도 못했다. 오히려 아이들은 방안에서 이리저리 뛰어다니면
서 아버지가 있는 곳을 바라볼 뿐이었다.

그래서 아버지는 아이들을 불타는 집에서 나오게 하기 위하
여 아이들이 좋아하는 갖가지 장남감과 훌륭한 수레 3가지를
마련했다. 이것들은 모두 구하기 힘든 것으로 아이들의 마음에
꼭 드는 것들이었다.

아버지는 아이들을 향하여 큰 소리로 외쳤다.

'얘들아, 지금 집 밖에는 너희들이 지금껏 본 적이 없는 양이
끄는 수레[羊車], 사슴이 끄는 수레[鹿車], 소가 끄는 수레[牛
車]2)가 있다. 그러니 어서 속히 나오너라. 그리고 원하는 것은

• • • • • • • •

2) 양이 끄는 수레[성문승], 사슴이 끄는 수레[연각승], 소가 끄는 수레[보살승]__
수레는 성문·연각·보살의 삼승(三乘)에 비유한 것임. 불난 집 즉 화택

무엇이든 다 줄 테니 어서 빨리 나오너라.'

아이들은 전부터 수레와 장난감을 가지고 싶었던 것이었으므로 앞 다투어 밖으로 뛰쳐나왔다. '누가 제일 빨리 나가는지 보자' 하며 뛰쳐나왔다. 아이들이 불타는 집에서 무사히 나오는 것을 본 아버지는 땅 위에 주저앉아 기쁨에 젖어 안도의 숨을 쉬었다.

아이들은 아버지가 있는 곳으로 다가와서 이렇게 말했다. '아버지, 어서 양이 끄는 수레, 사슴이 끄는 수레, 소가 끄는 수레를 주세요. 그리고 여러 가지 즐거운 장난감도 모두 주세요' 라고 말했다.

사리불이여, 아버지는 아이들에게 약속한 세 가지 수레보다 더 좋은 '흰 소가 끄는 큰 수레[白牛車]'3)를 하나씩 나누어 주었다. 이 수레는 바람처럼 빠르고, 칠보와 진귀한 보석으로 장식되어 있는 수레였다. 또 보옥(寶玉)으로 된 화환이 아름답게 빛났고, 의자에는 천과 모포가 깔려 있고, 양쪽에는 비단으로 덮인 붉은 베개가 놓여 있으며, 많은 시종들이 딸려 있었다. 또 왕자의 표시로서 깃발이 있는 수레였다.

사리불이여, 그대는 이것을 어떻게 생각하는가? 처음에는 아

· · · · · · · · ·

(火宅)은 사바세계를 포함하여 중생들이 살고 있는 3계에 비유한 것임. 3계(三界)는 욕계(欲界), 색계(色界), 무색계(無色界). 6도(六道)인 지옥·아귀·축생·아수라(阿修羅)·인간(人間)·천상(天上)은 이 욕계에 속하는 세계이다.
3) 흰 소가 끄는 큰 수레[白牛車]＿일승(一乘=佛乘=일불승)을 가리킴.

이들에게 세 가지 수레(三乘)를 말했으나, 끝에 가서는 그보다 더 훌륭한 큰 수레(一乘, 一佛乘)를 주었는데, 그렇다면 아버지는 거짓말을 한 것이 되겠는가?"

사리불이 말씀드렸다.

"세존이시여, 그렇지 않사옵니다. 그 사람은 절묘한 방편으로 아이들을 불타고 있는 집에서 나오게 하여 생명을 구했습니다. 그러므로 세존이시여, 그 사람은 거짓말을 한 것이 아니옵니다. 그 아이들이 모두 죽지 않고 살았기 때문에 흰 소가 끄는 큰 수레(白牛車)를 얻을 수 있었던 것입니다.

또 세존이시여, 설령 아버지가 아이들에게 수레를 하나도 주지 않았다 하더라도 거짓말쟁이는 아닙니다. 그는 처음부터 절묘한 방편으로 불 속에서 아이들을 건지고자 한 것이기 때문입니다. 세존이시여, 그 사람에게 거짓말한 죄는 없사옵니다."

이 말을 듣고 세존께서는 사리불에게 다음과 같이 말씀하셨다.

"그렇다, 사리불이여. 그대의 말대로 바른 깨달음을 얻은 존경받는 여래는 모든 두려움을 없애고, 모든 고통과 혼란, 고뇌, 걱정으로부터 벗어났으며, 또 무명의 어둠으로부터 완전히 벗어났다. 또 여래는 여러 가지 지혜와 열 가지의 힘(十力), 네 가지의 두려움 없는 것(四無畏), 부처님에게만 있는 18가지 특유한 상호(十八不共法)를 갖추셨으며, 신통력으로써 대단한 힘을 가지셨다. 또 여래는 세간의 아버지시며, 위대하고 절묘한 방편과 최고의 지혜에 도달한 분이시며, 대자비자(大慈悲者)시며, 사람들을 가르치는 데 싫증을 내지 않고, 많은 사람들의 행복을 바라는 분이시다.

여래는 큰 괴로움과 근심의 불덩어리가 타오르는 낡은 집과 같은 이 3계(三界)[4] 속에 태어나신다. 그것은 생로병사의 고통과 근심, 걱정, 무명 속에 싸여 있는 중생들을 제도하시기 위해서이며, 애욕과 증오, 어리석음으로부터 해탈시키시기 위해서이며, 최고의 바른 깨달음으로 이끌어 주시기 위해서이다. 여래께서는 고뇌와 불안의 불길에 타고 있는 낡은 집과 같은 3계 속에 출현해서 다음과 같이 보이신다.

'사람들은 생로병사와 비탄, 고뇌, 우울, 근심으로 불타고 있고, 익혀지고 시달리고 있다. 또 그들은 욕망과 향락 때문에 여러 가지 괴로움을 받는다. 세속적인 것을 찾고 탐욕하기 때문에 내세에는 지옥이나 축생, 염마(閻魔)의 세계에서 갖가지 괴로움을 겪을 것이다. 비록 신이나 인간으로 태어난다고 하더라도 빈궁하거나 또는 싫어하는 사람과 만나게 되고, 사랑하는 사람과 헤어지는 괴로움을 겪게 된다. 더욱이 그들은 괴로움 속을 윤회하면서도, 마치 아이들과 같이 장난치고 기뻐하며 즐기고 있다.

또 그들은 불타는 3계 속에 있으면서도 두려워하거나 무서워하지 않고 공포에 떨지도 않으며, 그것이 고통인지도 모르며, 도망칠 생각도 하지 않는다. 불타고 있는 집과 같은 3계에

· · · · · · · ·

4) 3계(三界)＿윤회의 세계를 말한다. 욕계(欲界)는 욕망이 강한 세계. 색계(色界)는 청정하며 미묘한 물질로 이루어진 세계. 무색계(無色界)는 순수한 정신세계.

서 즐거움을 찾아 이리저리 돌아다니고 있으며, 커다란 불덩어리에 시달리고 있으면서도 그것을 괴로움이라고 느끼지도 생각하지도 않는다'는 것을 보여주신다.

사리불이여, 여래는 다음과 같이 생각하신다.

'나는 진실로 중생의 아버지이므로, 그들을 괴로움으로부터 해탈시키지 않으면 안 되겠다. 그리고 중생들이 즐겁게 놀 수 있도록 부처님의 지혜로 신기한 즐거움을 주어야겠다.'

사리불이여, 그래서 여래는 이렇게 생각했다. '나에게 지혜의 힘과 신통력이 있다고 해서 적절한 방법을 쓰지 않고, 중생들에게 여래의 지혜와 4무외〔四無畏, 네 가지 두려움 없는 자신〕를 가르친다 해도 그들은 윤회로부터 벗어날 수 없을 것이다.

왜냐하면 중생들은 오욕의 즐거움과 3계의 환락에 집착해서 생로병사, 비탄, 괴로움, 우울, 근심으로부터 벗어나지 못하고, 그것으로 불타고 달구어지고 시달리고 있기 때문이다. 괴로움의 불꽃에 싸여 있는 3계로부터 벗어나지 못하는데, 어떻게 부처님의 지혜를 누릴 수가 있겠는가.'

사리불이여, 아버지가 절묘한 방편으로 아이들을 불타고 있는 집에서 도망치게 한 뒤, 큰 훌륭한 수레〔대승〕를 주는 것처럼, 정각을 얻은 여래는 지혜의 힘과 절묘한 방편으로, 세 가지 수레〔三乘〕를 보여서, 중생들로 하여금 불길에 싸인 3계로부터 벗어나게 하신다. 세 가지 수레란 성문을 위한 수레〔聲聞乘〕와 연각을 위한 수레〔緣覺乘〕와 보살을 위한 수레〔菩薩乘〕이다. 이 세 가지 수레〔三乘〕로 중생들로 하여금 의욕을 일으키게 하시며 다음과 같이 말씀하신다.

'그대들은 불타고 있는 집과 같은 3계 속에서 천박한 모양 〔色〕과 소리〔聲〕·향기〔香〕·맛〔味〕·촉감〔觸〕에 기쁨을 느껴서는 안 된다. 이 3계에서 즐기고 있는 그대들은 오욕의 즐거움과 애욕으로 불타고 달구어지고 시달리고 있다. 그러므로 속히 이 3계로부터 벗어나야 한다. 그리하면 그대들은 세 가지 수레(성문, 연각, 보살승)를 얻을 것이다. 나는 그것을 보증하며 틀림없이 세 가지 수레를 줄 것이다. 그러니 3계로부터 벗어나도록 전심으로 노력하여라.'

사리불이여, 현명한 중생들은 세간의 아버지인 여래의 말씀을 믿고 따른다. 또 온 힘을 다하여 여래의 가르침을 배우고 노력한다.

그 가운데 성문(聲聞)들은 완전한 열반, 깨달음을 성취하기 위하여 4성제(四聖諦, 苦集滅道)를 닦는다. 그들이 3계(三界)로부터 벗어나기 위하여 성문의 가르침을 구하는데, 그것은 마치 아이들이 사슴 수레를 갖기 위하여 불타고 있는 집에서 뛰쳐나오는 것과 같다.

또 연각〔獨覺〕은 스승 없이 완전한 열반, 깨달음을 얻기 위해 12인연을 닦는다. 그들이 3계로부터 벗어나기 위하여 연각의 가르침을 구하는데 그것은, 마치 아이들이 양이 끄는 수레를 갖기 위하여 불타고 있는 집에서 뛰쳐나오는 것과 같다.

또 일체지자(一切知者)의 지혜, 부처님의 지혜를 구하는 중생들은, 자비로운 마음으로 천신과 인간 등 대중의 행복과 이익을 바란다. 또 그들은 모든 중생을 완전한 열반으로 들어가게 하기 위하여 여래의 지혜의 힘과 4무외(四無畏, 네 가지에 대하여 두려움이 없음)를 닦는다. 그들은 3계로부터 벗어나기 위하여 대승(大乘)을 구하기 때문에 보살대사(菩薩大士)라고 불린다. 그것은 마치 소가 끄는 수레를 갖기 위하여 불타고 있는 집에서 뛰쳐나오는 것과 같다.

사리불이여, 아이들이 불타고 있는 집에서 무사히 나오는 것을 보고는, 더 이상 걱정하지 않고, 아이들에게 세 가지 수레〔三乘〕보다도 더 훌륭한 일승(一乘, 一佛乘, 大乘)이라는 수레를 주는 아버지처럼, 여래께서 중생들을 인도하시는 것도 그와 같다. 여래께서는 오직 부처님의 수레〔一佛乘〕로 그들을 모두 완전한 열반에 들어가게 하신다. 한 사람 한 사람에게 설하시는 것이 아니라 일체중생 모두를 여래와 같은 열반, 즉 위대한 완전한 열반〔般涅槃〕5)으로 들어가게 하시는 것이다.

또 사리불이여, 3계로부터 벗어나 있는 중생들에게 여래는 선정, 해탈, 삼매, 등지(等持)6)라는 훌륭하고 최고의 안락한 가르침을 주신다. 사리불이여, 그것은 마치 조금 전의 비유처럼 아버지는 비록 세 가지 수레(소, 양, 사슴 수레)를 말하였지만, 아이들에게 다 같이 칠보와 여러 가지 장식으로 덮인 대단히 크고 훌륭한 '대승'이라는 수레를 주었다. 그렇다고 거짓말한 것은 아니다.

• • • • • • • •

5) 완전한 열반[般涅槃]__번뇌가 완전히 소멸된 것을 '완전한 열반'이라고 한다. 깨달음과 동의어.
6) 등지(等持)__삼마지(三摩地)·삼마제(三摩提)·삼매(三昧)라 음역. 선정(禪定)의 다른 이름.

마찬가지로 사리불이여, 여래도 먼저는 절묘한 방편으로 세 가지 수레(삼승의 가르침) 보이셨지만 나중에는 오직 큰 수레인 대승으로써 중생을 열반에 들게 했다고 하여 거짓말쟁이라고 말할 수는 없다.

사리불이여, 왜냐하면 여래는 풍부한 일체지자(一切知者)의 지혜로 가르침을 설하실 수 있기 때문이다. 사리불이여, 이런 이유에서 여래는 절묘한 방편과 지혜로써 오직 하나인 대승을 설하신다는 것을 알아야 한다."

세존께서는 그때 다음과 같이 게송을 설하셨다.

나는 절묘한 방편으로
그들에게 세 가지 가르침〔三乘〕을 설했다.
3계에는 많은 결점이 있음을 알고 나는 3계로부터
그들을 탈출시키기 위하여 방편의 가르침을 설했다.

그들 가운데 어떤 이는 나에게 가르침을 듣는 제자(성문)로,
6신통[7]과 3명(三明)[8]과 큰 위력을 갖추었으며,
또 어떤 이는 연각이며 어떤 이는 물러서지 않는 보살들이다.

• • • • • • • • •

7) 6신통＿(1) 무엇이든지 다 보는 천안통(天眼通). (2) 무엇이든지 다 듣는 천이통(天耳通). (3) 다른 사람의 마음을 아는 타심통(他心通). (4) 지나간 세상의 일을 아는 숙명통(宿命通). (5) 마음대로 날아다니는 신족통(神足通). (6) 자재하게 번뇌를 끊는 누진통(漏盡通).
8) 3명(三明)＿숙명통·천안통·누진통을 가리킴.

사리불이여, 나는 그때 오직 하나인
부처님의 수레〔佛乘〕를 설하였다.
'그것을 받아 지닌다면 그들은 모두
깨달은 자가 될 것이다'라고 하셨다.

부처님의 수레〔佛乘〕는 세상에서 가장 훌륭한 것이고,
고귀한 것이며, 사람들이 존경해야 할 것이다.

그곳에는 부처님의 열 가지 힘과 선정과 해탈이 있고,
수천만 억의 많은 삼매가 있다.
부처님의 수레〔佛乘〕는 이처럼 가장 뛰어난 것이다.
그들은 이 불승(佛乘)의 수레를 타고 수천만 겁을 보낸다.

보물로 된 이 수레〔불승〕는 가장 훌륭한 것이다.
그 수레를 타고 많은 보살들과 성문은
여래의 가르침에 귀를 기울이고 즐거워하면서
깨달음의 자리로 향해 간다.

사리불이여, 그대는 이렇게 알아야 한다.
'시방을 모두 찾아도 불승(佛乘)이라는 수레 외에
제2의 수레는 없다'라고.

그대들은 나의 아들이며 나는 그대들의 아비다.
그리고 나는 그대들을 괴로움에서 벗어나게 한다.

수많은 겁 동안 불타는 괴로움을 받는 그대들을
공포에 가득 찬 3계로부터 벗어나게 한다.

나는 그때 그대들이 열반을 얻을 것이라고 설하였으나
아직 그대들은 진실로 열반을 얻지 못했다.
그대들은 겨우 이 세상에서
윤회의 괴로움으로부터 해방된 것에 불과하다.
지금이야말로 부처님의 수레〔佛乘〕를 구해야 한다.

누군가 보살이 된 자가 여기 있다면
그는 부처님인 나의 인도에 귀기울인 자이다.
많은 보살을 이끄는 것, 그것이 깨달은 자의 절묘한 방편이다.

여기 있는 중생들이 천하고 혐오스러운 애욕 속에서
즐거움을 찾을 때, 진실을 설하는 세간의 지도자는
괴로움의 성스러운 진리인 고제(苦諦)를 설하신다.

또 무지해서 괴로움의 근원을 알지 못하는
어리석은 이들에게는 애욕이 일어날 때
괴로움이 생긴다는 진리인 집제(集諦)를 설하신다.

언제나 어떤 것에도 집착하지 말고 애욕을 버려라.
이것이 내가 설하는 제3의 소멸의 진리인 멸제(滅諦)이다.
멸제는 곧 해탈로 이끄는 길이다.

이것을 수행하는 사람은 해탈자가 된다.

그러나 사리불이여,
그들은 무엇으로부터 해탈하였는가?
진실하지 않은 것에 대한 집착으로부터 해탈한 것에
불과하다. 그것은 모든 의미에서 완전한 해탈이 아니다.
그래서 여래는 그들에게
'아직 참된 열반을 얻지 못하였다'고 말하는 것이다.

그들은 아직 가장 뛰어난 대승의 진리를 얻지 못했다.
그래서 그들은 아직 완전히 해탈한 것이
아니라고 설한 것이다.
나는 모든 사람들을 안락하게 하기 위하여
법왕으로서 이 세상에 태어났다.

사리불이여, 오늘 내가 최후로 설한 것이 내 가르침의 근본이
다. 천신들을 포함한 이 세간의 행복을 위해,
그대는 나의 이 가르침을 사방에서 설하여라.

그대가 대승의 진리를 설할 때,
어떤 사람이 '나는 이 가르침에 기꺼이 따르겠습니다.'
라고 말하거나, 또는 이 경전을 머리로 받든다면,
그는 그야말로 불퇴전의 사람이라고 생각해도 좋다.

이 경전을 믿는 사람은,
과거세로부터 여래를 뵙고 공양한 사람이며,
또 이전에 이와 같이 훌륭한 가르침을
들은 적이 있는 사람이다.

내가 설한 이 가르침을 믿는 사람은,
과거세에 나를 만난 적이 있으며,
나의 모든 비구들과 보살들을 만난 적이 있는 사람이다.

이 경전은 어리석은 사람은 이해하기 어렵다.
이 경전은 깊은 신통과 지혜 있는 사람들을 위해
설한 것이다. 그것은 성문들이 이해할 수 있는 것도 아니며,
연각들이 이해할 수 있는 것도 아니다.
오직 대승의 구도자만 이해하고 믿을 수 있다.

사리불이여, 그대는 이 경전을 굳게 믿는다.
다른 제자들도 그러리라는 것은 말할 필요도 없다.
그들도 나를 믿으므로 이 경전에 더 가까이 다가갈 것이며,
믿음 이외에 각자에게 지혜가 있을 리가 없다.

완고한 사람들이나 교만한 사람들,
바른 수행을 하지 않는 사람들에게 설해서는 안 된다.
닦음이 없는 어리석은 자들은 무지하고,
언제나 애욕에 빠져 있기 때문에,

설해진 가르침을 나쁘게 말할 것이다.

그러므로 사리불이여,
그대는 이 경전을 어리석은 사람들 앞에서는
결코 설해서는 안 된다.

그러나 이 세상에서 가장 현명하고 많은 것을 배우고,
사려와 지식을 갖추고 최고의 깨달음을 향하여
나아가고 있는 사람들에게는 이 진리를 설하여라.

과거세에 수많은 부처님을 뵌 사람들,
헤아릴 수 없이 많은 선근을 쌓은 사람들,
또 부처님의 길로 향하려는 의욕이 굳은 사람들,
그런 사람들에게 최고의 진리[一佛乘]를 설하여라.

언제나 정진노력하고 자비심이 있으며,
또 몸도 생명도 버리고 오랫동안 자비를 실천하는
사람들 앞에서 그대는 이 경전을 설하여라.

서로를 이해하고 서로를 존경하고,
어리석은 자들과는 어울리지 않으며,
산 속 동굴에서 사는 데 만족하는 그런 사람들에게
그대는 이 훌륭한 경전을 설하여라.

착한 친구를 사귀며, 악한 친구를 피하는 사람들,
그런 사람은 부처님의 아들이다.
그런 사람에게 그대는 이 경전을 설하여라.

계를 지키는 데 부족함이 없고, 청정하며,
대승의 광대한 경전을 받아 지니는 사람은 불자이다.
그런 사람을 만나면 그대는 이 경전을 설하여라.

화내는 일 없이 언제나 솔직하고
모든 중생에게 연민의 마음을 지니며,
여래를 존경하는 사람들 앞에서 그대는 이 경전을 설하여라.

많은 대중들 앞에서 막힘 없이 법을 설하며,
마음을 바르게 집중해서 수많은 비유로 설법하는 사람에게
그대는 이 경전을 설하여라.

널리 일체지자(부처님)를 구하며, 머리를 숙여 합장하는 자,
법을 잘 설하는 비구를 찾아다니는 자,
광대한 대승의 경전을 받아 지니는 자,
그런 사람에게 그대는 이 뛰어난 경전을 설하여라.

어떤 사람이 여래의 사리를 받아 지니는 것처럼,
이 경전을 구하고 머리로 받들어 지니는 사람,
그런 사람은 다른 경전을 생각하지 않는다.

또 그는 어리석은 자에게나 어울리는 외도의 가르침,
논서 등에 대해서도 생각하는 일이 없다.
그는 다른 가르침은 결코 한 구절도 받아들이지 않는다.
그런 사람에게 그대는 이 경전을 설하여라.

사리불이여, 이와 마찬가지로 최고로
훌륭한 깨달음을 향하여 나아가고 있는 수많은 사람들에게,
나는 1겁을 채울 정도로 가르침을 설할 수가 있다.
그런 사람들 앞에서 그대는 이 경전을 설하여라.

제4장 신해품(信解品)

― 믿음과 이해 ―

그때 수보리 존자와 대가전연, 대가섭, 대목건련 존자는 일찍이 들어본 적이 없는 이와 같은 가르침을 들었다. 그리고 사리불 존자가 세존으로부터 직접 위없는 바른 깨달음을 얻을 것이라는 말씀을 듣고 모두 크게 경탄하며 기뻐했다.

그들은 자리에서 일어나 세존이 계시는 곳으로 다가가, 한쪽 어깨를 벗고 오른쪽 무릎을 땅에 대고 합장한 뒤, 몸을 구부려 존경의 뜻을 표하고 세존을 우러러보면서 이렇게 말씀드렸다.

"세존이시여, 대승의 보살들은 저희들을 보고 장로(長老)[1]라고 불렀습니다. 저희들은 나이 먹은 탓에 스스로 열반(깨달음)에 이르렀다고 자만하고 있었습니다. 또 세존이시여, 저희들은 게을러서 바른 깨달음을 얻고자 노력 정진하지 않습니다.

• • • • • • • • •

1) 장로(長老)_'상좌(上座)'라고도 한다. 비구로서 연장자, 또는 학덕이 높은 원로비구.

세존께서 법을 설하셨을 때, 모든 것은 실체가 없고〔空〕, 형상이 없으며〔無相〕, 구할 것이 없음〔無願〕을 알았고 부처님 특성이나 부처님 국토의 장엄이나 보살의 자유로운 신통이나 여래의 자유로운 신통에 대해서 알았으나 그렇게 되고 싶은 마음을 일으키지 못했습니다.

세존이시여, 그런 저희들이 지금 세존으로부터 친히 성문들도 위없는 깨달음을 얻을 것이라는 수기(受記, 예언)를 받으니, 경이로운 마음과 함께 드문 일이라는 생각에 큰 이익을 얻었습니다.

세존이시여, 오늘 갑자기 전에는 듣지 못했던 이러한 말씀을 듣고, 저희들은 헤아릴 수 없는 훌륭한 보물을 얻었습니다. 미처 생각하지도 못했던 훌륭한 보물을 얻은 것이옵니다. 이것은 분명한 사실이옵니다.

세존이시여,

비유하자면 어떤 남자가 부친 곁을 떠나 다른 곳에서 오랜 세월 동안 홀로 살았습니다. 그는 가난해서 먹을 것과 입을 것을 구하여, 사방으로 돌아다녔습니다. 그의 부친은 많은 황금과 은, 주옥, 진주, 유리, 나패, 파리, 산호, 백은(白銀)과 많은 시종과 하인, 심부름꾼, 코끼리와 말, 소, 양 등을 소유하고 있는 큰 부자였습니다.

가난한 남자(아들)는 옷과 먹을 것을 구하기 위해 마을과 도시 등을 돌아다니다가 마침내 자신의 부친이 살고 있는 마을까지 갔습니다. 한편 그의 부친은 항상 50년 전에 집을 나간 아들을 생각하고 있었습니다. 그는 하루도 빠짐없이 아들을 생각하면서 괴로워하고 있을 뿐, 그 누구에게도 이 사실을 털어놓지 못했습니다. 그리고 이렇게 생각하였습니다.

'나는 이제 나이를 너무 먹었다. 비록 많은 재산을 갖고 있고, 창고에 황금이 넘칠 정도로 많지만 물려줄 아들이 없다. 아아, 만일 내가 죽는다면 이 모든 것은 흩어져 버릴 것이다. 그런 일이 생겨서는 안 된다.'

그는 몇 번이나 되풀이하여 아들을 떠올리면서, '아아, 만일 내 아들이 산과 같은 이 많은 재물을 물려받을 수 있다면 마음 놓고 편안히 살 수 있을 텐데' 하고 생각하였습니다.

그때 그는 자신의 저택에서 많은 바라문들과 왕족, 상인 등 많은 사람들에게 둘러싸여 공경 받으면서, 금과 은으로 장식된 사자좌에 앉아 있었습니다. 옆에서는 시종들이 짐승의 꼬리털로 만든 부채로 부채질을 해 주었으며, 머리 위에는 천개(天蓋, 햇빛 가리는 우산)가 드리워져 있고, 발아래에는 꽃을 따서 뿌려 두었으며, 보옥의 화환이 걸려 있는 그곳에서 위엄을 갖추고 앉아 있었습니다.

아들은 자기의 아버지가 많은 사람들에게 둘러싸여 위엄을 지니고 앉아 있는 것을 보았으나 그는 두려움에 '갑자기 왕인지 대신인지 모를 사람을 보았다. 이곳에서 나 같은 사람이 할 일은 하나도 없을 것이다. 이곳을 떠나버리자. 가난한 사람들이 사는 곳으로 가자. 여기 있다가는 강제로 붙잡혀 일하게 되거나, 다른 화를 입을지 모른다. 얼른 이곳을 떠나자.'

그때 재벌인 아버지는 한눈에 그 남자가 자기의 아들임을 알아보고 기쁨에 넘쳐 다음과 같이 생각하였습니다.

'이제 많은 재산과 황금 등 보물을 물려줄 아들을 찾았으니 얼마나 기쁜 일인가. 내가 얼마나 저 아이를 생각했던가. 내가 고령인데, 저 아이가 제 발로 찾아왔으니 더 없이 기쁜 일이다.'

세존이시여, 아버지는 그 즉시 사람을 보내 그 아들을 데려오게 하였습니다. 하인들이 달려가 그를 데리고 오려고 하자 그는 놀라고 두려워서 큰소리로 '나는 당신들에게 아무 나쁜 짓도 한 적이 없소'라고 울부짖었지만 하인들은 억지로 가난한 남자를 데리고 갔습니다. 가난한 아들은 두려움에 떨면서 '죽거나 두들겨 맞고 싶지는 않다. 그러나 나는 이제 끝이다'라고 생각하였습니다. 그는 정신이 아찔하여 의식을 잃고 땅에 쓰러지고 말았습니다. 그때 그의 아버지가 그 곁으로 가서 하인들에게 '일으켜 세우지는 말라'고 하고 찬물을 뿌리게 하고 아무런 말도 하지 않았사옵니다. 왜냐하면 그 아버지는 가난한 남자가 자신의 위세를 두려워한 나머지 무서움에 떨고 있으며, 그가 자기 아들이라는 것도 알고 있었기 때문입니다.

그런데 세존이시여, 그 아버지는 방편이 뛰어나서, 이 사람이 자기 아들이라는 것을 누구에게도 말하지 않았습니다. 또 그 아버지는 하인을 시켜 그 가난한 사람에게 '어디든지 가고 싶은 데로 가라. 너는 자유다'라고 말하게 하였습니다. 가난한 아들은 그 말을 듣자 기뻐하며 먹을 것과 입을 것을 구하러 가난한 사람들이 살고 있는 곳으로 갔습니다.

부호(아버지)는 가난한 남자(아들)가 스스로 오도록 하기 위하여 절묘한 방편을 썼습니다. 얼굴이 초췌하고 옷차림이 남루한 두 사람을 고용해서 가난한 남자(아들)에게 다가가 월급을 두

배로 준다고 하고 자기 집에 데려와 일을 하도록 했습니다. 무슨 일을 하느냐고 묻거든 우리 두 사람과 함께 쓰레기통을 청소하는 일이라고 대답하게 하였습니다.

드디어 두 사람은 가난한 남자를 데리고 부호(아버지)의 집으로 돌아와 함께 일했습니다. 가난한 남자는 부호로부터 월급을 받고, 그 집의 쓰레기통을 청소하며, 부호의 저택 근처에 있는 작은 창고에서 살았습니다. 그 부호는 창문이나 통풍구를 통하여 쓰레기통을 청소하고 있는 아들을 보고는 기특하게 생각하였습니다.

그때 부호는 저택에서 내려와 훌륭하고 깨끗한 옷 대신 더러운 옷으로 갈아입고 오른손에 바구니를 들고 진흙으로 자기 몸을 더럽힌 뒤, 천천히 가난한 남자가 있는 곳으로 다가갔습니다. 그리고는 이렇게 말했습니다.

'그대는 이 바구니를 사용하시오. 그리고 머뭇거리지 말고 흙먼지를 치우시오.'

이런 방법으로 아들과 함께 말을 나누기도 하고 같이 일을 하기도 하였습니다.

부호는 다시 가난한 남자에게 이렇게 말했습니다.

'여보게, 특별히 급료를 더 올려줄 테니까 여기서 계속 일을 하게. 더 이상 다른 곳으로 가지는 말게. 혹시 돈이 필요하다면 말하게. 그리고 무엇이든 좋으니 안심하고 나에게 말하게. 또 나한테 낡은 비단이 있는데 필요하다면 주겠네. 나는 노인이고 그대는 젊으니 안심하고 나를 아버지처럼 생각하게. 그대는 여기서 일을 하면서 남을 속이거나 비뚤어지거나 불성실하거나 교만한 적이 없었네. 그리고 앞으로도 없을 것이네. 그대가 하는 모든 일에서 나는 나쁜 점이라곤 하나도 찾아낼 수 없었다네. 다른 사람에게는 그런 결함이 있지만, 그대는 다르네. 이제부터 그대는 내 친아들과 마찬가지네'라고 말했습니다.

세존이시여, 이렇게 아버지는 자연스럽게 그에게 '아들'이라는 이름을 붙였습니다. 그러자 그 가난한 남자(아들)도 마음을 바꾸어 부호를 아버지로 생각하였습니다. 부호는 아들의 사랑에 목말라하면서, 이렇게 20년 동안 아들에게 쓰레기통을 청소시켰습니다. 20년이 지나자 가난한 남자는 부호의 저택을 안심하고 출입하게 되었으나, 거처는 아직도 예전과 같은 작은 창고였습니다.

세존이시여, 그즈음 부호는 병으로 몸져눕게 되었습니다. 그는 자기의 임종이 가까운 것을 알았습니다. 그래서 그는 가난한 남자에게 이렇게 말했습니다.

'여보게, 이리 가까이 오게. 내게는 이렇게 많은 황금과 재물, 곡물, 곳간이 있지만, 나는 중병에 걸렸네. 이것을 누구에게 물려주며 무엇을 보존해야 하는가에 대해 그대가 알아두었으면 좋겠네. 앞으로는 그대가 이 재산을 잘 보존해 주기를 바라네.'

이리하여 가난한 남자는 부호의 많은 재산을 모두 관리하게 되었습니다. 그러나 정작 그 남자는 그런 것들에 대해 아무런 욕심도 없고 조금도 갖고 싶어 하지 않았습니다. 또 한줌의 밀가루조차도 받으려 하지 않았습니다. 이전의 작은 창고에 계속 머물면서 자신은 가난하다고 생각하고 있었습니다.

부호는 아들이 재산관리에 남다른 능력이 있으며 마음도 넓었으나, 가난했을 때의 비굴함, 부끄러움, 자신을 혐오하는 성격이 남아 있는 것을 알고 임종이 가까워졌을 때 그 남자를 불러 친족들에게 소개한 뒤, 왕후와 대신 그리고 마을사람들 앞에서 다음과 같이 말했습니다.

'여러분, 내 말을 들어주십시오. 이 아이는 내 친아들입니다. 어떤 마을에서 이 아이를 잃어버린 뒤 50년이 흘러버렸습니다. 나는 이 아들을 찾아 이 마을에서 저 마을로 다녔습니다. 이 아이는 내 아들이며 나는 이 아이의 아버지입니다. 내가 가진 모든 것을 이 아이에게 다 물려주겠습니다. 내 재산에 대해서는 무엇이든 이 아이가 다 알고 있습니다.'

그때 그 가난한 남자는 이 말을 듣고 놀랐습니다. '갑자기 이렇듯 많은 황금과 재물을 얻게 되다니' 하고 생각하였습니다.

세존이시여, 바로 이 가난한 아들의 비유와 같이 저희들은 여래의 아들입니다. 또 여래께서는 저희들에게 그 부호와 같이 '내 아들인 그대들'이라고 말씀하셨사옵니다.

세존이시여, 저희들도 세 가지 고통[三苦]으로 괴로워하고 있습니다. 즉 좋아하지 않는 것으로부터 오는 괴로움[苦苦], 사물이 변하는 데서 오는 괴로움[行苦], 좋아하는 것을 잃게 되는 괴로움[壞苦]입니다. 또 저희들은 윤회 속에 있으면서 하열한 것을 믿는 경향이 있습니다.

세존이시여, 저희들은 오로지 매일같이 급료에만 신경 쓰는 사람처럼 열반만을 추구해 왔습니다. 여래께서는 저희들이 하열한 것을 좋아한다는 것을 알고 계셨기 때문에, 저희들을 간섭하지 않으셨으며, '여래의 지혜의 곳간[여래장]이 그대들 것이 될 것이다'라는 말씀도 하지 않으셨사옵니다.

세존께서는 저희들의 자질이 하열하다는 것을 잘 알고 계셨기 때문에 대승이나 일승을 설하지 않고 방편으로 소승을 설하셨던 것입니다. 세존께서는 아버지가 가난한 아들에게 세 가지 수레(성문, 연각, 보살)를 보여 준 다음에 결국 일불승이라는 수레를 주듯이, 저희들에게 방편으로 소승을 설하여 인도하셨는데도, 그것을 알지 못했던 것입니다.

또 세존께서는 저희들에게 '여래의 친아들'이라고 말씀하여, 저희들로 하여금 여래의 지혜를 상속할 자들임을 상기(想起)시키셨음에도 불구하고, 저희들은 여래의 지혜를 얻으려는 생각을 하지 못했고, 그런 노력도 하지 않았던 것입니다. 만일 저희들에게 뛰어난 대승의 힘이 있었다면 대승의 법을 설하여 주셨을 것입니다.

지금 세존께서는 저희들에게 대승에 대한 믿음이 있음을 인정해 주셨으며, 또 일승의 법이 있을 뿐이라고 설하셨사옵니다. 이런 까닭에 지금까지 구하지도 생각지도 못했던 '일체지자(一切知者, 일체를 아는 사람)'라는 보물을 얻었다고 말씀드리는 것이옵니다."

그때 가섭 존자는 다음과 같이 게송을 읊었다.

　　세존의 말씀을 듣고 우리는 경이로움과
　　일찍이 느끼지 못했던 큰 기쁨을 얻었다.
　　오늘 우리는 이와 같이 부처님으로부터 확실한 말씀을 들었다.

우리는 오늘 한순간에 아주 훌륭한 많은 보물을 얻었다.
그것은 지금까지 결코 생각해 보지 못했던 것이어서,
그 말씀을 듣고 모두 경이로움을 느꼈다.

세간의 보호자이신 부처님께서는
'가섭이여, 위없는 깨달음을 향하여 길을 가는 보살에게
그대는 최고의 방법을 설하여라. 그것을 수행하면
부처님이 될 수 있는 길'이라고 하시며
보살들이 많이 있는 곳으로 우리를 보내셨다.
우리는 비유와 인연담으로 그들에게
부처님의 가르침을 설해 주었다.

보살들은 우리가 하는 말을 듣고
깨달음을 얻기 위하여 최고로 좋은 길을 수행했다.
그리고 그 순간에 부처님으로부터 '그대들은 현세에서
부처님이 될 것이다'라는 수기(受記, 예언)를 받았다.

진정으로 존재[法]는 모두 공(空)하며,
더러움과 생멸(生滅)을 모두 벗어나 있기 때문에
여기에는 어떠한 법도 존재하지 않는다.
우리는 이와 같이 생각했지만
어리석어서 정작 그것을 믿고 따르지는 않았다.

세간의 보호자이신 부처님께서는 뛰어난 방편으로

하열한 것을 바라는 아들들을 훈련시키고,
그 훈련이 끝나면 부처님의 지혜를 전해 주신다.

세존의 가르침 밑에서 우리는 가장 청정하고
순결한 생활을 해 왔으며 오늘 그 훌륭한 결과를 얻었다.
번뇌의 더러움이 없는 훌륭한 결과를 얻었다.

우리는 지금 성문으로서 최고의 깨달음을 얻었다.
신들과 마왕, 범천을 포함한 세간으로부터
직접 공양 받을 자격이 있는 참된 아라한이 될 것이다.

수많은 겁 동안 노력한다고 하더라도
누가 세존의 흉내를 낼 수 있겠는가.
세존께서는 인간계에서
우리를 교화하는 참으로 어려운 일을 하셨다.

그 은혜를 갚고자 손과 발,
또 머리를 숙여 공양하고 예배한다 해도
그 은혜를 갚기란 어려운 일이다.

위대한 법을 몸에 지니시고 견줄 데 없는 위력을 지니시며,
대신통력과 인내력을 지니신 부처님께서는
위대한 왕이시며 청정한 승리자이시다.
그런 분께서 어리석은 중생을 위하여 법을 설하신다.

그분은 법의 자재자시며,
모든 세계의 자재자시며, 위대한 자재자시며,
세간의 지도자들 가운데 으뜸이시다.

부처님께서는 중생들의 근기를 잘 알고 계시므로,
거기에 맞는 여러 가지 방편을 보이신다.
중생들 각자의 믿음이 다른 것을 아시고,
수천의 인연과 비유담으로 법을 설하신다.

여래께서는 모든 생명 있는 것들의 행위를 알고 계시므로,
최고의 깨달음을 보이시면서
많은 종류의 가르침을 설하신다.

제5장 여래수량품(如來壽量品)

— 무량한 여래의 수명 —

그때 세존께서 모든 보살들에게 말씀하셨다.

"선남자들이여, 나를 믿으라. 진실을 말하는 여래를 믿으라."

두 번, 세 번 거듭 이와 같이 말씀하셨다.

미륵보살을 선두로 모든 보살들은 합장하고 서서 이렇게 세존께 말씀드렸다.

"세존께서는 그 까닭을 말씀해 주십시오. 저희들은 여래의 말씀을 믿사옵니다."

세존께서 말씀하셨다.

"그 까닭을 말할 테니 그대들은 잘 들으라. 천신, 인간, 아수라 그리고 세간에 있는 모든 중생들은 내가 신통한 힘을 지니고 있는 것에 대해, '석가여래는 출가한 후 보리수 아래에서 처음 깨달음을 얻었다'고 생각하고 있을 것이다. 그러나 그렇게 생각해서는 안 된다. 내가 위없는 바른 깨달음을 얻은 지는 벌써 수백 수천만 억의 세월이 지났다. 중생들을 위하여 설법한

지도 수없는 세월이 지났다.

선남자들이여, 여래는 여래가 해야 할 일을 한다. 여래는 먼 과거에 깨달음을 얻어 헤아릴 수 없는 무한한 수명을 지니고 있다. 여래는 언제나 항상 존재하며 완전한 열반〔入滅〕에 든 적은 없다. 다만 중생을 교화하기 위해 완전한 열반을 보였을 뿐이다.

선남자들이여, 내가 과거세에 보살도를 수행하여 이룬 수명은 아직도 다하지 않았다. 수명의 길이도 다하지 않았을 뿐만 아니라 내 수명이 다할 때까지는 지금까지의 두 배에 해당하는 수백 수천만 억의 나유타 겁이 걸릴 것이다.

또 나는 아직 완전한 열반에 들지도 않았지만, '항상 곧 완전한 열반에 들 것이다'라고 말하는 것은, 중생들을 교화하기 위한 방편이다. 즉 곧 열반에 들지 않고 아주 오랫동안 이 세상에 있다면, 중생들은 언제나 나를 만날 수 있다고 생각할 것이고, 그렇게 되면 선근을 심지도 복덕을 쌓지도 않을 것이며, 빈궁해지거나 애욕에 빠지거나, 잘못된 견해의 그물에 걸려도, '여래는 항상 계신다'고 생각한다(여래는 항상 계시므로 우리를 구해줄 것이라는 생각에 게으름을 피운다는 뜻이다).

또 언제든지 쉽게 여래를 만날 수 있다고 생각하거나, '우리들은 여래의 근처에 있다'고 생각해서, 게으름을 피우며 안일한 생각을 할 수 있기 때문이다. 중생들로 하여금 3계를 벗어나기 위한 정진(노력)을 하도록 하기 위해서 방편으로 입멸(入滅, 열반)을 보이는 것이다.

이런 까닭에 여래는 절묘한 방편으로 여러 중생들에게 '비구들이여, 여래가 출현하는 것은 참으로 드문 일이다'라고 설하는 것이다. 왜냐하면 그 중생들은 수백 수천만 억 나유타의 겁이 지나더라도 여래를 만날 수 없을지도 모르기 때문이다.

선남자들이여, 그래서 나는 여래의 출현은 매우 드문 일이라고 말하는 것이며, 또 중생들은 여래의 출현에 대해 경이로운 마음을 품을 것이며, 여래를 만나기를 갈망할 것이다. 그로 말미암아 생긴 선근은 그들에게 오랫동안 이익과 행복과 안락을 가져다 줄 것이다. 그런 까닭에 여래의 수명은 영원하며 열반〔入滅〕에 들지 않았으나, 중생들을 교화할 목적으로 '완전한 열반에 들어간다'고 말하는 것이다. 선남자들이여, 그렇게 설하는 것이 여래의 법문이며, 그것은 거짓말이 아니다.

선남자들이여, 비유하자면 모든 병을 낫게 하는 명의(名醫)가 있다고 하자. 그 의사에게는 10, 20, 30, 40, 50 혹은 백 명의 많은 아들들이 있다고 하자. 그 의사는 외국에 있는데, 아들들은 모두 독약에 중독되어 괴로워하며 몸부림친다고 하자. 그때 아버지인 의사가 외국에서 돌아와 보니, 어떤 아들은 독약 때문에 괴로워하다 정신착란을 일으키고, 또 어떤 아들은 아직은 정상이지만, 고통에 시달릴 대로 시달리다가 아버지를 보고 기뻐하며 이렇게 말했다.

'아버지께서 무사히 돌아오셨다. 아버지, 어서 저희들을 이 독약으로부터 구해 주세요. 아버지, 속히 저희들의 목숨을 구해 주세요'라고 말했다. 의사는 아들들이 고통 속에서 몸부림치는 것을 보고 색과 향과 맛이 좋은 약을 만들어 아들들에게 주며, '아들들이여, 이 약을 먹어라. 이 약을 먹으면 당장 해독이 되고 기분이 좋아져 건강을 되찾게 될 것이다'라고 말했다.

아들 가운데 정상인 아들은 약의 색과 냄새, 맛을 조금 본 다음 바로 먹고 고통에서 완전히 벗어날 것이지만, 정신착란을 일으킨 아들은 약을 먹지 않을 것이다. 왜냐하면 그는 정신착란으로 인하여 약의 색은 물론 향기나 맛도 좋지 않게 보기 때문이다. 그 의사는 '이 아이는 독약 때문에 정신착란이 되었다. 약은 먹지 않으려 하는데, 절묘한 방편으로 이 아이가 약을 먹게 하자'라고 생각했다.

그래서 그 의사는 이렇게 말했다고 하자. '아들이여, 나는 나이를 먹어 죽을 때가 얼마 남지 않았다. 그러나 너희들은 슬퍼하거나 낙담해서는 안 된다. 너희들에게 약을 줄 테니 먹고 싶을 때 먹도록 하여라.' 이렇게 말하고는 먼 곳으로 가서 그곳에서 아들들에게 자신의 죽음을 알린다고 하자. 그러면 아들들은 슬픈 나머지 통곡할 것이다. '아버지는 우리를 보호하고 자애를 베풀어준 유일한 분이셨는데 돌아가시고 말았다. 이제 우리를 보호해 줄 사람은 아무도 없다.'

그들은 의지할 곳 없는 자신을 돌이켜보고 아주 슬퍼할 것이다. 그로 인해 정신을 되찾고 아버지가 준 약을 먹을 것이고, 병을 치료할 것이다. 의사인 아버지는 아들들이 병이 나은 것을 알고 다시 아들들 앞에 나타난다면, 그대들은 어떻게 생각하는가? 선남자들이여, 그 의사가 자식들을 구하기 위하여 절묘한 방편으로 거짓말을 했다고 해서 비난을 하겠는가?"

보살들이 답했다.

"세존이시여, 그런 일은 없을 것이옵니다."

세존께서 말씀하셨다.

"선남자들이여, 그와 마찬가지로 나 역시 중생들을 교화하기 위하여 '곧 열반〔入滅〕에 들 것'이라는 등 절묘한 방편을 보인 것이다. 그것을 거짓말이라고 할 수 있겠는가?"

세존께서는 다시 이 뜻을 상세히 알리시려고 게송을 설하셨다.

생각을 초월한 헤아릴 수 없는 수천만 억 겁 전에,
이미 최고의 깨달음을 얻은 이후
나는 줄곧 가르침을 설하고 있다.
많은 보살들을 부처님의 지혜로 이끌어 주었고
수많은 중생들을 최고의 깨달음으로 이끌어 주었다.

중생들을 교화하기 위해 절묘한 방편으로
열반을 나타내 보였으나 실제로 열반한 것이 아니고,
이곳에서 가르침을 설하고 있는 것이다.

나는 내가 가진 신비로운 힘에 의해 이곳에 있지만,
어리석은 사람들은 내가 여기 있는데도 나를 알아보지 못한다.

그들은 내 몸이 완전히 사멸(死滅)한 것을 보고,
유골(遺骨, 사리)에 온갖 공양을 올린다.
그러나 나를 볼 수 없으므로
그들은 나를 보고자 매우 갈망한다.

그 중생들이 정상으로 돌아와 애욕을 떠났을 때
나는 성문들을 데리고 이곳 기사굴산〔靈鷲山〕에 나타나서
그들에게 '그때 나는 열반에 든 것이 아니었다.

비구들이여, 내가 열반(입멸)에 들어
소멸한 것처럼 보이는 것은 나의 절묘한 방편 때문이다.
나는 몇 번이고 이 세상에 다시 나타난다.

나는 그들에게 최고의 깨달음을 설했다.
그러나 부처님이 아직 살아계신다고 생각하는 한
너희들은 내 말이 귀에 들어오지는 않을 것이다.
부처님이 열반했다고 생각했을 때 비로소 뉘우치게 될 것이다.

착한 중생들은 선행의 결과로 이 세상에 태어나자마자
내가 가르침을 설하고 있는 것을 본다.
그러나 나는 그들에게 '부처님의 수명은 무한하다'라는
사실을 설한 적이 없다. 다만 나를 보는 이에게는
'승리자는 참으로 만나기 어렵다'고 설한다.

내 지혜의 힘은 이러하며 밝게 빛나며 무량하다.
또 나의 수명은 무한 겁이며
나는 그것을 오랜 옛날부터의 수행으로 얻었다.

현자들이여, 그대들은 이 말에 의문을 품어서는 안 된다.

의혹을 남김없이 끊으라. 나는 진실을 말한다.
내 말은 언제 어떤 때에도 결코 거짓이 아니다.

나는 세간의 아버지이며 보호자이며 의사이다.
모든 생명 있는 것들의 보호자로서,
그들이 어리석고, 착란된 생각을 품고 있는 것을 알고,
열반에 들지 않았으면서 짐짓 열반에 든 것으로 보인 것이다.

왜냐하면 어리석고 무지한 이들은,
언제나 나를 만날 수 있다는 생각에,
내가 사멸(死滅)하지 않고 항상 있다는 것을 믿은 나머지,
신심이 부족하고 게으르고, 애욕에 빠지거나
사려를 잃고 악도에 빠지기 때문이다.

나는 언제나 중생들 각자의 수행을 알고
'어떻게 하면 깨달음으로 이끌 수 있을까?
어떻게 하면 그들이 부처님의 덕성을 얻을 수 있을까?
이렇게 생각해서 개개인에게 맞는 방법으로 가르침을 설한다.

제6장 상불경보살품(常不輕菩薩品)

─ 타인을 존중한다 ─

그때 세존께서는 득대세(得大勢)보살에게 말씀하셨다.

"득대세여, 이와 같이 알아야 한다. 장래 이 법문을 비방하거나, 이 경전을 수지하는 비구·비구니·신남·신녀들을 비난하거나 모욕하며, 거짓되고 조잡한 말로 비방하는 이들은 좋지 않은 과보를 받게 될 것이다. 그것은 말로 나타낼 수 없을 정도이다.

그러나 장래 이 경전을 수지 독송하며 가르치며 이해해서 남에게 상세히 설하는 이들에게는 좋은 결과가 생길 것이며, 눈·귀·코·혀·몸·뜻의 육근이 완전히 청정하게 될 것이다.

득대세여, 예전에 그러니까 이루 다 헤아릴 수 없이 무한한 과거세에 바른 깨달음을 얻은 존경받는 위음왕(威音王)여래께서 세간에 출현하셨다. 그 여래께서는 지혜와 덕행을 갖춘 선서(善逝)이셨으며, 세간을 잘 아는 분〔世間解〕이셨으며, 사람들을 잘 이끄시는 분〔調御丈夫〕이셨으며, 천신들과 인간의 스승

〔天人師〕이셨으며 부처님이셨다.

득대세여, 이 위음왕여래께서는 천신들과 인간·아수라를 포함한 세간 사람들을 앞에 놓고 가르침을 설하셨다. 성문들을 위해서는, 생로병사와 근심, 비탄, 고뇌, 미혹을 뛰어넘어 열반의 세계로 가는 방법으로 4성제1)를 설하셨으며, 연각을 위해서는 12연기2)를 설하셨으며, 보살들을 위해서는 위없는 깨달음에 이루는 6바라밀3)과 여래의 지견(知見)에 이르는 가르침을 설하셨다.

그런데 득대세여, 위음왕여래의 수명은 사십 갠지스 강의 모래알 수와 같은 수천만 억 겁이었다. 그 여래께서 완전한 열반에 드신 뒤, 염부제 미진수 티끌 수와도 같은 수천만 억 겁 동안 바른 가르침인 정법(正法)이 존속했으며, 4대주(四大洲)의 티끌 수와 같은 수천만 억 겁 동안 바른 가르침과 비슷한 가르침인 상법(像法)이 존속했다.

그때 상불경(常不輕)이라는 비구보살이 있었다. 득대세여, 왜 이 비구보살이 상불경이라고 불리는가 하면, 이 보살은 비구·비구니·신남(信男, 남신도)·신녀(信女, 여신도) 누구를 만나도 그에게 다가가 이렇게 말한다.

⬤⬤⬤⬤⬤⬤⬤⬤

1) 4성제__고(苦), 집(集), 멸(滅), 도(道)
2) 12연기__① 무명(無明), ② 행(行), ③ 식(識), ④ 명색(名色), ⑤ 육처(六處), ⑥ 촉(觸), ⑦ 수(受), ⑧ 애(愛), ⑨ 취(取), ⑩ 유(有), ⑪ 생(生), ⑫ 노사(老死).
3) 6바라밀__보시, 지계, 인욕, 정진, 선정, 지혜.

'존자시여, 저는 당신을 깔보지 않사옵니다. 당신을 존경합니다. 당신이 보살(대승)의 수행을 하면 장래 바른 깨달음을 얻어 존경받는 여래가 될 것이기 때문입니다.'

득대세여, 이처럼 상불경보살은 비구이면서 설법도 독송도 하지 않고, 멀리 있는 이든 가까이 있는 이든 누구를 만나더라도 이렇게 말했다.

'저는 당신을 존경합니다. 당신이 보살의 수행을 하면 장래 바른 깨달음을 얻어 존경받는 여래가 될 것이기 때문이옵니다.'

이 말을 들은 이는 대부분 악의와 불신에 찬 말로 화를 내고 비난하고 모욕한다.

'이 비구는 묻지도 않았는데 왜 깔보지 않는다(존경한다)는 말을 하는 걸까? 또 바라지도 않았는데, 위없는 바른 깨달음을 얻을 것이라고 예언을 하는 것은 우리 스스로 자신을 깔보도록 하는 것이다.'

득대세여, 상불경보살이 이렇게 오랜 시간 동안 비난과 모욕을 받았지만, 그는 누구에게도 화를 내지 않고 악의를 품지 않았다. 그리고 그에게 흙덩이나 몽둥이를 휘두르는 이에 대해서도, 그는 멀리서 큰소리로 '저는 당신을 깔보지 않습니다'라고 말하는 것이다. '상불경(常不輕)'이라는 이름은 그를 비난하던 비구·비구니·신남·신녀들이 붙인 이름인 것이다.

그런데 득대세여, 그 상불경보살은 죽음이 가까워 왔을 때, '바른 가르침의 백련(白蓮, 법화경)'이라는 법문을 들었다. 이 법문은 위음왕여래께서 2백만 억의 이십 배나 되는 게송으로 설하신 것이다. 상불경보살은 죽음이 가까워 왔을 때, 공중에서 들려오는 이 법문을 듣고 알았다. 그래서 그는 눈의 청정, 귀의 청정, 코의 청정, 혀의 청정, 몸의 청정, 뜻의 청정을 얻었다. 그는 육근의 청정함을 얻자마자 다시 2백만 억 년 동안 자신의 생명을 신통력으로 지속시켜 이 '바른 가르침의 백련'이라는 법문을 설했다. 그래서 상불경이라는 이름을 붙인 교만한 비구·비구니·신남·신녀들 모두가 그의 광대한 신통의 위력, 설득하는 웅변력, 지혜의 위력을 보고 가르침을 듣기 위해 따르게 되었다. 그는 다시 다른 백천만 억 나유타의 생명 있는 것들 모두를 위없는 바른 깨달음으로 이끌었다.

득대세여, 이 보살은 대성세계에서 죽은 뒤, 월음왕(月音王)이라는 같은 이름을 가진 이천 억의 많은 여래들을 기쁘게 했으며 항상 이 법문을 설했다. 그는 이어서 마찬가지로 과거의 선근에 의해 태고음왕(太鼓音王)이라는 같은 이름을 가진 많은 여래들을 기쁘게 했으며, 항상 이 '바른 가르침의 백련(白蓮, 법화경)'의 법문을 대중들에게 설했다. 운음왕(雲音王)도 마찬가지였다. 이 모든 경우에 그는 눈·귀·코·혀·몸·뜻의 완전한 청정성을 갖추고 있었다.

득대세여, 이 상불경보살은 이렇게 많은 수백 수천만 억 나유타의 여래들을 공경 공양하고, 찬양 존숭한 뒤, 다시 다른 수백 수천만 억 나유타의 많은 부처님들을 공경 공양하고 찬양 존숭했는데, 그때마다 '바른 가르침의 백련'이라는 법문을 얻었다. 그 뒤 그는 과거의 선근이 완전히 성숙했기 때문에 위없는 바른 깨달음을 얻었다.

득대세여, 그때 그곳의 상불경이라고 불리는 보살은 내가 모르는 이라고 생각해서는 안 된다. 득대세여, 내가 바로 그 상불경보살이었기 때문이다. 만일 내가 이전에 이 법문을 이해하고 수지하지 않았더라면, 이처럼 빨리 위없는 깨달음을 얻을 수는 없었을 것이다. 득대세여, 나는 과거의 여래들로부터 직접 배운 이 법문을 수지 독송하며 설했기 때문에 이렇게 빨리 위없는 바른 깨달음을 얻은 것이다.

또 득대세여, 저 상불경보살에게 악의를 품은 이들은 2백만 억 겁 동안 결코 여래를 보지 못했으며, 가르침이나 승단이라는 말도 들어보지 못했다. 그리고 1만 억 겁 동안 아비대지옥에서 심한 고통을 받았으나, 상불경보살은 그들 모두를 위없는 바른 깨달음으로 이끌었다.

득대세여, 그때 그곳에 상불경보살을 매도하고 조롱한 중생들을 나는 알고 있다. 그들은 바로 이 법회에 온 발타바라를 비롯한 5백 명의 보살들과 사자월(師子月)을 비롯한 5백 명의 비구니들, 사불(思佛)을 비롯한 5백 명의 신녀(信女)들이었기 때문이다. 그러나 모두 위없는 바른 깨달음을 얻어 불퇴전의 자리에 있다.

득대세여, 이처럼 커다란 이익이 있는 법문을 수지 독송하며 가르치면 보살들에게 위없는 바른 깨달음을 가져다 줄 수 있다. 그러니 득대세여, 여래인 내가 완전한 열반에 든 뒤, 보살들은 이 법문을 언제나 수지 독송하고 가르치며 설해야 할 것이다."

제7장
약왕보살본사품(藥王菩薩本事品)
—중생에게 주는 명약—

그때 수왕화(宿王華)보살이 다음과 같이 세존께 말씀드렸다.

"세존이시여, 약왕보살은 왜 이 사바세계를 두루 다니시는 것이옵니까? 더욱이 그에게는 수백 수천만 억의 많은 어려운 일이 있사옵니다. 부디 여래께서는 약왕보살의 수행 중 한 부분이라도 설해 주시옵소서. 그것을 들으면 천신, 용, 야차, 건달바, 아수라, 가루라, 긴나라, 마후라가, 인간과 인간 이외의 것들, 다른 세계에서 온 보살대사들, 또 위대한 성문들 모두가 듣고 기뻐 만족할 것이옵니다."

세존께서는 수왕화보살의 간청을 들으시고 이렇게 말씀하셨다.

"선남자여, 옛날 갠지스 강의 모래알 수와도 같은 겁의 과거세에 일월정명덕(日月淨明德)여래께서 세간에 출현하셨다. 이 여래께서는 지혜와 덕행을 갖춘 선서시고, 세간을 잘 아시는 위없는 분이셨으며, 사람들을 잘 이끄시는 분이시며 천신들과 인간의 스승이시며 세존이셨다. 이 일월정명덕여래에게는 80억의 많은 보살들과 72 갠지스 강의 모래알 수와도 같은 성문들이 속해 있었다. 그 여래께서는 일체중생희견(一切衆生喜見)보살과 위대한 성문들, 보살들을 위해 이 '바른 가르침의 백련(묘법연화경)'이라는 법문을 상세히 설하셨다.

수왕화여, 그 일월정명덕여래의 수명은 매우 길어서 4만2천 겁이며, 그 보살과 위대한 성문들의 수명도 그와 같았다. 일체중생희견보살은 그 세존의 설법을 들으며 어려운 수행에 전념했다. 그는 1만2천 년 동안 경행(經行)의 장소에서 대단한 정진 노력을 하며 명상에 전념했다. 1만2천 년 뒤, 그는 현일체색신(現一切色身) 삼매를 얻었다. 그 삼매를 얻자마자 일체중생희견보살은 만족해서 기뻐하며 이렇게 생각했다. 이 '바른 가르침의 백련(묘법연화경)이라는 법문 덕분에, 나는 현일체색신삼매를 얻었다. 그러니 일월정명덕여래와 바른 가르침의 백련이라는 법문에 공양을 올리도록 하자.'

그때 그는 그 삼매에 들었는데 들자마자 머리 위 공중에서 만다라바와 대만다라바의 많은 꽃비가 내렸다. 또 칼라 아누사린 전단향의 구름이 형성되고, 우라가 사라 전단향의 비가 내렸다. 수왕화여, 그런 향의 종류는 1카르샤[1]가 이 사바세계와 맞먹을 정도로 비싸다.

· · · · · · · ·

1) 카르샤(karṣa)＿무게의 단위. 약 18그램에 상당한다.

수왕화여, 그때 일체중생희견보살은 새로운 마음으로 삼매에서 깨어나 이렇게 생각했다.

'신통력의 기적을 보여 세존께 공양한다 하더라도 자기 몸을 바치는 것보다는 못하다.'

수왕화여, 일체중생희견보살은 그때부터 침향이나 투루슈카, 쿤두루카의 향을 먹고, 참파카 기름을 먹었다. 항상 이렇게 하는 사이에 12년이 지났다.

수왕화여, 희견보살은 12년이 지난 뒤, 자기 몸에 천을 두르고 향유에 적신 뒤, 여래와 '바른 가르침의 백련(묘법연화경)'이라는 법문을 공양하기 위해 굳은 결심으로 자신의 몸에 불을 붙였다.

그때 희견보살의 몸에서 나오는 빛과 불꽃은 80 갠지스 강의 모래알 수와도 같은 여러 세계를 비추었으며, 그 세계에서는 80 갠지스 강의 모래알 수와도 같은 부처님들께서 그에게 찬사를 보내셨다.

'훌륭하구나, 선남자여. 이것이야말로 보살대사들의 참된 정진(노력)의 행위이며, 이것이야말로 여래에 대한 참된 공양이며, 가르침에 대한 참된 공양이다. 꽃·훈향·향수·화만·도향·분향·옷·우산·기·깃발에 의한 공양도, 생활품에 의한 공양도, 또 우라가 사라(海此岸)전단에 의한 공양도 여기에는 미치지 못한다. 선남자여, 이것이야말로 최고의 보시로, 왕위를 버리고 하는 보시도, 사랑스런 자식이나 아내를 버리고 하는 보시도 여기에는 미치지 못한다. 선남자여, 자신의 몸을 희사하는 일은 가르침에 대한 최고이며 최선의 공양이다.'

수왕화여, 그때 부처님들께서는 이렇게 말씀하신 뒤 침묵하
셨다. 그런데 희견보살의 몸에서 나오는 빛은 천 2백 년 동안
이나 계속되다가 꺼졌다. 희견보살은 이렇게 여래와 가르침에
공양한 뒤, 입멸해서 일월정명덕여래께서 계시는 나라인 정덕
(淨德)왕의 집에 태어나 양친의 무릎 위에 결가부좌하여 나타
났다. 다시 태어나자마자 희견보살은 자신의 양친에게 다음과
같이 게송을 읊었다.

> 가장 훌륭하신 왕이시여,
> 여기는 나의 경행의 장소입니다.
> 여기 서서 나는 삼매를 얻었습니다.
> 사랑스런 내 몸을 희사해서
> 확고하게 정진(노력)했고 계율을 지켰습니다.

수왕화여, 일체중생희견보살은 이 게송을 읊고는, 세존의 두
발에 머리를 대고 경례하고 세존 주위를 오른쪽으로 일곱 번
돈 다음, 또 이와 같은 게송으로 찬탄했다.

> 얼굴은 아름다우며,
> 의지는 굳으신 사람 중의 왕이시여,
> 당신의 광명은 사방에 빛나고 있사옵니다.
> 당신께 최고의 공양을 올리기 위해,
> 당신을 뵙기 위해 저는 여기로 왔사옵니다.

수왕화여, 희견보살은 이 게송을 읊은 뒤, 일월정명덕여래께
이와 같이 말씀드렸다. '세존이시여, 당신께서는 아직도 이 세
상에 계시는군요.'

그때 일월정명덕여래께서 희견보살에게 이렇게 말씀하셨다.
'선남자여, 내가 완전한 열반에 들 때가 되었다. 선남자여,
내 생명이 다할 때가 되었다. 그러니 그대는 가서 내가 완전한
열반에 들 수 있도록 침구를 갖추어라. 그리고 그대에게 이 가
르침을 위촉하겠다. 또 이 보살들과 위대한 성문들, 부처님의
깨달음, 보석으로 된 높은 전각, 보배 나무, 나를 섬기는 천자
들도 그대에게 위촉하겠으며, 내가 완전한 열반에 든 뒤 나의
유골(사리)도 위촉하겠다. 선남자여, 그대는 내 사리에 성대한
공양을 올려야 하고 그 사리를 유포시키고 수천의 탑을 세워야
한다.'

수왕화여, 일월정명덕여래께서는 이렇게 말씀하신 뒤 그날
밤 가장 늦은 시간에 무여의열반(無餘依涅槃)[2]에 드셨다.

수왕화여, 그때 일체중생희견보살은 우라가 사라 전단을 장
작으로 쌓아서 여래의 몸에 불을 지폈다. 여래의 몸이 다 타서
재가 되자 그는 사리를 수습하고는 울부짖으며 슬픔에 빠졌다.

수왕화여, 그 뒤 희견보살은 8만4천 개의 칠보로 된 항아리
를 만들게 해서, 그 속에 여래의 사리를 모셨다. 그리고는 위로
는 범천의 세계에 이르기까지 우산이 죽 늘어선, 실과 방울로

• • • • • • • •

2) 무여의열반(無餘依涅槃)__완전한 열반. 두 가지 뜻이 있음. ① 죽음, 입멸.
   ② 완전한 깨달음. 여기서는 ①을 가리킴.

장식된 8만4천의 칠보로 된 탑을 세웠다. 그 탑을 세운 뒤 그
는 이렇게 생각했다.

'나는 일월정명덕여래의 사리 공양을 했다. 그러니 이제부터
는 더 훌륭하게 여래의 사리에 공양을 해야겠다.'

수왕화여, 그때 희견보살은 모든 보살들과 위대한 성문들,
천신들, 용, 야차, 건달바, 아수라, 가루다, 긴나라, 마후라가,
인간과 인간 이외의 것들에게 말했다.

'선남자들이여, 모두 세존의 사리에 공양을 올리겠다는 결의
를 하시오.'

수왕화여, 희견보살은 그때 8만4천의 여래의 사리를 모신 탑
앞에서, 백 가지 복덕에 찬 자신의 팔을 태웠다〔燒身供養〕. 7만
2천 년 동안 태우면서, 여래의 사리를 모신 탑에 공양했다. 공
양을 하면서 그는 모임의 수백 수천만 억 나유타의 헤아릴 수
없는 성문들을 교화했다. 그로써 보살들과 위대한 성문들은 모
두 현일체색신(現一切色身)삼매를 얻었다.

그때 보살들과 위대한 성문들은 희견보살이 불구가 된 것을
보고, 눈물을 흘리며 울부짖으며, 슬픔에 젖어 서로 이렇게 말
했다. '우리들의 스승이며 교화자인 희견보살이 팔을 잃어 이젠
불구가 되어버렸다.'

그때 희견보살이 보살들과 성문들과 천자들에게 말했다.

'선남자들이여, 내가 불구가 된 것을 보고 울부짖거나 슬퍼
해서는 안 된다. 나는 시방의 무량한 세계에 계시는 여러 부처
님들의 증명 아래 그 앞에서 이런 진실의 서언(誓言)을 했다.
내가 여래를 공양하기 위해 내 팔을 희사한다면, 진실과 진실

로 된 말로 해서 내 몸은 금색이 될 것이다. 마찬가지로 진실과 진실된 말로 인해 내 팔은 원래대로 될 것이다. 이 대지도 6종으로 진동할 것이며 하늘에 있는 천자들도 많은 꽃비를 내릴 것이다'라고 말했다.

수왕화여, 일체중생희견보살이 이렇게 맹세의 말을 하자마자 삼천대천세계는 6종으로 진동하고 머리 위 공중에서는 많은 꽃비가 내렸으며 희견보살의 팔은 원래대로 복원되었다. 그것은 희견보살이 지혜의 힘과 복덕의 힘을 가지고 있었기 때문이었다.

수왕화여, 그때 그곳의 희견보살은 다른 사람이라고 생각해서는 안 된다. 왜냐하면 약왕보살이 바로 그 보살이기 때문이다. 약왕보살은 이렇게 수백천 만 억 나유타의 어려운 일을 했으며 나아가서는 자신의 몸을 희사했던 것이다.

수왕화여, 보살의 수레[보살승] 타고 나온 선남자, 선여인들이 위없는 바른 깨달음을 구해 여래의 탑에서 손가락이나 발가락 하나 혹은 발이나 팔을 태운다고 하자. 그런 선남자, 선여인들에게는 보다 많은 복덕이 있을 것이다. 이에 비하면 왕국이나 사랑스런 처자를 희사하는 일·숲·바다·산·샘·연못·강·우물을 포함한 삼천대천세계를 희사하더라도 거기에 미치지 못한다.

수왕화여, 또 보살의 탈것을 타고 나온 선남자, 선여인들이 이 삼천대천세계를 칠보로 채워 모든 부처님과 보살·성문·독각에게 보시한다고 하자. 그렇지만 그 복덕은 이 '바른 가르침의 백련'이라는 법문 중 사구(四句)로 된 게송의 한 구절을 수지하는 것만 못할 것이다.

수왕화여, 예를 들면 대해가 모든 샘·강·연못 중 으뜸인 것처럼, 이 '바른 가르침의 백련'이라는 법문은 여래께서 설하신 모든 경전 중 으뜸이다. 또 수미산이 모든 흑산(黑山), 차크라바다 산〔小鐵圍山〕, 대차크라바다 산〔大鐵圍山〕 중 으뜸인 것처럼, 이 '바른 가르침의 백련(묘법연화경)'이라는 법문은 여래께서 설하신 모든 경전의 왕이며 으뜸이다. 또 빛나는 달이 모든 별들 중 최고인 것처럼, 이 '바른 가르침의 백련'이라는 법문은 수백천만 억 나유타의 달빛보다도 더 훌륭해, 여래께서 설하신 모든 경전 중 최고이다.

수왕화여, 예를 들면 태양이 모든 어둠을 부수는 것처럼, 이 '바른 가르침의 백련'이라는 법문은 선하지 못한 모든 암흑을 부순다. 또 삼십삼천의 신들 중, 제석천이 신들의 왕인 것처럼 이 바른 가르침의 백련이라는 법문은 여래께서 설하신 모든 경전의 왕이다.

또 사바세계의 주인인 범천이 그에 속하는 모든 천신들의 왕이며, 그의 세계에서 부친의 역할을 하는 것처럼, 이 '바른 가르침의 백련'이라는 법문은, 배울 것이 있거나 더 배울 것이 없는 모든 중생들과 성문들·연각들·보살의 수레를 타고 나온 이들의 부친 역할을 한다.

또 수다원·사다함·아나함·아라한·연각이 모든 어리석은 이나 범부들을 넘어서 있는 것처럼, 이 '바른 가르침의 백련'이라는 법문은, 여래께서 설하신 모든 경전을 넘어서 숭고하며, 그 중 으뜸임을 알아야 한다. 실로 이 경전의 왕을 수지하는 중생들도 으뜸임을 알아야 한다.

수왕화여, 보살이 모든 성문이나 연각들의 최고자라고 불리는 것처럼, 이 '바른 가르침의 백련'이라는 법문은 여래께서 설하신 모든 경전 중 최고라고 불린다. 또 여래께서 모든 성문·연각·보살들의 법왕이신 것처럼, 이 '바른 가르침의 백련'이라는 법문은 보살의 수레를 타고 나온 이들에게 있어 여래와 같은 것이다.

또 수왕화여, 이 '바른 가르침의 백련'이라는 법문은 모든 중생들을 온갖 공포로부터 구하며, 온갖 괴로움으로부터 해방시킨다. 목마른 이에게는 연못처럼, 추위에 떠는 이에게는 불처럼, 벌거숭이에게는 옷처럼, 상인들에게는 무역상의 우두머리처럼, 아이에게는 어머니처럼, 강을 건너려는 이에게는 배처럼, 환자에게는 의사처럼, 어둠에 묻힌 이에게는 등불처럼, 재산을 구하는 이에게는 보석처럼, 모든 성주들에게는 전륜왕처럼, 하천에게는 바다처럼, 모든 어둠을 밝히는 횃불처럼, 수왕화여, 이 '바른 가르침의 백련'이라는 법문은 모든 괴로움에서 해방되게 하며, 모든 병을 낫게 하며, 모든 윤회의 공포나 속박의 좁고 가파른 길로부터 벗어나게 한다.

그리고 수왕화여, 이 '바른 가르침의 백련'이라는 법문을 듣는 이, 옮겨 적는 이, 옮겨 적게 하는 이, 그들의 복덕은 부처님의 지혜로도 헤아릴 수가 없다. 선남자·선여인이 이 법문을 듣거나 수지하거나 독송하거나 듣거나 옮겨 적거나 가르치거나 책으로 만들어서 공경하고 공양하며, 또는 꽃·훈향·향수·화만·도향·옷·우산·기·깃발·음악·입을 것·합장·또는 동물

성 기름의 등·향유의 등·참파카 기름의 등·수마나 기름의 등·파타라 기름의 등·바루시카 기름의 등·나바 말리카 기름의 등으로 공양한다고 하자. 그는 부처님의 지혜로도 헤아릴 수 없는 복덕을 쌓을 것이다.

수왕화여, 보살의 수레〔보살승〕 타고 나온 선남자·선여인들이 이 '약왕보살의 과거인연'의 장(章)을 수지 독송하고 듣는다면, 많은 복덕을 쌓을 것이다. 또 만일 여성이 이 법문을 듣고 그 뜻을 파악하고 수지한다면, 다시는 여자의 몸을 받지 않게 될 것이다. 또 5백 년 뒤에 어떤 여성이 약왕보살에 대한 이 장을 듣고 그 가르침대로 수행한다면, 그녀는 죽은 뒤 안락(安樂)세계에 태어날 것이다. 그 세계에서는 아미타여래께서 보살들에게 둘러싸여 계실 것이며 그녀는 연꽃 속의 사자좌에 앉은 채 태어날 것이다.

그녀에게는 탐욕이나 증오·어리석음·교만함이나 아까워하는 마음·성냄·적의가 없을 것이다. 또 거기에 태어나자마자 다섯 가지 신통력을 얻을 것이며, 무생법인(無生法忍)[3]을 얻을 것이다. 수왕화여, 무생법인을 얻은 보살은 청정한 눈을 가질 것이며, 그 눈으로 72 갠지스 강의 모래알 수와도 같은 여래들을 볼 것이다. 그 세존들께서는 그녀에게 찬사를 보내실 것이다.

'장하구나 선남자여, 그대가 바른 가르침의 백련이라는 법문

---

3) 무생법인(無生法忍)_불생 불멸하는 진여법성.

을 듣고 석가여래 밑에서 강설하고 독송하며 수습하며 마음을 집중해서 남을 위해 설법하는 것은 장한 일이다. 그 복덕은 불로도 태울 수 없으며, 물에 흘려 보낼 수도 없으며, 수많은 부처님들도 다 말할 수가 없다. 그대는 악마를 물리쳤으며, 생사라는 적군과 싸워 이겼고, 가시나무와 같은 적을 쳐부수었다. 그대는 수백 수천의 부처님들의 가호를 받고 있으므로, 천신들과 범천과 악마를 포함한 세간에서, 그리고 사문이나 바라문을 포함한 생명 있는 것들 중에서 그대와 필적할 만한 이는 없다. 여래를 제외하고는 성문이든 독각이든 보살이든 복덕이나 지혜에서 또는 삼매에서 그대를 능가할 이는 없다.'

수왕화여, 그 보살은 이렇게 해서 지혜의 힘을 얻게 된다.

수왕화여, 어떤 이가 이 '약왕보살의 과거인연'의 장을 설하는 것을 듣고 찬사를 보낸다면 그의 입에서는 연꽃 향기가 날 것이며, 그의 손발에서는 전단 향기가 날 것이다. 이 법문에 찬사를 보내는 이에게는 방금 이야기한 대로 이 세상의 공덕과 이익이 생길 것이다. 그러니 수왕화여, 후세 5백 년 뒤에 이 염부제에서 이 장이 소실되지 않고 널리 퍼지도록, 그리고 마왕이나 마왕의 부하들·천신들·용·야차·건달바·쿰반다들에게 틈을 주지 않도록, 이 '일체중생희견보살, 즉 약왕보살의 과거인연'의 장을 그대에게 위촉한다.

수왕화여, 그러니 나는 이 염부제에서 이 법문이 오래 수지되도록 신통력을 넣겠다. 그 신통력에 의해 이 법문은 병에 걸려 괴로워하는 중생들에게 약이 될 것이다. 또 이 법문을 듣는다면, 병이나 늙음, 뜻하지 않은 죽음이 닥치는 일이 없을 것이다. 수왕화여, 만일 보살의 수레(보살승)를 타고 나온 어떤 이가, 이 경전을 수지하는 비구를 본다고 하자. 그러면 그는 그 비구에게 전단 가루나 연꽃을 뿌려야 할 것이다. 그리고는 이렇게 생각해야 할 것이다.

'이 선남자는 깨달음의 자리에 올라 풀을 베어 깔개를 만들 것이다. 그리고는 악마와 야차를 정복하고, 가르침의 법나팔을 불 것이며 가르침의 북을 울릴 것이다. 이분은 생사의 바다를 건널 것이다.'

수왕화여, 이처럼 보살의 수레(보살승)를 타고 나온 선남자·선여인은 이 경전을 수지하는 비구를 보고, 이런 생각을 해야 할 것이다. 이렇게 해서 내가 설한 것과 같은 공덕이나 이익이 그에게 생기는 것이다."

그런데 세존께서 '약왕보살의 과거인연'의 장을 설하고 계시는 동안, 8만4천의 보살들이 모두 음성에 정통하게 되는 다라니를 얻었다. 또 다보여래께서 찬사를 보내셨다.

"훌륭하구나. 수왕화여, 그대가 이렇게 생각도 미치지 않는 미덕과 공덕을 갖추신 여래께 질문을 하는 것은 훌륭한 일이다."

제8장 묘음보살품(妙音菩薩品)

— 아름다운 음성, 절묘한 설법 —

그때 석가세존께서는 위대한 이의 모습 가운데 하나인 미간 백호로부터 빛을 발하셨다. 그 빛은 동방에 있는 18 갠지스 강의 모래알 수와도 같은 수백천만 억 나유타의 불국토를 밝게 비추었다. 그 불국토를 지나면 정광장엄(淨光莊嚴) 세계가 있는데, 거기에는 정화수왕지(淨華宿王智)라고 하는 바른 깨달음을 얻어 존경받는 여래께서 광대한 보살들에 둘러싸여 가르침을 설하고 계셨다.

석가여래의 미간 백호에서 나온 빛은 이 정광장엄세계를 아주 밝게 비추었다. 그 정광장엄세계에는 묘음(妙音)이라고 하는 보살이 살고 있었다. 그는 이미 선근을 심었으며, 일찍이 많은 여래들의 빛나는 광명을 본 적이 있으며, 많은 삼매를 얻고 있었다.

즉 묘당상삼매, 법화(法華)삼매, 정덕(淨德)삼매, 수왕희(宿王戱)삼매, 무연(無緣)삼매, 지인(智印)삼매, 월등(月燈)삼매, 해일체 중생어언(解一切衆生語言)삼매, 집일체공덕(集一切功德)삼매, 맑은 마음을 지닌 여인이라는 삼매, 신통유희(神通遊戲)삼매, 혜거(慧炬)삼매, 장엄왕(莊嚴王)삼매, 정광명(淨光明)삼매, 정장(淨藏)삼매, 물의 변만이라는 삼매, 일선(日旋)삼매였다. 묘음보살은 이렇게 갠지스 강의 모래알 수와도 같은 수백천 만 억 나유타의 삼매를 얻고 있었다.

그 빛이 자신의 몸을 비추자, 묘음보살은 자리에서 일어나 한쪽 어깨를 벗고 오른 무릎을 땅에 대고 세존을 향해 합장하고, 정화수왕지여래께 이와 같이 말씀드렸다.

"세존이시여, 저는 석가여래를 뵙고 경례하고 섬기기 위해, 그리고 문수사리보살과 약왕보살, 용시보살, 수왕화보살, 상행보살, 장엄왕보살, 약상보살을 만나기 위해 사바세계로 가겠사옵니다."

그때 정화수왕지여래는 묘음보살에게 이와 같이 말씀하셨다.

"선남자여, 사바세계로 가되 그 세계가 형편없는 곳이라고 생각해서는 안 된다. 그 세계는 평탄하지 못하여 높고 낮음이 있으며, 칼라 산(黑山)으로 둘러싸여 있고, 분뇨 덩어리로 가득차 있다. 또 석가여래와 그 보살들은 키가 작다. 선남자여, 그대의 키는 420만 요자나이고, 내 키는 680만 요자나이다. 또 그대는 청정하고 아름다우며 단정할 뿐만 아니라, 최고로 훌륭한 색을 띠었으며, 수백 수천의 복덕을 갖추고 있다. 그렇다고 해도 선남자여, 사바세계로 가서 여래나 보살들이나 그 국토에 대해 형편없다고 생각해서는 안 된다."

이 말을 들은 묘음보살은 정화수왕지여래께 말씀드렸다.

"세존이시여, 여래께서 말씀하신 대로 하겠사옵니다. 저는 여래의 가호와 힘을 빌려, 또 여래의 자유로운 활동과 장엄과 훌륭한 지혜에 의해 저 사바세계로 가는 것이옵니다."

그때 묘음보살은 그 불국토를 떠나지도 않고 그 자리에서 일어나지도 않은 채 그대로 삼매에 들었다. 삼매에 들자마자 기사굴산에 있는 여래의 법좌 앞에 840만 억 나유타의 연꽃이 출현했다. 그것들은 줄기는 금이고 잎은 은이었으며, 파드마나 킹슈카의 받침을 하고 있었다.

그때 문수사리보살은 연꽃의 장엄이 나타난 것을 보고, 석가여래께 이렇게 말씀드렸다.

"세존이시여, 이 연꽃의 줄기는 금이며 잎은 은이며, 받침은 파드마나 킹슈카입니다. 이런 모습의 840만 억 나유타가 되는 연꽃이 나타난 것은 무슨 징조이옵니까?"

이렇게 여쭙자 세존께서는 문수사리보살에게 이렇게 말씀하셨다.

"문수사리여, 이것은 정화수왕지여래의 불국토인 동방의 정광장엄세계로부터 묘음보살이 840만 억 나유타의 보살들에 둘러싸여 존경받으며, 나를 경례하고 섬기기 위해, 또 '바른 가르침의 백련(白蓮, 법화경)'이라는 법문을 듣기 위해 이 사바세계로 오기 때문이다."

문수사리보살은 다시 세존께 이렇게 말씀드렸다.

"세존이시여, 그 선남자는 선근을 거듭 쌓았기 때문에 이처럼 훌륭한 능력을 얻은 것이옵니까? 도대체 그는 어떤 선근을 쌓았으며, 어떤 삼매에서 수행한 것이옵니까? 세존이시여, 저희들은 그 삼매에 대해 듣고 싶으며, 또 그 삼매에서 수행해 보고 싶사옵니다. 또 저희들은 그 보살이 어떤 색이고 어떤 형태이며, 어떤 특징을 지니고 어떤 모습이며 어떤 행동을 하고 있는지 그 보살을 보고 싶사옵니다. 그러니 세존이시여, 그 보살이 당장이라도 이 사바세계로 올 수 있도록 말씀해 주시옵소서."

석가여래께서는 곧 완전한 열반(입멸)에 드신 다보여래께 다음과 같이 말씀하셨다.

"묘음보살이 다시 이 사바세계로 올 수 있도록 말씀해 주십시오."

그러자 다보여래께서는 묘음보살에게 이런 말씀으로 신호를 보내셨다.

"선남자여, 이 사바세계로 오너라. 문수사리보살이 그대를 만나고 싶어한다."

그때 묘음보살은 정화수왕지여래의 두 발에 머리를 대고 예배하고, 많은 보살들에 둘러싸여 존경받으며, 정광장엄세계로부터 이 사바세계에 왔다. 묘음보살은 푸른 연꽃 같은 눈과 수백 수천 억의 달과 비길 만한 얼굴을 하고 있었으며, 몸은 금색에다 수백 수천 복덕의 상서로 장식된 몸을 가졌고, 위엄의 빛으로 빛나 있었다. 또 신체는 여러 가지 뛰어난 모습으로 장식되어 있었으며, 칠보로 된 누각에 올라 보살들에 둘러싸여 존경받으면서 왔다.

그는 사바세계의 기사굴산에 가까워지자, 누각에서 내려와 값 있는 진주 목걸이를 손에 들고 세존이 계시는 곳으로 다가

갔다. 그리고는 세존의 두 발에 머리를 대고 예배하고 오른쪽
으로 일곱 번 돈 다음 진주 목걸이를 세존께 드렸다. 그리고는
세존께 이렇게 말씀드렸다.

"정화수왕지여래께서는 석가세존께서 무병무재하시며 생활
이나 몸은 어떠신지 또 평안히 지내시는지 안부를 물으셨사옵
니다. 그리고 이런 말씀을 하셨사옵니다.

'석가세존이시여, 몸의 상태는 좋으시며 만사가 순조로우시
며 지내시기에 불편함은 없으신지요? 중생들의 마음씨는 고우
며, 쉽게 교화해서 바로 잡을 수 있는지요? 그들의 몸은 청정한
지요? 그리고 애착이나 증오나 미혹에 움직이지는 않는지요?
세존이시여, 중생들이 반항적이거나 부모를 존경하지 않거나
질투심이 많거나 사문이나 바라문을 존경하지 않거나 잘못된
견해를 믿거나 마음을 다스리지 못하거나 감관이 다스려지지
않았는지요? 또 악마라는 적을 무찌르고 있는지요? 세존이시
여, 다보여래께서는 완전한 열반에 드셨지만 가르침을 듣기 위
해 사바세계에 오셔서 칠보로 된 탑 중앙에 앉아 계시는지요?'
라고 말입니다.

또 정화수왕지여래께서는 다보여래에 대해 묻고 계시옵니다.

'세존이시여, 다보여래께서는 평안히 잘 지내고 계신지요? 이
사바세계에 오래 머물고 계시는지요?'라고 말입니다.

세존이시여, 저희들도 다보여래의 유체(遺體)를 모두 보고 싶
사옵니다. 그러하오니 다보여래의 유체 모두를 저희들에게 보
여 주시옵소서."

석가여래께서는 완전한 열반에 드신 다보여래께 이렇게 말

씀하셨다.

"세존이시여, 이 묘음보살대사는 완전한 열반에 드신 다보여래를 뵙고 싶어합니다."

다보여래께서는 묘음보살에게 이렇게 말씀하셨다.

"훌륭하구나, 선남자여. 그대가 나와 석가여래를 만나려고 이곳에 온 것은 훌륭한 일이다. 또 '바른 가르침의 백련'이라는 법문을 듣기 위해 그리고 문수사리보살을 만나기 위해 이곳에 온 것은 훌륭한 일이다."

그러자 화덕(華德)보살이 세존께 이렇게 여쭈었다.

"세존이시여, 묘음보살은 이전에 어떤 선근을 심었사옵니까? 또 어느 여래 밑에서 그런 선근을 심었사옵니까?"

석가여래께서 화덕보살에게 말씀하셨다.

"선남자여, 옛날 그러니까 헤아릴 수 없이 광대하고 무량한 겁의 과거세에 운뢰왕(雲雷王)이라고 하는 여래께서 세간에 출현하셨다. 그것은 현일체세간(現一切世間)이라는 세계이며, 희견(喜見)이라는 겁 때였다. 그 여래께서는 지혜와 덕행을 갖추신 선서시며, 세간을 잘 아는 위없는 분이시며, 사람들을 잘 이끄시는 분이시며 천신들과 인간의 스승이시며 세존이셨다.

선남자여, 묘음보살은 이 운뢰왕여래께 수백 수천의 악기를 연주하며 120만 년 동안 공양을 올렸으며, 8만4천 개의 칠보로 된 그릇을 헌상했다. 그 여래의 설법을 듣고 묘음보살은 이런 영광에 도달한 것이다.

선남자여, 운뢰왕여래께 공양을 올리고 8만4천의 그릇을 헌상한 그때 그곳의 묘음보살을 다른 사람이라고 생각해서는 안 된다. 왜냐하면 여기에 있는 묘음보살이야말로 그때에 운뢰왕 여래에게 공양을 올린 묘음보살이기 때문이다. 이처럼 묘음보 살은 많은 부처님을 섬기고 수백 수천의 부처님 밑에서 선근을 심어, 부처님이 될 준비를 했다. 또 묘음보살은 이미 갠지스 강 의 모래알 수와 같은 부처님을 뵈었다. 화덕이여, 그대는 묘음 보살을 보고 있는가?"

화덕보살이 대답했다.

"세존이시여, 보고 있사옵니다."

세존께서 말씀하셨다.

"그런데 화덕이여, 묘음보살은 어떤 때는 범천의 모습으로, 어떤 때는 루드라[1]의 모습으로, 또 어떤 때는 제석(帝釋)이나 자재천(自在天), 천대장군(天大將軍), 비사문천왕, 전륜왕, 성주, 무역상의 우두머리, 가장(家長), 마을사람, 바라문의 모습으로 '바른 가르침의 백련(白蓮, 법화경)'이라는 법문을 설한다. 또 비 구나 비구니·신남·신녀·남자·여자의 모습으로 중생들에게 이 '바른 가르침의 백련'이라는 법문을 설했다.

또 어떤 이에게는 야차의 모습으로, 어떤 이에게는 아수라, 가루라, 긴나라, 마후라가의 모습으로 이 법문을 설했다. 그뿐 아니라 지옥, 축생, 야마의 세계나 불행한 세계에 태어난 중생 들에게도 이 법문을 설해 그들을 구제했다. 나아가서는 후궁 속에 있는 중생들을 위해 여성의 모습으로 나타나 이 법문을

· · · · · · · · ·

1) 루드라(Rudra)＿베다에 나타나는 신. 무서운 폭풍우의 신.

설했다.

　이렇게 해서 이 사바세계에 있는 모든 중생들에게 그는 가르침을 설하였으므로 그는 사바세계에 태어난 중생들의 구제자이다. 묘음보살은 이 사바세계에서 많은 모습으로 '바른 가르침의 백련'의 법문을 중생들에게 설하지만, 선한 이의 신통력이나 지혜를 손상시키는 일은 없다.

　선남자여, 묘음보살은 이렇게 많은 지혜의 빛에 의해 이 사바세계에 알려져 있다. 또 갠지스 강의 모래알 수와 같은 다른 세계에서도 보살이 교화해야 할 중생들에게는 보살의 모습으로 가르침을 설한다. 마찬가지로 성문이 교화해야 할 중생들에게는 성문의 모습으로, 연각이 교화해야 할 중생들에게는 연각의 모습으로, 여래가 교화해야 할 중생들에게는 여래의 모습으로 가르침을 설하며, 여래의 사리로 교화해야 할 중생들에게는 여래의 사리를 보인다. 완전한 열반으로 교화해야 할 중생들에게는 완전한 열반에 든 자신을 보인다. 화덕이여, 이렇게 해서 묘음보살은 지혜의 힘을 얻은 것이다."

　화덕보살이 세존께 여쭈었다.

　"세존이시여, 묘음보살은 선근을 심은 이이옵니다. 세존이시여, 묘음보살은 삼매에 들어 이렇게 많은 중생들을 교화했는데, 그 삼매는 어떤 것이옵니까?"

　이런 질문을 받자 석가여래께서는 화덕보살에게 이렇게 말씀하셨다. "선남자여, 그것은 현일체색신이라는 삼매이다. 묘음보살은 그 삼매에 들어 헤아릴 수 없이 많은 중생들을 이롭게 했다."

그런데 이 묘음보살품이 설해지고 있는 동안, 그와 함께 이 사바세계에 온 840만 억 보살들도 모두 현일체색신삼매를 얻었으며, 이 사바세계에 있는 헤아릴 수 없는 수많은 보살들도 모두 현일체색신삼매를 얻었다.

묘음보살은 석가여래와 다보여래의 사리를 모신 탑에 성대한 공양을 올린 뒤, 다시 칠보로 된 누각에 올라 모든 국토를 진동시키고, 연꽃의 비를 내리게 하고, 많은 악기를 연주시키고, 많은 보살들에 둘러싸여 존경받으며 자신의 불국토로 돌아갔다. 묘음보살은 자신의 불국토에 도착하여 정화수왕지여래께 이렇게 말씀드렸다.

"세존이시여, 저는 사바세계에 있는 중생들을 이롭게 하였사옵니다. 그리고 다보여래의 사리를 모신 탑에 예배하였으며, 석가여래도 뵙고 예배하였사옵니다. 또 문수사리보살과 힘차게 정진하는 약왕보살과 용시보살도 만났사옵니다. 그리고 840만 억 나유타의 보살들은 현일체색신삼매를 얻었사옵니다."

이 '묘음보살품'이 설해지고 있는 동안, 4만2천의 보살들이 무생법인을 얻었으며, '바른 가르침의 백련'이라는 삼매를 얻었다.

제9장
관세음보살 보문품(觀世音菩薩普門品)
—중생의 고통소리를 듣다—

그때 무진의(無盡意)보살이 자리에서 일어나, 한쪽 어깨를 벗고, 오른 무릎을 땅에 대고, 세존을 향해 합장하며 말씀드렸다.

"세존이시여, 관세음보살은 무슨 까닭으로 '관세음'이라고 불리옵니까?"

세존께서는 무진의보살에게 이렇게 말씀하셨다.

"선남자여, 이 세상에서 살고 있는 수백천만 억 중생들은 다 저마다 괴로움에 싸여 있다. 그런데 그들이 만일 관세음보살의 이름만 부른다면, 그들은 모두 괴로움으로부터 벗어나게 될 것이다. 또 선남자여, 마음속으로 관세음보살의 이름을 지니는 사람은 비록 큰 불덩이 속에 떨어지더라도 관세음보살의 힘으로 구출될 것이다.

선남자여, 만일 중생들이 강물에 떠내려가고 있을 때에도 관세음보살의 이름을 부른다면, 그 강은 얕은 여울이 될 것이다.

또 수백천만 억 나유타의 중생들이 배를 타고 금·은·보석·진주·유리·수정·산호·호박 등을 찾아 바다로 나갔을 때, 폭풍을 만나 전복될 위기에 처했더라도, 그 가운데 한 사람이라도 관세음보살을 부르는 이가 있다면 그들은 모두 구출될 것이다. 선남자여, 이런 까닭에 '마음대로 자재롭게 중생의 목소리를 관찰한다'는 뜻에서 관세음보살이라고 부르는 것이다.

선남자여, 만일 어떤 이가 처형되려고 할 때, 관세음보살의 이름을 부른다면, 사형집행인의 칼이 부러질 것이며, 삼천대천세계가 야차나 나찰로 가득하다 하더라도 어떤 이가 관세음보살의 이름을 부른다면, 모든 사악한 무리들은 그를 볼 수가 없을 것이다. 또 선남자여, 죄가 있든 없든 어떤 이가 목에 칼을 씌우고 쇠고랑·사슬 등에 묶여 있더라도, 관세음보살의 이름을 부른다면 저절로 풀릴 것이다. 선남자여, 관세음보살의 위신력은 이와 같다.

선남자여, 칼을 든 폭도나 도적들이 가득 차 있는데, 한 상인의 우두머리가 무리를 이끌고 값비싼 보석을 많이 지니고 지나간다고 하자. 도중에 칼을 든 도적들을 만나, 어찌할 줄을 모르고 있을 때, 우두머리가 '두려워하지 말고 모두 일제히 관세음보살의 이름을 불러라. 그리하면 구출될 것이다'라고 말했을 때, 상인들이 일제히 '관세음보살께 경례하옵나이다. 경례하옵나이다'라고 한다면 그들은 곧바로 위험에서 벗어날 것이다. 선남자여, 관세음보살의 위력은 이와 같다.

선남자여, 탐욕에 빠진 중생들이 관세음보살께 경례하면 탐욕 없는 이가 되며, 증오에 빠진 중생들이 경례하면 증오 없는 이가 되며, 무지(無知)에 헤매는 중생들이 경례하면 무지로부터 벗어나게 된다. 선남자여, 관세음보살은 이렇게 위대한 신통을 지닌 분이다.

또 선남자여, 사내아이를 원하는 여인이 관세음보살을 공경하면 사내아이가 생길 것이다. 더욱이 그 사내아이는 미남이고 품위가 있으며, 남자의 특징을 갖추고 있으며, 많은 이들의 사랑을 받으면서 선근을 심을 것이다. 딸을 원하는 여인에게는 용모가 단정한 딸을 얻게 될 것이다. 선남자여, 관세음보살의 위력은 이와 같다.

또 선남자여, 관세음보살에게 경례하고 그 이름을 마음에 지니는 이들에게는 좋은 결과가 생길 것이다. 선남자여, 어떤 이가 관세음보살에게 경례하고 그 이름을 마음에 지니고, 또 어떤 이는 62 갠지스 강의 모래알 수와 같은 부처님께 경례하고, 또 어떤 이는 지금 계시는 많은 세존께 법의·탁발의 음식물·침대·좌구·의약품 등 생활필수품을 공양한다고 하자. 선남자여, 그대는 어떻게 생각하는가? 그 선남자·선여인은 얼마나 많은 복덕을 쌓겠는가?"

무진의보살이 대답하였다.

"세존이시여, 참으로 많을 것이옵니다. 그 선남자·선여인은 많은 복덕을 쌓을 것이옵니다."

세존께서는 말씀하셨다.

"선남자여, 62갠지스 강의 모래알 수와 같이 많은 부처님들을 공경해서 쌓은 복덕과 한 번이라도 관세음보살을 공경하고 그 이름을 마음에 지닌 복덕은 비교한다면 같을 것이다. 또 많

은 부처님들을 공경하고 그 이름을 마음에 지니는 일과, 관세
음보살을 공경하고 그 이름을 마음에 지니는 일, 이 둘의 복덕
은 비슷하여 쉽게 헤아릴 수가 없다. 선남자여, 관세음보살의
이름을 마음에 지니는 데서 얻어지는 복덕은 이렇듯 이루 헤아
릴 수가 없는 것이다."

무진의보살이 다시 세존께 여쭈었다.

"세존이시여, 관세음보살은 어떻게 이 사바세계를 보살폈으
며, 또 어떻게 중생들에게 가르침을 폈사옵니까? 관세음보살의
절묘한 방편은 어떠한 것이옵니까?"

세존께서 무진의보살에게 말씀하셨다.

"선남자여, 관세음보살은 부처님의 모습으로 중생들에게 가
르침을 설하는 때도 있으며, 보살의 모습으로 가르침을 설하는
때도 있다. 또 어떤 중생들에게는 연각의 모습으로, 어떤 중생
들에게는 성문의 모습으로, 어떤 중생들에게는 범천의 모습으
로, 어떤 중생들에게는 제석천의 모습으로, 또 어떤 중생들에
게는 건달바의 모습으로 가르침을 설한다. 야차의 모습으로 교
화해야 할 중생들에게는 야차의 모습으로, 자재천(自在天)의 모
습으로 교화해야 할 중생들에게는 자재천의 모습으로, 대자재
천의 모습으로 교화해야 할 중생들에게는 대자재천의 모습으
로, 전륜왕의 모습으로 교화해야 할 중생들에게는 전륜왕의 모
습으로, 악귀의 모습으로 교화해야 할 중생들에게는 악귀의 모
습으로, 비사문(毘沙門)의 모습으로 교화해야 할 중생들에게는
비사문의 모습으로, 장군의 모습으로 교화해야 할 중생들에게
는 장군의 모습으로, 바라문의 모습으로 교화해야 할 중생들에

게는 바라문의 모습으로, 집금강신(執金剛神)의 모습으로 교화
해야 할 중생들에게는 집금강신의 모습으로 가르침을 설한다.

선남자여, 관세음보살은 이처럼 생각을 초월한 공덕을 갖추
고 있다. 그러므로 선남자여, 그대들은 마땅히 관세음보살에게
공양을 올려라. 선남자여, 관세음보살은 공포증에 걸려 있는
중생들에게 안전을 가져다 준다. 그러므로 사바세계에서 관세
음보살은 두려움을 없애 주는 보살, 안전을 가져다 주는 보살,
즉 시무외자(施無畏者)라고 불린다."

그때 무진의보살이 세존께 이렇게 말씀드렸다.

"세존이시여, 저는 관세음보살에게 선물과 공양을 올리겠사
옵니다."

세존께서 말씀하셨다.

"선남자여, 지금 그대가 선물하고 싶은 것을 선물하도록 하
여라."

그러자 무진의보살은 자신의 목에서 수천 금의 가치가 있는
진주 목걸이를 벗어서 관세음보살에게 공양하면서 "벗이여, 이
물건을 받아주십시오"라고 말했다. 관세음보살이 받으려고 하
지 않자 무진의보살이 이렇게 말했다.

"관세음보살이여, 그대는 이 진주 목걸이를 우리들에 대한
자비로써 받아주십시오."

그러자 관세음보살은 무진의보살과 4중(四衆)[1]과 천신들·

....

1) 4중(四衆)__부처님이 설법하실 때, 그 자리에 있던 대중의 시종(始終)에
   따라서 네 가지로 나눈 것. 발기중(勃起衆)·당기중(當機衆)·영향중(影

용·야차·건달바·아수라·가루라·긴나라·마후라가·인간과 인간 이외의 것들에게 자비를 보이면서 그 진주 목걸이를 받았다. 그리고는 그 목걸이를 둘로 나누어 하나는 석가세존께 바치고, 또 하나는 다보여래를 모신 탑에 바쳤다.

"선남자여, 관세음보살은 이런 신통변화에 의하여 이 사바세계를 편력하면서 보살핀다."

그때 세존께서 게송을 설하셨다.

무진의보살이 나에게
"눈부시게 아름다운 깃발을 가지신 세존이시여,
무슨 이유로 이 승리자들의 아들을 '관세음'이라고
부르는 것입니까?"라고 물었다.

선남자여, 관세음보살은 모든 생존에서
근심과 걱정, 괴로움을 없애주는 이다.
그의 이름을 듣고 깊이 마음속으로 생각한다면
생명 있는 모든 것들은 반드시 좋은 결과를 얻게 될 것이다.

어떤 사악한 이가 착한 이를 살해하려고
불구덩이 속으로 떨어뜨렸다 하더라도
관세음을 생각하면 물을 뿌리는 것처럼 곧 불이 꺼질 것이다.

• • • • • • • •

響衆)·결연중(結緣衆).

어떤 이가 용·마카라(바다의 괴물)·
아수라 등 귀령(鬼靈)들이 사는 바다에 들어갔다 하더라도
관세음보살을 생각하면 바닷 속으로 가라앉지 않을 것이다.

사악한 어떤 사람이 그를 죽이려고
산꼭대기에서 떨어뜨렸다 하더라도
관세음보살을 생각하면 곧 태양처럼 정지할 것이다.

또 금강석으로 된 산을 그 사람의 머리에 던졌다 하더라도
관세음보살을 생각하면 털끝만큼도 상처를 입지 않을 것이다.
또 칼을 든 적들에게 둘러싸여 있다 하더라도
관세음을 생각하면 적들은 즉시 연민심을 갖게 될 것이다.

어떤 이가 처형장에서 관세음보살을 생각하면
사형집행인의 칼은 산산조각이 나게 될 것이다.
나무나 쇠로 된 수갑·족쇄·사슬로 묶여 있더라도
관세음보살을 생각하면 사슬이 즉시 풀릴 것이다.

주문·주법(呪法)·독초·귀령·베타다〔愧物〕 등
사람의 몸을 해치는 것들도 관세음을 생각하면
도리어 그것을 사용한 자에게 되돌아갈 것이다.

사람들의 정력을 빼앗는 야차·용·아수라·귀령·
나찰 등에 에워싸여 있더라도 관세음보살을 생각하면

털끝만큼도 상처를 입지 않을 것이다.

날카로운 이빨이나 손톱을 지닌
아주 무서운 맹수에게 에워싸여 있더라도
관세음을 생각하면 즉시 사방팔방으로 흩어질 것이다.

타오르는 불꽃과 같은 빛으로 노려보기만 해도
목숨이 위태로운 무서운 뱀에게 에워싸여 있다고 하더라도
관세음을 생각하면 그 뱀의 독은 즉시 없어질 것이다.

천둥소리를 내는 먹구름이 나타나
번개와 함께 소낙비를 뿌리더라도
관세음을 생각하면 즉시 먹구름이 사라질 것이다.

수백 가지 괴로움에 시달리고 있는 중생들을 보고,
지혜의 힘이 청정한 관세음보살은 환히 관찰해서
신들을 포함한 세간의 구제자가 될 것이다.

관세음보살은 신통력을 완전히 갖추었고
광대한 지혜와 절묘한 방편을 다 익혔으므로
시방의 모든 세계, 모든 국토에 남김없이 나타난다.

또 가르침을 들을 수 없는 불우한 처지나
나쁜 처지에서 두려움을 갖거나

지옥, 축생, 그리고 염마의 지배 아래 있거나
생로병사의 고통을 받고 있는 것들도
관세음을 생각하면 괴로움으로부터 벗어나리라.

  그때 무진의보살은 기쁨과 만족을 느끼며 이러한 게송을 읊
었다.

맑고 자비롭고 지혜로운 눈을 지닌 이여,
가엾이 보는 청정한 눈을 지니고
아름다운 얼굴과 눈을 지닌 매력이 넘치는 이여,

청정무구하며 더러움 없는 빛,
햇빛처럼 어두움이 없는 지혜의 빛,
바람에 흔들리지 않는 불꽃같은 빛을 갖춘 이여,
당신은 스스로 빛나며 세계를 비춘다.

자애로 된 계율이라는 천둥소리를 내며,
바른 덕과 자비의 마음을 지닌 큰 구름이여,
당신은 감로의 비를 내려 뭇 중생들의 번뇌의 불을 끈다.

싸움 · 논쟁 · 전투를 할 때,
전쟁에 대해 심한 공포에 빠져 있을 때에도
관세음을 생각하면 사악한 적의 무리는 물러갈 것이다.

천둥소리와 같은 음성, 큰북과 같은 소리,
대해와 같은 소리, 범천처럼 아름다운 음성 등
완벽한 음성을 갖추고 있는 관세음보살을 생각하라.

그대들은 항상 생각하여라.
청정한 분인 관세음보살을 생각하여라.
절대 관세음보살을 의심하지 말지니,
관세음보살은 죽음이나 괴로움·재난을 만났을 때,
보호자가 되고 피난처가 될 것이며, 최후의 의지처가 될 것이다.

관세음보살은 모든 공덕의 완성에 도달했으며,
모든 중생을 자비로운 눈, 연민의 마음으로 본다.
그러므로 공덕의 큰 바다인 관세음보살을 예배해야 한다.

이 세간 사람들에게 자애가 깊은 관세음보살은
미래세에 부처님이 될 것이다.
모든 괴로움과 공포, 근심을 없애 주는
관세음보살에게 나는 경례한다.

세자재왕(世自在王)을 지도자로 하는 법장비구는
세간의 공양을 받고 수백 겁 동안 수행해서
번뇌로부터 벗어나 위없는 깨달음을 얻어
무량광여래가 되었다.

관세음보살은 그 무량광여래를
좌우에서 보좌하면서 모셨고,
일체는 환상과 같다는 삼매에 의해
모든 세계로 가서 승리자께 공양을 올렸다.

서쪽 세계는 행복의 원천이며,
더러움 없는 극락세계가 있는데
거기에는 중생을 잘 이끄시는
무량광이라는 지도자께서 지금 계신다.

거기에는 여성이 태어나는 일이 없으며,
양성(兩性)이 합하는 관습도 없다.
그곳의 승리자의 자식들은 무구(無垢)하며,
자연히 생긴 화생(化生)으로 연화대 위에 앉아 있다.

지도자이신 무량광여래께서도 더러움 없는
아름다운 연화대 속의 사자좌에 앉아
샬라왕처럼 빛나고 계신다.

관세음보살도 이 세계의 지도자였으며,
3계에서 그와 같은 분은 없다.
그를 찬탄해서 '나도 빨리 복덕을 쌓아
당신과 같은 최고자가 되겠습니다'라고 한다.

그때 지지(持地)보살이 자리에서 일어나
한쪽 어깨를 벗고 오른 무릎을 땅에 대고,
세존을 향해 합장 경례하면서 이렇게 말씀드렸다.

"세존이시여, 이 법문 가운데
「관세음보살 보문품」을 듣는 중생들은
대단히 많은 선근을 쌓은 중생들일 것이옵니다."

세존께서 「관세음보살 보문품」을 설하시자 그 자리에 있던 8만4천의 생명 있는 것들이 모두 위없는 지고한 바른 깨달음을 향해 발심을 하였다.

* * * * *

'바른 가르침의 백련(白蓮, 묘법연화경)'은 최상의 법문이고, 가장 훌륭한 경전이며, 광대하며, 보살을 위한 가르침이며, 모든 부처님들께서 지지하시는 것이다.

모든 부처님들의 가장 깊은 가르침이며, 모든 부처님들께서 비장(秘藏)하시는 것이며, 모든 부처님들께서 설하신 것이며, 모든 부처님들의 비밀의 이치이며, 모든 부처님들의 보리좌이며, 모든 부처님들이 굴리는 가르침의 법륜〔轉法輪〕이며, 모든 부처님들의 완전무결한 유신(遺身)이다. 모든 절묘한 방편이며, 최고의 진리인 일승(一乘, 일불승, 대승)을 설하시는 가르침이며, 최고의 진실을 실현하시는 가르침이다.

이 '바른 가르침의 백련〔妙法蓮華經〕'이 끝났다.

유마경

무비 번역

[한 권으로 읽는 대승경전]에 수록된 『유마경』은 핵심이
되는 7품만 수록하였다. 7품은 다음과 같다.
불국품(佛國品)·방편품(方便品)·문수사리문질품(文殊
師利問疾品)·부사의품(不思議品)·관중생품(觀衆生品)·
불도품(佛道品)·입불이법문품(入不二法門品).

유마경 해설

1. 유마경의 사상과 가르침

『유마경(維摩經)』은 『유마힐소설경(維摩詰所說經, 유마힐이 설한 경)』의 약칭이다. 산스크리트(범어) 원명은 『비말라키르티 수트라(Vimalakīrti Sūtra)』이다.

『유마경』의 주인공은 유마힐(維摩詰, 유마거사)이다. 유마힐은 비말라 키르티(Vimalakīrti)의 음역(音譯)으로 풀이하면 '깨끗한 이름[淨名]' 또는 '때 묻지 않는 이름[無垢稱]'이라는 뜻이다.

『유마경』은 대승불교의 핵심인 공사상의 체득과 그 실천을 설한 경전이다. 불이(不二, 둘이 아닌 하나)의 관점에서 사물을 분별하지 말고 하나로 관찰할 것을 강조하고 있다.

유마경의 으뜸가는 명구는 '중생이 아프면 나도 아프다'는 것이다. 중생의 마음이나 육체가 아프면 나 역시 아프고, 즐거우면 나 역시 즐겁다'고 하는 명구만 보더라도 유마경은 보살도를 설하고 있는 대표적인 대승경전임을 알 수 있다. '중생과 나'

가 둘이 아닌 하나라는 것은 곧 생명 있는 존재뿐만 아니라 모든 것을 둘로 보지 말고 하나로 보라는 것이다. 삶과 죽음도 하나로 보고, '번뇌와 보리(진리)'도 하나임을 체득할 때 그것이 '진정한 깨달음이다'라고 한다.

『반야경』이 공사상의 정립에 초점을 두고 있다면, 『유마경』은 공사상의 실천에 초점을 두고 있다. 따라서 유마경은 반야경 이후에 성립한 경전, 대승불교의 공사상이 상당히 진행되어 가고 있던 시점에 형성된 경전으로 대승경전 중에서도 그 성립이 오래된 것 중의 하나이다.

한편 『유마경』은 『금강경』, 『반야심경』 등 반야부 경전과는 달리 현실을 매우 긍정적으로 받아들이는 특징이 있다. 부정을 뒤집으면 긍정이 되는 것처럼, 유마경에서는 현실 그대로가 곧 '니르바나의 세계,' '불도(佛道)의 세계'임을 강조하고 있는데, 그 대표적인 구절이 번뇌즉보리(煩惱卽菩提, 번뇌가 곧 보리/진리), 생사즉열반(生死卽涅槃, 생사의 세계가 곧 니르바나의 세계)이다.

또 『유마경』에는 "마음이 청정하면 국토도 청정하다." "중생이 아프면 나도 아프다" 등 명구가 매우 많다. 특히 중국에서 널리 읽혔으며, 초기의 선종(禪宗)에서 매우 중요시된 경전이다.

『유마경』은 재가의 거사인 유마힐을 중심인물로 내세워, 기존의 불교(소승)가 출가중심주의, 그리고 형식적인 데 치우쳐 있음을 철저하게 비판함과 동시에, 대승불교의 참다운 뜻을 설파하고, 대승불교가 진정한 불교임을 역설하고 있다.

유마거사는 세간에서 살아가는 재가거사(居士)로서 불교의 높은 경지를 체득한 이다. 그는 청정한 행위를 실천하며, 가난한 사람들을 도와주고, 선하지 못한 사람들을 올바른 길로 이끌었다. 그는 재가신자들의 이상적인 모습〔理想像〕이자 모든 불교도들의 이상상이다. 출가하지 않고 세속에 있으면서 불도(佛道)를 실천할 수 있고, 나아가 불도를 완성할 수 있음을 설하는 것 또한 이 경의 중요한 특징이다.

유마거사가 사는 바이샬리, 즉 비야리 성(城)은 중인도 갠지스 강 지류인 간다아크 강(江)의 연안에 발전된 상업도시이다. 당시 바이샬리는 화폐 경제가 발달하였고, 진취적이고 자유로운 정신이 넘쳐흘렀던 곳이었다. 따라서 유마거사는 이 시대의 자유사상가이고, 진취적이며 비판적인 정신을 대표한다.

2. 중생이 아프면 내가 아프다, 대승불교의 선언

유마경의 성립 연대는 확실하지 않지만, 대개 1~2세기경으로 추정하고 있다. 이 경의 또 다른 이름은 『불가사의해탈경(不可思議解脫經)』인데 그것은 제14장 「촉루품」에서 부처님이 아난에게 "이 경을 불가사의 해탈문이라고 이름 한다."라고 한 것에 근거해서 붙여진 이름이다. 이 경의 내용이 상식이나 이론을 초월한 불가사의한 경지를 서술하고 있기 때문이다.

이 경의 스토리는 이렇다.

유마거사가 하루는 병을 핑계로 몸져누웠다. 문병을 오는 많은 사람들에게 대승의 가르침을 설해 주기 위한 목적으로 병을 자청한 것이다. 유마거사가 병으로 누워 있다는 소식을 듣고 석가모니 부처님께서는 10대 제자들에게 당신을 대신하여 문병을 다녀올 것을 부탁한다. 그러나 일찍이 유마거사로부터 힐난을 받은 적이 있는 제자들과 보살들은 극구 사양한다. 유마거사는 대승의 궁극적 가르침을 깨달았기 때문에 병문안을 가서 그와 대화하는 것이 두렵기 때문이었다.

마침내 반야공의 지혜를 상징하는 문수보살이 문병을 가게 된다. 많은 사람들은 이 두 대사(大士)의 법담을 경청하기 위하여 구름처럼 모여 들었다. 두 사람은 상대적인 것에 얽매이지 않고 자유자재하게 대화한다. 마지막에 이르러 문수보살은 유마거사에게 불이법문(不二法門)에 대하여 묻는다. 유마거사는 침묵, 즉 양구(良久)로 대변한다. 선어에 '개구즉착(開口卽着)'이라는 말과 같이, '불이(不二)란 무엇이다'라고 말을 하는 그 순간 핵심에서 벗어나기 때문이다. 한편 유마거사는 그 순간 문수보살의 묵언이야말로 참다운 불이법문이라며 극찬한다. 유마경의 압권은 이 불이법문을 설하고 있는 입불이법문품(入不二法門品)이다. 유마거사는 기존의 출가 중심의 불교에 대한 비판을 통해 당시 불교의 문제점을 비판·지적하고 있는데, 한마디로 '유마경은 대승불교 운동의 선언서'라고 표현한다.

유마경의 주요 내용을 살펴보면 다음과 같다.

첫째, '현실의 국토가 곧 불국토(佛國土)'라는 관점이다. 불국토는 이상적인 세계가 아니라 우리가 살고 있는 이곳이 바로 불국토라는 것이다. 「불국품」에서는, "직심(直心), 심심(深心), 보리심(菩提心)이 보살의 정토이다." "이 마음이 청정하면 불국토도 청정하다."라고 말하고 있는데, '불국정토'라는 것은 그것을 실현하고자 하는 보살의 실천정신 가운데 이미 표현되어 있으므로 현실국토가 바로 정토(淨土)라고 하였다.

둘째, 자비(慈悲) 정신의 실천이다. 「문수사리문질품(問疾品)」에서, "왜 병이 생기게 되었느냐"는 문수보살의 물음에, "어리석음과 탐욕과 성내는 마음으로부터 내 병이 생겼습니다. 모든 중생이 병에 걸려 있으므로 나도 병들었습니다. 만일 모든 중생들의 병이 낫는다면, 그때 내 병도 나을 것입니다."라는 말은, 유마거사의 어록 중에서도 백미에 속한다. 유마거사의 이 말은 중생과 고통을 함께하는 보살의 모습을 절묘하게 표현한 것이다. 즉 보살의 병은 중생을 사랑하는 자비심 때문에 생긴 것이므로, 번뇌에 싸인 중생을 깨달음으로 인도하는 것이 보살의 실천행임을 넌지시 일깨워주고 있다. 지옥·아귀·축생의 3악도, 탐·진·치의 3독, 그리고 5무간죄의 수렁 속에 몸을 던져도 이에 속박됨이 없는 것이 보살의 길이다.

셋째, 평등의 불이사상(不二思想)의 실천이다. 출가(出家)·재가(在家)와 같은 이분법적 구분으로는 궁극적인 깨달음을 얻을 수 없다. 깨달음과 번뇌가 둘이 아니고, 부처와 중생이 둘이 아니며, 정토와 예토(穢土)가 둘이 아니라는 불이사상(不二思想)을 통해 절대 평등의 경지에 들어가야 깨달음을 성취할 수 있다. 실상의 진리는 형상이 없고, 생각할 수도 없고 말할 수도 없는 공(空)의 경지이다. 이러한 궁극적인 깨달음은 언어와 문자를 초월해 있다.

넷째, 중생에게 모두 깨달음의 가능성이 있음을 말한다. 유마거사는 현실의 인간이 비록 온갖 번뇌를 하고 있으며 여러 가지 악(惡)을 행하고 있더라도 궁극적으로는 깨달음을 이룰 수 있다고 주장한다. "일체의 번뇌가 곧 여래의 종성(種性)이다."라고 하여 불법(佛法)은 번뇌 가운데 나타난다고 하였다.

『유마경』하면 당연히 불이사상(不二思想)이 핵심이라고는 하지만, 역자는 보살의 정신과 그 실천에 무게를 두고 싶다. "중생이 아프면 나도 아프다."라는 말이 이 시대에는 더욱 크게 가슴을 울리기 때문이다.

제1장 불국품(佛國品)

― 부처님의 나라 ―

이와 같은 사실들을 저는 들었다.

어느 날 부처님께서는 비야리성의 암라나무 동산에서 큰 비구스님 8천 명과 그리고 보살 3만 2천 명과 함께 계셨다.

그들은 많은 사람들에게 널리 알려진 이들이었다. 큰 지혜의 근본 수행을 모두 다 성취하였으니 이것은 모든 부처님의 위신력으로 이루어진 것이며, 법의 성곽을 잘 보호하여 정법을 받아 지녔다.

그들은 능히 사자와 같은 음성으로 불법을 설하여 그 이름이 두루 시방에 알려졌으며, 여러 사람이 청하지 않더라도 벗이 되어 그들을 편안하게 해 주었다. 3보(三寶)의 전통을 계승하여 끊어지지 않도록 하였으며, 마귀와 미워하고 질투하는 이들을 항복받았으며, 모든 외도(外道)를 제압하였다.

그들은 청정해서 마음을 어둡게 하는 번뇌[蓋]와 사람을 속박하는 번뇌[纏]를 완전히 떠났으며, 마음은 항상 걸림이 없는 해탈의 경지에 머물면서 바른 기억과 바른 선정을 모두 가지고 있었으며, 설법이 끊어지지 않게 하였다. 또 보시, 지계, 인욕, 정진, 선정, 지혜, 방편과 힘이 모두 다 갖추어져서 얻을 것이 없는 데까지 이르렀고, 참다운 깨달음을 얻은 편안한 마음〔法忍〕에서 일어나지 않고, 능히 중생을 수순해서 물러서지 않게 하는 법륜(法輪)을 굴렸다.

여러 가지 가르침의 특질〔法相〕과 중생의 근기를 잘 알았고, 모든 대중의 으뜸이 되어 두려워할 것이 전혀 없었다. 공덕과 지혜로써 그 마음을 닦고, 잘 생긴 모습으로 몸을 장엄하여 그 얼굴, 그 모습은 제일이어서 세간의 화장과 꾸미는 것들은 모두 필요가 없었다. 고명한 이름은 높고 높아 멀리까지 들려 저 수미산을 넘어갔고, 깊은 믿음은 견고해서 마치 금강과 같았다. 가르침의 보물로 널리 비추고 감로의 법문으로 비를 내리어 많고 많은 말 중에 제일 미묘하였다. 연기의 이치에 깊이 들어가서 모든 삿된 견해를 다 끊고, 있음과 없음의 두 가지 치우친 곳에 더 이상의 다른 물듦이 없었다. 법을 설하는 데 두려움이 없는 것은 마치 사자후와 같았고, 법을 강설하는 바는 마치 우레와 같아서 한량이 없었다.

여러 가지 법의 보물을 모으는 것은 마치 바다를 항해하는 훌륭한 선장과 같았고, 모든 법의 깊고 오묘한 뜻을 잘 통달하여, 중생이 가고 오고 나아가는 곳과 마음의 흘러가는 바를 잘 알았다. 누구와도 대등함이 없는 부처님의 자재한 지혜와 열 가지 힘과 두려움 없음과 열여덟 가지 특별한 법〔十八不共法〕에 가까이하였다. 일체의 모든 악한 갈래의 문들을 다 막아버렸고, 다섯 갈래의 길에 태어나서 그 몸을 나타내었다. 의사가 되어 온갖 병을 잘 치료하는데 병에 맞추어 약을 주어 잘 복용하도록 하였고, 한량없는 공덕을 다 성취했고, 한량없는 국토를 다 청정하게 장엄했다. 보고 듣는 사람들은 다 이익을 얻고 모든 하는 일들은 또한 헛되지 않아 이와 같은 일체 공덕을 모두 구족하였다.

그 보살들의 이름은 등관보살 · 법자재왕보살 · 보적보살 · 변음보살 · 허공장보살 · 사자후보살 · 뇌음보살 · 상정진보살 · 불휴식보살 · 묘생보살 · 화엄보살 · 관세음보살 · 득대세보살 · 미륵보살 · 문수사리법왕자보살 등 3만 2천 사람이었다.

또 시기범천왕과 같은 만여 명의 범천왕들이 4천하(四天下)로부터 부처님의 처소로 와서 법을 들었다. 또 일만 이천 명이나 되는 하늘의 제왕들이 역시 4천하로부터 법회에 와서 앉아 있었다. 그리고 또 대위력천왕과 용과 신과 야차와 건달바와 아수라와 가루라와 긴나라와 마후라가 등과 여러 비구 · 비구니 · 우바새 · 우바이들도 함께 법회에 와 앉았다.

그때에 부처님께서 한량없는 백천(百千) 대중과 더불어 공경을 받으며 둘러싸여서 그들을 위하여 법을 설하시니 마치 수미산이 큰 바다에 우뚝하게 드러난 것과 같았다. 온갖 여러 가지 보배로 꾸며진 사자좌에 편안히 앉아 계시니 일체 모든 대중을 다 가려버렸다.

그때에 비야리 성(城)에 장자의 아들이 있었으니 이름이 보적이었다. 그는 5백 명의 장자 아들들과 함께 칠보로 된 일산(日傘)을 가지고 부처님의 처소에 나아가서 머리를 부처님의

발에 대고 예배하였다. 그리고 따로따로 가지고 온 일산으로
다 같이 부처님께 공양하였다.

부처님의 위신력으로 여러 개의 보배 일산이 합하여 하나가
되어 삼천대천세계를 두루 덮으니 이 세계의 드넓은 형상이 모
두 그 가운데 다 나타났다. 또한, 이곳 삼천대천세계의 여러 수
미산과 설산과 목진인타산과 마하목진인타산과 향산과 보산과
금산과 흑산과 철위산과 대철위산과 대해와 강하와 내와 샘과
그리고 해와 달과 별과 천궁과 용궁과 온갖 신들의 궁전이 모
두 보배 일산 가운데 나타났으며, 시방의 모든 부처님과 모든
부처님이 설법하는 것까지도 보배 일산 가운데 나타났다.

그때에 일체 대중이 부처님의 신력을 보고 일찍이 본 적이
없는 처음 보는 일이라고 찬탄하며 부처님께 합장 예배하며 존
안을 우러러보며 잠깐도 눈을 떼지 않았다.

그때 장자의 아들 보적이 곧 부처님 앞에서 게송으로 찬탄하
였다.

눈은 길고 넓어 마치 푸른 연꽃 같고
마음은 텅 비어 모든 선정(禪定)을 다 성취하셨네.
오랫동안 청정한 업을 쌓아 한량이 없으사
고요히 대중을 인도하실세 머리 숙여 예배합니다.

큰 성인이 신통과 변화로
시방의 한량없는 국토를 널리 나타냄을 이미 다 보며
그 가운데 모든 부처님들께서 법을 연설하시는데

여기에서 모든 것을 다 보고 듣습니다.

법왕의 법력은 온갖 중생을 다 뛰어넘으시어
항상 법의 재물로써 일체 중생에게 보시하시며
모든 법의 행상들을 능히 잘 분별하시나
제일의에는 움직이지 않습니다.

이미 모든 법에 자유 자재함을 얻으셨나니
그러므로 이러한 법왕께 머리 숙여 예배합니다.

설법은 있지도 않고 또한 없지도 않으나
인연인 까닭에 모든 법이 생기며
나도 없고 지음도 없고 받는 자도 없으나
선과 악의 업은 또한 없지 않습니다.

처음 보리수 아래서 마군들을 항복 받으시고
감로의 열반을 얻으시고 깨달음을 이루시니
심의식(心意識)과 수상행(受想行)이 벌써 사라지시고
모든 외도까지 다 항복 받으셨습니다.

대천세계에 법륜을 세 번 굴리시니
그 법륜은 본래 항상 청정함이요,
천신과 사람들이 도를 얻어 깨닫게 되니
3보가 이로부터 세간에 나타남입니다.

이 미묘한 법으로써 온갖 생명을 제도하시니
한번 받아가지면 물러서지 않고 항상 적연함이요,
늙고 병들고 죽는 것을 해결하시는 큰 의왕이시니
법의 바다 가없는 공덕에 마땅히 예경합니다.

비방과 칭찬에 움직이지 않는 것이 수미산과 같으시고
선한 사람 악한 사람 평등하게 자비로써 대하시니
마음과 행동이 평등하여 허공과 같습니다.
사람 중의 보배를 듣고 그 누가 공경하여 받들지 않겠습니까.

지금 이 작은 일산(日傘)으로 세존께 받들어 올리나니
그 가운데 우리가 사는 삼천대천세계도 나타나며
온갖 하늘과 용과 신들이 사는 궁전도 나타나며
건달바와 야차도 나타납니다.

세간에 있는 모든 것을 다 볼 수 있는 것은
열 가지 힘 가지신 부처님이 연민으로
이러한 변화를 나타냈기 때문입니다.
대중은 희유함을 보고 모두 부처님을 찬탄하니
지금 저는 3계의 어른님들께 머리 숙여 예배합니다.

큰 성인 법의 왕은 중생들의 귀의할 바이니
청정한 마음으로 부처님을 뵙고 모두 기뻐합니다.
각자 세존을 뵙되 눈앞에 있는 듯하니

이것은 신령한 힘이며 특별한 법입니다.

부처님은 한 가지 음성으로 법을 연설하시나
중생은 종류에 따라 각각 알아듣고는
모두 세존의 말씀이 같다고 하니
이것은 신령한 힘이며 특별한 법입니다.

부처님은 한 가지 음성으로 법을 연설하시나
중생은 제각각 종류에 따라 알아듣고는
두루두루 받아 행하여 이익을 얻으니
이것은 신령한 힘이며 특별한 법입니다.

부처님은 한 가지 음성으로 법을 연설하시나
어떤 이는 두려워하고 어떤 이는 기뻐하며
혹은 생사를 싫어하여 떠날 생각을 내고 혹은 의혹을 끊나니
이것은 신령한 힘이며 특별한 법입니다.

큰 정진으로 열 가지 힘을 얻으신 부처님께 머리 숙여 예배
합니다.
특별한 법(不共法)에 머무신 부처님께 머리 숙여 예배합니다.
일체 대중의 큰 스승이신 부처님께 머리 숙여 예배합니다.
능히 모든 결박을 끊은 부처님께 머리 숙여 예배합니다.
이미 저 언덕에 이르신 부처님께 머리 숙여 예배합니다.
능히 모든 세간을 제도하신 부처님께 머리 숙여 예배합니다.

영원히 생사의 길을 떠난 부처님께 머리 숙여 예배합니다.

중생의 가고 오는 모습을 다 아시고
모든 법에서 해탈을 잘 얻으셨으며
세간에 집착하지 않음이 마치 연꽃과 같으시고
항상 공적한 행에 잘 들어가셨으며
모든 법의 행상을 통달하여 걸림이 없으시며
허공과 같이 의지함이 없으신 부처님께 머리 숙여 예배합니다.

그때에 장자의 아들 보적이 이 게송을 마치고 나서 부처님께 여쭈었다.

"세존이시여, 여기에 있는 5백 명의 장자의 아들들은 모두 최상의 깨달음(아뇩다라 삼먁삼보리)을 얻고자 하는 마음을 내었습니다. 이에 불국토의 청정에 대하여 듣기를 원하오니 바라옵건대 세존께서는 모든 보살의 정토행(불국토행)에 대하여 말씀하여 주십시오."

부처님께서 말씀하셨다.

"훌륭하구나. 보적이여, 능히 모든 보살을 위하여 여래의 정토행(行)을 묻는구나. 자세히 듣고 자세히 들어라. 그리고 잘 생각하여라. 마땅히 그대들을 위하여 설명하리라."

이에 보적이 장자의 아들 5백 명과 함께 가르침을 받아 들었다.

부처님께서 말씀하셨다.

"보적이여, 온갖 중생이 사는 이 세계(사바세계)가 곧 보살의

불국토니라. 왜냐하면, 보살은 교화해야 할 중생을 따라서 불
국토를 삼고, 조복할 바 중생을 따라서 불국토를 삼느니라. 모
든 중생이 반드시 어떤 국토로써 부처의 지혜에 들어가는가에
따라서 불국토를 삼으며, 모든 중생이 반드시 어떤 국토로써
보살의 근본을 일으키는가에 따라서 불국토를 삼느니라. 왜냐
하면, 보살이 청정한 국토를 삼는 것은 모두가 중생을 이익하
게 하기 위한 까닭이니라.

　비유하자면 마치 어떤 사람이 텅 빈 땅에 집을 짓고자 하면
아무런 장애 없이 뜻대로 지을 수 있지만, 만약 허공에다 세우
려고 하면 이룰 수가 없는 것과 같다. 이와 같이 보살도 중생을
구하고자 하므로 그에 따라서 불국토를 삼고자 하는 것이지 공
연히 그러는 것이 아니니라.”

　“보적이여, 마땅히 알아라. 곧은 마음이 보살의 청정국토이
니 보살이 성불할 때에 아첨하지 않는 중생이 그 나라에 태어
나느니라. 깊은 마음이 보살의 청정한 국토이니 보살이 성불할
때에 공덕을 갖춘 중생들이 그 나라에 와서 태어나느니라. 보
리심이 보살의 청정한 국토이니 보살이 성불할 때에 대승중생
이 그 나라에 와서 태어나느니라. 보시가 보살의 청정한 국토
이니 보살이 성불할 때에 일체를 능히 주고 제공하는 중생이
그 나라에 와서 태어나느니라. 지계(持戒)가 보살의 청정국토이
니 보살이 성불할 때에 열 가지 선(善)을 행하기를 발원한 중생
이 그 나라에 와서 태어나느니라. 인욕이 보살의 청정국토니
보살이 성불할 때에 32상으로 장엄한 중생이 그 나라에 와서
태어나느니라. 정진이 보살의 청정국토이니 보살이 성불할 때

에 일체의 공덕을 부지런히 닦는 중생이 그 나라에 와서 태어나느니라. 선정이 보살의 청정국토이니 보살이 성불할 때에 마음을 거두어 산란하지 않는 중생이 그 나라에 와서 태어나느니라. 지혜가 보살의 청정국토이니 보살이 성불할 때에 바른 선정의 중생이 그 나라에 와서 태어나느니라.

  네 가지 한량없는 마음[四無量心][1]이 보살의 청정국토이니 보살이 성불할 때에 자비희사를 성취한 중생이 그 국토에 와서 태어나느니라. 네 가지 자비로운 마음으로 받아들이는 법[4섭법][2]이 보살의 청정한 국토이니 보살이 성불할 때에 해탈로 받아들인 중생이 그 국토에 와서 태어나느니라. 방편이 보살의 청정국토이니 보살이 성불할 때에 모든 법에 방편의 문이 한정이 없는 중생이 그 국토에 와서 태어나느니라. 37조도품[3]이 보살의 청정국토이니 보살이 성불할 때에 4념처와 4정근과 4신족과 5근과 5력과 7각지와 8정도를 수행하는 중생이 그 나라에 와서 태어나느니라.

• • • • • • • • •

1) 네 가지 한량없는 마음[四無量心]__중생을 사랑하는 네 가지 지극한 마음. ① 자(慈), 남에게 즐거움을 주려는 마음. ② 비(悲), 남의 고통을 벗겨 주려는 마음. ③ 희(喜), 기쁨을 주려는 마음. ④ 사(捨), 중생을 차별 없이 평등하게 대하려는 마음.
2) 네 가지 자비로운 마음으로 받아들이는 법[四攝法]__고통 세계의 중생을 구제하려는 보살이, 중생을 불도에 이끌어 들이기 위한 네 가지 방법. ① 보시섭(보시행), ② 애어섭(愛語, 부드러운 말). ③ 이행섭(利行, 타인을 이익케 하는 행동). ④ 동사섭(同事攝, 상대편과 행동을 같이하여 이끌어 들임).
3) 37조도품(三十七 助道品)__4념처와 4정근과 4신족과 5근과 5력과 7각지와 8정도.

회향심이 보살의 청정국토이니 보살이 성불할 때에 모든 공덕이 갖추어진 국토를 얻느니라. 여덟 가지 어려움을 제거함을 설하는 것이 보살의 청정국토이니 보살이 성불할 때에 그 국토에는 3악과 8난[4]이 없느니라. 스스로 계행을 지키고 다른 사람의 파계함을 나무라지 않는 것이 보살의 청정국토이니, 보살이 성불할 때에 그 국토에는 금계(禁戒)를 범했다는 이름이 없느니라."

"10선(十善)이 보살의 청정한 국토이니 보살이 성불할 때에 수명이 짧지 않고, 크게 부유하며 청정한 행을 갖추고, 말이 진실하며 항상 부드럽게 말하고, 권속(친척)들은 이별하지 않고 다툴 일 없이 잘 화합하며, 말을 하면 반드시 이익 되게 하며 시기하거나 성내지 않는 바른 견해를 가진 중생이 그 국토에 와서 태어나느니라. 이와 같으니라.

보적이여, 보살이 곧은 마음을 따라서 곧 능히 행동에 옮기고, 행동에 따라 곧 깊은 마음을 얻고, 깊은 마음을 따라 곧 생각이 조복되고, 그 조복됨을 따라 곧 말한 대로 행동하며, 말한 대로 행동함을 따라 곧 능히 회향하고, 그 회향을 따라서 곧 방편이 있게 되고, 그 방편을 따라 곧 중생으로 하여금 깨달음

· · · · · · · · ·

4) 8난(八難)_부처님 법을 듣는 데 여덟 가지 장애. 지옥·축생·아귀(이 세 곳은 고통이 너무 심해서 불법을 듣지 못한다). 장수천(長壽天)·울단월(鬱單越, 이 두 곳은 즐거움이 너무 많아서 불법을 듣지 않는다)·농맹음아난(聾盲瘖瘂難, 귀머거리, 맹인)·불전불후난(佛前佛後難, 부처님 시대에 태어나지 못하면 뵐 수 없음).

을 성취하게 하느니라. 또 중생의 성취함을 따라서 곧 불국토가 청정하며, 불국토가 청정함을 따라서 곧 설법이 청정하고, 설법이 청정함을 따라서 곧 지혜가 청정하고, 지혜가 청정함을 따라서 곧 그 마음이 청정하고, 그 마음이 청정함을 따라서 곧 일체 공덕이 청정하느니라.

그러므로 보적이여, 만약 보살이 청정한 국토를 얻고자 한다면, 마땅히 그 마음을 청정하게 해야 하나니, 그 마음이 청정하면 곧 불국토가 청정하여지느니라."

그때 사리불이 부처님의 위신력을 받들어 이러한 생각을 하였다.

'만약 보살의 마음이 청정해지면 곧 불국토가 청정해진다면, 세존께서 본래 보살로 있을 때에 어찌 생각이 부정(不淨)했겠는가마는 이 불국토가 청정하지 못한 것은 어째서인가?'

부처님께서 그 생각을 아시고 곧 말씀하셨다.

"어떻게 생각하는가? 해와 달이 캄캄해서 맹인이 보지 못하는가?"

사리불이 대답하였다.

"아닙니다. 세존이시여, 그것은 맹인의 허물이지 해와 달의 허물은 아닙니다."

"사리불이여, 중생의 허물로 여래의 국토가 청정하게 장엄한 것을 보지 못할지언정 여래의 허물은 아니니라. 사리불이여, 나의 이 국토는 청정하지만, 그대가 보지 못할 뿐이니라."

그때에 나계범왕(螺髻梵王)이 사리불에게 말하였다.

"이러한 생각을 하여 이 불국토가 부정하다고 여기지 마라.

왜냐하면, 내가 석가모니의 불국토가 청정함을 보기를 비유하자면 자재천궁과 같이 보느니라."

사리불이 말하였다.

"내가 이 국토를 보니 언덕과 구릉과 가시덤불과 모래와 자갈과 흙과 돌과 여러 산과 더러운 것이 가득합니다."

나계범왕이 말하였다.

"그대는 마음에 높고 낮음이 있습니다. 그대는 부처님의 지혜에 의지하지 않기 때문에 이 국토를 부정하게 볼 뿐입니다. 그러나 사리불이여, 보살은 일체중생에게 모두 다 평등하며, 마음이 청정하고 부처님의 지혜에 의지하기 때문에, 능히 이 불국토를 청정하게 보는 것입니다."

이에 부처님께서 발가락으로 땅을 누르시니 곧바로 삼천대천세계가 백천 가지 보물로 장엄이 되었다. 비유하면 보장엄 부처님의 한량없는 공덕으로 보배로 장엄된 국토와 같았다. 일체 대중이 일찍이 없었던 일이라고 찬탄하며 모두 저절로 보배 연꽃에 앉아 있는 것을 보았다.

부처님께서 사리불에게 말씀하셨다.

"그대는 불국토가 아름답게 장엄된 것을 보는가?"

사리불이 말하였다.

"예, 세존이시여, 본래는 보지 못하고 듣지 못하던 것인데 지금의 불국토는 아름다운 모습이 다 나타났습니다."

부처님께서 사리불에게 말씀하셨다.

"나의 불국토는 항상 이와 같이 청정하지만, 이곳의 하열한 사람들을 제도하기 위해서 온갖 나쁘고 더러운 국토를 보였을 뿐이다. 비유하자면 여러 천신들은 다 같이 보배로 된 그릇으로 공양하지만, 그들의 복덕을 따라서 밥의 색깔이 다른 것과 같으니라. 이처럼 사리불이여, 만약 사람들의 마음이 청정하면 곧 이 국토도 공덕으로 장엄한 것을 보게 되리라."

부처님께서 이 국토를 청정하게 장엄함을 나타냈을 때 보적이 거느리고 온 5백 명의 장자 아들들이 모두 다 생사가 없는 진리를 얻었고, 8만 4천 사람들은 모두 다 최상의 깨달음에 대한 마음을 내었다.

부처님께서 신통을 보여줬던 발을 거두어들이니 이 세계는 곧 예전의 모습과 같아졌다. 성문승을 구하는 3만 2천 명과 여러 천신과 사람들은 인위적으로 만들어진 것은 모두 다 무상하다는 사실을 알았다. 그리하여 번뇌를 멀리 여의고 법안이 청정함을 얻었으며, 8천 명의 비구들은 허망한 모든 존재를 받아들이지 않고 번뇌가 다하여 마음의 해탈을 이루었다.

제2장 방편품(方便品)

— 병을 방편삼아 대승법을 설하다 —

　그때 비야리 큰 성(大城) 안에 장자[1]가 있었다. 그의 이름은
유마힐(維摩詰, 유마거사)이었다. 그는 일찍이 많은 부처님께 공
양하여 깊이 선(善)의 뿌리를 심은 이였다. 생멸이 없는 진리
[無生法忍][2]를 얻어서 변재(辯才, 설법)에도 걸림이 없었다. 신
통을 자유롭게 활용하며 온갖 총지(다라니)[3]를 다 지니어 두려
움이 없는 경지를 얻었으며, 마군들과 원적(怨敵)들을 모두 항
복 받았다.

　또한 그는 깊은 법문에 들어가서 지혜에 뛰어났으며, 방편을
통달하여 큰 원력을 성취하였다. 그는 중생들이 마음속으로 지
향하는 것을 분명히 알고 있었고, 모든 중생들의 근기가 영리

. . . .

1) 장자(長者)＿덕망과 재산을 갖춘 부호.
2) 생멸이 없는 진리[無生法忍]＿불생 불멸의 진여.
3) 총지(摠持)＿'다라니'라고도 함. 모든 법문을 다 기억하여 지닌다는 뜻.

하고 둔함을 잘 분별하였으며, 오랫동안 불도에서 그 마음이
순일하고 맑아져서 대승의 가르침에 결정되어 있었다.

그리고 여러 가지 하는 일에 대해서도 능히 잘 생각하였으
며, 부처님의 위의(威儀)에 머물러 있으며, 그 마음은 큰 바다
와 같아서 모든 부처님이 찬탄하였다. 또 여러 제자들과 제석
천과 범천과 세상의 주인들이 공경하였다.

그(유마힐)는 많은 사람들을 제도하기 위해서 훌륭한 방편을
활용하면서 비야리 성(城)에 살고 있었다. 그는 재산이 매우 많
아서 가난한 백성들을 잘 보살폈고, 청정한 계율을 받들었고
계율을 범하는 이들을 많이 포용했다. 인욕으로써 행동을 다스
려 모든 분노를 잠재웠고, 큰 정진으로써 모든 게으른 마음을
억눌렀다. 일심으로 고요한 선의 경지에 들어가 모든 산란한
마음을 씻었으며, 결정된 지혜로써 모든 지혜 없는 이들을 가
르쳤다.

비록 세속의 옷을 입고 있었으나 사문(沙門, 스님)이 지키는
청정한 계율을 받들었으며, 비록 세속에서 살고 있었으나 3계
(三界, 욕계·색계·무색계)에 집착하지 않았으며, 처자가 있었으
나 항상 청정한 계행을 닦았다. 또 권속이 있었으나 항상 멀리
했으며, 비록 보배로 장식하였으나 타고난 훌륭한 상호(相好,
모습)로써 몸을 장엄하였다. 또 비록 음식을 먹었지만 선열(禪
悅, 선정의 기쁨)로써 그 맛을 삼았다.

만약 장기나 바둑을 두는 곳에 가게 되면 그들과 함께 장기
나 바둑을 두면서 제도했으며, 여러 이교도의 가르침을 받아들
이되 바른 신심을 해치지 않았으며, 비록 세속의 학문에 밝았

지만 항상 불법을 좋아했다. 모든 사람들로부터 최상의 공경을 받았고, 정법을 지키면서 남녀 노소를 다 포용했으며, 모든 생활의 방도를 잘 마련하였다. 세속적인 이익을 얻어도 기뻐하지 않았으며 시내에 노닐어서 중생을 이롭게 했고, 소송하는 데 가서 모든 사람을 도와주었다.

강론하는 곳에 들어가서는 그들을 대승법(大乘法)으로써 인도했으며, 여러 학당에 들어가서는 어린아이들을 가르쳤다. 기생집에 들어가서는 욕망의 잘못됨을 가르쳐 주었으며, 술집에 들어가서는 능히 그 의지를 세워 지켰다.

장자들과 함께 있으면 그들을 위하여 뛰어난 법을 설해 주었고, 거사(居士)들과 함께 있으면 탐착을 끊게 해 주었고, 찰제리[4]들과 함께 있으면 그들을 인욕으로써 가르쳐 주었다. 바라문[5]들과 함께 있으면 그들의 아만을 제거해 주었고, 대신들과 함께 있으면 정법(正法)으로 가르쳐 주었으며, 왕자들과 함께 있으면 충성과 효도를 보여 주었다.

만약 내관(內官)들과 함께 있으면 그들을 올바르게 교화했고, 서민들과 함께 있으면 복력(福力)을 일으키게 했으며, 범천과 함께 있으면 뛰어난 지혜로써 그들을 가르쳐 주었다. 제석천들과 함께 있으면 무상(無常)함을 나타내 보여 주었고, 호세천신

• • • • • • • •

4) 찰제리(剎帝利, 크샤트리아 계급)_인도의 신분 제도인 카스트 제도의 네 계급 가운데 두 번째 계급인 왕족과 무사 계급.
5) 바라문(婆羅門, 司祭계급)_카스트 제도의 네 계급 가운데 가장 높은 사제(司祭)계급.

(護世天神, 사바세계를 지키는 천신)들과 함께 있으면 모든 중생을 교화했다. 장자 유마힐은 이와 같이 한량없는 방편으로 많은 중생들에게 이익을 주었다.

그는 방편으로써 자신의 몸이 병에 걸렸다는 소문을 냈다. 그가 아프다는 소식을 들은 국왕과 대신, 장자와 거사, 바라문들, 그리고 여러 왕자들과 기타 관속들과 무수한 사람들이 모두 다 문병을 갔다. 유마힐은 문병 온 사람들에게 병을 구실삼아 널리 법을 설하였다.

"여러분, 우리의 이 육체는 무상하여 굳건하지 못하며, 힘도 없고 견고하지 못해서 빨리 무너지는 법입니다. 믿을 것이 못되며 고통스럽고 괴롭고 온갖 병들이 모여 있습니다. 여러분, 육체는 이와 같아서 밝은 지혜를 가진 사람들은 의지할 것이 못됩니다. 이 몸은 물방울이 모인 것과 같아서 만질 수가 없으며, 물거품과 같아서 오래가지 못하며, 아지랑이와 같아서 갈애(渴愛, 욕망)로부터 생긴 것이며, 파초와 같아서 속이 텅 비어 있습니다.

이 몸은 환영과 같아서 전도(顚倒, 잘못된 생각)로부터 생긴 것이며, 꿈과 같아서 허망한 것이며, 그림자와 같아서 업의 인연으로부터 생긴 것이며, 메아리와 같아서 여러 가지 인연에 속해 있습니다. 이 몸은 뜬 구름과 같아서 잠깐 사이에 변하거나 사라지며, 번개와 같아서 한 순간일 뿐 잠시도 머물러 있지 않습니다.

이 몸은 땅과 같아서 정해진 주인(주체)이 있는 것이 아니며(땅은 사고 팔고 하므로), 불(火)과 같아서 나(我)라고 할 것이 없으며, 수명이 짧아서 바람과 같으며, 물과 같이 개아(個我, 人[6])가 없으며, 실답지 않아서 4대(四大, 地水火風)로 집을 삼고 있으며, 텅 비어서 '나(我)'라고 할 것도, '나의 것(我所)'이라고 할 것도 없습니다.

이 몸은 지각이 없는 것이 마치 초목이나 기와, 조약돌과 같으며, 이 몸은 주체적인 것이 없어 바람의 힘으로 움직이며, 깨끗하지 못하여 더러운 것으로 가득 차 있으며, 헛것이라서 비록 목욕하고 옷을 입히고 음식을 먹으나 반드시 소멸되어 없어집니다. 이 몸은 재앙이라서 101가지 병고로 괴로움뿐이며, 이 몸은 언덕 위의 우물과 같아서 늙음으로부터 핍박을 받으며, 이 몸은 정해진 것이 없어서 마땅히 죽게 됩니다. 이 몸은 독사와 같으며, 원수나 도적, 텅 빈 마을과 같습니다. 이 몸은 5음(五陰)[7]과 18계(十八界)[8]와 12입(十二入)[9]으로 이뤄진 것입니다."

"여러분, 우리의 몸은 이와 같이 무상하고 걱정스럽고 좋아

· · · · · · · · ·

6) 원문의 인(人)은 인도철학에서 말하는 개아(個我), 개체(個體)를 뜻함.

7) **5음(五陰)__**즉 5온(五蘊). 색(色, 물질) · 수(受, 감각 작용) · 상(想, 인식 작용) · 행(行, 의지 작용) · 식(識, 마음 작용). 이상은 인간을 구성하는 다섯 가지 요소.

8) **18계(十八界)__**6근(六根) · 6경(六境) · 6식(六識)을 아울러 이르는 말.

9) **12입(入)__**즉 12처(十二處). 안처(眼處) · 이처(耳處) · 비처(鼻處) · 설처(舌處) · 신처(身處) · 의처(意處)의 6근과, 그리고 색처(色處) · 성처(聲處) · 향처(香處) · 미처(味處) · 촉처(觸處) · 법처(法處)의 6경(六境)의 총칭. 붓다는 존재를 5온을 통해 설명하기도 하고, 12처를 통해 설명하기도 하고, 18계를 통해 설명하기도 하였다.

해야 할 대상이 못 됩니다. 그러므로 마땅히 부처님 몸 즉 불신(佛身)을 좋아해야 합니다. 왜냐하면 불신이란 곧 법신이며, 법신(法身)[10]이란 한량없는 공덕과 지혜로부터 이루어 것입니다.

또 법신이란 계(戒, 계율)·정(定, 선정)·혜(慧, 지혜)·해탈(解脫)·해탈지견(解脫知見, 밝은 지혜)으로부터 이루어진 것이며, 자(慈)·비(悲)·희(喜)·사(捨)로부터 이루어진 것이며, 보시(布施)·지계(持戒)·인욕(忍辱)·유화(柔和, 화합)와 근행정진(勤行精進, 부지런히 정진함)·선정(禪定)·해탈(解脫)·삼매(三昧)와 다문(多聞, 많은 견문)·지혜(智慧) 등 온갖 바라밀과 방편에서 생겨난 것입니다.

또 이 법신은 6신통에서 생겨났으며, 3명(三明)[11]에서 생겨났으며, 37조도품(三十七助道品)[12]에서 생겨났으며, 지(止)와 관(觀)[13]에서 생겨났으며, 10력(十力)[14]·4무소외(四無所畏)[15]·18불공법(十八不共法)[16]에서 생겨났습니다. 일체 선(善)하지 않

• • • • • • • •

10) 법신(法身)__진리〔法〕의 몸. 불법(佛法)을 가리킴.

11) 3명(三明)__숙명통·천안통·누진통.

12) 37조도품(三十七助道品)__깨달음을 이루게 하는 37가지 보조적인 것. 즉 4념처(四念處, 四念住)·4정단(四正斷, 四正勤)·4신족(四神足, 四如意足)·5근(五根)·5력(五力)·7각지(七覺支, 七覺分)·8정도(八正道). 이상 37가지.

13) 지(止)와 관(觀)__마음을 고요히(止) 하여 진리의 실상을 관찰(觀)하는 수행방법.

14) 10력(十力)__깨달은 이(부처님)가 지니고 있는 열 가지 힘.

15) 4무소외(四無所畏)__4무외라고도 함. 두려운 생각이 없는 네 가지.

16) 18불공법(十八不共法)__부처님에게만 있는 18가지 특이한 것.

은 것은 끊어버리고 일체 선한 법을 모으는 것에서 생겨났으며, 진실함에서 생겨났으며, 방일하지 않음에서 생겨났습니다. 이와 같은 한량없는 청정한 법에서 여래의 몸이 생겨났습니다."

"여러분, 불신(佛身)을 얻어서 일체중생의 병고를 끊고자 한다면 마땅히 최상의 깨달음을 얻고자 하는 마음을 내야 합니다."

이와 같이 장자 유마힐은 문병하러 온 많은 사람들에게 법(대승법)을 잘 설했다. 그리하여 셀 수 없이 많은 사람들로 하여금 모두 아뇩다라 삼먁삼보리(최상의 깨달음)를 구하는 마음을 내게 하였다.

제3장 문수사리 문질품(文殊師利問疾品)
─문수보살의 병문안─

(유마거사가 병으로 누워 있다는 소식을 듣고) 부처님께서 문수사리 보살에게 말씀하셨다.

"그대가 유마힐에게 가서 문병하도록 하여라."

문수사리가 부처님께 말씀드렸다.

"세존이시여, 저 유마힐 거사는 문병 가서 대화하기가 매우 어려운 분입니다. 그는 깊이 실상(實相, 진리의 실상)을 깨달아 통달했고, 법의 요점을 잘 설하며, 변재(辯才, 설법, 언변)에도 막힘이 없습니다. 또 지혜가 걸림이 없고 모든 보살의 법식(法式)을 잘 알고 있고, 모든 부처님의 비밀스러운 법장(法藏, 진리)에 다 들어가며, 모든 마군을 항복받아서 신통에 자유자재하며, 지혜와 방편을 모두 다 이루었습니다. 그렇지만 성스러운 부처님의 뜻을 받들어 문병하러 가겠습니다."

대중 가운데 여러 보살들과 큰 제자들, 그리고 제석천과 범천, 사천왕은 모두 다음과 같이 생각하였다.

'지금 두 대사인 문수사리보살과 유마힐(유마거사)이 함께 이 야기를 나눈다면 반드시 묘법을 말할 것이다.'

이렇게 생각하고는 8천 명의 보살들과 5백 명의 성문(聲聞, 부처님의 제자들)들과 백 천 명의 천인(天人)들이 모두 따라가기 를 원했다. 문수사리보살은 여러 보살들과 큰 제자들, 그리고 모든 천인에게 공경히 둘러싸여 유마힐(유마거사)이 살고 있는 비야리 대성(大城)으로 갔다.

그때 장자 유마힐은 마음속으로 문수사리보살이 많은 대중 과 함께 오고 있는 것을 알고는, 즉시 신통력으로 가재도구 등 방 안에 있는 것을 모두 다 치워 버렸다. 그리고 온갖 물건들과 시자(侍者)들도 모두 다 내 보내고, 방안을 텅 비워버렸다. 그 리고는 침상 하나만 놓아두고 홀로 그 위에 누워 외로이 병을 앓고 있었다. 문수사리보살이 많은 대중들과 함께 유마힐의 처 소에 도착하여 그의 방에 들어가 보니, 방안에는 아무 것도 없 고 오직 침상 위에 유마힐 혼자 누워 있었다.

그때 유마힐이 말하였다.

"잘 오셨습니다. 문수사리여, 오지 않고 오셨으며 보지 않고 보십니다."

문수사리보살이 말하였다.

"그렇습니다. 거사여, 만약 와 버렸다면 다시는 오지 못하며, 만약 가 버렸다면 다시는 가지 못합니다. 왜냐하면, 오는 사람 은 어디에서 오는 바가 없으며 가는 사람은 이를 곳이 없습니 다. 또 볼 것이 있는 사람은 다시는 보지 못합니다. 그러나 이 일에 대해서는 이쯤에서 잠시 중단하고, 지금 거사님의 병환은 어떻습니까? 병은 참을 만합니까? 치료는 차도가 있습니까? 더 심하지는 않습니까? 세존께서는 한량없이 간곡하게 물으셨습니다. 거사님, 거사님의 병은 무슨 원인으로 생긴 것입니까? 병이 난 지는 얼마나 되었고, 어떻게 하면 병이 나을 수 있습니까?"

유마힐이 말하였다.

"나의 병은 어리석음과 애착 때문에 생긴 것입니다. 모든 중생들이 병으로 앓고 있기 때문에 나도 병이 들어 앓고 있는 것입니다. 만약 중생들의 병이 모두 낫는다면 나의 병도 나을 것입니다. 왜냐하면, 보살은 중생을 위해서 생사 속으로 들어갑니다. 생사가 있으면 병도 있습니다. 그러나 만약 중생들의 병이 없어지면 보살의 병도 없어집니다. 비유하자면 장자에게 오직 아들이 하나 있는데 그 아들이 병이 들면 부모도 병이 들고, 그 아들이 병이 나으면 부모의 병도 낫는 것과 같습니다. 보살도 그와 같아서 모든 중생들을 아들과 같이 사랑합니다. 중생이 아프면 보살도 아프고, 중생의 병이 나으면 보살의 병도 낫습니다. 또 병이 왜 생겼느냐고 물으셨는데 보살의 병은 중생을 사랑하는 큰 연민의 마음에서 생긴 것입니다."

문수사리보살이 말하였다.

"거사여, 이 방은 어째서 이렇게 텅 비어 있으며, 시자들은 모두 어디로 가고 없습니까?"

유마힐이 말하였다.

"모든 부처님의 국토도 텅 비었습니다."

문수사리보살이 또 물었다. "무엇으로써 텅 빈 것을 삼습니까?"

"텅 비어 있기 때문에 텅 빈 것입니다."

"그러면 그 비어 있는 것은 무슨 까닭으로 비어 있습니까?"

"분별심, 그것이 텅 비어 있습니다." 또 물었다. "비어 있음을 분별할 수 있습니까?" 답하였다. "그 분별심도 또한 비어 있습니다." 또 물다. "비어 있음은 마땅히 어디에서 구합니까?" "마땅히 외도의 62견[1]에서 구해야 합니다."

문수사리보살이 또 물었다. "62견은 마땅히 무엇에서 구해야 합니까?"

유마힐이 답하였다. "마땅히 모든 부처님의 해탈에서 구해야 합니다."

"모든 부처님의 해탈은 마땅히 어디에서 구해야 합니까?" "마땅히 일체중생의 마음작용〔心行〕에서 구해야 합니다."

유마힐이 말하였다.

"또 문수사리께서 나에게 묻기를 '어찌하여 시자(侍者)가 없습니까?'라고 하셨는데, 모든 마군과 외도가 다 나의 시자입니다. 왜냐하면, 온갖 마군들은 생사를 즐겨하지만 보살은 생사를 버리지 않으며, 외도들은 여러 가지 견해를 내기를 즐겨하지만, 보살은 모든 견해에 움직이지 않습니다."

문수사리보살이 말하였다. "거사님의 병은 어떤 모양입니까?"

유마힐이 말하였다. "나의 병은 형상이 없어서 볼 수 없습니다."

• • • • • • • •

1) 62견(六十二見)__외도(外道)의 모든 견해 또는 여러 주장을 62종으로 분류한 것임. 즉 외도의 모든 견해에 대한 통칭.

또 물었다. "거사의 병은 몸과 합한 것입니까? 마음과 합한 것입니까?" "몸과 합한 것이 아닙니다. 몸과는 서로 떨어져 있습니다. 그렇다고 마음과 합한 것도 아닙니다. 마음은 환영(幻影)과 같기 때문입니다."

또 물었다. "지대(地大)·수대(水大)·화대(火大)·풍대(風大) 4대 중에 어느 대에 병이 든 것입니까?" "이 병은 지대(地大)에 든 것도 아니지만, 그렇다고 지대를 떠나 있지도 않습니다. 수대·화대·풍대에 든 것도 아니지만, 그것을 떠나 있는 것도 아닙니다. 그러나 중생의 병은 4대에서 생깁니다. 중생에게 병이 있기 때문에 나도 병이 들어 앓고 있는 것입니다."

그때 문수사리보살이 유마힐에게 물었다.

"보살은 어떻게 병든 보살을 문병해야 합니까?"

유마힐이 말하였다.

"이 육체는 무상하다는 사실을 말하되, 육체를 혐오하여 버릴 것을 말하지는 않습니다. 이 몸에는 고통이 있음을 말하되 열반을 즐기기를 말하지는 않습니다. 이 몸은 무아(無我)임을 말하되 중생을 가르쳐 인도해야 함을 말해야 합니다. 이 몸은 공적하다는 사실을 말하되 마침내 적멸함을 말하지는 않습니다.

또 과거의 죄를 참회하기를 말하되 과거에 빠져 있기를 말하지 않습니다. 자기의 병으로써 다른 이의 병을 연민스럽게 여기며, 마땅히 숙세의 오랜 고통을 알아야 하며, 마땅히 일체중생을 두루 이익하게 할 것을 생각하며, 닦은 복을 기억하여 청정한 생활을 생각하며, 근심·걱정을 하지 말고 항상 정진하며, 마땅히 훌륭한 의사가 되어 여러 가지 병을 치료하여야 합니다. 보살이 반드시 이처럼 병든 보살을 위문해서 그로 하여금 기쁘게 하여야 합니다."

문수사리보살이 말하였다.

"거사여, 병이 있는 보살은 어떻게 그 마음을 조복(調伏, 다스림)받아야 합니까?"

유마힐이 말하였다.

"병이 있는 보살은 응당 이렇게 생각해야 합니다. '지금 나의 이 병은 모두 과거 전생의 망상과 잘못된 생각과 갖가지 번뇌에서 생긴 것이라서 실다운 법이 없다. 그런데 병을 받아들이는 사람은 누구인가? 왜냐하면, 4대가 임시로 가(假) 화합하여 이 몸이 되었으나, 4대는 주체가 없고 이 몸도 또한 무아(無我)이다. 그러므로 이 병이 생긴 것은 모두 나에게 집착함으로 말미암은 것이니, 이러한 까닭에 나에게 응당 집착을 내지 말자'라고 생각해야 합니다.

이미 병의 근원을 알았다면, 나에 대한 생각〔我想〕과 중생에 대한 생각〔衆生相〕을 버리고 반드시 법에 대한 생각을 내어 이렇게 생각해야 합니다. '이 몸은 여러 가지 법(요소, 5온)으로 합성되었다. 따라서 생기면 법이 생기는 것이고 소멸하면 법이 소멸하는 것이다. 또 이 법(5온)은 각각 서로 알지 못해서 생길 때에 내가 생긴다고 말하지 않고 소멸할 때에 내가 소멸한다고 말하지 않는다'라고 생각해야 합니다."

"또 병들어 있는 보살은 법에 대한 생각을 소멸하기 위해서 마땅히 이런 생각을 해야 합니다. '이 법에 대한 생각도 또한 전도(顚倒, 잘못된 생각)된 것이다. 전도는 곧 큰 병이다. 나는 응당히 그것을 떠나리라. 어떻게 떠나는가. 나와 나의 것에서 떠나는 것이다. 어떻게 나와 나의 것을 떠나는가. 이를테면 두 가지 법을 떠나는 것이다. 무엇이 두 가지 법으로부터 떠나는 것인가? 안팎의 모든 법을 생각하지 말고 법은 평등하다고 생각해야 한다. 무엇이 평등한 것인가? 이를테면 나도 평등하고 열반도 평등하다고 생각해야 한다. 무슨 말인가 하면 나와 열반이라는 두 가지는 다 텅 비어 있는 것이다. 왜 텅 비었는가? 오직 이름뿐이기 때문에 텅 빈 것이다. 이처럼 두 가지 법은 결정적인 체성(體性, 근본, 뿌리)이 없다'라고 생각해야 합니다.

　이러한 평등을 얻고 나면 다른 병은 없고 오직 '일체는 텅 비었다〔空病〕'는 병만 있을 뿐입니다. 그러나 일체는 텅 비었다는 생각도 또한 텅 빈 것입니다. 병든 보살은 받아들이는 것이 없기 때문에, 모든 것을 다 받아들입니다. 아직 불법(대승법)을 갖추지 못하여 받아들임을 소멸하지 못했더라도 깨달음을 취합니다. 설사 몸에 고통이 있더라도 삼악도에 있는 중생을 생각해서 큰 자비심을 일으킵니다. 나를 이미 조복하였다면 또한 일체중생의 번뇌를 조복해야 합니다. 다만, 그 병은 제거하되 그 법은 제거하지 않습니다. 병의 근본을 끊기 위해서 가르치고 인도합니다."

　"무엇이 병의 근원인가? 병의 근원은 반연(攀緣, 끄달림)에 있습니다. 반연을 따르는 것이 병의 근원이 됩니다. 무엇이 반연하는 것인가? 3계(三界, 욕계·색계·무색계)입니다. 어떻게 반연을 끊는가? 얻을 바 없음으로써 끊습니다. 얻을 바가 없으면 반연할 것도 없어집니다. 무엇이 얻을 바가 없는 것인가? 두 가지 소견(所見)을 떠나는 것입니다. 무엇이 두 가지 소견인가? 안과 밖의 소견입니다. 이것이 얻을 것이 없음입니다.

문수사리여, 이것이 병든 보살이 그 마음을 조복 받는 방법입니다. 늙고 병들고 죽는 고통을 끊는 것이 보살의 깨달음[菩提]입니다. 만약 이와 같지 않으면 이미 닦고 다스렸지만, 자신을 이롭게 함도 남을 이롭게 함도 없게 됩니다. 비유하자면 원수와 싸워 이긴 사람을 용감하다고 하는 것과 같습니다. 이처럼 나와 남의 늙고 병들고 죽는 것을 다 제거한 이를 보살이라고 합니다.

저 병든 보살은 반드시 이런 생각을 해야 합니다. '나의 이병은 참다운 것도 아니고, 참다운 것 아닌 것도 아니다. 그와 같이 중생의 병도 또한 참다운 것도 아니고, 참다운 것이 아닌 것도 아니다'라고 생각해야 합니다. 이렇게 관찰할 때 만약 모든 중생을 사랑하고 애착하는 큰 자비심이 일어나면 즉시 떨쳐 버려야 합니다. 왜냐하면, 보살은 객진번뇌(客塵煩惱)[2]를 끊어 버리고 큰 자비심을 일으키는 것입니다. 애착으로 보는 자비는 곧 생사에 대해서 싫어하는 마음이 있기 때문입니다. 만약 능히 이것을 떠나면 싫어함이 없어서 태어나는 곳마다 애견(愛見)[3]의 가리는 바가 되지 않을 것입니다."

. . . .

2) 객진번뇌(客塵煩惱)__번뇌는 주인이 아니고 객(客)에 불과하다는 뜻에서 객진번뇌라고 함. 따라서 번뇌는 내쫓아버려야 할 대상.

3) 애견(愛見)__애착. 수도 생활에 방해가 되는 번뇌인 애(愛)와 견(見). 애(愛)는 개개의 사물에 애착(愛着)하여 깨달음에 이르는 길을 방해하는

"태어나는 곳에 속박됨이 없으면 능히 중생을 위해 법을 설하여 속박을 풀어줍니다. 부처님께서 설하신 것과 같이 '만약 자신이 속박되어 있으면서 남의 속박을 풀어주는 일은 있을 수 없다. 만약 자신에게 속박됨이 없고 능히 다른 이의 속박을 풀어준다면 이것은 옳은 일이다'라고 하였습니다. 그러므로 보살은 응당 속박되지 말아야 합니다.

무엇을 속박이라 하며 무엇을 해탈이라 하는가? 참선의 맛에 탐착하면 그것은 보살의 속박이며, 방편으로 살아가는 것은 보살의 해탈입니다. 또 방편이 없는 지혜는 속박이며 방편이 있는 지혜는 해탈입니다. 지혜가 없는 방편은 속박이며 지혜가 있는 방편은 해탈입니다.

어째서 방편이 없는 지혜는 속박이 되는가? 이를테면 애착심으로 불국토를 꾸미며 중생을 성취하고자 해서 공(空)과 무상(無相)4)과 무작(無作)5)의 법 가운데서 스스로 조복하는 것은, 이것이 이름이 방편은 없고 지혜만 있는 속박입니다.

무엇이 방편과 지혜 있는 해탈인가? 이를테면 애착심으로 불국토를 장엄한다거나 또는 중생으로 하여금 깨달음을 이루게 하지 않고, 공(空)과 무상(無相)과 무작(無作)의 법 가운데서 스

• • • • • • • • •

정의적(情意的) 번뇌를 말하고, 견(見)은 잘못된 이론에 사로잡혀 깨달음에 이르는 길을 방해하는 이지적(理智的) 번뇌를 이른다.
4) 무상(無相)＿사물이나 현상의 일정한 형태가 없음. 생멸 변천하는 모양이 없는 무위법(無爲法).
5) 무작(無作)＿생멸이 없는 이치. 무위(無爲). 마음에 하고자 하는 의식이 없는 것.

스로 조복하여 싫어하지 않는 것, 이것을 이름하여 방편도 있고 지혜도 있는 해탈이라고 합니다.

무엇이 지혜가 없는 방편은 속박이 되는가? 이를테면 보살이 탐욕과 분노와 삿된 견해 등 온갖 번뇌에 머물러서 여러 가지 덕의 근본을 심는 것, 이것을 이름하여 지혜는 없으나 방편은 있는 속박이라고 합니다.

무엇이 지혜도 있고 방편도 있는 해탈이 되는가? 이를테면 여러 가지 탐욕과 분노와 삿된 견해 등 온갖 번뇌를 떠나 여러 가지 덕의 근본을 심어서 최상의 깨달음으로 회향하는 것, 이 것이 지혜도 있고 방편도 있는 해탈입니다. 문수사리여, 저 병든 보살은 응당 이처럼 모든 법을 관찰해야 합니다.

또 이 몸의 무상(無常)과 고(苦)·공(空)·무아(無我)를 관찰하는 것, 이것의 이름이 지혜입니다. 비록 몸에 병이 있으나 항상 생사 가운데 있으면서 두루 일체중생을 이익하게 하여 싫어하지 않는 것, 이것의 이름이 방편입니다.

또 몸을 관찰하되 몸은 병을, 병은 몸을 떠나지 않습니다. 이 병과 이 몸이 새로운 것도 아니고 옛것도 아님을 관찰하는 것, 이것의 이름이 지혜입니다. 설사 몸에 병이 있더라도 영원히 멸하지 않는 것, 이것의 이름이 방편입니다.

문수사리여, 병든 보살은 응당 이처럼 마음을 조복하되 그 가운데 머물러 있지 않아야 하며 또한 조복하지 않는 가운데에도 머물러 있지 않아야 합니다. 왜냐하면, 만약 조복하지 않는 마음에 머물면 이것은 어리석은 사람의 법이며, 조복하는 마음에 머물면 이것은 성문(聲聞, 소승)의 법이기 때문입니다."

"그러므로 보살은 마땅히 조복하거나 조복하지 않는 마음에
머물지 않습니다. 이러한 두 가지 법을 떠나는 것이 보살행입
니다. 생사 속에 있으나 더러운 행동을 하지 않고, 열반에 머무
나 영원히 멸도(滅度, 열반)하지 않는 것, 이것이 보살행입니다.
범부의 행도 아니며 성현의 행도 아님이 보살행입니다. 때가
묻은 행도 아니며 청정한 행도 아님이 보살행입니다.

비록 마(魔)의 행을 지나갔으나 온갖 마를 항복 받음을 나타
내 보이는 것이 보살행입니다. 일체 지혜를 구하되 때마다 구하
지 않음이 없는 것이 보살행입니다. 비록 모든 법이 생기지 않
음을 관하나 정위(正位)6)에 들어가지 않는 것이 보살행입니다.

비록 12연기7)를 관하나 모든 사견(邪見)에도 들어가는 것이
보살행입니다. 비록 일체중생을 널리 받아들이나 애착하지 않
는 것이 보살행입니다. 비록 멀리 떠나는 것을 즐기나 몸과 마
음이 다하는 것을 의지하지 않는 것이 보살행입니다. 비록 3계
에 다니지만 법성(法性)8)을 파괴하지 않는 것이 보살행입니다.
비록 공(空)을 행하나 온갖 덕(德)의 근본을 심는 것이 보살행
입니다. 비록 상이 없음[無相]을 행하나 중생을 제도하는 것이

6) 정위(正位)__성문(聲聞)이 무위열반(無爲涅槃)을 증득하는 것을 정위에
　　든다고 함. 곧 소승의 아라한과를 뜻함. 영원히 변하지 않는 깨달음의
　　지위에 들어가지만, 그곳에 안주(安住)하지는 않는다는 뜻.
7) 12연기(十二緣起)__무명(無明)·행(行)·식(識)·명색(名色)·육입(六入)·
　　촉(觸)·수(受)·애(愛)·취(取)·유(有)·생(生)·노사(老死).
8) 법성(法性)__모든 법의 체성(體性). 곧 만유의 본체. 진여(眞如)·실상(實
　　相)·법계(法界) 등이라고도 함.

보살행입니다. 비록 지음이 없음[無作]을 행하나 태어남을 나타내 보이는 것이 보살행입니다. 비록 일어남이 없음을 행하나 일체 선행(善行)을 일으키는 것이 보살행입니다.

비록 6바라밀을 행하나 중생의 마음(心)과 심수법(心數法)⁹⁾을 두루 아는 것이 보살행입니다. 비록 6신통(六神通)을 행하나 번뇌가 다하지 않음이 보살행입니다.

비록 4무량심(四無量心)¹⁰⁾을 행하나 범천(梵天) 세상에 태어남을 탐착하지 않음이 보살행입니다. 비록 선정과 해탈과 삼매를 행하나 선정을 따라 태어나지 않음이 보살행입니다. 비록 4념처¹¹⁾를 행하나 신수심법(身受心法)을 영원히 떠나지 않는 것이 보살행입니다. 비록 4정근¹²⁾을 행하나 몸과 마음을 버리지 않고 정진하는 것이 보살행입니다. 비록 4여의족¹³⁾을 행하나

....

9) **심수법(心數法)**__신역(新譯)에서는 심(心)과 심수법(心數法)을 심(心, 마음)과 심소(心所, 마음 작용, 의식 작용, 심리 작용)라고 한다. 즉 마음과 마음의 여러 가지 작용. 중생의 갖가지 마음 작용.
10) **4무량심(四無量心)**__자(慈)·비(慈)·희(捨)·사(捨)의 네 가지 한량없는 마음.
11) **4념처(四念處)**__위빠사나 수행의 네 가지 관찰 방법. 즉 ① 육체는 부정한 것이라고 관찰[觀身不淨]. ② 감각, 느낌은 괴로운 것이라고 관찰[觀受是苦]. ③ 이 마음은 변하는 무상한 것이라고 관찰[觀心無常]. ④ 모든 것은 고정된 실체가 없는 '무아'라고 관찰[觀法無我]하는 것.
12) **4정근(四正勤)**__4정단(四正斷)이라고도 함. ① 단단(斷斷): 이미 생긴 악(惡)을 없애려고 힘쓰는 것. ② 율의단(律儀斷): 악이 생기지 않도록 힘쓰는 것. ③ 수호단(隨護斷): 선(善)이 생기도록 힘쓰는 것. ④ 수단(修斷): 이미 생긴 선을 늘리도록 힘쓰는 것.
13) **4여의족(四如意足)**__4신족(四神足)이라고도 함. ① 욕신족(欲神足): 신통

자재한 신통을 얻는 것이 보살행입니다. 비록 5근[14]을 행하나 중생의 모든 근(根)의 영리하고 둔함을 분별하는 것이 보살행입니다. 비록 5력[15]을 행하나 부처님의 열 가지 힘[十力][16]을 즐겨 구하는 것이 보살행입니다.

비록 7각지[17]를 행하나 부처님의 지혜를 분별하는 것이 보

• • • • • • • • •

을 얻기 위한 뛰어난 선정에 들기를 원하는 것. ② 정진신족(精進神足): 신통을 얻기 위한 뛰어난 선정에 들려고 노력하는 것. ③ 심신족(心神足): 신통을 얻기 위한 뛰어난 선정에 들려고 마음을 가다듬는 것. ④ 사유신족(思惟神足): 신통을 얻기 위한 뛰어난 선정에 들려고 사유하고 주시하는 것.

14) 5근(五根)__번뇌를 누르고 깨달음의 길로 이끄는 다섯 가지 근원, 기능. 즉 신근(信根 : 믿음)·진근(進根 : 정진)·염근(念根 : 기억)·정근(定根 : 선정)·혜근(慧根 : 지혜).

15) 5력(力)__불교에 대한 실천 방면의 기초적 덕목(德目)이 되는 5종. ① 신력(信力): 불법을 믿고 다른 것을 믿지 않는 것. ② 진력(進力): 선을 짓고 악을 폐하기를 부지런히 하는 것. ③ 염력(念): 사상을 바로 가지고 사특한 생각을 버리는 것. ④ 정력(定力): 선정(禪定)을 닦아 어지러운 생각을 없게 하는 것. ⑤ 혜력(慧力): 지혜를 닦아 불교의 진리인 4제(諦)를 깨닫는 것.

16) 부처님에게만 있는 열 가지 심력(心力)__① 처비처지력(處非處智力). ② 업이숙지력(業異熟智力). ③ 정려해탈등지등지력(靜慮解脫等持等至智力). ④ 근상하지력(根上下智力). ⑤ 종종승해지력(種種勝解智力). ⑥ 종종계지력(種種界智力). ⑦ 변취행지력(遍趣行智力). ⑧ 숙주수념지력(宿住隨念智力). ⑨ 사생지력(死生智力). ⑩ 누진지력(漏盡智力).

17) 7각지(七覺支)__깨달음에 도움이 되는 일곱 가지. ① 택법각지(擇法覺支): 지혜로 모든 법을 살펴서 선한 것은 골라내고 악한 것은 버리는 것. ② 정진각지(精進覺支): 여러 가지 수행을 할 때에 쓸데없는 고행은 그만두고, 바른 도에 전력하여 게으르지 않는 것. ③ 희각지(喜覺

살행입니다. 비록 8정도[18])를 행하나 한량없는 불도(佛道)를 즐겨 행하는 것이 보살행입니다. 비록 지관(止觀)[19])과 조도(助道)의 법을 행하나 필경에 적멸에 떨어지지 않는 것이 보살행입니다. 비록 모든 법이 불생불멸함을 행하나 상호(相好)[20])로써 그 몸을 장엄하는 것이 보살행입니다. 비록 성문(聲聞, 소승)과 벽지불[21])의 위의를 나타내나 부처님의 법을 버리지 않는 것이 보살행입니다.

비록 모든 법이 끝까지 텅 빈 모습〔究竟淨相〕[22])을 따르나 응할 바를 따라서 그 몸을 나타내는 것이 보살행입니다. 비록 모

• • • • • • • • •

支): 참된 법을 얻어서 기뻐하는 것. ④ 제각지(除覺支): 그릇된 견해나 번뇌를 끊어 버릴 때에, 능히 참되고 거짓됨을 알아서 올바른 선근(善根)을 기르는 것. ⑤ 사각지(捨覺支): 바깥 경계에 집착하던 마음을 여읠 적에 거짓된 것, 참되지 못한 것을 추억하는 마음을 버리는 것. ⑥ 정각지(定覺支): 선정에 들어서 번뇌 망상을 일으키지 않는 것. ⑦ 염각지(念覺支): 불도를 수행함에 있어서 잘 생각하여 정(定) · 혜(慧)를 고르게 하는 것.

18) 8정도(八正道)__① 정견(正見, 바른 견해) ② 정사(正思, 바른 생각) ③ 정어(正語, 바른 말) ④ 정업(正業, 바른 행동) ⑤ 정명(正命, 바른 직업) ⑥ 정정진(正精進, 바른 정진) ⑦ 정념(正念, 바른 마음 챙김) ⑧ 정정(正定, 바른 집중).

19) 지관(止觀)__지(止)는 모든 망념을 그치게 하여 마음을 하나의 대상에 집중하는 것이며, 관(觀)은 사물을 올바르게 보는 것. 불교의 수행법. 위빠사나 수행법.

20) 상호(相好)__32상과 80종호.

21) 벽지불(辟支佛)__독각, 연각.

22) 구경정상(究竟淨相)__철저히 텅 비어 공(空)한 모습.

든 불국토가 영원히 적멸한 것이 공(空)과 같음을 관찰하나 갖
가지 청정한 불토를 나타내는 것이 보살행입니다. 비록 불도를
얻어서 법륜을 굴리고 열반에 들어가나 보살도를 버리지 아니
하는 것이 보살행입니다."

　이러한 말을 할 때에 문수사리보살이 거느린 대중 가운데
8천 명의 천자가 모두 최상의 깨달음에 대한 마음을 발하였
습니다.

제4장 부사의품(不思議品)

— 헤아릴 수 없는 지혜 —

그때에 사리불이 유마힐의 방에 의자가 없는 것을 보고 이러한 생각을 하였다. '(의자가 없으니) 이렇게 많은 보살들과 큰 제자들은 어디에 앉아야 할까?' 그때 유마힐이 곧 그의 생각을 알아차리고 사리불에게 말하였다.

"스님은 법을 위해서 이곳에 왔습니까? 의자를 위해서 왔습니까?"

사리불이 말하였다. "저는 법을 위해서 왔습니다. 의자를 위해서 온 것은 아닙니다."

유마힐이 말하였다.

"이보세요. 사리불이여, 대저 법을 구하는 사람은 몸과 목숨을 탐착하지 않습니다. 그런데 하물며 의자를 탐착해서야 되겠습니까? 대저 법을 구하는 사람은 색수상행식(色受想行識)[1]이

. . . .

1) 색수상행식(色受想行識)＿인간을 구성하고 있는 다섯 가지 요소. 즉 5온

있음을 구하지 않으며, 18계(十八界)[2]와 12입(十二入)[3]이 있음을 구하지 않으며, 욕계(欲界)와 색계(色界)와 무색계(無色界)가 있음을 구하지 않습니다.

사리불이여, 대저 법을 구하는 사람은 부처〔佛〕에 집착하여 구하지 않으며, 법(法)에 집착하여 구하지 않으며, 승(僧)에 집착하여 구하지 않아야 합니다. 법을 구하는 사람은 괴로움을 보고 구하지 않으며, 괴로움의 원인〔集〕을 끊음을 구하지 않으며, 증득함을 다하고 도를 닦음에 나아감을 구하지 않습니다. 왜냐하면, 법에는 희론(戲論)[4]이 없기 때문입니다. 만약 말하기를, '나는 마땅히 고통(苦)을 보고, 그 원인인 집착〔集〕을 끊으며, 그 원인을 소멸(滅)하고 깨닫기 위하여 도(道)를 닦는다'고 말한다면 이것은 희론이며, 법을 구하는 것이 아닙니다.

사리불이여, 법의 이름〔法名〕은 적멸(寂滅)입니다. 그럼에도 만약 생멸을 하면 이것은 생멸을 구하는 것이지 법을 구하는 것은 아닙니다. 법의 이름〔法名〕은 염착이 없음〔無染〕입니다. 그럼에도 만약 법에 염착하거나 또는 열반에 염착한다면, 그것이 곧 염착이고 법을 구하는 것이 아닙니다.

• • • • • • • •

(五蘊).
2) 18계(十八界)__6근과 6경과 6식.
3) 12입(十二入)__12처(十二處). 안처(眼處)·이처(耳處)·비처(鼻處)·설처(舌處)·신처(身處)·의처(意處)의 6근(六根)과 색처(色處)·성처(聲處)·향처(香處)·미처(味處)·촉처(觸處)·법처(法處)의 6경(六境). 총 12가지로 분류 또는 분석하는 법체계이다.
4) 희론(戲論)__진실하지 못한 내용을 가지고 부질없이 논의하는 것.

법은 행하는 것이 없습니다. 그럼에도 만약 법을 행한다면, 그것은 곧 행하는 것이지 법을 구하는 것이 아닙니다. 법은 취사(取捨)가 없습니다. 그런데도 만약 법을 취하거나 버린다면, 그것은 곧 취하고 버리는 것이지 법을 구하는 것이 아닙니다. 법은 처소가 없습니다. 만약 처소에 집착하면 그것은 곧 처소에 집착하는 것이지 법을 구하는 것이 아닙니다.

법의 이름은 무상(無相)입니다. 그런데도 만약 상(相, 모양)을 따라 인식한다면, 그것은 모양을 구하는 것이지, 법을 구하는 것은 아닙니다. 법은 머물 수 없습니다. 그런데 만약 법에 머물면 그것은 곧 법에 머무는 것이지 법을 구하는 것이 아닙니다.

법은 견문각지(見聞覺知, 보고 듣고, 느끼고 아는 것)가 아닙니다. 그런데도 만약 견문각지를 행하면 그것은 곧 견문각지일 뿐, 법을 구하는 것이 아닙니다. 법의 이름은 무위(無爲)입니다. 만약 유위(有爲)를 행하면 그것은 유위를 구하는 것이지, 법을 구하는 것이 아닙니다. 그러므로 사리불이여, 만약 법을 구하는 사람은 일체법에 있어서 응당 구하는 바가 없어야 합니다."

유마거사가 이 말을 설할 때에 5백 명의 천자(天子)가 모든 법 가운데 법안(法眼)이 청정함을 얻었다.

그때에 유마힐이 문수사리보살에게 물었다.

"문수사리께서는 한량없는 천만 억 아승지(阿僧祇)5) 국토를 두루 다니셨으니 어떤 국토에 대단히 훌륭하고 아름다운 공덕

. . . .

5) 아승지(阿僧祇)＿아승기. 숫자로 헤아릴 수 없는 많은 수.

을 갖춘 사자좌가 있습니까?"

문수사리보살이 말하였다. "거사여, 동방으로 36항하강의 모래 수와 같이 많은 국토를 지나서 세계가 있습니다. 이름은 수미상(須彌相)이며 부처님의 이름은 수미등왕(須彌燈王)입니다. 지금 그곳에 계시는데 부처님의 몸은 키가 8만 4천 유순(由旬)[6]이요, 그 사자좌의 높이도 8만 4천 유순입니다. 장엄과 장식이 세상에서 제일입니다."

이에 장자 유마힐이 신통력을 나타냈다. 그러자 수미등왕 부처님이 즉시 3만 2천 개의 사자좌(獅子座)를 보내왔다. 사자좌는 매우 높고 넓으며 아름답게 장식되어 있는 의자였다. 유마힐의 작은 방에 3만 2천 개의 의자가 들어오자 여러 보살과 큰제자들, 제석천과 범천과 사천왕들은 예전에 보지 못했던 일이어서 모두 놀란 기색이었다. 그 방(유마거사의 방)[7]은 넓고 넓어서 3만 2천 개의 사자좌를 모두 다 수용하였다. 그러나 조금도 비좁거나 걸림이 없었다. 비야리성(城)과 염부제와 4천하(四天下)도 모두 비좁지 않고 다 예전과 똑같았다.

그때에 유마힐이 문수사리보살에게 말하였다. "사자좌에 나아가서 보살들과 스님들과 함께 앉으십시오. 저절로 그 몸이 저 사자좌와 같아질 것입니다."라고 하였다. 신통을 얻은 보살

• • • • • • • •

6) 유순(由旬)＿거리의 단위. 40리(혹 30리)에 해당. 대유순은 80리, 중유순은 60리, 소유순은 40리라고 함.
7) 유마거사의 방＿유마힐의 방은 사방 1장(丈, 3,3미터)으로 매우 작은 방임.

들은 곧 스스로 형체를 변화시켜 키가 4만 2천 유순이 되어서 사자좌에 올라가 앉았다. 그러나 새로 발심한 보살들과 큰 제자들은 모두 사자좌에 올라가지 못하였다.

그때에 유마힐이 사리불에게 말하였다. "사자좌에 올라가서 앉으십시오." 사리불이 말하였다. "거사여, 이 사자좌는 높고 넓어서 저는 올라갈 수가 없습니다." 유마힐이 말하였다. "사리불이여, 수미등왕(須彌燈王)여래께 예배해야 그 자리에 앉을 수 있습니다." 이에 새로 발심한 보살과 큰 제자들이 곧 수미등왕여래에게 예배하였다. 그리고 다시 사자좌에 앉게 되었다.

사리불이 말하였다. "거사여, 이것은 일찍이 없었던(未曾有)[8] 일입니다. 이와 같이 작은 방(유마힐의 방)에 이렇게 높고 넓은 의자가 들어가다니 불가사의합니다. 그 많은 의지가 이렇게 작은 방에 다 들어가도 비야리성에는 아무런 장애물이 되지 않고, 또한 염부제(사바세계)의 마을과 성(城)과 읍(邑)과 4천하(四天下)와, 그리고 모든 천신과 용왕과 귀신들의 집도 좁아지지 않았습니다."

유마힐이 말하였다. "사리불이여, 모든 부처님과 보살들에게는 해탈이 있습니다. 이름은 불가사의(不可思議)[9]입니다. 만약 보살로서 이 해탈에 머무는 사람은 수미산과 같이 높고 넓은 것을 겨자씨 속에 넣더라도, 늘어나거나 줄어드는 바가 없고,

8) 미증유(未曾有)__일찍이 없었던 희귀한 일.
9) 불가사의(不可思議)__우리의 생각이 미치지 못함. 머리로는 헤아릴 수 없는 것을 말함.

수미산의 모양도 본래 그대로입니다. 그러나 사천왕과 도리천과 같은 여러 천왕들은 자신들이 겨자씨 속에 들어간 것을 느끼지 못하고 알지도 못합니다. 오직 마땅히 득도(得度, 깨달은 이)한 사람이라야 수미산이 겨자씨 속에 들어간 것을 볼 수 있습니다. 이것을 이름하여 불가사의 해탈법문이라고 합니다.

또한 4대해(四大海)의 바닷물을 하나의 모공(毛孔, 털구멍) 속에 넣어도 고기나 자라, 도롱뇽과 악어와 같은 물고기와 짐승들을 괴롭게 하지 않고, 저 큰 바다의 본래 모습도 그대로입니다. 또 온갖 용과 귀신과 아수라들이 자신이 모공(毛孔)에 들어간 것을 느끼지도 알지도 못하며, 이곳의 중생도 또한 번거롭거나 괴롭지 않습니다.

또 사리불이여, 불가사의 해탈에 머문 보살은 삼천대천세계를 손아귀에 움켜쥐기를 마치 질그릇을 만드는 사람이 물레를 돌리는 것과 같이 하고, 그 삼천대천세계를 항하강의 모래 수와 같은 세계 밖에다 던져도, 그 안에 있는 중생들은 자신들이 멀리 던져지는 것을 느끼지도 못하고 알지도 못합니다. 다시 본래의 곳으로 던져놓아도, 도무지 가고 오는 것을 느끼지 못하며, 본래의 모습도 예전과 같이 그대로입니다.

또 사리불이여, 혹 어떤 중생이 이 세상에 오래 머물기를 바라고 또 제도될 사람에게는 보살이 7일을 확대시켜서 1겁을 만들어 그로 하여금 1겁으로 여기게 합니다. 혹 어떤 중생은 세상에 오래 머물기를 바라지 않고 제도될 사람에게는, 보살이 곧 1겁을 줄여서 7일이 되게 하여 그로 하여금 7일로 여기게 합니다.

또 사리불이여, 불가사의해탈에 머문 보살은 모든 불국토(佛國土)에 장엄한 것을 한 나라에 모아두어 중생에게 보입니다. 또 보살이 모든 불국토의 중생을 오른쪽 손바닥에 올려두고 온 시방을 날아다니며 모든 사람들에게 두루 보여도, 본래의 장소는 움직이지 않습니다.

또 사리불이여, 시방(十方) 중생의 모든 부처님께 공양하는 물건들을 보살이 한 모공(毛孔)에서 다 볼 수 있게 합니다. 또 시방 국토에 있는 모든 해와 달과 별들을 한 모공에서 다 볼 수 있게 합니다.

또 사리불이여, 보살이 입속으로 시방세계에 있는 모든 바람〔風〕을 모두 다 빨아들여도, 몸은 손상되지 않고 밖에 있는 나무들도 꺾어지지 아니합니다. 또 시방세계가 겁(劫)이 다하여 불이 탈 때에 그 모든 불을 뱃속에 다 집어넣어도, 불은 그대로며 몸도 상하지 않습니다. 또 하방으로 항하강의 모래 수(數)와 같은 세계를 지나서, 한 나라를 취하여서 상방으로 항하강의 모래 수와 같은 세계를 지나가더라도, 마치 바늘을 가지고 대추나무 잎을 하나 들어 올리는 것과 같이 전혀 번거롭지 않습니다.

또 사리불이여, 불가사의해탈에 머문 보살은 능히 신통으로 부처의 몸을 나타내며, 혹은 벽지불(辟支佛)의 몸을 나타내며, 혹은 성문(聲聞)의 몸을 나타내며, 혹은 제석(帝釋)의 몸을 나타내며, 혹은 범왕(梵王)의 몸을 나타내며, 혹은 세상 주인의 몸을 나타내며, 혹은 전륜성왕(轉輪聖王)의 몸을 나타냅니다.

또 시방세계에 있는 모든 소리의 상(上)·중(中)·하(下)의 음

성을 능히 다 분별하여, 부처님의 소리를 만들어, 무상·고
(苦)·공(空)·무아(無我)를 알리는 소리로 변화시키며, 또 시방
의 모든 부처님께서 설하시는 갖가지 법을, 그 소리를 통하여
널리 듣게 합니다. 사리불이여, 내가 지금 보살의 불가사의한
해탈의 힘을 간략하게 말하였습니다. 만약 자세히 말한다면 겁
이 다할 때까지 말해도 끝이 없습니다."

　이때 대가섭이 보살(유마힐)의 불가사의 해탈법문을 듣고는
미증유(未曾有, 일찍이 듣지 못함)라고 찬탄하면서 사리불에게 말
하였다.

　"비유하자면, 어떤 사람이 맹인 앞에서 여러 가지 색상을 나
타내 보이지만, 그 사람은 보지 못하는 것과 같이 일체 성문들
도 이 불가사의 해탈법문을 듣고 능히 알 수 없는 것도 이와
같습니다."

　지혜로운 사람이라면 이 법문을 듣고 모두 아뇩다라 삼먁삼
보리10)를 성취하고자 하는 마음을 낼 것입니다. 그런데 우리는
어찌하여 대승의 뿌리를 영원히 끊어버리고 대승에 대하여는
이미 썩은 종자와 같아진 것입니까? 일체 성문(聲聞, 소승)들이
이 불가사의 해탈법문을 들으면 모두 목 놓아 큰 소리로 울어
서 그 소리가 삼천대천세계를 진동할 것입니다. 또 모든 대승
의 보살은 응당 크게 기뻐하여 이 법을 머리에 받아 가질 것입
니다. 만약 어떤 보살이 불가사의 해탈법문을 믿고 이해한다면

• • • • • • • • •

10) 아뇩다라 삼먁삼보리심__최고로 높은 깨달음.

모든 마군(魔軍)의 무리가 그를 어떻게 하지 못할 것입니다."

대가섭이 이 말을 할 때에 3만 2천 천자가 모두 아뇩다라 삼먁삼보리를 성취하고자 하는 마음을 발하였다.

그때에 유마힐이 대가섭에게 말하였다.

"가섭이여, 시방에 한량없는 아승지 세계 가운데 마왕이 된 사람은 대개 불가사의 해탈에 머문 보살들입니다. 방편력으로 중생을 교화하기 위하여 짐짓 마왕이 되어 나타난 것입니다.

또 가섭이여, 시방의 많은 보살에게 혹 어떤 사람이 손이나 발, 코나 머리, 눈, 골수, 피, 살, 피부나 뼈, 마을이나 성읍, 처자나 노비, 코끼리나 말, 또는 수레나 금, 은, 유리, 자거, 마노, 산호, 호박이나 진주, 가패나 의복이나 음식 등을 구걸하면, 이와 같은 걸인은 대개 불가사의 해탈에 머무는 보살들입니다. 방편의 힘으로써 시험하여 그들을 견고하게 하려는 것입니다.

왜냐하면 불가사의 해탈에 머문 보살은 위덕(威德, 위엄과 덕망)의 힘이 있기 때문에 짐짓 핍박해서 여러 중생에게 이처럼 어려운 일을 보이는 것입니다. 범부는 하열하여 능력이 없으므로 이처럼 보살을 핍박하지 못합니다. 비유하자면, 용과 코끼리처럼 차고 짓밟는 것을 당나귀는 견디어 내지 못하는 것과 같습니다. 이것을 불가사의 해탈에 머문 보살의 지혜와 방편의 문이라고 이름합니다.

제5장 관중생품(觀衆生品)

— 실존하지 않는 중생의 실상 —

그때에 문수사리가 유마힐에게 물었다.

"보살은 중생을 어떻게 관찰합니까?"

유마힐이 말하였다.

"비유하자면 마술을 하는 사람이 마술로 만든 사람을 보는 것과 같이, 보살이 중생을 관찰하는 것도 그와 같이 관찰합니다.

지혜로운 사람은 (중생을 관찰하기를) 물에 비친 달과 같이 여기며, 거울 속에 있는 얼굴을 보는 것과 같이 여기며, 더운 날 아지랑이와 같이 여기며, 소리를 질렀을 때 울리는 메아리와 같이 여기며, 하늘에 떠 있는 구름과 같이 여기며, 물 위의 물방울이나 물거품처럼 여기며, 파초의 속이 견고하지 못함과 같이 여기며, 번갯불이 오래 머물지 못하는 것과 같이 여깁니다.

제5대(大)와 같이 여기며,[1] 제6음(陰)과 같이 여기며,[2] 제7

----

1) 제5대(大)와 같이 여기며__지수화풍 4대만 있고 5대는 없다. 그와 같이

정(情)과 같이 여기며,3) 13입(入)과 같이 여기며,4) 19계(界)와 같이 여깁니다.5) 보살이 중생을 관찰하는 것도 이와 같습니다.

무색계6)의 색과 같이 여기며, 타버린 곡식의 씨앗과 같이 여기며, 수다원과의 신견(身見)7)과 같이 여기며, 아나함8)과의 입태(入胎)와 같이 여기며, 아라한9)과의 삼독(三毒)과 같이 여기며, 깨달아 무생법인을 얻은[得忍] 보살10)의 탐욕, 진에(瞋恚), 파계(破戒)와 같이 여기며, 부처님의 번뇌 습기와 같이 여기며,11) 눈먼 사람이 사물을 보는 것과 같이 여기며, 멸진정(滅盡定)에 들어간 사람의 출식(出息)·입식(入識)과 같이 여기며, 허

· · · · · · · · ·

없는 것으로 관찰.
2) 제6음(陰)과 같이 여기며__색수상행식 5온[음]뿐이고, 6음은 없듯이 관찰하는 것.
3) 제7정(情)과 같이 여기며__안이비설신의 6식으로부터 일어나는 6정(情, 여섯 가지 감정)만 있고, 제7정은 없음.
4) 13입(入)과 같이 여기며__12입(入)은 있으나 13입은 없음.
5) 19계(界)와 같이 여김__18계는 있으나 19계는 없음. 중생을 이와 같이 관찰함.
6) 무색계__형상이 없는 세계.
7) 수다원(예류과)의 신견(身見)__예류과에 든 사람은 색신이 있을 수 없음.
8) 아나함(불환과, 불래과)__불래과에 든 사람은 다시 입태(入胎)하는 일이 없음.
9) 아라한(무학위)__완전한 깨달음에 이른 아라한과에 든 사람은 3독(三毒)이 없음.
10) 깨달아서 무생법인(無生法忍)을 얻은 보살__탐욕이나 진에(瞋恚), 파계(破戒) 등과 같은 것이 없음.
11) 부처님의 번뇌 습기와 같이 여기며__등도 모두 있지 않음, 즉 없음을 가리키고 있음.

공에 날아간 새의 발자국과 같이 여기며, 석녀(石女)의 아이와 같이 여기며, 조화로 만든 사람의 번뇌와 같이 여기며, 꿈속에서 보던 것을 꿈을 깬 것과 같이 여기며, 열반에 든 사람이 몸을 받는 것과 같이 여기며, 연기가 없는 불과 같이 여깁니다. 보살이 중생을 관찰하는 것도 이와 같습니다.

문수사리보살이 말하였다. "만약 보살이 이렇게 중생을 관찰(허깨비)한다면 어떻게 자비(사랑)를 행해야 합니까?"

유마힐이 말하였다.

"보살이 이렇게 관찰하고 나서 스스로 생각하기를, '나는 마땅히 중생을 위해서 이와 같은 법을 설하리라'라고 생각한다면 이것이 곧 진실한 자비행입니다.

즉 적멸의 자비(사랑)를 행하나니 곧 생멸하는 것이 없기 때문입니다. 불타지 않는 자비를 행하나니 번뇌가 없기 때문입니다. 평등한 자비를 행하나니 삼세가 평등하기 때문입니다. 다툼이 없는 자비를 행하나니 분노가 일어나지 않기 때문입니다. 불이(不二, 둘이 아님)의 자비를 행하나니 안과 밖(대상)이 합하지 않기 때문입니다. 무너지지 않는 자비를 행하나니 마침내 다하기 때문입니다. 견고한 자비를 행하나니 마음에 상처가 없기 때문입니다. 청정한 자비를 행하나니 모든 법의 성품이 청정하기 때문입니다. 가없는 자비를 행하나니 허공과 같기 때문입니다.

아라한의 자비를 행하나니 번뇌의 도적을 깨뜨리기 때문입니다. 보살의 자비를 행하나니 중생을 평안하게 하기 때문입니다. 여래의 자비를 행하나니 여여(如如)한 모습을 얻기 때문입니다. 부처의 자비를 행하나니 중생을 깨우치기 때문입니다.

자연(自然)의 자비를 행하나니 원인이 없이 얻기 때문입니다. 보리(菩提)의 자비를 행하나니 평등한 일미(一味)이기 때문입니다. 같은 것이 없는 자비를 행하나니 모든 애착을 끊기 때문입니다. 크게 어여삐 여기는 사랑을 행하나니 대승으로 인도하기 때문입니다. 싫어함이 없는 사랑을 행하나니 공(空)하여 아(我)가 없음을 관찰하기 때문입니다.

법을 보시[法施]하는 사랑을 행하나니 아낌이 없기 때문입니다. 계를 가지[持戒]는 사랑을 행하나니 파계한 사람을 교화하기 때문입니다. 인욕의 사랑을 행하나니 서로가 없기 때문입니다. 정진(精進)의 사랑을 행하나니 중생을 짊어지기 때문입니다. 선정(禪定)의 사랑을 행하나니 맛을 받아들이지 않기 때문입니다. 지혜의 사랑을 행하나니 때를 알지 못함이 없기 때문입니다.

방편의 사랑을 행하나니 일체를 나타내 보이기 때문입니다. 숨김이 없는 사랑을 행하나니 곧은 마음이 청정하기 때문입니다. 깊은 마음의 사랑을 행하나니 잡스러운 행이 없기 때문입니다. 거짓이 없는 사랑을 행하나니 헛되고 거짓되지 않기 때문입니다. 안락한 사랑을 행하나니 부처님의 즐거움을 얻게 하기 때문입니다. 보살의 사랑[慈]은 이와 같습니다."

문수사리보살이 물었다. "무엇이 비[悲, 슬퍼하다]가 됩니까?"

답하였다. "보살이 지은 공덕을 일체중생에게 다 주어서 함께하게 하는 것입니다." "무엇이 기뻐함[喜]이 됩니까?" 답하였다. "중생에게 이익되게 함을 기뻐할지언정 후회하지 않는 것

입니다." "무엇이 평온함〔捨〕이 됩니까?" 답하였다. "복을 지어
도 바라는 바가 없는 것입니다."

문수사리보살이 또 물었다. "생사는 두려운 것입니다. 보살
은 마땅히 무엇을 의지해야 합니까?" 유마힐이 말하였다. "보살
은 생사의 두려움 속에서 마땅히 여래 공덕의 힘을 의지해야
합니다."

문수사리보살이 또 물었다. "보살이 여래 공덕의 힘을 의지
하고자 하면 마땅히 어디에 머물러야 합니까?" 답하였다. "보살
이 여래 공덕의 힘을 의지하려는 사람은 마땅히 일체중생을 제
도하는 데 머물러야 합니다." "중생을 제도하고자 하면 마땅히
무엇을 제거해야 합니까?" "중생을 제도하려면 번뇌를 제거해
야 합니다." "번뇌를 제거하려면 마땅히 무엇을 행하여야 합니
까?" "마땅히 바른 생각을 하여야 합니다."

또 물었다. "어떻게 하여야 바른 생각을 합니까?" "마땅히 불
생불멸을 행하여야 합니다." "무슨 법이 불생이며 무슨 법이 불
멸입니까?" "선하지 않은 것은 불생(不生)이고 선한 법은 불멸
(不滅)입니다." "선과 불선은 무엇이 근본입니까?" "몸이 근본입
니다." "몸은 무엇이 근본입니까?" "탐욕이 근본입니다." "탐욕
은 무엇이 근본입니까?" "허망한 분별이 근본이 됩니다." "허망
한 분별은 무엇이 근본이 됩니까?" "전도(顚倒) 망상이 근본이
됩니다." "전도 망상은 무엇이 근본이 됩니까?" "무주(無住)가
근본이 됩니다." "무주는 무엇이 근본이 됩니까?" "무주는 근본
이 없습니다. 문수사리여, 무주라는 근본으로부터 일체법이 세
워졌습니다."

그때 유마힐의 방에 한 천녀가 있었다. 그녀는 여러 훌륭한 분들의 설법을 듣고 곧 몸을 나타내어 천상의 꽃을 여러 보살들과 큰 제자들 위에 뿌렸다. 그런데 그 꽃이 대승의 보살들에게 이르러서는 곧바로 다 떨어졌는데 소승의 모든 제자들에게 이르러서는 딱 붙어서 떨어지지 않았다. 그들이 자신들의 신통력으로 그 꽃을 제거하려고 해도 제거할 수가 없었다.

그때에 천녀가 사리불에게 물었다. "무슨 까닭으로 꽃을 제거하려고 합니까?" 사리불이 답했다. "이 꽃은 여법하지 못합니다. 그래서 제거하려고 합니다."

천녀가 말했다. "이 꽃을 가지고 여법하지 못하다고 하지 마십시오. 왜냐하면, 이 꽃은 분별하는 바가 없습니다. 스님이 스스로 분별하는 생각을 내었을 뿐입니다. 만약 불법에 출가하여 분별하는 바가 있으면 그것이 여법하지 못한 것이 됩니다. 분별하는 바가 없으면 그것이 여법한 것입니다. 살펴보니 모든 대승의 보살들에게는 꽃이 붙지 않았는데, 그것은 일체 분별하는 생각을 다 끊었기 때문입니다.

비유하자면 사람이 두려워할 때는 귀신이 그 틈을 타서 침입하는 것과 같습니다. 이처럼 스님들(대제자들)은 생사를 두려워하는 까닭에 그 틈을 타고 색·성·향·미·촉(色·聲·香·味·觸)이 들어와서 흔드는 것입니다. 두려움을 떠난 사람에게는 일체의 5욕(五欲)이 어찌하지 못합니다. 갖가지 번뇌를 다 끊지 못하면 꽃이 몸에 붙는 것이고, 갖가지 번뇌를 다 끊으면 꽃이 몸에 붙지 못하는 것입니다.

사리불이 천녀에게 물었다. "천녀가 이 방에 머문 지 얼마나 오래 되었습니까?" 천녀가 답하였다. "어르신(耆年)[12]의 해탈과 같습니다." 사리불이 말하였다. "여기에 머문 것이 오래되었습니까?" 천녀가 말하였다. "어르신의 해탈도 얼마나 오래 되었습니까?" 사리불이 묵묵히 답을 못하자 천녀가 말하였다. "어른이시고 또 큰 지혜를 지닌 분으로서 어찌 묵묵부답(默默不答)이십니까?" 사리불이 답하였다. "해탈이란 말로써 표현할 수 없는 것이므로 나는 해탈에 대해서 뭐라고 말할 바를 모르겠습니다."

천녀가 말하였다. "언설과 문자가 다 해탈의 모습입니다. 왜냐하면, 해탈이란 안(內)에 있는 것도 아니고 밖에 있는 것도 아니며 두 사이에 있는 것도 아닙니다. 문자도 또한 안도 아니고 밖도 아니며 두 사이에도 있지 않습니다. 그러므로 사리불이여, 문자를 떠나서 해탈을 설할 수도 없습니다. 왜냐하면, 일체 제법이 곧 해탈의 모습이기 때문입니다."

사리불이 말하였다. "음행과 분노와 어리석음을 떠난 것을 해탈이라고 하는 것이 아닙니까?" 천녀가 말하였다. "부처님께서는 아만이 높은 사람을 위하여 음행과 분노와 어리석음을 떠난 것을 해탈이라고 설하셨을 뿐입니다. 만약 아만이 없는 사람에게는 음행과 분노와 어리석음의 본성이 그대로가 곧 해탈이라고 설하셨을 것입니다."

• • • • • • • • •

12) 기년(耆年)__기년(耆年)은 나이로는 60세 이상을 가리키고 '노인' 또는 '늙은이' '어르신' 등을 뜻함. 덕이 많은 어른에 대한 지칭. 불문에 출가한 지 오래 되어 법력이 높은 스님을 '기년(耆年) 장로(長老)'라고 함. 여기서는 사리불을 가리킴.

사리불이 말하였다. "훌륭합니다. 훌륭합니다. 천녀여, 그대는 무엇을 얻었으며 무엇을 깨달았기에 변재(辯才, 말씀)가 이와 같습니까?" 천녀가 말하였다. "저는 얻음도 없고 깨달음도 없습니다. 그래서 변재가 이와 같습니다. 왜냐하면 얻은 것이 있고 깨달은 것이 있는 사람은, 곧 불법에 대하여 아만이 높은 사람이기 때문입니다."

사리불이 천녀에게 물었다. "그대는 삼승(三乘, 성문·연각·보살)으로부터 무엇을 구하는가?" 천녀가 말하였다. "저는 성문법으로써 중생을 교화하기 때문에 성문이 되고, 인연법으로써 중생을 교화하기 때문에 벽지불(연각)이 되고, 대비법으로써 중생을 교화하기 때문에 대승(보살)이 됩니다.

사리불이여, 어떤 사람은 첨복(瞻蔔) 나무 숲에 들어가면 오직 첨복의 향기만 맡고 다른 향기는 맡지 않습니다. 그와 같이 만약 이 방에 들어오면 다만 부처님의 공덕의 향기만 맡고 성문이나 벽지불(연각)의 공덕의 향은 맡지 않습니다.

사리불이여, 제석과 범천·사천왕과 여러 천신과 귀신들이 이 방에 들어오면, 유마힐께서 강설하는 정법의 법문을 듣고 모두 부처님의 공덕의 향을 좋아하여 발심하고 나갑니다. 사리불이여, 제가 이 방에 머무른 지는 12년이 되었습니다. 저는 처음부터 성문과 벽지불(연각)의 법은 듣지 못하였고, 오직 보살의 대자대비와 불가사의한 모든 부처님의 법만 들었습니다.

사리불이여, 이 방에는 일찍이 없었던 여덟[未曾有] 가지 얻기 어려운 법이 항상 나타납니다. 무엇이 여덟 가지인가? 이 방은 항상 금빛으로 비춰서 주야가 같기 때문에 해와 달의 빛으로 밝음을 삼지 않습니다. 이것이 첫째 미증유로서 얻기 어려운 법입니다.

이 방에 들어오는 사람은 온갖 번뇌의 괴롭힘을 받지 않습니다. 이것이 둘째 미증유로서 얻기 어려운 법입니다. 이 방에는 항상 제석과 범천과 사천왕과 타방(他方)의 보살들이 끊임없이 모여옵니다. 이것이 셋째 미증유로서 얻기 어려운 법입니다. 이 방에는 항상 6바라밀과 퇴전하지 않는 법을 설합니다. 이것이 넷째 미증유로서 얻기 어려운 법입니다.

이 방에는 항상 천상 사람들의 제일가는 즐거움을 지어서 한량없는 법으로 교화하는 소리를 연주합니다. 이것이 다섯째 미증유로서 얻기 어려운 법입니다. 이 방에는 네 개의 큰 창고[13]가 있는데 여러 가지 보물이 가득하여 가난한 사람들을 두루 다 구제하여 다함이 없습니다. 이것이 여섯째 미증유(未曾有)로서 얻기 어려운 법입니다.

이 방에 있는 유마거사가 석가모니 부처님과 아미타 부처님과 아축 부처님(阿閦佛)과 보덕(寶德), 보염(寶燄), 보월(寶月), 보엄(寶嚴), 난승(難勝), 사자향(獅子響), 일체이성(一切利成) 등 시방의 한량없는 부처님을 생각하면, 그 부처님들은 곧 모두 오시어, 널리 부처님의 비밀스럽고 요긴한 법장(法藏)을 설하십니다. 설하시고 나서는 다시 돌아가십니다. 이것이 일곱째 미증유로서 얻기 어려운 법입니다.

• • • • • • • • •

13) 네 개의 큰 창고__4섭법(四攝法)을 말한다.

이 방에는 일체 모든 천신들이 꾸민 궁전과 모든 불국정토가 다 그 가운데 나타납니다. 이것이 여덟째 미증유로서 얻기 어려운 법입니다. 이와 같은 불가사의한 일을 보고 누가 또 다시 성문의 법을 좋아할 사람이 있겠습니까?"

사리불이 말하였다. "그대는 왜 여자의 몸을 남자로 바꾸지 않습니까?" 천녀가 말하였다. "나는 12년 동안 여인의 본질과 모습을 구했으나 끝내 구하지 못하였습니다. 그러니 어떻게 바꿀 수가 있겠습니까? 비유하자면 마치 마술을 하는 사람이 허깨비 여자를 만들었다고 합시다. 그때 어떤 사람이 묻기를, '왜 여자의 몸을 바꾸지 않는가?'라고 한다면 이 사람의 질문은 바른 질문이 되겠습니까?"

사리불이 말하였다. "허깨비는 정해진 고정된 모양이 없는데 어떻게 바꿀 수 있겠습니까?" 천녀가 말하였다. "일체 모든 법도 또한 그와 같아서 고정된 모양이 없는데 어떻게 여자의 몸을 바꾸지 않느냐고 묻습니까?"

그때에 천녀가 신통력으로 사리불을 변화시켜 천녀와 같게 하고 천녀는 스스로 몸을 변화시켜 사리불과 같게 하고 나서 물었다. "왜 여자의 몸을 바꾸지 않습니까?" 사리불이 천녀의 모양이 되어 대답하였다. "나는 지금 어찌하여 여자의 몸으로 변하였는지를 알지 못하겠습니다."

천녀가 말하였다. "사리불이여, 만약 이 여자의 몸을 바꿀 수 있으면 모든 여인들도 바꿀 수 있을 것입니다. 마치 사리불께서 여자가 아니면서 여자의 몸을 나타냈듯이, 모든 여인들도 비록 이처럼 여자의 몸을 나타냈으나 실은 여자가 아닙니다.

그러므로 부처님께서는 모든 법은 남자도 아니고 여자도 아니라고 설하신 것입니다.

그때에 천녀가 다시 신통력을 거두어들이니 사리불의 몸도 예전과 같이(남자) 돌아갔다. 천녀가 사리불에게 물었다. "여자의 몸은 지금 어디에 있습니까?" 사리불이 말하였다. "여자의 몸은 있음도 없고 있지 않음도 없습니다." 천녀가 말하였다. "일체 제법(諸法)도 이와 같아서 있음도 없고 있지 않음도 없으니, 대저 있음도 없고 있지 않음도 없는 것이 부처님이 설하신 바입니다."

사리불이 천녀에게 물었다. "그대는 이곳에서 죽으면 마땅히 어느 곳에 태어납니까?" 천녀가 말하였다. "부처님의 교화로 태어납니다. 나도 그와 같이 태어납니다." 사리불이 말하였다. "부처님의 교화로 태어나는 것은 죽거나 태어남이 아닙니다." 천녀가 말하였다. "중생도 그러해서 죽거나 태어남이 아닙니다."

사리불이 천녀에게 물었다. "그대는 얼마 후에 아뇩다라삼먁삼보리를 얻게 됩니까?" 천녀가 말하였다. "만약 사리불이 다시 범부가 된다면 내가 아뇩다라삼먁삼보리를 얻을 수 있습니다." 사리불이 말하였다. "내가 범부가 되는 일은 있을 수 없습니다." 천녀가 말하였다. "내가 아뇩다라삼먁삼보리를 얻는 것도 있을 수 없는 일입니다. 왜냐하면, 삼먁삼보리는 머무는 곳이 없기 때문입니다. 그러므로 얻는 것도 없습니다."

사리불이 말하였다. "지금 모든 부처님이 아뇩다라 삼먁삼보리를 얻었으며, 이미 얻었고, 또 마땅히 항하강의 모래 수(數)와 같이 많이 얻을 것이라는 말은 무슨 말입니까?"

천녀가 말하였다. "모두가 세속의 문자인 숫자를 사용하여 삼세(과거·현재·미래)가 있음을 말한 것뿐입니다. 보리에 과거와 미래와 현재가 있는 것은 아닙니다."

또 천녀가 말하였다. "사리불이여, 그대는 아라한의 도를 얻었습니까?" 사리불이 말하였다. "얻을 바가 없으므로 얻었습니다." 천녀가 말하였다. "모든 부처님과 보살들도 또한 그와 같아서 얻을 바가 없는 까닭에 얻었습니다."

그때에 유마힐이 사리불에게 말하였다.

"이 천녀는 이미 일찍이 92억 부처님에게 공양하였으며, 이미 능히 보살의 신통에 노닐며, 원하는 바가 구족되고, 생멸이 없는 진리를 얻어서 물러서지 않는 경지에 머물지만, 본래부터 서원을 세웠기 때문에 마음대로 능히 나타나서 중생을 교화하고 있는 것입니다."

제6장 불도품(佛道品)
— 일체가 모두 불도(佛道) —

그때에 문수사리가 유마힐에게 물었다.

"보살은 어떻게 불도를 통달하는 것입니까?"

유마힐이 말하였다.

"만약 보살이 도(道)가 아닌 일〔非道[1]〕을 행하는 것, 이것이 바로 불도(佛道)를 통달하는 것입니다."

문수사리가 또 물었다.

"그렇다면 보살이 어떻게 하는 것이 도(道)가 아닌 것〔非道

· · · · · · · · ·

1) 비도(非道)와 불도(佛道)__비도(非道)는 도(道)가 아닌 것, 바른 방법이 아닌 것. 즉 불도(佛道)의 반대. 유마거사는 상식을 초월하여 비도를 행하는 것이 곧 불도를 통달하는 방법이라는 것이다. 이를테면 유마거사는 "보살이 5무간지옥에 갈 일을 했더라도 괴로워하거나 성내는 일이 없는 것이 바로 불도를 행하는 방법"이라고 말한다. 이것은 '번뇌가 곧 보리(煩惱卽菩提)'라는 말과 같고, 사견(邪見)을 뒤집으면 정견이 된다는 말과 같다. 따라서 불도가 따로 있는 것이 아니고, '비도(非道)가 곧 불도'라는 것이다. 특별히 불도를 찾지 말라는 뜻이다.

을 행하는 것입니까?"

유마힐이 답하였다.

"만약 보살이 5무간지옥²⁾에 갈 일을 했더라도 괴로워하거나 성내는 일이 없으며, 지옥에 가도 죄가 없으며, 축생(畜生)에 가더라도 무명(無明, 無知)이나 교만 등과 같은 허물이 없으며, 아귀에 가더라도 공덕을 구족하며, 그리고 색계(色界)와 무색계 (無色界)의 길을 행해도 뛰어나다고 여기지 아니합니다."

행동으로는 탐욕스러움을 보이더라도 탐욕에 물들거나 집착을 떠나며, 행동으로는 분노를 보이더라도 모든 중생에게는 화내는 일이 없으며, 행동으로는 어리석음을 보이더라도 지혜로써 그 마음을 조복하며, 행동으로는 간탐(慳貪, 아끼고 탐함)함을 보이더라도 안팎으로 모든 소유를 버려서 몸과 목숨을 아끼지 아니하며, 행동으로는 파계(破戒)함을 보이더라도 청정한 계율에 안주하여 작은 죄라도 오히려 큰 두려움을 가지며, 행동으로는 성냄을 보이더라도 항상 자비롭게 인욕을 합니다.

행동으로는 게으름을 보이더라도 부지런히 공덕을 닦으며, 행동으로는 뜻이 어지러움을 보이더라도 항상 선정을 생각하며, 행동으로는 어리석음을 보이더라도 세간과 출세간의 지혜에 통달하며, 행동으로는 아첨과 거짓을 보이더라도 훌륭한 방편으로

• • • • • • • • •

2) 5무간지옥(五無間地獄)__5역죄를 지으면 무간지옥에 간다고 함. ① 아버지를 죽인 죄. ② 어머니를 죽인 죄. ③ 아라한을 죽인 죄. ④ 승가의 화합을 깨트린 죄. ⑤ 부처님 몸에 상처를 입혀서 피를 흘리게 한 죄. 그러나 유마힐은 역설적으로 5무간지옥에 갈 일을 했더라도 괴로워하는 일이 없어야 한다고 말한다.

모든 경전의 뜻을 따르며, 행동으로는 교만함을 보이더라도 오히려 중생을 저 언덕에 이르게 하는 교량과 같은 일을 하며, 행동으로는 온갖 번뇌를 보이더라도 마음은 항상 청정합니다.

행동으로는 마군(魔軍)에 들어감을 보이더라도 부처의 지혜를 따르고 다른 가르침을 따르지 아니하며, 성문(聲聞)에 들어감을 보이더라도 중생을 위하여 듣지 못한 법문을 설하며, 벽지불(辟支佛, 독각)에 들어감을 보이더라도 큰 자비를 이루어서 중생을 교화하며, 빈궁한 곳에 들어감을 보이더라도 보배로운 손이 있어서 공덕이 다함없으며, 장애인 속에 들어감을 보이더라도 여러 가지 훌륭한 형상을 구족해서 스스로 장엄하며, 하천(下賤)한 데 들어감을 보이더라도 부처님의 종성(種姓, 種族)으로 태어나서 여러 가지 공덕을 갖춥니다.

야위고 용렬하고 추하고 미천한 데 들어감을 보이더라도 나라연(那羅延)[3]의 몸을 얻어서 일체중생이 보기 좋아하는 바가 되며, 늙고 병든 곳에 들어감을 보이더라도 영원히 병의 근본을 끊고 죽음의 두려움을 초월함을 보이며, 생활을 돕는 직업이 있음을 보이더라도 항상 무상(無常)함을 관찰해서 진실로 탐하는 바가 없으며, 아내와 첩과 채녀가 있음을 보이더라도 항상 5욕(五欲)[4]의 진흙탕을 멀리 떠납니다.

• • • • • • • • •

3) 나라연(那羅延)＿천상의 역사(力士)로서, 그 힘의 세기가 코끼리의 백만 배나 된다고 함.

4) 5욕(五欲)＿① 재물욕(財物欲) ② 색욕(色欲＝성욕) ③ 식욕(食欲) ④ 수면욕(睡眠慾) ⑤ 명예욕(名譽慾).

어눌하고 둔함을 나타내더라도 변재(辯才, 뛰어난 언변)를 성취해서 다 기억하여 잊어버리지 아니하며, 삿된 가르침에 들어감을 보이더라도 바른 가르침으로써 모든 중생을 제도하며, 여러 가지 다른 도(道)에 두루 들어감을 보이더라도 그 인연을 끊으며, 열반을 나타내더라도 생사를 끊지 아니합니다.

문수사리여, 보살이 능히 이처럼 도(道)가 아닌 것을 행하는 것[非道], 이것이 불도를 통달하는 것입니다.

이에 유마힐이 문수사리에게 물었다. "무엇이 여래(부처)의 종자[如來種]5)입니까?" 문수사리가 말하였다. "신체가 있는 것이 여래의 종자가 되며, 무명과 생존에 대한 집착[有愛]이 여래의 종자가 되며, 탐욕과 성냄과 어리석음이 여래의 종자가 되며, 네 가지 전도[四顚倒]6)가 여래의 종자가 되며, 다섯 가지 번뇌[五蓋]7)가 여래의 종자가 되며, 6입(六入)8)이 여래의

• • • • • • • • •

5) 여래의 종자[如來種]__여래, 부처(깨달음의 씨앗)가 될 수 있는 씨앗, 종자. 이것을 여래장(如來藏), 또는 불성(佛性)이라고 함. 이 단락은 매우 역설적임. 정도로는 선행을 행하는 것이 부처의 종자가 되는데, 반대로 번뇌, 삿된 견해가 모두 부처(깨달음)의 종자가 된다고 말한다. 번뇌가 곧 보리라는 뜻이다. 이하도 모두 같은 방식임.

6) 네 가지 전도[四顚倒]__진리와 반대로 생각하는 네 가지 잘못된 사고방식. 4전도(四顚倒). 즉 열반(깨달음)의 세계는 상(常), 낙(樂), 아(我), 정(淨)인데 반대로 무상(無常), 무락(無樂), 무아(無我), 무정(無淨)으로 생각하는 것.

7) 다섯 가지 번뇌[五蓋]__심성을 가리어 선법(善法)을 할 수 없게 하는 다섯 가지 번뇌 즉 ① 탐욕개(貪慾蓋, 탐욕), 진에개(瞋恚蓋, 성냄), 수면개(睡眠蓋, 마음이 혼미하고 흐린 것), 도회개(掉悔蓋, 마음이 흔들리는 것), 의법개(疑法蓋, 법에 대한 의심).

종자가 되며, 일곱 가지 마음가짐[七識處]9)이 여래의 종자가 되며, 여덟 가지 삿된 법[八邪法]10)이 여래의 종자가 되며, 아홉 가지 괴로운 것[九惱]11)이 여래의 종자가 되며, 열 가지 선하지 아니한 길[十不善道]12)이 여래의 종자가 됩니다. 요컨대 외도의 62종의 사견(邪見)13)과 일체 번뇌가 모두 다 여래(부처)의 종자가 됩니다."

유마거사가 다시 물었다. "왜 그렇습니까?" 문수사리가 답하였다. "만약 무위(無爲, 소승법)의 법을 보고 정위(正位, 소승의 아라한과)14)에 들어간 사람은 다시는 아뇩다라삼먁삼보리(최상의 진리, 대승)를 성취하고자 하는 구도심을 내지 못합니다. 비유하자면 연꽃은 높은 언덕과 육지에는 피지 않고, 낮고 습한 진흙 속에서 자라는 것과 같이, 무위법(無爲法, 소승법)을 보고 정위(正位)에 들어간 사람은 끝내 다시는 불법(佛法, 대승법)에 대한 마음을 낼 수 없고, 번뇌의 진흙 속에 중생이 있으므로 그곳에

. . . .

8) 6입(六入)__안(眼)·이(耳)·비(鼻)·설(舌)·신(身)·의(意).

9) 일곱 가지 마음가짐[七識處]__마음이 좋아하는 일곱 곳(處). 7식주(七識住)와 같음.

10) 여덟 가지 삿된 법[八邪法]__여덟 가지 사견. 즉 8정도의 반대 개념.

11) 아홉 가지 괴로운 것[九惱]__부처님이 이 세상에 있을 때에 겪은 아홉 가지 재난. 음탕한 여인 손타리(孫陀利)에게 비방을 받은 것 등.

12) 열 가지 선하지 아니한 길[十不善道]__10악. 즉 살생·도둑질·음행·망어·양설(兩舌)·악구(惡口)·기어(綺語)·탐욕·진에·사견(邪見).

13) 62종의 사견(邪見)__인도종교사상계의 주장을 62가지로 분류한 것. 6사외도라고 통칭.

14) 바른 지위[正位]__소승의 깨달음의 최고 경지인 아라한과를 가리킴.

서 불법(佛法)을 흥기시킬 수가 있습니다."

그것은 마치 허공에다가 종자(씨앗)를 심으면 싹이 날 수 없지만, 똥과 흙이 있는 땅에 심으면 무성하게 자라는 것과 같습니다. 이와 같이 무위(無爲, 소승법)에 들어간 사람은 더 이상 불법(대승법)에 대한 마음을 내지 못합니다. 그러나 아견(我見, 자기가 있다는 생각)이 수미산처럼 높은 사람이라고 해도, 오히려 능히 뜻을 일으켜 아뇩다라삼먁삼보리(최상의 진리)를 성취하고자 하는 구도심을 발해서 불법을 흥기시킵니다. 그러므로 마땅히 일체 번뇌가 여래의 종자가 되는 줄 알아야 합니다. 비유하자면 큰 바다 속으로 들어가지 않으면 능히 무가보주(無價寶珠)[15]를 얻을 수 없는 것과 같이, 번뇌의 큰 바다에 들어가지 않으면 곧 일체 지혜의 보물을 얻을 수가 없습니다.[16]

그때에 대가섭이 찬탄하여 말하였다.

"훌륭하고 훌륭합니다. 문수사리여, 명쾌한 말씀입니다. 참으로 말씀하신 바와 같이 번뇌더미가 여래의 종자가 됩니다. 지금 우리는 아뇩다라 삼먁삼보리를 성취하는 구도심을 발할 수가 없습니다. 5무간지옥에 떨어질 죄를 지었다 하더라도, 오히려 능히 뜻을 내어 불법(대승법)을 흥기시키는데, 지금 저희(소승)는 영원히 보리심을 낼 수가 없습니다. 비유하자면 6근

15) 무가보주(無價寶珠)__값을 매길 수 없는 대단히 귀한 구슬.
16) 이 단락은 소승은 무위법을 깨닫는 것으로 만족하여, 더 이상 아뇩다라삼먁삼보리(최상의 진리, 즉 대승)에 대한 구도심을 일으키지 못한다는 것이다.

(六根, 안·이·비·설·신·의)이 망가진 사람은 다시는 5욕(五欲)[17]의 감정을 느낄 수 없는 것과 같습니다.

이처럼 모든 성문(聲聞, 소승)의 번뇌를 끊은 자들(소승을 가리킴)은 불법(佛法, 대승) 가운데서 다시는 영원히 이익을 얻겠다는 생각을 하지 못합니다. 그러므로 문수사리여, 차라리 범부(凡夫, 평범한 사람)는 불법(대승의 가르침)으로 돌아올 수 있으나 성문(소승)은 돌아올 수 없습니다. 왜냐하면, 범부는 불법을 듣고 능히 최상의 도에 대한 마음을 일으켜서 3보(三寶)를 단절시키지 않지만, 성문은 종신(終身)토록 불법을 듣는다거나 불법의 10력(十力)과 4무외심(네 가지 두려움 없는 경지) 등을 들어도 영원히 무상도(無上道, 최상의 깨달음)를 성취하고자 하는 뜻을 내지 못합니다.[18]

그때에 법회 가운데 보살이 있었는데 이름은 보현색신이었다. 유마힐에게 물었다.

"거사여, 누가 거사의 부모이고 처자이며, 친척, 권속, 벼슬아치, 백성, 도반〔知識〕입니까? 그리고 노비와 동복(僮僕, 사내아이 종)과 코끼리와 말과 수레들은 모두 어디에 있습니까?"

이에 유마힐이 게송으로 답하였다.

----

17) 5욕(五欲)＿ ① 재물욕(財物欲) ② 색욕(色欲=성욕) ③ 식욕(食欲) ④ 수면욕(睡眠慾) ⑤ 명예욕(名譽慾).

18) 이 단락은 소승 성문의 대표 격(格)인 대가섭 존자의 입을 통해서 스스로 토로하는 형식을 취하고 있다.

지혜는 보살의 어머니요, 방편은 아버지입니다.
일체 모든 부처님은 모두 다 이로부터 탄생합니다.[19]

법희(法喜)로써 아내를 삼고,
자비심으로써 딸을 삼습니다.
선(善)한 마음과 성실함은 아들이며,
끝내 공(空)하여 적멸함은 나의 집이 됩니다.

제자들은 온갖 번뇌를 마음대로 하고,
깨달음을 돕는 서른일곱 가지〔三十七助道品〕[20]는
선지식이 되어, 이것으로 말미암아 정각을 이룹니다.

모든 바라밀은 친구가 되고
4섭법은 기녀(妓女)가 되어 노래로 법문을 읊으니
이것으로 음악을 삼습니다.

총지(摠持, 다라니)의 동산과
무루법(無漏法, 부처님 법)의 숲 속에서
깨달은 마음의 아름다운 꽃과 해탈과
지혜의 과일이 열립니다.

· · · · · · · · ·

19) 모든 부처님(깨달은 분)은 반야지혜와 자비로부터 탄생한다는 것.
20) 깨달음을 돕는 서른일곱 가지[三十七助道品]__깨달음을 성취하는 데 바탕
　　이 되는 37가지. 자세한 것은 민족사판『콘사이즈 불교사전』528쪽
　　참조.

8해탈의 연못에는 선정의 맑은 물이 가득하고
칠정의 꽃[七淨華]21)을 펼쳐 놓고
여기서 번뇌의 때가 없는 사람이 목욕합니다.

코끼리와 말은 오신통(五神通)22)으로 달리되,
대승법으로 수레를 삼고,
일심으로 조복하여 8정도(八正道)23)에서 노닙니다.

32상으로써 용모를 장엄하고
80종호로써 그 자태를 꾸미며,
수치(羞恥)로써 윗옷을 삼고
깊은 마음으로 꽃다발을 삼습니다.

부유하여 일곱 가지 보물[七財寶]24)을 갖고 있고,

········

21) 칠정화(七淨華)__7종의 청정한 행을 꽃에 비유한 것. ① 계정화(戒淨華).
② 심정화(心淨華). ③ 견정화(見淨華). ④ 단의정화(斷疑淨華). ⑤ 분별
정화(分別淨華). ⑥ 행정화(行淨華). ⑦ 열반정화(涅槃淨華).

22) 오신통(五神通)__천안통·천이통·숙명통·신족통·타심통. 보다 자세한
설명은 민족사판 『콘사이즈 불교사전』 796쪽 참조.

23) 8정도(八正道)__깨달음과 열반으로 이끄는 올바른 여덟 가지 길. 정견
(正見)·정사유(正思惟)·정어(正語)·정업(正業)·정명(正命)·정정진(正
精進)·정념(正念)·정정(正定). 보다 자세한 설명은 민족사판 『콘사이
즈 불교사전』 1138쪽 참조.

24) 일곱 가지 보물[七財寶]__신(信, 믿음)·계(戒, 계율)·참(慚, 수치)·괴(愧,
모욕)·문(聞, 부처님의 가르침을 듣고 배움)·사(思, 思惟, 즉 이치를 생각

불법을 가르쳐서 증장하게 합니다.
설한 바와 같이 수행하여 모든 이들에게 회향함으로써
큰 이익을 삼습니다.

4선정(四禪定)[25]으로 의자를 삼고,
청정한 생활을 하며,
많이 듣고 지혜를 증장시켜서
그것으로써 스스로 깨닫는 소리로 삼습니다.

감로(甘露)의 법으로 밥을 삼고
해탈의 맛으로 간장을 삼습니다.
청정한 마음으로 목욕하고
계품(戒品, 계율)을 잘 지켜 향수로 삼습니다.

번뇌의 도적을 소탕해 버리니
용맹하고 씩씩함이 보살을 넘어설 이 없고,
네 가지 마군[26]들을 항복 받아서
승리의 깃발로 도량을 세웁니다.

• • • • • • • •

함) · 수(修, 수행).

25) 4선정(四禪定)__초선(初禪) · 2선(二禪) · 3선(三禪) · 4선(四禪). 수행해 가
   는 과정을 네 단계로 구분한 것임.

26) 네 가지 마군__ 번뇌마(煩惱魔) · 온마(蘊魔) · 천마(天魔) · 사마(死魔).

비록 생멸이 없음을 알지만,
짐짓 저 중생들에게 태어남이 있음을 보이며,
모든 국토에 다 나타나는 것이
곳곳에서 태양을 다 보는 것과 같습니다.

시방에 계시는 무량 억만 여래에게 공양 올려도
부처님과 자신을 분별하는 생각이 없습니다.
비록 모든 불국토와 중생이 공(空)함을 알지만,
항상 정토행을 닦아서 뭇 생명을 교화합니다.

온갖 곳의 중생들에게
형상과 소리와 위의(威儀)로,
무외력보살(無畏力菩薩, 두려움 없는 힘을 가진 보살)이
일시에 능히 다 나타납니다.

온갖 마군들의 일을 깨달아 알지만,
그들의 행을 따름을 보여서,
훌륭한 방편과 지혜로써
마음대로 다 능히 나타냅니다.

혹은 늙고 병들고 죽음을 보여,
많은 중생들을 성취하게 하되,
환화(幻化)와 같음을 깨달아
통달하여 걸림이 없습니다.

혹은 겁(劫)이 다할 때에 불이 일어나서,
천지가 다 타버리더라도,
모든 사람들은 항상 하다고 생각하는 것을
지혜로 비춰서 무상(無常)함을 알게 합니다.

무수 억 중생이 함께 와서 보살을 청하면
일시에 그들의 집에 이르러
그들을 교화하여 불도에 향하게 합니다.

경전과 주술과 절묘한 온갖 재주를 다 나타내어서,
모든 중생을 다 이익하게 합니다.
세간의 온갖 도법(道法)에 모두 그 가운데서 출가하여
그로 말미암아 사람들의 미혹을 풀어주고
삿된 견해에 떨어지지 않게 합니다.

혹은 일천자(日天子), 월천자(月天子)도 되고
범왕과 세계의 주인, 주지신(主地神)도 되고
주수신(主水神)도 되며, 혹은 주풍신(主風神)도 되고
주화신(主火神)도 됩니다.

어떤 해에 전염병이 돌면
온갖 약초가 되기도 하며,
만약 그것을 복용하는 사람은
병도 낫고 모든 독기도 녹입니다.

어떤 해에 기근이 오면
몸을 나타내어 음식을 만들어,
먼저 배고프고 목마른 사람들을 구제하고,
다음엔 법으로써 사람들을 가르칩니다.

어떤 해에는 싸움이 일어나면,
그들을 위하여 자비심을 일으켜서,
저 모든 중생을 교화해서
다툼이 없는 땅에 머물게 합니다.

만약 큰 전쟁이 일어나서
서로 대등한 힘으로 버티면,
보살이 위엄과 세력을 나타내어
그들을 항복 받아 평화롭게 만듭니다.

일체 국토 중에 온갖 지옥이 있으면
곧바로 그곳에 가서 힘써 그들의 고통을 건져줍니다.
일체 국토 중에 축생들이 서로 잡아먹으면
다 그들에게 태어나서
그들을 위하여 이익이 되게 합니다.

5욕(五欲)을 받는 것도 보이고
또 참선하는 것도 보여서,
마군의 마음을 어지럽게 만들어

그들이 기회를 잡지 못하게 합니다.

불 속에서 연꽃이 피어나는 것,
이것을 일러 '희유함'이라고 말하나니,
오욕 속에 있으면서 참선을 하는 것,
'희유함'도 이와 같습니다.

혹은 음탕한 여자가 되어
모든 호색한 이들을 이끌어,
먼저 욕망으로 끌어당겨 놓고,
뒤에는 부처님의 지혜에 들게 합니다.

혹은 한 고을의 주인도 되고,
혹은 상인들의 인도자도 되고,
국사도 되고 대신도 되어
중생을 도와서 이익 되게 합니다.

모든 가난한 사람들에게는
무진장의 재산가가 되어
그로 인해 그들에게 권하고 인도하여
보리심을 발하게 합니다.

아만심이 많고 교만한 사람에게는
힘센 장사로 나타나 아만심을 항복 받아서

최상의 높은 도(道)에 머물게 합니다.

두려움에 떨고 있는 사람들이 있으면
그들 앞에 나타나서 위로와 편안함을 준 다음,
먼저 두려움을 제거해 주고 그런 뒤에는
도(道)에 대한 마음을 내게 합니다.

혹은 음욕을 멀리함을 나타내어
다섯 가지 신통을 지닌 신선이 되어
온갖 중생을 가르쳐 제도하여
계율과 인욕과 자비에 머물게 합니다.

일을 도와줄 사람을 찾으면
어린 종이 되어 나타나서
그의 마음을 기쁘게 하여
도에 대한 마음을 내도록 합니다.

다른 사람이 필요로 하는 바를 같이 해 주어서
불도에 들어가게 하고, 훌륭한 방편력으로
다 능히 흡족하게 하여 줍니다.

이와 같은 도가 한량이 없고
행하는 일이 끝이 없으며,
지혜와 설법도 끝이 없어

무수한 중생을 제도합니다.

가령 모든 부처님이 무수한 억겁 동안
그 공덕을 다 찬탄한다고 하더라도
오히려 능히 다 찬탄하지 못합니다.

이 위대한 법문(대승의 가르침)을 듣고
누군들 보리심(구도심)을 일으키지 아니하리오.
저 불초한 인간과 어리석고
무지한 사람은 제외합니다.

제7장 입불이법문품(入不二法門品)
─ 불이법(不二法)의 문(門)으로 들어가다 ─

그때에 유마힐이 여러 보살들에게 말하였다.

"여러 훌륭하신 분들이여, 무엇이 보살이 '둘이 아닌 법의 문〔不二法門〕'으로 들어가는 것입니까? 각각 자신이 좋아하는 바를 따라서 말씀해 주십시오."

법자재(法自在)보살이 말하였다. "모든 훌륭하신 분들이여, 생과 멸이 둘이 됩니다. 그러나 법은 본래 생기는 것이 아니므로 소멸할 것도 없습니다. 이 생멸이 없는 법〔無生法忍〕[1]을 얻는 것, 이것이 둘이 아닌 법의 문으로 들어가는 것이 됩니다.

덕수(德守)보살이 말하였다. "나〔我〕와 나의 것〔我所〕이 둘이 되지만, 내가 있음으로 인하여 곧 나의 것이 있게 된 것입니다. 만약 내가 없으면 곧 나의 것도 없어집니다. 이것이 둘이 아닌 법의 문으로 들어가는 것이 됩니다."

. . . .

1) 생멸이 없는 법〔無生法忍〕__생멸이 없는 영원한 불멸의 진리〔無生法忍〕.

불순(不眴)보살이 말하였다. "받아들임과 받아들이지 않음이 둘이 되지만, 만약 법을 받아들이지 아니하면 얻을 것도 없습니다. 얻을 것이 없으므로 취할 것도 없고, 버림도 없고 지음도 없으며 행함도 없습니다. 이것이 둘이 아닌 법의 문으로 들어가는 것이 됩니다."

덕정(德頂)보살이 말하였다. "더러움과 깨끗함이 둘이 되지만, 더러움의 실다운 성품을 보면 곧 깨끗한 모양도 없어서 적멸의 모습을 따르게 됩니다. 이것이 둘이 아닌 법의 문으로 들어가는 것이 됩니다."

선숙(善宿)보살이 말하였다. "움직임과 생각이 둘이 되지만, 움직이지 아니하면 곧 생각이 없으며 생각이 없으면 곧 분별이 없습니다. 이 이치를 통달하는 것, 이것이 둘이 아닌 법의 문으로 들어가는 것이 됩니다."

선안(善眼)보살이 말하였다. "일상(一相)[2]과 무상(無相)이 둘이 되지만, 만약 일상이 곧 무상임을 알아서 무상도 취하지 아니하면 평등한 곳에 들어갑니다. 이것이 둘이 아닌 법의 문으로 들어가는 것이 됩니다."

묘비(妙臂)보살이 말하였다. "보살의 마음과 성문(聲聞)의 마음이 둘이지만, 마음의 모습이 공하여 환화(幻化)와 같음을 관찰하면 보살의 마음도, 성문의 마음도 없습니다. 이것이 둘이 아닌 법의 문으로 들어가는 것이 됩니다."

· · · · · · · · ·

2) 일상(一相)＿절대적인 일상으로 곧 무상(無相)을 가리킴.

불사(弗沙)보살이 말하였다. "선(善)과 불선(不善)이 둘이 되지만, 만약 선도 불선도 일으키지 아니하여 형상이 없는 경계에 들어가 통달하면 이것이 둘이 아닌 법의 문으로 들어가는 것이 됩니다."

사자(師子)보살이 말하였다. "죄와 복이 둘이지만, 만약 죄의 본성을 통달하면 곧 복과 다름이 없습니다. 금강의 지혜로 이러한 모양을 깨달아서 속박도 없고 벗어남도 없으면 이것이 둘이 아닌 법의 문으로 들어가는 것이 됩니다."

사자의(師子意)보살이 말하였다. "유루(有漏, 번뇌)와 무루(無漏, 무번뇌)가 둘이지만, 만약 모든 법이 평등함을 얻으면 유루와 무루의 생각을 일으키지 아니하고, 형상에도 집착하지 아니하며, 또한 형상 없음에도 머물지 아니합니다. 이것이 둘이 아닌 법의 문으로 들어가는 것이 됩니다."

정해(淨解)보살이 말하였다. "유위(有爲)와 무위(無爲)가 둘이지만, 만약 일체의 숫자를 떠나면 곧 마음이 허공과 같아서 청정한 지혜로서 걸릴 바가 없습니다. 이것이 둘이 아닌 법의 문으로 들어가는 것이 됩니다."

나라연(那羅延)보살이 말하였다. "세간과 출세간이 둘이지만, 세간의 본성이 공한 것이 곧 출세간입니다. 그 가운데에 들어가지도 아니하고 나가지도 아니하며 넘치지도 아니하고 흩어지지도 아니합니다. 이것이 둘이 아닌 법의 문으로 들어가는 것이 됩니다."

선의(善意)보살이 말하였다. "생사와 열반이 둘이지만, 만약 생사의 본성을 보면 곧 생사가 없어서 속박도 해탈도 없으며,

생기지도 소멸하지도 아니합니다. 이처럼 이해하는 것이 둘이 아닌 법의 문으로 들어가는 것이 됩니다."

현견(現見)보살이 말하였다. "다함과 다함이 없는 것이 둘이지만, 만약 모든 사물〔법〕이 끝내 다하거나 다하지 않는다고 해도 모두가 다함이 없는 모양입니다. 다함이 없는 모양이 곧 텅 비어 공(空)한 것이며, 공하면 다함과 다하지 아니한 모양이 없습니다. 이와 같은 이치에 들어가는 것, 이것이 둘이 아닌 법의 문으로 들어가는 것이 됩니다."

보수(普守)보살이 말하였다. "아(我)와 무아(無我)가 둘이지만, 아(我)를 찾아보아도 찾지 못하는데 아(我)가 아닌 것〔無我〕을 어찌 찾을 수가 있겠습니까. 아(我)의 실다운 성품을 보는 사람은 두 가지를 일으키지 아니합니다. 이것이 둘이 아닌 법의 문으로 들어가는 것이 됩니다."

전천(電天)보살이 말하였다. "명(明, 현명함)과 무명(無明, 어리석음)이 둘이지만, 무명의 실다운 성품이 곧 명(明)입니다. 그러나 이 명(明)도 또한 취할 수 없어서 일체 숫자를 떠나 있으니, 그 가운데서 평등하여 둘이 없는 것, 이것이 둘이 아닌 법의 문으로 들어가는 것이 됩니다."

희견(喜見)보살이 말하였다. "색(色)과 색이 공(空)한 것이 둘이지만, 색이 곧 공입니다. 색이 소멸한 뒤의 공이 아니고 색의 본성이 본래 공합니다. 이처럼 수·상·행·식과 수·상·행·식이 공함이 둘이 되지만, 식이 곧 공입니다. 식이 소멸하여 공함이 아닙니다. 식(識)의 본성이 본래 공하여 그 가운데 통달하는 것, 이것이 둘이 아닌 법의 문으로 들어가는 것이 됩니다.

　　명상(明相)보살이 말하였다. "지·수·화·풍 네 가지의 다름과 공(空)의 다름이 둘이 되지만, 네 가지의 본성이 곧 공의 본성입니다. 앞과 같이 뒤도 공하므로 중간도 또한 공합니다. 이처럼 능히 모든 종류의 본성을 아는 것, 이것이 둘이 아닌 법의 문으로 들어가는 것이 됩니다."

　　묘의(妙意)보살이 말하였다. "눈과 사물이 둘이지만, 만약 눈의 본성을 알면 사물에 대해서 탐내지도 아니하고 성내지도 아니하고 어리석지도 아니합니다. 이것이 이름이 적멸입니다. 이처럼 귀와 소리, 코와 향기, 혀와 맛, 몸과 촉감, 뜻과 법이 둘이지만, 만약 뜻의 본성을 알면 법에 대해서 탐내지도 아니하고 성내지도 아니하고 어리석지도 아니합니다. 이것이 이름이 적멸입니다. 그 가운데 안주하는 것, 이것이 둘이 아닌 법의 문으로 들어가는 것이 됩니다."

　　무진의(無盡意)보살이 말하였다. "보시와 일체 지혜로 회향하는 것이 둘이지만, 보시의 본성이 곧 일체 지혜로 회향하는 것입니다. 그와 같이 지계·인욕·정진·선정·지혜와 일체 지혜에 회향하는 것이 둘이지만, 지혜의 본성이 곧 일체 지혜에 회향하는 것입니다. 그 가운데서 하나의 모양에 들어가는 것, 이것이 둘이 아닌 법의 문으로 들어가는 것이 됩니다."

　　심의(深慧)보살이 말하였다. "공(空)과 무상(無相, 모양이 없음)과 무작(無作, 함이 없음)이 둘이지만, 공이 곧 무상이며 무상이 곧 무작입니다. 공과 무상과 무작은 심의식(心意識)이 없습니다. 한 해탈문〔一解脫門〕이 곧 3해탈문(三解脫門)입니다. 이것이 둘이 아닌 법의 문으로 들어가는 것이 됩니다."

적근(寂根)보살이 말하였다. "불(佛)·법(法)·승(僧)[3]이 둘이지만, 불(佛)이 곧 법이고 법이 곧 승(僧)입니다. 3보가 다 무위의 모습이어서 허공처럼 평등합니다. 일체의 법도 또한 그러하니 능히 이러한 행을 따르는 것, 이것이 둘이 아닌 법의 문으로 들어가는 것이 됩니다."

심무애(心無碍)보살이 말하였다. "몸과 몸의 소멸이 둘이지만, 몸이 곧 몸의 소멸입니다. 왜냐하면, 몸의 실상을 보는 사람은 몸을 보는 것과 몸의 소멸을 보는 것에 대하여 분별심을 일으키지 아니합니다. 몸과 몸의 소멸이 둘도 없고 분별도 없습니다. 그 가운데서 놀라지도 아니하고 두려워하지도 않는 것, 이것이 둘이 아닌 법의 문으로 들어가는 것이 됩니다."

상선(上善)보살이 말하였다. "몸과 입과 뜻의 업이 둘이지만, 이 3업(三業)이 모두 작위함[作爲]이 없는 모습입니다. 몸의 작위함이 없는 모습이 곧 입의 작위함이 없는 모습이며, 입의 작위함이 없는 모습이 곧 뜻의 작위함이 없는 모습입니다. 이 3업의 작위함이 없는 모습이 곧 일체법의 작위함이 없는 모습입니다. 능히 이처럼 작위함이 없는 지혜를 따르는 것, 이것이 둘이 아닌 법의 문으로 들어가는 것이 됩니다."

복전(福田)보살이 말하였다. "복의 행(行)과 죄의 행과 움직이지 않는 행이 둘이지만, 세 가지 행의 실다운 본성이 곧 공합니다. 공하다면 복의 행이 없으며 죄의 행도 없으며 움직이지 않

3) 불·법·승이 둘이라는 말은 다른 것이라는 뜻.

는 행도 없습니다. 이 세 가지 행에 분별심을 일으키지 않는
것, 이것이 둘이 아닌 법의 문으로 들어가는 것이 됩니다."

화엄(華嚴)보살이 말하였다. "나로부터 두 가지를 일으키는
것(즉 나와 남)이 둘이지만, 나의 실상을 보는 사람은 두 가지
법을 일으키지 아니합니다. 만약 두 가지 법에 머물지 아니하
면 곧 앎이 없습니다. 아는 바가 없는 것, 이것이 둘이 아닌 법
의 문으로 들어가는 것이 됩니다."

덕장(德藏)보살이 말하였다. "얻을 것이 있는 모습이 둘이지
만(얻을 것이 있는 것과 없는 것), 만약 얻을 것이 없으면 곧 취하
고 버릴 것이 없습니다. 취하고 버릴 것이 없는 것, 이것이 둘
이 아닌 법의 문으로 들어가는 것이 됩니다."

월상(月上)보살이 말하였다. "어둠과 밝음이 둘이지만, 어둠
도 없고 밝음도 없으면 곧 둘이 없습니다. 왜냐하면, 느낌과
생각이 소멸한 선정에 들어가면 어둠도 없고 밝음도 없습니
다. 일체법의 모양도 또한 이와 같아서 그 가운데에 평등하게
들어가는 것, 이것이 둘이 아닌 법의 문으로 들어가는 것이 됩
니다."

보인수(寶印手)보살이 말하였다. "열반을 좋아하고 세간을 싫
어하는 것이 둘이지만, 만약 열반을 좋아하지 아니하고 세간을
싫어하지 아니하면 곧 둘이 없습니다. 왜냐하면, 속박이 있으
면 해탈도 있지만, 만약 본래 속박이 없으면 그 누가 해탈을
구하겠습니까. 속박도 없고 해탈도 없으면 곧 좋아하고 싫어함
이 없습니다. 이것이 둘이 아닌 법의 문으로 들어가는 것이 됩
니다."

주정왕(珠頂王)보살이 말하였다. "정도(正道)와 사도(邪道)가 둘이지만, 정도에 머문 사람은 사도와 정도를 분별하지 아니합니다. 이 두 가지를 떠난 것, 이것이 둘이 아닌 법의 문으로 들어가는 것이 됩니다."

낙실(樂實)보살이 말하였다. "진실과 진실이 아님이 둘이지만, 진실을 보는 사람은 오히려 진실도 보지 아니합니다. 그런데 어찌 하물며 진실이 아닌 것을 보겠습니까. 왜냐하면, 육안으로 보는 것이 아니고 능히 혜안으로 보기 때문입니다. 이 혜안은 봄도 없고 보지 않음도 없습니다. 이것이 둘이 아닌 법의 문으로 들어가는 것이 됩니다."

이처럼 모든 보살이 각각 설하여 마치고 나서 문수사리에게 물었다.

"무엇이 보살의 둘이 아닌 법의 문으로 들어가는 것입니까?"

문수사리가 말하였다. "내 생각으로는 일체법에 대하여 언설(言說)할 것이 없으며, 보일 것도 없으며, 알아야 할 것도 없어서 모든 문답(問答)을 떠난 것, 이것이 둘이 아닌 법의 문으로 들어가는 것이 됩니다."[4]

이에 문수사리가 유마힐에게 물었다.

"우리는 모두 다 둘이 아닌 법의 문[不二法門]으로 들어가는 것에 대하여 자신의 의견을 피력했습니다. 유마힐께서는 마땅히 무엇이 보살이 둘이 아닌 법의 문으로 들어가는 것이라고

---

4) 지금까지 언설을 모두 부정함.

말씀하시겠습니까?"

그때 유마힐은 '묵묵히 일체 말을 하지 않았다(유마의 침묵).'[5]

그때 문수사리가 큰 소리로 찬탄하여 말하였다.

"훌륭하고 훌륭하십니다. 문자와 언어가 없는 것이 참으로 둘이 아닌 법의 문[不二法門]으로 들어가는 것입니다."

이 「불이법문품(不二法門品)」을 설할 때, 이 대중 가운데 5천 명의 보살들이 있었는데, 그들이 다 둘이 아닌 법의 문으로 들어가서 무생법인(無生法忍)을 얻었습니다.

· · · · · · · ·

5) 묵묵히 아무 말도 하지 않았다[유마의 침묵]__이것이 그 유명한 '유마의 침묵' '일묵(一默)'이라고 한다. 즉 진여법성의 세계는 언어도단의 세계라는 뜻.

대반열반경

지안 번역

[한 권으로 읽는 대승경전]에 수록된 『(대승)열반경』은 핵심이 되는 10품만 뽑아서 요약, 수록하였다. 수록한 품은 다음과 같다.

서품(序品)·애탄품(哀歎品)·장수품(長壽品)·금강신품(金剛身品)·명자공덕품(名字功德品)·여래성품(如來性品)·보살품(菩薩品)·고귀덕왕보살품(高貴德王菩薩品)·사자후보살품(師子吼菩薩品)·가섭보살품(迦葉菩薩品).

대반열반경 해설

1. 대반열반경의 사상과 가르침

『열반경(涅槃經)』은 부처님 최후의 설법을 수록하고 있는 경이다.

이 경은 제목에서도 알 수 있듯이 열반을 주제로 설하고 있다. '열반(涅槃)'이란 범어 니르바나(nirvaṇa)를 음사(音寫)한 말로 멸(滅) · 멸도(滅度) · 적멸(寂滅)이라 번역한다. 니르바나는 '끄다(nir)'와 '불다(vaṇa)'의 합성어로서 불을 불어서 끈 상태를 뜻한다. 다시 말해 탐내고 성내고 어리석은 삼독의 불을 끈 상태로서 '번뇌의 숲이 없는, 마음이 평온하고 적정한 경지'를 뜻한다. 열반에 든다는 의미로 '입멸(入滅)'이라 하기도 하며, '반열반(槃涅槃, parinirvaṇa)'이라고 쓸 때는 부처님의 입적(죽음)을 뜻하기도 한다. 그러나 『열반경』에서의 열반은 죽음을 뜻하는 말은 결코 아니다.

열반의 개념은 위와 같이 부처님이나 고승의 입적을 가리키는 경우와 번뇌의 불이 완전히 꺼진 상태, 즉 깨달음과 동의어로 쓰이고 있는데 팔리본 대반열반경에서는 입적을 뜻하고, 대승경전인 대반열반경에서는 주로 깨달음과 동의어로 사용되고 있다.

이러한 점에서도 알 수 있듯 열반경은 팔리어본 『대반열반경』과 대승경전인 한역본 『대반열반경』이 경 이름만 같을 뿐, 내용과 관점은 크게 다르다.

팔리어본 『대반열반경(大槃涅槃經)』은 부처님의 열반(입멸)을 주로 무상(無常)의 관점에서 설하고 있으나 대승경전 속의 『대반열반경』은 이와는 달리 부처님이 열반에 드신 것은 중생들을 교화하기 위한 방편이며, 그 본체인 법신(法身)은 상주불멸(常住不滅)하다고 한다. 또한 열반을 불멸(不滅)이라고 풀이하여, 번뇌나 욕망이 소멸되는 의미로 보지 않고 법신과 해탈, 반야의 세 가지를 동시에 가지고 있는 깨달음 자체 곧 여래장이라고 설명한다.

법신이란 때와 장소를 초월하여 언제 어디서나 항상 존재하는 우주의 참된 이법(理法)을 가리키는 말이다. 이 법신을 깨닫는 지혜가 반야이며, 깨달음이 가지고 있는 완전한 자유의 경지가 해탈이다.

2. 무한한 희망을 주는 불성(佛性)의 존재론

열반경에서는 열반(깨달음)을 성취했을 때 상락아정(常樂我淨)의 네 가지 덕〔涅槃四德〕을 얻게 된다고 설명한다. 그리고 이 열반사덕을 가리켜 '대반열반(大般涅槃)'이라고 한다.

(1) 열반의 세계에는 생노병사가 없다. 그러므로 항상(常)하다. (2) 열반을 성취하면 생사의 고통을 여의게 되므로 안락(樂)하다. (3) 열반의 세계는 아(我)의 망집(妄執)을 떠난 진아(眞我)이다. (4) 열반의 세계는 번뇌의 더러움을 여의었으므로 청정(淨)하다고 설하고 있다. 다시 말해 중생세계에서 느껴지는 무상(無常)과 고(苦), 그리고 무아(無我)와 오염(汚染)을 극복한 진정한 영원함(常)과 즐거움(樂)과 진정한 나(我), 그리고 본래 순수하고 청정(淨)한 덕을 갖추고 있는 것이 열반의 세계라는 것이다. 특히 『열반경』에서는 부처의 세계뿐만 아니라 중생의 세계 모두가 본래 열반의 세계임을 역설하고 있다.

『열반경』에서 가장 강조하는 것은 '불신상주설(佛身常住說)'이다. 불신(佛身)은 불멸(不滅)이며, 생사가 없는 부서지지 않는 금강과 같은 몸이라는 것이다. 방편으로 화현하여 중생에게 보이는 몸은 거짓된 것으로 부처님의 진신(眞身)이 아니라고 한다. 마치 달이 서산(西山)에 져도 저쪽 세상에서 보면 달이 뜨는 것일 뿐이요, 달 자체가 없어지는 것이 아니듯이 화신의 몸이 죽는 것은 달이 지는 것과 같은 것이라는 비유가 설해져 있다.

열반경의 중요한 대의(大義)는 일체 중생이 모두 불성(佛性)·여래장을 가지고 있다는 것(一切衆生皆有佛性), 중생이 모두 불성의 존재로서 누구나 깨달을 수 있다고 밝힌 점이다. 누구나 불성을 계발하면 부처가 된다는 것은 우리들에게 무한한 희망과 가능성을 준다. 그래서 '본래 부처'라고 하게 되었는데,

'본래 부처'라는 말은 이 열반경에 근거한 말로, 중국 선종에서 매우 중시되었다. 다만 수행하지 않으면 불가능한 일이다.

또한 열반경에는 '천제성불론(闡提成佛論)'이 등장한다. '천제(闡提)'는 일천제(一闡提)를 가리키는데, 선(善)의 뿌리가 단절된 사람〔斷善根〕, '믿음이 구족되지 못한 사람〔信不具足〕'을 말한다. 다른 경전에서는 천제는 성불할 수 없다고 했으나 열반경 후반부인 「고귀덕왕보살품(高貴德王菩薩品)」에서는 이런 일천제에게도 불성이 있다고 하여 성불 할 수 있음을 시사하고 있다. 모든 존재가 불성의 존재이므로 불성이 있다는 그 자체만으로 부처가 될 수 있다는 것이다. 천제도 불성 밖의 존재가 아니므로 불성 안에 있는 모든 것은 부처가 될 수 있다고 한 것이 '천제성불론'이다.

제1장 서 품(序品)
―입멸의 예고―

이와 같이 나는 들었다.

어느 때 부처님께서 구시나가라 아이라발제 강가에 있는 두 그루의 사라나무 사이에 계셨다.

그때 세존께서는 2월 15일 날 대 비구들에게 둘러싸인 가운데 마침내 입멸(入滅, 열반)하시려고 하였다. 그때 부처님께서는 사자후 같은 음성으로 말씀하셨다.

"오늘 여래는 곧 열반에 들려 하니, 묻고 싶은 것이 있다면 무엇이든지 묻도록 하라. 이것이 마지막 물음이 될 것이니라."

세존께서 곧 열반하시려고 하자, 그곳에 모인 중생들은 모두 소리 높여 슬피 울었다. 어떤 이는 손으로 머리를 쥐어박기도 하고, 어떤 이는 가슴을 치며 외치기도 하고, 또 어떤 이는 온 몸을 떨며 흐느끼기도 하였다.

이 때에 땅과 산과 바다가 모두 진동하였다. 중생들은 서로 붙들고 어쩔 줄을 모르며 저마다 슬픔을 억제하면서 말하였다.

　"여러분, 너무 슬퍼하지만 말고 모두 부처님께 가서 열반에 드시지 말고 한 겁 동안만이라도 이 세상에 더 머물러 주시기를 청해 보도록 합시다."

　그리고 서로 손을 잡고 이렇게 말했다.

　"세상이 텅 비는 것 같습니다. 세상이 텅텅 비는 것 같습니다. 이제는 우리를 구제해 줄 이도 없고 우러러 받들 분도 없으니, 우리는 빈궁하고 외로울 것입니다. 만일 부처님께서 떠나가시면 설령 의심나는 것이 있다고 해도 누구에게 묻겠습니까?"

제2장 애탄품(哀歎品)
— 제자들의 슬픔과 탄식 —

이 때 모든 비구들이 부처님께 여쭈었다.

"세존이시여, 부처님께서는 네 가지 뒤바뀐 생각[四顚倒]1)에서 벗어난 사람은, '영원하고[常]', '즐겁고[樂]', '진정한 나[我]'를 갖고 있고, '청정한[淨]' 본래의 열반2)을 분명히 알 수

· · · · · · · · · ·

1) 네 가지 뒤바뀐 것[四顚倒]__깨달음을 얻지 못한 중생이 빠져 있는 네 가지 그릇된 견해, 곧 영원하고[常], 즐겁고[樂], 진정한 나[我]를 갖고 있고, 청정한[淨] 것임에도 불구하고, 성문·연각 등 2승(乘)은 일체는 무상(無常)한 것이고, 괴로운[苦] 것이고, 무아(無我)이며, 오염(汚染)된 것으로 본다는 뜻.

2) 영원하고[常], 즐겁고[樂], 진정한 나[我]를 갖고 있고, 청정한[淨] 것__이는 열반의 경지를 설명하는 말로 열반사덕(涅槃四德)이라고 한다. 생멸 변천함이 없으므로 영원한[常] 것이고, 나고 죽는 생사의 고통을 여의어 무위(無爲)의 안락을 누리므로 즐거움[樂]이며, 거짓된 나[假我]를 떠났으므로 진정한 나[我]를 얻으므로 아(我)이며, 번뇌의 더러움을 여의어 오염이 없으므로 청정[淨]이라 한다. 범부는 무상한 것을 영원한 것처럼 여기고, 즐거움[樂]이 아닌 것을 즐거움이라 여기며, 5온(五蘊)의 일

있다고 말씀하셨습니다.

세존이시여, 지금 여래는 네 가지 뒤바뀐 생각이 없사오며,
또 영원하고〔常〕, 즐겁고〔樂〕, 진정한 나〔我〕를 갖고 있고, 청
정한〔淨〕 본래의 열반을 알고 계실 것입니다. 이미 그러하시다
면 어찌하여 한 겁이나 반 겁만이라도 이 세상에 더 머무시면
서 저희들을 가르쳐 주시지 아니하시고, 열반에 드시려고 하시
나이까?

만일 여래께서 저희들을 불쌍히 여겨서 가르침을 주신다면
저희들도 지극한 마음으로 배울 것입니다. 그러나 여래께서 열
반에 드신다면 저희들이 3독(三毒, 탐, 진, 치)의 몸으로 어떻게
청정한 행(行)을 닦겠습니까. 저희들도 세존을 따라 열반에 들
겠나이다."

세존께서 말씀하셨다.

"너희들은 그런 말을 하지 말라. 내가 가진 위없는 바른 법을
이제 모두 마하가섭에게 부촉(付囑)하였으니, 큰 의지처가 되리
라. 마치 여래가 모든 중생의 의지처가 되듯이, 마하가섭도 너
희들의 의지처가 될 것이니라.

· · · · · · · · ·

시적인 화합물인 거짓된 나〔假我〕를 진정한 나〔眞我〕라고 여기며, 오염
된 것을 청정한 것으로 여긴다. 이것을 '사전도(四顚倒)' 곧 범부의 네
가지 뒤바뀐 견해라고 한다.

제3장 장수품(長壽品)

── 무량한 여래의 수명 ──

부처님께서 비구들에게 말씀하셨다.

"너희들이 계율에 대하여 의심나는 것이 있으면 마음대로 물어보도록 하라. 묻는 대로 대답하여 너희들을 기쁘게 하리라. 나는 이미 모든 법〔存在〕의 본성이 텅 비어 고요하다는 사실을 분명히 깨달았느니라. 그러니 비구들이여, 계율에 대하여 의심나는 것이 있거든 지금 모두 물으라."

"선남자, 선여인들이여, 여래의 수명(壽命)은 헤아릴 수 없느니라. 그리고 설법도 한량이 없으니 너희들은 계율이나 귀의할 것에 대하여 마음대로 물으라."

거듭 두 번 세 번을 이렇게 말씀하셨다.

이 때에 대중 가운데 보살마하살이 있었으니, 그 이름은 대가섭이었다. 그는 부처님의 위신력으로 자리에서 일어나 오른쪽 어깨를 드러내고 무릎을 꿇고 합장을 한 채 부처님께 여쭈었다.

"세존이시여, 제가 지금 여쭐 말씀이 있사온데, 허락하신다면 말씀드리겠습니다."

"가섭이여, 여래는 너희에게 물을 것이 있다면 마음대로 물으라고 하였다. 무엇이든 답하여 너희들의 의심을 풀어 주리라."

대가섭이 게송으로 부처님께 여쭈었다.

"어떻게 해야 무량한 수명을 가질 수 있으며
금강과 같은 깨뜨릴 수 없는 몸을 얻을 수 있습니까?
그리고 어떠한 인연으로
견고하고 큰 힘을 얻을 수 있습니까?

또 어떻게 하면 훌륭한 이 경전에 의지하여
끝까지 저 깨달음의 언덕에 이를 수 있습니까.
바라옵건대 여래의 비밀스런 법의 창고[1])를 여시어
중생들을 위하여 말씀해 주옵소서."

이 때 부처님께서 가섭보살에게 말씀하셨다.

"선남자여, 자세히 들으라, 그대에게 여래가 얻은 무량한 수명에 대하여 말하리라.

선남자여, 수명이 무량함[長壽]을 얻고자 한다면, 마땅히 평등한 마음으로 모든 중생을 자식처럼 사랑해야 하며, 자비희사

· · · · · · · ·

1) 여래(如來)의 비밀장(秘密藏)__여래가 가지고 있는 궁극적인 깨달음을 모아 놓은 비밀스런 법장(法藏). 부처님만 알고 계시는 법을 가리킨다.

(慈悲喜捨)의 마음을 내어, 살생하지 않는 계행을 일러 주고, 선한 법을 가르치며, 5계(戒)²⁾와 10선(善)³⁾을 닦도록 해야 한다.

또 지옥·아귀·축생·아수라 등 육도에서 고통 받고 있는 중생들을 제도해야 하며, 해탈하지 못한 이를 해탈케 하고, 제도되지 못한 이를 제도하며, 대열반을 얻지 못한 이를 열반을 얻게 하여, 공포에 떠는 모든 중생들을 위로해야 하나니, 이런 선업을 지은 인연으로 보살의 수명이 길어지고, 지혜에 자재하여 목숨을 버린 후에는 천상에 태어나게 되느니라."

가섭보살이 다시 부처님께 여쭈었다.

"세존이시여, 세존께서는 평등한 마음으로 모든 중생을 아들처럼 생각하면 무량한 수명을 얻게 된다고 말씀하셨는데, 그렇다면 부처님께서는 당연히 이 세상에 오래 계셔야 하온데, 곧 입멸(入滅, 죽음)하시려고 하시니, 그 이유는 무엇입니까? 그리고 세존께서는 무슨 이유로 중생들의 수명과 같이 짧은 것입니까? 여래께서 마음속으로 중생들을 원망하고 미워하신 것은 아닙니까? 어째서 이렇게 단명하여 백년도 누리지 못

· · · · · · · · ·

2) 5계(五戒)__불살생(不殺生): 살아 있는 것을 죽이지 않는다. 불투도(不偸盜): 도둑질하지 않는다. 불사음(不邪淫): 아내 이외의 여성, 남편 이외의 남성과 부정한 행위를 하지 않는다. 불망어(不妄語): 거짓을 말하지 않는다. 불음주(不飮酒): 술을 마시지 않는다.

3) 10선(十善)__살생하지 않음, 훔치지 않음, 사음하지 않음, 거짓말하지 않음. 이간질하지 않음. 나쁜 말을 하지 않음. 꾸민 말을 하지 않음. 탐욕하지 않음. 화를 내지 않음. 그릇된 견해, 특히 인과법을 부정하는 견해를 일으키지 않음.

하시나이까?"

"선남자여, 여래의 수명은 한량없으며, 모든 수명 중에서도 가장 장수하며, 오래가는 법 가운데서도 제일이니라."

"세존이시여, 어찌하여 여래의 수명은 한량없다 하십니까?"

"선남자여, 여래의 수명은 저 여덟 큰 강과 같으니, 첫째는 항하(恒河)요, 둘째는 염마라(閻摩羅)요, 셋째는 살라(薩羅)요, 넷째는 아이라발제(阿夷羅跋提)요, 다섯째는 마하(摩訶)요, 여섯째는 신두(辛頭)요, 일곱째는 박차(博叉)요, 여덟째는 실타(悉陀)니라.

가섭이여, 이 여덟 큰 강과 그 밖의 모든 작은 강들이 다 바다로 들어가는 것과 같이, 인간이나 천상, 땅이나 공중에 있는 모든 생명은 모두 여래의 무량한 생명의 강 속으로 들어가느니라. 그러므로 여래의 목숨은 한량이 없느니라.

가섭이여, 항상한 것 가운데 허공이 제일이듯이, 여래도 또한 그러하여 모든 항상한 것 중에 제일이니라. 가섭이여, 모든 약 가운데 제호가 제일이듯이, 여래도 그러하여 여러 중생들 가운데 수명이 제일이 되느니라."

"세존이시여, 여래의 수명이 그와 같이 무량하다면, 한 겁 동안이나 또는 그 이상을 머무시면서, 비를 내리듯 많은 미묘한 법문을 설해 주시옵소서."

"가섭이여, 그대는 여래에 대하여 '사라진다'거나 '없어진다'는 말을 하지 말라. 가섭이여, 비구·비구니·우바새·우바이나 또는 5신통을 얻은 이들도 수명에 자재한 이가 있는데, 하물며 온갖 법에 자재함을 얻은 여래로서, 1겁(一劫)을 머문다거나 백

겁·백천 겁, 또는 한량없는 겁 동안 이 세상에 머무는 것이 무슨 그리 어려운 일이겠는가?

여래는 항상 머물러[常住] 변하지 않는 법[不變]이니라. 지금 내가 갑자기 입멸[열반]하려고 하는 것은 어리석은 중생들을 제도하기 위하여(즉 입멸을 통하여 無常을 알려주기 위함) 일부러 그렇게 보여주는 것이니라. 그것은 마치 비유한다면 나무[法身]와 나무의 그림자[化身]와 같은 것이다. 그러므로 가섭이여, 여래의 수명은 변하거나 바뀌지 않는 법이다. 너희들은 가장 뛰어난 이 이치를 부지런히 정진하여 닦을 것이며, 또 남을 위하여 널리 말해 주어야 하느니라."

제4장 금강신품(金剛身品)

― 금강처럼 무너지지 않는 여래의 몸 ―

그때 세존께서 가섭보살에게 말씀하셨다.

"선남자여, 여래의 몸이란 항상 그대로 있는 몸이며〔如來身者, 是常住身〕, 결코 무너지거나 멸하지 않는 몸이다〔不可壞身〕. 여래의 몸은 금강과 같으며, 금강신(金剛身)은 음식을 먹는 몸이 아니다〔金剛之身 非雜食身〕. 여래의 몸은 곧 법신〔卽是法身〕[1] 이니라."

가섭보살이 여쭈었다.

"세존이시여, 부처님께서 말씀하신 그러한 몸을 저는 보지 못하였습니다. 오직 무상하고, 부서지고, 깨지고, 티끌 같고, 음식을 먹어 이루어진 몸만을 보았습니다. 왜냐하면 지금 여래께서 열반에 드시려고 하기 때문입니다."

· · · · · · · · ·

1) 법신(法身)_부처님이 깨달은 법 자체를 의인화여 말하는 모양도 색깔도 없는 부처님의 본체인 진신.

부처님께서 말씀하셨다.

"가섭이여, 그대는 지금 여래의 몸이 범부처럼 무너지고 영원하지 못하다고 말하고 있는데, 그렇게 말해서는 안 되느니라. 선남자여, 마땅히 알라. 여래의 몸은 무량한 억겁부터 금강처럼 견고해서 무너뜨릴 수 없느니라. 인천(人天)의 몸이 아니며, 두려움을 느끼는 몸이 아니며, 음식으을 먹어 이루어진 몸이 아니니라. 여래의 몸은 육체의 몸이 아닌 몸이니라.

여래의 몸은 불생불멸(不生不滅)이며, 무량하고 광대하며 자취가 없느니라. 알 수도 없고 형상도 없어서 필경에는 청정하여 동요(動搖)가 없느니라. 받음도 없고 행함도 없고 하나도 아니고 다른 것도 아니며, 긴 것도 아니고 짧은 것도 아니며, 둥근 것도 모난 것도 아니니라. 여래의 몸은 5음(五陰),[2] 6입(六入),[3] 18계(十八界)[4]가 아니면서 5음, 6입, 18계이기도 하다. 이와 같이 여래의 몸은 한량없는 공덕을 성취하였느니라.

가섭이여, 여래의 참된 진신(眞身)의 공덕(功德)이 이러하거

• • • • • • • • •

2) 5음(五陰)__인간을 구성하는 다섯 가지 요소. 물체인 색(色)·감각인 수(受)·인식 작용인 상(想)·의지 작용인 행(行)·인식 작용인 식(識)을 말함.

3) 6입(六入)__안(眼)·이(耳)·비(鼻)·설(舌)·신(身)·의(意)을 말함. 6근(六根)이라고도 함.

4) 18계(十八界)__인간 및 모든 존재를 우리의 인식 관계로 파악한 18가지. 6근(六根)과 6경(六境)과 6식(六識)의 통칭. 곧 안(眼)·이(耳)·비(鼻)·설(舌)·신(身)·의(意)의 6근과, 그 대상이 되는 색(色)·성(聲)·향(香)·미(味)·촉(觸)·법(法)의 6경, 그리고 이들로 말미암아 생긴 안식(眼識)·이식(耳識)·비식(鼻識)·설식(舌識)·신식(身識)·의식(意識) 등 6식을 말한다.

늘, 지금 병의 고통을 나타내 보이는 것은 중생들의 욕망을 다스리기 위하여 짐짓 보인 것이니라. 선남자여, 그대는 마땅히 이런 사실을 알아야 하느니라. 선남자여, 여래의 몸은 곧 금강과 같은 몸이니, 그대는 오늘부터 항상 일심으로 이 이치를 생각하라. (중생들처럼) 음식을 먹어 이루어진 몸이 아니니라."

가섭보살이 말했다.

"세존이시여, 참으로 그러하옵니다. 여래의 몸은 법신(法身)이며 금강과 같아서 무너지지 않습니다〔如來法身金剛不壞〕. 그러므로 여래는 항상 영원하고 깨지지 아니하며, 변하지 않는 줄을 알겠사오니, 이런 이치를 저도 지금 잘 배우고 남에게도 널리 알려 주겠나이다."

그때에 부처님께서 가섭보살을 찬탄하셨다.

"훌륭하고, 훌륭하다. 여래의 몸은 금강 같아서 깨뜨릴 수 없나니, 보살들은 이렇게 바른 견해와 바른 지혜를 잘 배워야 하느니라. 만일 이렇게 분명하게 알면 여래의 금강 같은 몸(깨뜨릴 수 없는 몸)은 마치 거울 속에서 여러 가지 모양을 보는 것과 같이 확연하리라."

제5장 명자공덕품(名字功德品)

— 열반경의 이름과 그 공덕 —

그때 부처님께서 또 가섭보살에게 말씀하셨다.

"선남자여, 그대는 지금 이 경의 제목과 구절이 갖고 있는 의미와 공덕에 대하여 잘 알아야 한다. 만일 누구라도 이 경의 이름을 들으면 네 가지 나쁜 곳[1]에는 태어나지 않을 것이다. 왜냐하면 이 경전은 수많은 부처님들이 닦아 익힌 것이니, 내가 이제 그 공덕을 말하리라."

가섭보살이 여쭈었다.

"세존이시여, 이 경의 이름은 무엇이며, 어떻게 수지해야 합니까?"

"가섭이여, 이 경의 이름은 '대반열반(大般涅槃)'[2]이니 위에서

. . . .

1) 네 가지 나쁜 곳＿나쁜 짓을 한 사람이 죽어서 간다는 고통의 세계. 지옥(地獄), 아귀도(餓鬼), 축생(畜生), 수라(修羅)의 네 가지.
2) 대반열반(大般涅槃)＿완전한 열반. 완전한 해탈.

한 말도 좋고 중간에서 한 말도 좋고 아래에서 한 말도 좋으며, 의미가 매우 깊고 글도 좋으며, 순수하고 청정한 행(行)을 갖추었으며, 금강의 보배가 가득하여 모자라는 일이 없다. 내가 이제 말하리니 그대는 자세히 들으라.

선남자여, 모든 경전 중에 이 경이 으뜸이 되니, 모든 약 가운데 제호(醍醐)가 제일이듯이 중생들의 번뇌 망상을 다스리는 데는 이 대반열반경이 제일이니라.

선남자여, 대반열반에는 여덟 가지를 갖추었으니, 첫째는 항상한 것, 둘째는 변치 않는 것, 셋째는 편안한 것, 넷째는 청정한 것, 다섯째는 늙지 않는 것, 여섯째는 죽지 않는 것, 일곱째는 오염이 없는 것, 여덟째는 쾌락한 것이니라.

이 여덟 가지를 갖추었으므로 '대반열반'이라 하느니라. 모든 보살마하살들이 이 속에 편안히 머물면서 가는 곳마다 열반을 보이므로 이름을 '대반열반'이라고 하느니라."

가섭보살이 말했다.

"세존이시여, 매우 신기하옵니다. 여래의 공덕을 헤아릴 수 없으며, 법보와 승보도 헤아릴 수 없으며, 이 대반열반도 헤아릴 수 없습니다. 이 경전을 배우는 이는 바른 법의 눈을 얻어서 유명한 의사가 될 것이며, 배우지 못한 이는 소경과 같이 지혜의 눈이 없어서, 무명에 가리운 줄을 알겠나이다."

제6장 여래성품(如來性品)

— 여래의 본질, 여래장 —

가섭이 부처님께 여쭈었다.

"세존이시여, 25유(중생이 윤회하는 세계)[1]에 '나'라는 것이 있습니까?"

부처님께서 말씀하셨다.

"선남자여, '나'라는 것은 '여래장(如來藏)'[2]의 뜻이다. 모든 중생이 다 불성(佛性)[3]을 가지고 있는데 그것이 곧 '나'이다.

• • • • • • • •

1) 25유(二十五有)__3계 6도에 윤회하는 중생의 세계를 25종(種)으로 구분한 것. 욕계(欲界)의 14유(有), 색계(色界)의 7유(有), 무색계의 4유(有). 유(有)란 '존재'를 뜻하는데, 특히 윤회하는 존재를 뜻한다. 여기서는 중생을 통칭하고 있다.

2) 여래장(如來藏)__여래가 될 수 있는 씨앗을 소장(所藏), 간직하고 있다는 뜻. 중생에게는 누구나 다 깨달아서 부처·여래가 될 수 있는 여래장이 있다고 설한 경전이 바로 이 대반열반경이다.

3) 불성(佛性)__부처가 될 수 있는 성품. 즉 깨달아서 부처가 될 수 있는 자질, 바탕을 가리킨다. 열반경에서 최초로 '모든 중생은 다 부처가 될

이와 같으나 이 '나라는 것이' 헤아릴 수 없는 억겁부터 항상 무수한 번뇌에 덮여 있다. 이 때문에 중생들이 보지 못하는 것이다.

선남자야, 비유한다면 가난한 여인의 집에 많은 순금이 (땅 속에) 묻혀 있지만 모르는 것과 같다. 그때 어떤 사람이 풀을 모두 베어내고 땅 속에 있는 금을 꺼내 보여주자, 비로소 자기 집에 순금이 있음을 알게 되는 것과 같으니라.

선남자여, 중생에게 있는 불성도 그와 같아서, 모든 중생들이 다 (불성을) 갖고 있지만〔一切衆生 悉有佛性〕, 번뇌에 가려서 볼 수 없는 것이, 마치 여인이 순금을 갖고 있으나 볼 수 없는 것과 같으니라. 순금은 곧 불성이니라(眞金藏者, 卽佛性也). 여래의 비밀한 법장(如來秘密法藏=如來藏)[4]이라는 것도 이와 같으니라.

또 여래가 오늘 중생에게 있는 본각(本覺)의 광명[5]을 보여 주리니 그것이 곧 불성이니라. 모든 중생들이 이것을 보고는 기쁜 마음으로 여래에게 귀의하게 되리라.

또 선남자야, 그것은 마치 이와 같으니라. 어떤 사람이 어스

• • • • • • • •

수 있는 불성을 갖고 있다〔一切衆生 悉有佛性〕고 하였다. 여래장과 같은 의미임.

4) 여래의 비밀한 법장(如來秘密法藏=如來藏)__즉 여래장을 가리킴.

5) 본각(本覺)의 광명__본디부터 깨달아 있는 상태를 가리킴. 즉 모든 중생은 본래 부처, 본래부터 깨달은 상태라는 것. 다만 번뇌망상의 오염에 덮여서 드러나지 못했을 뿐이라는 것. 비유하면 해가 구름에 가려서 나타나지 못할 뿐이다. 의미상으로는 여래장, 불성과 같은 말이다.

름한 밤에 보살의 화상을 보고 보살인가? 자재천인가? 대법천인가? 하다가, 자세히 본 다음에야 비로소 보살인 줄 아는 것과 같느니라.

선남자야, 불성이란 이렇게 깊고 아득하여 보기 어려운 것이니라. 오직 부처님만이 보는 것이요, 성문이나 연각으로는 미칠 수 없느니라. 그러나 지혜로운 이는 분별하여서 여래의 성품을 알 수 있느니라.

선남자야, 비록 성문과 연각이 이처럼 우둔하지만 대반열반경을 믿음으로 말미암아 자신에게 여래의 성품이 있는 줄을 알게 되느니라. 그러므로 부지런히 대반열반경을 배우고 익혀야 하느니라.

선남자야, 금강은 칼이나 도끼로도 파괴할 수 없느니라. 선남자여, 중생에 가지고 있는 불성도 이와 같아서, 일체 논자(論者)나 천마(天魔), 마와 파순, 그리고 모든 천인들도 깨뜨릴 수 없느니라. 5온(五蘊)6)으로 이루어진 몸은 모래와 같아서 깨뜨릴 수 있지만, 불성인 진아[佛性眞我]는 금강석과 같아서 부서지거나 깨지지 않으며 파괴되지 않느니라. 선남자야, 마땅히 알라. 불법(佛法)은 이와 같아서 중생의 생각으로는 미치지 못하고 가늠할 수도 없느니라."

• • • • • • • • •

6) 5온(五蘊)__인간을 구성하고 있는 다섯 가지 요소. 즉 색온(色蘊 : 육체, 물질) · 수온(受蘊 : 지각, 느낌) · 상온(想蘊 : 표상, 생각) · 행온(行蘊 : 욕구, 의지) · 식온(識蘊 : 마음, 의식).

제7장 보살품(菩薩品)
― 여성도 변신하지 않고 성불할 수 있다 ―

"또 선남자야, 광명 가운데서 해와 달의 광명이 제일이어서 온갖 광명이 미칠 수 없듯이, 대반열반경의 광명도 광명 가운데 으뜸이라서, 모든 경전의 광명이 미칠 수 없느니라.

왜냐하면 대반열반경의 광명은 중생들의 털구멍까지 비추기 때문이며, 중생들이 보리심이 없더라도 그들을 위하여 보리(깨달음)의 인연을 짓게 하나니, 그러므로 '대반열반'이라고 이름하느니라.

또 선남자야, 이런 이치로 모든 여인들이 이 대승열반경을 듣고는 항상 여인의 모양을 싫어하고 남자 되기를 구하는 것은, 이 경전에 사내다운 기상이 있기 때문이니 그것은 곧 불성이니라.

만일 사람으로서 불성을 알지 못하는 이는 남자의 기상이 없나니, 무슨 까닭인가? 스스로 불성이 있는 줄을 모르는 까닭이니, 불성이 있음을 알지 못하는 이는 여인이고, 불성 있음을 아는 이는 대장부라고 말하느니라.

만일 여인이 자기의 몸에 결정코 불성이 있는 줄을 알면, 그는 곧 남자가 되느니라. 선남자야, 이 대승경전인 대반열반경은 한량없고 그지없고 헤아릴 수 없는 공덕이 있나니, 그 이유는 여래의 비밀한 법장(여래장)을 설하고 있기 때문이니라. 그러므로 선남자 선여인이 빨리 여래의 비밀한 법장을 알려거든, 모든 방편으로 이 경을 부지런히 닦아야 하느니라."

"세존이시여, 참으로 그러하나이다. 부처님의 말씀과 같이, 저는 지금 장부의 기상이 있으니 여래의 비밀한 법장에 들어간 까닭이며, 여래께서 오늘에야 저를 깨닫게 하였으니 그로 말미암아 결정적으로 통달할 수 있었나이다."

제8장
고귀덕왕보살품(高貴德王菩薩品)
— 열반의 4가지 고귀한 덕, 상락아정 —

이 때에 세존께서 광명변조 고귀덕왕보살에게 말씀하셨다.

"선남자여, 만일 보살마하살이 이와 같이 대반열반경을 수행하면 열 가지 공덕을 얻게 되나니, 성문·연각(소승)과는 같지 않느니라. 생각하여 헤아리기 어려운 일이어서 듣는 이가 놀라고 이상하게 여기리니, 그것은 안도 아니고 바깥도 아니며, 모양도 아니고 모양 아닌 것도 아니니라.

무엇을 열 가지라 하는가. 하나에 다섯 가지가 있으니, 첫째 듣지 못한 것을 들음이요, 둘째 듣고는 이익이 됨이요, 셋째 듣고는 의혹하는 마음을 끊음이요, 넷째 지혜의 마음이 금강 같음이요, 다섯째 능히 여래의 비밀한 법장(法藏)을 아는 것이니, 이것을 다섯 가지라 하느니라.

어떤 것이 듣지 못한 것을 들음인가. 그것은 곧 여래의 비밀한 법장(여래장, 불성)이니라. 중생들은 모두 다 불성을 가지고 있나니〔一切衆生 悉有佛性〕, 이는 불법승(佛法僧)에 차별이 없느니라. 여래의 비밀한 법장(法藏)은 참으로 항상한 것〔常〕이고, 참다운 낙〔樂〕이고, 참다운 나〔我〕이고, 번뇌에 물들지 않은 참다운 청정〔淨〕함이니라.

또 대열반은 참으로 항상한 것〔常〕이고, 참다운 낙〔樂〕이고, 참다운 나〔我〕이고, 번뇌에 물들지 않은 참다운 청정〔淨〕한 진리니라. 그리고 먼저 다른 사람을 위한 다음 나를 위할 것이며, 대승을 위하고 2승(성문, 연각)을 위하지 말 것이며, 모든 법에 머무는 바가 없어야 하느니라. 모든 법의 모양에 집착하지 말며, 모든 법에 대하여 탐하는 생각을 내지 말고, 항상 법을 알고 법을 보려는 생각을 내야 하느니라. 선남자여, 그대가 능히 이렇게 지성으로 법을 들으면 이것을 듣지 못한 것을 듣는다고 하는 것이니라."

그때에 고귀덕왕보살이 부처님께 여쭈었다.

"세존이시여, 세존께서는 '가장 중대한 계율인 4바라이[1]를 범했거나 방등경(대승경전)을 비방했거나 5역죄(五逆罪)[2]를 지은 사람이거나, 또는 조금도 선근(善根, 착한 성품)이 없는 일천제(一闡提)[3]에게도 모두 불성이 있다'고 하셨는데, 그렇다면 어

· · · · · · · · ·

1) 4바라이__가장 중요한 계율. ① 생명을 죽이지 말라(不殺生) ② 주지 않는 것을 가지지 말라(不偸盜) ③ 사음하지 말라(不邪婬) ④ 거짓말을 하지 말라(不妄語). 이상 네 가지를 범하면 추방했다. 가장 중요한 죄라고 하여 사중죄(四重罪)라고도 함.

2) 5역죄(五逆罪)__① 아버지를 죽인 죄 ② 어머니를 죽인 죄 ③ 아라한을 죽인 죄 ④ 승가의 화합을 깨뜨린 죄 ⑤ 부처의 몸에 피를 나게 한 죄.

찌하여 이런 이들이 지옥에 떨어지나이까? 세존이시여, 이런 이들에게도 불성이 있다면, 참다운 항상함[常]과 참다운 낙[樂]과 참다운 나[我]와 참다운 청정[淨]함⁴⁾이 있어야 할 터인데 어찌하여 없다고 하나이까?

세존이시여, 선근이 끊어진 사람을 '일천제'라고 한다면, 선근이 끊어질 때 어째서 불성은 끊어지지 아니하며, 불성이 끊어졌다면 어떻게 다시 상(常, 항상됨, 불변)·낙(樂, 즐거움)·아(我, 眞我)·정(淨, 청정함)이 있습니까? 만일 선근이 끊어지지 않았다면 무슨 까닭으로 '일천제'라고 하는 것입니까?"

그때에 세존께서 고귀덕왕보살에게 말씀하셨다.

"선남자여, 정성스런 마음으로 자세히 들으라. 그대를 위하여 분별하여 설하리라. 선남자여, 일천제는 결정되어진 것이 아니니라. 만일 일천제가 결정되어진 것이라면 일천제는 아뇩

• • • • • • • •

3) 일천제(一闡提)__줄여서 '천제'. 천제를 단선근(斷善根)이라고 하는데, 선근(善根, 善)이 단절된 사람, 선근이 끊어진 사람이라는 뜻이다. 다시 말하면 천제에게는 선은 없고 악함만 있다는 뜻이다. 악함만 있고 선근이 단절되었으므로 천제는 성불할 수 없다고 하였다. 그러나 대반열반경에서는 천제에게도 불성이 있다고 하였다. 따라서 불성이 있다면 성불할 수도 있다.

4) 상락아정(常樂我淨)__열반의 4덕(德). ①상(常). 열반의 세계는 생로병사가 있지 않다. 그러므로 영원하다. ②낙(樂). 생사의 고통을 여의어 안락한 것. ③아(我). 망집(妄執)의 아(我)를 여읜 진정한 나[眞我]. ④정(淨). 번뇌의 더러움을 여의어 청정한 것. 즉 열반을 얻으면 무상(無常)·고(苦)·무아(無我)·부정(不淨)이 아니고, 상락아정을 얻게 된다는 것이다. 이 네 가지가 대반열반경에서 말하는 '열반의 네 가지 덕(涅槃四德)'이다. 또 이것을 '대반열반'이라고도 한다.

다라 삼먁삼보리(최고의 깨달음)를 얻지 못할 것이니라. 그러나 결정되어진 것이 아니기 때문에 아뇩다라 삼먁삼보리를 얻을 수 있는 것이니라.

또 그대는 나에게, '불성이 끊어지지 않았다면 어찌하여 일천제를 가리켜 선근(善根, 善)이 단절된 사람, 선근을 단절한 사람이라고 합니까?'라고 물었는데, 선남자여, 선근에는 두 가지가 있으니, 하나는 안의 것이요, 하나는 밖의 것이니라. 그러나 불성(佛性)은 안의 것도 아니요, 밖의 것도 아니므로 불성은 끊어지는 것이 아니니라.

그러면 무엇이 진정한 항상함(常, 영원)이고 무엇이 진정한 낙(樂)이고, 무엇이 진정한 나(我)이고, 무엇이 진정한 청정함(淨)인가?

무상한 것은 어떤 때는 있기도 하고 어떤 때는 없기도 하지만, 여래장(불성)은 그렇지 아니하여 항상 변치 않고 영원(常)하니라. 항상 머무는 법은 이름도 없고 빛도 없다. 또 허공은 항상(常, 영원)하므로 이름도 없고 빛도 없는 것과 같이, 여래도 그러하여 이름도 없고 빛도 없으므로 항상(영원)하니라.

항상 머무는 법은 삼세(三世, 과거 · 현재 · 미래)에 잡히지 않나니, 여래도 그러하여 삼세에 잡히지 아니하므로 '항상'하다고 하는 것이다. 즐거움(樂)과 나(我), 깨끗함(淨)도 그와 같으니라. 이와 같이 열반에는 네 가지 큰 즐거움(涅槃四德)이 있으므로 '대열반(大涅槃)'이라고 하느니라

선남자여, 만일 어떤 중생이 귀로 이 대반열반경을 한 번만 듣기만 하여도 7겁 동안은 나쁜 곳에 떨어지지 아니하리라. 만

일 쓰거나 읽거나 외우거나 해설하거나 뜻을 생각하면, 반드시 최고의 깨달음인 아뇩다라 삼먁삼보리를 얻을 것이며, 불성을 분명하게 보게 되리라. 선남자여, 이 대반열반경은 이렇게 한량없는 공덕이 있느니라.

또 선남자여, 만일 어떤 사람이 이 열반경을 쓰거나 읽거나 외우거나 해설하거나 다른 이에게 말하거나 뜻을 생각하면, 이 사람은 진정한 나의 제자이니라. 나의 가르침을 잘 받드는 이며, 내가 보는 바며 내가 생각하는 바니라. 이 사람은 내가 열반에 들지 아니함을 분명히 아는 사람이며, 이 사람이 있는 곳에는 도시거나 촌락이거나 산이거나 들이거나 집이거나 밭이거나, 항상 내가 그 가운데서 머물러 있을 것이니라.

선남자여, 이 대반열반경은 이렇게 한량없고 헤아릴 수 없는 공덕을 성취하게 하느니라."

또 부처님께서 고귀덕왕보살에게 말씀하셨다.

"보살마하살은 중생에게 대하여 화를 내지도 않고 기뻐하지도 아니하나니, 그 이유는 모든 것이 공한 '공삼매(空三昧)'[5]를 닦았기 때문이니라. 보살마하살이 공삼매를 닦았거니와 누구에게 화를 내고 누구를 기뻐하겠는가."

이 때에 고귀덕왕보살이 부처님께 여쭈었다.

"세존이시여, 모든 존재〔法〕의 본성이 본래부터 공(空)합니까? 아니면 공으로써 공하게 하므로 공한 것입니까? 만일 본성

_____

5) 공삼매(空三昧)__나와 대상, 실체가 없음을 관찰하는 삼매.

이 본래 공하다면, 공을 닦지 않아도 공함을 볼 수 있어야 할텐데, 여래께서는 어찌하여 공을 닦아서 공하게 한다고 말씀하십니까? 만일 본성이 공하지 않다면, 비록 공을 닦더라도 어떻게 공하게 할 수 있습니까?"

부처님께서 말씀하셨다.

"선남자여, 모든 존재〔法〕의 본성은 본래 공하나니, 왜냐하면 온갖 법의 본성은 얻을 수 없는 까닭이니라. 선남자여, 색(色, 형상·모양·사물)의 성품을 얻을 수 없나니, 무엇을 색의 성품이라 하겠는가. 색의 성품은 지·수·화·풍도 아니며, 지·수·화·풍을 떠난 것도 아니며, 청·황·적·백도 아니며, 청·황·적·백을 떠난 것도 아니며, 있는 것도 아니고 없는 것도 아니다. 그러하거늘 어떻게 색이 제 성품이 있다고 하겠는가. 성품을 볼 수 없으므로 '공'이라 하느니라.

모든 존재(법)도 그와 같아서, 비슷한 것이 서로 계속되므로 범부들은 그것을 보고서 모든 법의 성품이 공하지 않다고 하는 것이다. 그러나 보살마하살은 다섯 가지를 갖추었으므로 본래 법의 성품이 공함을 보느니라. 그러나 공을 닦지 않고는 본성이 공함을 볼 수가 없나니, 공의 이치를 닦는 까닭에 모든 존재(법)의 본성이 공함을 볼 수 있는 것이니라.

선남자여, 만일 사문으로서 모든 존재〔法〕의 본성이 공하지 않다고 본다면, 이 사람은 사문이 아니니라. 그는 반야바라밀[6]

· · · · · · · · ·

6) 반야바라밀_반야는 지혜를 뜻하고, 바라밀은 '저 언덕에 이르다'라는

을 닦지 못하며 대반열반에 들어가지 못하며, 부처와 보살들을
보지 못하리니, 그는 마군의 권속이니라."

그때 고귀덕왕보살이 부처님께 말씀드렸다.

"세존이시여, 참으로 훌륭하십니다. 오늘 여래께서는 대반열
반경을 잘 보여 주셨습니다. 세존이시여, 저는 이 인연으로 대
반열반경의 한 구절, 혹은 반 구절이나마 깨닫게 되었습니다.
반 구절이라도 깨달았으므로 불성을 조금 보았습니다. 불성을
보았으므로 세존의 말씀과 같이 마땅히 대열반으로 들어가겠
사오며, 이것을 이름하여 보살이 대반열반의 미묘한 경전을 닦
아서 공덕을 구족하게 성취한다 하나이다."

· · · · · · · ·

뜻. 즉 지혜로 깨달음의 언덕, 열반에 도달하는 수행방법. 여기서 말하
는 반야(지혜)는 진리를 깨달을 수 있는 지혜를 가리킴.

제9장 사자후보살품(獅子吼菩薩品)
― 사자후보살의 질문 ―

그때 부처님께서 모든 대중에게 말씀하셨다.

"선남자여, 너희들이 만일 불(佛)·법(法)·승(僧)과 고(苦)·집(集)·멸(滅)·도(道), 그리고 항상〔常〕한지 무상한지, 즐거움〔樂〕인지 고(苦)인지, 진아〔我〕와 깨끗함〔淨〕이 있는지 없는지, 인과(因果)와 업보가 있는지 없는지 궁금하다면, 무엇이든지 물어 보도록 하라. 내가 그대들에게 낱낱이 설명해 주리라."

이 때 사자후(師子吼)보살이 자리에서 일어나 부처님께 여쭈었다.

"세존이시여, 무엇을 '불성'이라고 하며, 무슨 뜻으로 '불성'이라 이름하며, 무슨 까닭으로 영원〔常〕하고 즐겁고〔樂〕 진아〔我〕이고 깨끗하다〔淨〕고 합니까? 만일 모든 중생에게 불성이 있다면 어찌하여 중생들은 그 불성을 보지 못합니까? 왜 10주(十住)보살[1]들은 보지 못하고, 부처님께서는 분명하게 보나이까? 그들은 무슨 눈을 가졌기에 보지 못하며, 부처님께서는 무슨 눈을 가졌기에 분명하게 보나이까?"

부처님께서 이렇게 말씀하시었다.

"선남자여, 장하고 장하다. 어떤 사람이 법에 대하여 물으면, 이는 두 가지를 갖추어야 하나니, 하나는 지혜요, 하나는 복덕이니라. 만일 보살이 이 두 가지를 갖추었다면 곧 불성을 알게 될 것이며, 왜 불성이라고 하는 지도 알게 될 것이니라. 또 10주보살과 부처님은 무슨 눈으로 보는 지도 알게 될 것이니라."

사자후보살이 또 세존께 여쭈었다.

"세존이시여, 어떤 것을 '지혜'라고 하고 어떤 것을 '복덕'이라 합니까?"

"선남자여, '지혜장엄'이라고 하는 것은 1지(一地)로부터 10지(十地)에 이르는 것을 말하고, 복덕 장엄이라고 하는 것은 보시바라밀로부터 내지 반야바라밀에 이르는 것이요, 또 지혜장엄은 부처님과 보살들을 말하는 것이요, 복덕장엄은 성문과 연각, 9주보살을 말하는 것이니라.

선남자여, 그대가 '어떤 것을 불성이라고 하느냐'고 물었는데, 자세히 들으라. 내가 그대에게 하나하나 설명하리라.

선남자여, 불성은 '제일의공(第一義空)'[2]이라 하고, 제일의공

· · · · · · · ·

1) 10주(十住) 보살＿최종적인 수행단계를 마친 보살. 그러나 그 후에는 회향을 해야 한다는 것이 화엄경의 설명이다.

2) 제일의공(第一義空)＿제일의는 궁극적 진리를 가리키고, 궁극적 진리는 공(空), 진여(眞如), 열반 등이 모두 거기에 속한다.

은 '지혜(智慧)'라 이름 하느니라. '공'이라 말하는 것은 공한 것이니, 공하지 아니한 것을 보지 않는 것이요, 그리고 '지혜'란 공한 것과 공하지 아니한 것, 항상한 것과 무상한 것, 괴로운 것과 즐거운 것, 나인 것과 내가 없는 것, 깨끗함과 더러움을 함께 보는 것이니라.

'공'이라는 것은 온갖 생사가 모두 공하다는 것이요 '공하지 않다'는 것은 대열반이니, 공(空)한 것만 보고 공하지 않은 것〔不空〕을 보지 못하며, 내가 없는 것만 보고 나를 보지 못하는 것은 '중도(中道)'3)가 아니니라.

'중도(中道)'란 '불성'이니, 불성은 변하지 않는데, 다만 무명에 덮여서 중생들이 보지 못할 뿐이니라. 성문과 연각(소승)은 모든 것이 공한 것만 보고 공하지 않은 것은 보지 못하느니라. 또 내가 없는 것〔無我〕만 보고 나〔我〕인 것은 보지 못하느니라. 이 때문에 그들은 '제일의공(第一義空)'을 깨닫지 못하며, 제일의공을 깨닫지 못하므로 중도를 행하지 못하고, 중도를 행하지 못하므로 불성을 보지 못하는 것이니라. 선남자여, 중도를 보지 못하는 것은 편견과 치우친 행(行) 때문이니, 중도를 얻지 못하면 불성이 있어도 보지 못하는 것이니라.

그대는 '무슨 뜻으로 불성이라 이름 하느냐'고 물었는데, '불성'이란 곧 모든 부처님이 깨달으신 아뇩다라 삼먁삼보리이고, 중도(中道)의 씨앗이니라. 또 불성은 곧 제일의공이요, 제일의

- - - - - - - -

3) 중도(中道)＿단견(斷見, 아무 것도 없다는 생각)이나 상견(常見, 무상·무아가 아가 아니고 영원하다는 생각)에 치우치지 않은 균형적인 생각.

공은 '중도'라 이름 하고, 중도는 '부처'라 이름 하며 부처는 '열반'이라 이름 하느니라."

그때에 사자후보살이 부처님께 여쭈었다.

"세존이시여, 누구에게나 불성이 있다면, 굳이 중생들이 도를 닦을 필요가 있겠습니까?"

"선남자여, 중생에게 불성이 있으나 번뇌에 가려서 볼 수가 없을 뿐이니, 번뇌를 걷으면 불성을 보게 되는 것이니라. 그러므로 내가 항상 말하기를 모든 중생에게 다 불성이 있다고 말하는 것이니라."

제10장 가섭보살품(迦葉菩薩品)
─가섭보살의 질문─

가섭보살이 부처님께 여쭈었다.

"세존이시여, 일천제[1]들은 선근(善根, 근본적인 착한 마음)이 없다고 하셨는데, 무슨 까닭에 선근(善根)이 없는 것입니까?"

부처님께서 말씀하셨다.

"선남자여, 중생은 모두 믿음의 뿌리인 5근(五根, 다섯 가지 善法)[2]을 갖고 있지만, 일천제들은 스스로 영원히 이 다섯 가지 선법을 끊어 버렸기 때문이니라. 그래서 '일천제'라고 하나니, 일천제는 선근을 끊었으므로 생사의 강에 빠져서 다시 나오지 못하느니라. 왜냐하면 나쁜 업이 중한 탓이며 믿는 힘이 없는

• • • • • • • • •

1) 일천제__근원적으로 착한 마음이 조금도 없는 사람. 근원적인 악인.
2) 5근(五根)__신근(信根 : 믿음)·진근(進根 : 정진)·염근(念根 : 기억)·정근(定根 : 선정)·혜근(慧根 : 지혜)의 5가지의 선법(善法)을 말함. 이 5가지 선법(善法)은 번뇌를 항복시켜 깨달음에 도달하기 위한 중요한 뿌리가 되므로 근(根)이라고 한다. 5선근(五善根)이라고도 한다.

탓이니, 항하 가에 사는 첫 번째 사람과 같으니라."

가섭보살이 말했다.

"세존이시여, 일천제는 끝내 선(善)이 없을 것이므로 그래서 일천제라 이름 하나이까?"

"그러하니라."

"세존이시여, 모든 중생은 다 세 가지 선(善)이 있사오니, 과거의 선, 미래의 선, 현재의 선입니다. 일천제라고 해도 과거의 선과 현재의 선은 끊을 수 있지만, 미래의 선은 아직 행해진 것이 아니므로 끊지 못할 것인데, 어찌하여 모든 선한 법을 다 끊었다고 하시며, 또 그들을 일천제라고 할 수 있겠습니까?"

부처님께서 말씀하셨다.

"선남자여, 선을 단절함에는 두 가지가 있다. 하나는 현재에 단절하는 것이고, 다음은 현재의 행위가 미래세에까지 영향을 주는 것이니, 일천제들은 이 두 가지를 모두 단절했으므로, 내가 '모든 선근을 끊었다'고 말하는 것이다.

선남자여, 예컨대 어떤 사람이 똥구덩이에 빠졌다고 하자. 그런데 그 가운데 머리터럭 하나가 빠지지 않았다고 하자. 그 머리터럭 하나만으로는 그의 온몸을 끌어낼 수 있겠는가? 그를 끌어낼 수 없는 것과 같이, 일천제도 그와 같아서 비록 미래세에 선근이 있을지라도 현재에 단절되었기 때문에, 지옥의 고통을 구할 수가 없는 것이니라. 또 미래에는 구할 수가 있다 하더라도, 현재의 세상에서는 어찌할 수 없기 때문에, 구제하지 못한다고 하느니라. 썩은 종자는 싹이 날 수 없나니, 일천제들도 그와 같으니라."

또 부처님께서 말씀하셨다.

"선남자여, 일천제에게는 선(善)한 마음이 없기 때문에 불성을 볼 수가 없는 것이니라. 그러나 불성은 선(善)이고, 또 모든 중생은 결정코 아뇩다라 삼먁삼보리를 이룰 것이므로, 나는 온갖 중생과 5역죄나 4중죄를 범한 이들도 모두 불성이 있으며, 그리고 일천제들도 모두 불성이 있다고 설하느니라."

금강경

일감 번역

[한 권으로 읽는 대승경전]에 수록된 『금강경』은 32품
모두를 수록하였다.

금강경 해설

1. 금강경의 사상과 가르침

대승불교의 정수(精髓)인 공(空)사상에 대해 설하고 있는 『금강경(金剛經)』은 불교의 여러 경전 가운데 우리나라 불자들이 가장 많이 애독하는 경전이다. 반야심경과 함께 지혜(반야)를 대표하는 경전이기도 하다.

『금강경』은 『금강반야바라밀경(金剛般若波羅蜜經)』·『능단금강반야바라밀경(能斷金剛般若波羅蜜經)』의 약칭으로, 제목에서도 알 수 있듯이 금강석과 같이 견고하고 예리한 지혜로 모든 미망과 어리석음을 깨뜨린다는 의미를 갖고 있다. 산스크리트 제목인 바즈라체디카 프라즈냐 파라미타(Vajracchedikā Prajñā pāramitā)도 마찬가지다. 바즈라는 금강석, 또는 금강저(金剛杵)로서 가장 견고한 것, 가장 위력이 있는 것을 상징한다. 체디카는 끊는 것, 프라즈냐 파라미타는 '반야바라밀에 이르는', 즉 '지혜의 완성'을 나타낸다. 금강으로 모든 번뇌와 집착 그리고 무명의 암흑을 끊어서 깨달음을 성취하는 경전이 바로 금강경이다.

중국에 선불교를 꽃피운 6조(六祖) 혜능(慧能, 638-713) 선사가 금강경의 '응무소주 이생기심(應無所住, 而生其心, 머무는 바 없이 그 마음을 내라 / 공·무집착의 관점에서 마음을 운용하라)'이라는 구절을 듣고 대오(大悟)한 이후 선종에서는 금강경을 선종의 나침반으로 삼았다. 우리나라의 최대 종단인 조계종에서 금강경을 소의경전(所依經典)으로 하여 가장 중시하는 이유도 그러한 연유 때문이라고 할 수 있다.

2. 고정관념에서 벗어나 행복하라

금강경은 초지일관 고정관점에서 벗어나라고 강조한다. 고정관념에서 벗어나는 것이야말로 해탈이라고 역설한다. 고정관념, 고착화된 생각에서 왜곡과 집착이 생기고 번뇌 망상이 일어나 고통스럽기 때문이다. 한편 구도자(보살)는 모든 중생을 한 사람도 남김없이 열반(깨달음)의 세계로 이끌어주어야 한다. 그러나 구도자는 한 명의 중생도 깨달음(열반)의 세계로 이끌어주었다는 생각을 가져서는 안 되며, 그러한 생각마저도 떨쳐버려야 한다는 것 또한 금강경의 주요 사상이다.

"모든 수행자들은 다음과 같이 그 마음을 내야 한다. 이 세상에 있는 모든 중생들, 즉 알로 태어난 존재든[卵生], 태(胎)로 태어난 존재든[胎生], 습기로 태어난 존재든[濕生], 변화되어 태어난 존재[化生]든, 모양이 있는 존재든, 모양이 없는 존재든,

생각이 있는 존재든, 생각이 없는 존재든, 생각이 있는 것 같기도 하고 없는 것 같기도 하는 존재 등 일체 모든 종류의 중생들을 내가 다 괴로움이 없는 깨달음의 세상(열반)으로 인도하겠다는 마음을 내야 한다.

그러나 이와 같이 한량없고 셀 수도 없이 많은 중생들을 깨달음으로 인도하였다고 하더라도, 진실로 깨달음의 세계로 인도된 사람은 한 명도 없느니라. 어떠한 이유인가?

수보리야, 만약 수행자가 나를, 나만 나라고 생각하거나[我相] 남을, 남이라고만 생각하거나[人相], 우리를, 우리만 우리라고 생각하거나[衆生相], 존재가 영원한 존재[壽者相]라고 생각하는 수행자는 올바른 수행자가 아니니라." (대승정종분)

금강경에서는 위와 같이 철저하게 집착하지 말고 고정관념을 갖지 말 것을 강조하고 있다.

결론적으로 금강경에서 시종일관 하시는 말씀은 '하나는 하나가 아니다'라는 것이다. 그냥 하나로 보는 것이지 실제로는 수많은 하나가 들어 있어서 하나라고 하기 어렵고, 그저 이름이 하나일 뿐이다. 이 말씀은 곧 어떤 특정한 하나의 기준이나 고정관념에서 벗어나 보살행을 실천하라는 것이다. '나만 생각하는 마음에서 벗어나 남도 나라고 생각하는 마음, 나와 남이 둘이 아니라는 마음, 우리 모두가 관계 속에[緣起的] 존재함을 자각하고 보살행을 실천하여 나와 남이 모두 고통에서 벗어나 행복하게 살아가는 것'이야말로 금강경 전체를 통관하고 있는 말씀이다.

제1 법회인유분(法會因由分)

── 금강경 법회가 열리게 된 까닭 ──

이와 같이 나는 들었다.

한때에 부처님께서는 1,250명의 스님들과 함께 사위성에 계셨다. 이때 공양시간이 되어 옷을 잘 갖춰 입으시고, 발우를 들고 사위성으로 들어 가셔서 차례로 탁발하셨다. 이어 사원으로 돌아와 공양을 마치시고, 옷과 발우를 거두시고, 발을 씻으시고 자리에 앉으셨다.

제2 선현기청분(善現起請分)¹⁾

— 설법을 청하는 수보리 —

그때에 장로²⁾ 수보리가 대중 가운데 있다가 자리에서 일어나 오른쪽 어깨를 드러내고, 오른쪽 무릎을 땅에 대고, 공경하는 마음으로 합장하며 부처님께 여쭈었다.

"희유³⁾하옵니다. 세존이시여, 여래께서는 모든 보살(수행자)들을 잘 보살피시며, 잘 부촉(附囑, 당부, 지도)하십니다. 아뇩다라 삼먁삼보리(최상의 깨달음)⁴⁾를 이루고자 마음을 일으킨 선남

• • • • • • • • •

1) 선현(善現)__산스크리트어 수붓티. 수보리 존자. 뜻을 풀이하면 착한 존재, 좋은 법을 잘(善) 드러내(現) 보이는 분이라는 뜻. 부처님의 10대 제자 가운데 가장 지혜가 뛰어났다.

2) 장로(長老)__아라한과(지혜와 복덕을 갖춘)를 증득한 스님. 아라한과를 증득한 나이가 많은 스님 등.

3) 희유(稀有)__아주 드문 일, 귀한 일.

4) 아뇩다라 삼먁삼보리__무상정등정각(無上正等正覺). 즉 누구에게나 평등한 최고의 바른 깨달음.

자 선여인은 어디에 그 마음을 머무르게 해야 하며, 어떻게 그
마음을 항복 받아야 합니까?"

부처님께서 말씀하셨다.

"착하고 착하다. 수보리여, 여래는 그대의 말과 같이 모든 수
행자들을 잘 보살피고 잘 당부하고 지도하느니라. 너는 잘 들
으라. 그대를 위하여 말하리라. 깨달음을 이루고자 마음을 낸
수행자(보살)들은 마땅히 이와 같이 그 마음을 머물게 해야 하
며, 마땅히 다음과 같이 그 마음을 항복 받아야 하느니라."

"그러하옵니다. 세존이시여, 잘 듣겠나이다."

제3 대승정종분(大乘正宗分)

— 나를 바로 아는 것, 대승의 바른 종지(宗旨) —

부처님께서 수보리에게 말씀하셨다.

"모든 수행자들은 다음과 같이 그 마음을 내야 한다. '이 세상에 있는 모든 중생들, 즉 알로 태어난 존재든〔卵生〕, 태(胎)로 태어난 존재든〔胎生〕, 습기로 태어난 존재든〔濕生〕, 변화되어 태어난 존재〔化生〕든, 모양이 있는 존재든, 모양이 없는 존재든, 생각이 있는 존재든, 생각이 없는 존재든, 생각이 있는 것 같기도 하고 없는 것 같기도 하는 존재 등 일체 모든 종류의 중생들을 내가 다 괴로움이 없는 깨달음의 세상(열반)으로 인도하리라.' 하는 마음을 내야 한다.

그러나 이와 같이 한량없고 셀 수도 없는 많은 중생들을 깨달음으로 인도하였다고 하더라도 진실로 깨달음의 세계로 인도된 사람은 한 명도 없느니라. 어떠한 이유인가?

수보리야, 만약에 수행자가 나를, 나만 나라고 생각하거나〔我相〕 남을, 남이라고만 생각하거나〔人相〕, 우리를, 우리만 우

리라고 생각하거나[衆生相], 존재가 영원한 존재[壽者相]라고
생각하는 수행자는 올바른 수행자가 아니니라."

제4 묘행무주분(妙行無住分)
─ 치우쳐 머무르지 않는 미묘한 실천 ─

"다시 또 수보리야, 보살(수행자)은 모든 법(法, 대상)에 머무르지 않는 보시를 해야 하느니라. 이른바 모양〔色〕에 머무르지 않는 보시5), 소리〔聲〕나 향기〔香〕, 맛〔味〕, 감촉〔觸〕, 대상〔法〕에 머무르지 않는 보시를 해야 하느니라. 수보리야, 수행자는 이와 같이 모양에 머무르지 않고〔無住相〕 보시해야 하느니라. 왜 그러한가? 수행자가 만약, 모양에 머무르지 않고 보시를 하면 그 복덕이 셀 수 없이 많기 때문이니라.

수보리야, 그대는 어떻게 생각하는가? 동방(東方, 동쪽)의 허공을 헤아릴 수가 있겠는가?"

"헤아릴 수가 없습니다, 세존이시여."

• • • • • • • • • •

5) 모양〔色〕에 머무르지 않는 보시_예컨대 큰 법당을 보고 감동해서 보시를 한다거나, 또는 그 절 스님이 미남이라서 보시하는 것처럼 하나의 모양에만 머무르지 않고, 그것 또한 넘어서는 아무 곳에도 머무르지 않는 집착함이 없는 보시를 말함.

"수보리야, 남서북방 사유상하(四維上下)의 허공(虛空)6)을 헤아릴 수가 있는가?"

"헤아릴 수가 없습니다, 세존이시여."

"수보리야, 보살(수행자)로서 모양에 머무르지 않는 보시를 하는 것도 그와 같아서 그 복덕은 헤아릴 수 없느니라. 수행자는 이와 같은 가르침에 의해서 보시를 해야 하느니라."

• • • • • • • •

6) 남서북방 사유상하의 허공(南西北方, 四維上下)＿사유는 동서남북의 간방(間方, 사이)을 말함. 여기서는 남서북방의 사이와 상하(하늘과 땅). 동방은 앞에서 열거됨.

제5 여리실견분(如理實見分)

— 이치에 따라 참답게 보라 —

　"수보리야, 어떻게 생각하느냐? 신체적인 모양[身相, 외형적인 모양, 모습][7]에서 여래를 볼 수가 있겠느냐?

　"볼 수가 없습니다. 세존이시여, 신체적인 모양[身相]에서는 여래를 볼 수가 없나이다. 왜냐하면, 여래께서 말씀하시는 신체적인 모양[身相]은 고정된 신체가 아니기 때문입니다."

　부처님께서 수보리에게 말씀하셨다.

　"무릇 있는 바 모든 모양[凡所有相]은 모두 다 허망한 것으로써 고정되게 존재하는 것이 아니니라(皆是虛妄). 만약 모든 것이 한 모습으로 고정되어 존재하는 것이 아닌 줄을 안다면(若見諸相非相) 곧 여래를 볼 것이니라(卽見如來)."

• • • • • • • •

7) 신체적인 모양[身相]＿형상 또는 외형적인 모습. 즉 신체의 외형적인 모양
　이 훌륭하다고 해서, 거기에서 여래의 모습을 발견할 수 있느냐는 뜻.

제6 정신희유분(正信希有分)

— 바른 믿음은 귀한 일이다 —

수보리가 부처님께 말씀드렸다.

"세존이시여, 얼마나 많은 중생들이 부처님의 이 말씀을 듣고, 진실로 믿음을 내는 사람들이 있겠습니까?"

부처님께서 말씀하셨다.

"그런 말을 하지 마라. 여래가 입멸에 들고 오백세가 지나더라도 계를 지니고 복을 닦는 자는 이 말을 듣고 진실한 믿음을 낼 것이다. 잘 알아야 하느니라. 이 사람은 이미 한 부처님, 두 부처님, 세, 넷, 다섯 부처님 외에도 한량이 없이 많은 부처님 밑에서 모든 선근(善根, 선의 뿌리)을 심었기 때문이니라. 그리고 그들은 이런 말을 들으면 오직 일념으로 깨끗한 믿음으로 나아가는 자들이니라.

수보리야, 여래는 이 모든 중생들이 이와 같이 셀 수 없이 많은 복덕을 다 얻으리라는 것을 다 보느니라. 어떠한 까닭인가? 이러한 중생들은 다시 또, 나를, 나만 나라고 하는 생각[我

相〕이 없으며, 남을, 남이라고만 하는 생각〔人相〕, 우리만 우리라고 하는 생각〔衆生相〕, 존재가 영원히 존재한다는 생각〔壽者相〕, 이것이 법이라는 생각〔法相〕, 법이 아니라〔非法相〕는 생각이 없느니라.

왜냐하면, 이 모든 중생이 만약 마음에 하나의 상을 고정되게 생각하면, 곧 나를, 나만 나라고 하는 생각, 남을 남이라고만 하는 생각, 우리만 우리라고 하는 생각, 존재가 영원하다는 생각에 집착하는 것이며, 만약 이것이 정해진 법(法)이라고 생각한다면, 곧 나를, 나만 나라고 하는 생각, 남을 남이라고만 하는 생각, 우리를 우리라고만 하는 생각, 존재가 영원하다는 생각에 집착하게 되는 까닭이니라. 그러므로 '이것이 법이다'라는 생각에 집착해서도 안 되고, '법이 아니다'라는 생각에 집착해서도 안 되느니라.

그러므로 여래는 항상 다음과 같이 말하느니라.

'비구들이여, 비유하면 나의 설법도 뗏목과 같은 줄을 알라(뗏목은 강을 건너고 나면 필요 없음). 이와 같이 법도 오히려 응당히 법이라는 고정 관념을 버려야 할 것인데, 하물며 법이 아닌 것을 말할 필요가 있겠느냐.'"

제7 무득무설분(無得無說分)
— 얻음도 얻음이 아니고, 설함도 설함이 아니네 —

"수보리야, 어떻게 생각하느냐? 여래가 정말 아뇩다라 삼먁삼보리(최고의 깨달음)를 얻었다고 생각하느냐? 여래가 설한 바 법이 정말 있다고 생각하느냐?"

수보리가 말씀드렸다.

"세존이시여, 제가 여래께서 말씀하신 바의 뜻을 이해하기로는, 아뇩다라 삼먁삼보리(최고의 깨달음)라고 할 수 있는 고정된 법은 없습니다〔無有定法〕. 또한, 여래께서 하나로 결정해서 말씀하실 만한 법도 없습니다. 왜냐하면 여래께서 말씀하신 바 법은 하나로 결정해서 취할 수 있는 것이 아니며, 말로 할 수 있는 것이 아니며, '법'이라고 할 수 있는 것도, '법'이 아니라고 하기도 어렵기 때문입니다. 왜 그런가 하오면, 일체 성현들은 하나로 정할 수 없는 법〔無爲法〕으로써 상황에 따라 차별적으로 쓰기 때문입니다.〔而有差別〕"

제8 의법출생분(依法出生分)
― 바른 법에 의지해 부처가 태어난다 ―

"수보리야, 어떻게 생각하느냐? 만약에 어떤 사람이 삼천대
천세계에 가득한 칠보(七寶)로써 보시한다면 이 사람이 얻을
복덕이 많겠는가? 어떠하겠는가?"

수보리가 말하였다. "매우 많습니다. 세존이시여, 왜냐하면,
이 복덕은 그 성질을 하나로 단정할 수 있는 것이 아니기 때문
에 부처님께서 복덕이 많다고 말씀하시는 것입니다."

부처님께서 말씀하셨다. "만약 어떤 사람이 이 경전의 말씀
가운데에, 네 마디 말씀〔四句偈〕을 잘 받들어 지니고, 또 다른
사람을 위하여 얘기해 준다면, 그 사람의 복은 앞의(칠보로 보시한
복덕) 복덕보다도 훨씬 더 많을 것이니라. 어떠한 이유인가? 수보
리야, 모든 부처님과 그 부처님들이 깨달은 아뇩다라 삼먁삼보리
(최고의 깨달음)도 다 이 경전의 말씀에서 나온 것이기 때문이니라.

수보리야, 이른바 부처님의 법〔佛法〕도 곧 부처님의 법이라
고 정해진 것이 아니기 때문이니라."

제9 일상무상분(一相無相分)

― 하나의 모양은 하나의 모양이 아니다 ―

　"수보리야, 어떻게 생각하는가? 수다원(須陀洹, 豫流果)의 경지를 성취한 사람이 스스로 내가 수다원의 경지를 얻었다고 생각하겠는가?"

　"아닙니다. 세존이시여, 왜냐하면, 수다원은 '성인의 흐름에 들어간 자〔豫流果〕'라는 뜻인데, 들어갈 곳이 있지 않으며, 모양이나 소리나 맛이나 감촉이나 뜻에 머물러 있지 않으며, (이렇게 아는 자를) 이름 하여 수다원이라고 한 것입니다."

　"수보리야, 어떻게 생각하는가? 사다함(斯陀含, 一來果)의 경지를 성취한 사람이 스스로 내가 사다함의 경지를 얻었다고 생각하겠는가?"

　"아닙니다. 세존이시여, 왜냐하면, 사다함은 '한 번만 더 오는(태어나는) 자〔一來果〕'라는 뜻인데, 실로 오고 감이 있을 수 없으며, (이렇게 아는 자를) 이름 하여 사다함이라고 부르는 것입니다."

"수보리야, 어떻게 생각하는가? 아나함(阿那含, 不還果)의 경지를 성취한 사람이 스스로 아나함의 경지를 얻었다고 생각하겠는가?"

"아닙니다. 세존이시여, 왜냐하면, 아나함은 '더 이상 돌아오지(태어나지) 않는 자〔不還果〕'라는 뜻인데, 실로 오거나 오지 않음이 없기 때문에 (이렇게 아는 자를) 이름하여 아나함이라고 한 것이옵니다."

"수보리야, 어떻게 생각하는가? 아라한(阿羅漢)의 경지를 성취한 사람이 스스로 나는 아라한의 도(道)를 얻었다고 생각하겠는가?"

"아닙니다. 세존이시여, 왜냐하면, 실로 아라한의 도(道)라고 할 만한 고정된 법이 있지 않기 때문입니다. 세존이시여, 만약 아라한이 내가 아라한 도를 얻었다고 생각한다면 곧 나만 나라고 생각하거나〔我相〕, 남을, 남이라고만 생각하거나〔人相〕, 우리를, 우리만 우리라고 생각하거나〔衆生相〕, 존재를 영원한 존재〔壽者相〕라고 하는 생각에 집착하는 것이 됩니다.[8]

• • • • • • • • • •

8) 수다원과(須陀洹果) · 사다함과(斯陀含果) · 아나함과(阿那含果) · 아라한과(阿羅漢果). 성문들이 수행하여 깨닫는 4가지 단계로서 성문4과(聲聞四果)라고 함. (1) 수다원과(須陀洹果=豫流果). 처음 성인의 축에 들어간 상태. (2) 사다함과(斯陀含果=一來果). 욕계(천상과 인간)에 한 번만 더 태어나면〔一來果〕 되는 상태. (3) 아나함과(阿那含果=不還果). 욕계에 더 이상 태어나지 않아도 되는 상태〔不還果〕. (4) 아라한과(阿羅漢果). 3계의 견혹(見惑, 진리를 알지 못해서 일어나는 번뇌) · 사혹(思惑, 사물의 참 모습을 알지 못해 망상으로 일어나는 번뇌)을 끊고, 공부가 완성되어 존경과 공양을 받을 수 있는 성인. 무학위(無學位).

　세존이시여, 세존께서는 '수보리는 번뇌가 없는 사람들 가운데 제일이고, 욕심을 떠난 아라한들 가운데 제일이다'라고 말씀하셨습니다.

　그러나 세존이시여, 저는 '욕심을 떠난 아라한'이라는 생각도 내지 않습니다. 세존이시여, 제가 만약 아라한의 도를 얻었다는 생각을 가졌다면, 세존께서 '수보리가 욕심을 떠나서 고요함에 들어 있는 아란나행(阿蘭那行)⁹⁾을 즐기는 자이다'라고 말씀하시지 않으셨을 것입니다. 수보리가 실제로는 한 곳에 집착하여 행한 바가 없었기 때문에, 세존께서 '수보리는 아란나행을 즐기는 사람'이라고 이름 한 까닭입니다."

· · · · · · · ·

9) 아란나행(阿蘭那行)＿수행하기 좋은 고요한 장소에서 일체의 욕심과 번뇌를 버리고 무쟁(無諍)삼매를 수행하는 일.

제10 장엄정토분(莊嚴淨土分)

— 바른 견해가 정토를 장엄한다 —

부처님께서 말씀하셨다.

"수보리야, 어떻게 생각하는가? 여래가 옛적의 연등불의 처소에서 깨달은 바가 있었는가? 없었는가?"

"아닙니다, 세존이시여, 여래가 연등불의 처소에서 ('이것이 법이다'라고 할 만한) '하나로 고정된 법'을 얻은 것은 없습니다."

"수보리야, 어떻게 생각하는가? 수행자가 부처님 땅[불국토]을 잘 꾸미는가[莊嚴]? 마는가?"

"아닙니다. 세존이시여, 왜냐하면, 부처님 땅[佛國土]을 장엄한다는 것은 곧 하나로 고정된 불국토 장엄이 아니라서 이름을 장엄이라고 하는 것입니다."

"이러한 까닭으로 수보리여, 모든 보살(수행자)들은 마땅히 이렇게 그 마음을 바르게 할 것이며, 마땅히 하나의 모양에 (집착해서) 머무르는 마음을 내지 말 것이며, 마땅히 소리나 냄새나 맛이나 촉감이나 뜻에 (집착하여) 마음을 내지 말 것이며,

마땅히 하나에 (집착하여) 고정되어 머문 바 없이, 그 마음을 (바르게) 내어야 하느니라.

수보리야, 비유하자면 어떤 사람의 몸이 수미산만 하다면 어떻게 생각하는가? 과연 그 몸이 크겠는가? 어떻겠는가?"

수보리가 말씀드렸다.

"매우 큽니다. 세존이시여, 왜 그러냐면, 부처님께서 말씀하시는 큰 몸은 크다고만 할 수 없어서 이름을 '크다'고 하신 것입니다."

제11 무위복승분(無爲福勝分)[10]

― 머무는 바 없이 법을 전하라, 수승한 복이다 ―

"수보리야, 항하강(갠지스강) 가운데 있는 모래의 숫자만큼이나 많은 항하강이 있다면, 이 모든 항하강의 모래는 또 얼마나 많다고 하겠는가?"

수보리가 말씀드렸다.

"매우 많습니다. 세존이시여, 그 모든 항하 강도 셀 수 없이 많은데, 하물며 그 강들에 있는 모래이겠습니까?"

"수보리야, 내가 이제 진실로 너에게 말하노니, 만약 선남자 선여인이 칠보로써, 항하강의 모래알 숫자만큼이나 많은 세계에 가득 보시한다면 얻을 바 복이 많겠는가? 어떠하겠는가?"

수보리가 말씀드렸다.

"매우 많습니다, 세존이시여."

부처님께서 수보리에게 말씀하셨다.

· · · · · · · · ·

10) 무위복(無爲福)__ 한마디로 표현할 수 없을 정도의 매우 많은 복.

"만약 선남자 선여인이 이 경 가운데에서 사구게(四句偈)[11] 등을 받아 지니고, 또 다른 사람을 위하여 설해 준다면 그 복덕은 저 항하강의 모래보다 훨씬 더 많을 것이니라."

⋯⋯⋯⋯⋯⋯

11) 사구게(四句偈)＿금강경의 핵심을 네 구절의 싯구로 압축하여 표현한 것.

제12 존중정교분(尊重正教分)

— 존중 받을 바른 가르침 —

"다시 또 수보리야, 이 경전 전체나 또는 사구게(四句偈)로 된 구절만이라도 이해하고 다른 사람에게 설명한다면 일체 세상의 하늘사람(天人)·아수라 등 선신(善神)이 다 마땅히 그 사람을 불탑에 공양하듯이 공경할 것이니라. 그런데 하물며 이 경전을 잘 지니고, 독송하는 사람이겠는가?

수보리야, 마땅히 알라. 이 사람은 제일 가고, 희유한 최상의 법을 성취할 것이니라. 이 경전이 있는 곳은 곧 부처님이나 존중 받는 제자들이 있는 곳과 같으니라."

제13 여법수지분(如法受持分)
―이치에 맞게 법을 받들어 지니라―

이때 수보리가 부처님께 말씀드렸다.

"세존이시여, 이 경전의 이름을 무엇이라 하며, 저희들이 어떻게 받들어 지녀야 할까요?"

부처님께서 수보리에게 말씀하셨다.

"이 경전의 이름은 금강반야바라밀(金剛般若波羅蜜, 금강석과 같은 지혜의 완성)[12]이니, 그 이름과 같이 잘 받들어 지니도록 하라(지혜를 이루도록 하라). 왜 그러냐면, 수보리야, 여래가 말한 반야(지혜) 바라밀이란 그것은 곧 (하나로 고정된) 반야바라밀이 아니고,[13] 그 이름이 반야바라밀일 뿐이니라.

· · · · · · · · ·

12) 금강반야바라밀(金剛般若波羅蜜)__금강은 금강석, 반야는 지혜, 바라밀은 열반의 저 언덕에 이른다는 뜻. 금강과 같은 지혜의 완성을 뜻한다.

13) 반야바라밀은 (곧 하나로 고정되어진) 반야바라밀이 아니고__꼭 '이것만이 지혜의 완성이다'라고 정해지는 것은 아니라는 것. 우리 중생들은 무

수보리야, 어떻게 생각하는가? 여래가 설한 '이것만이 법이다'라고 할 수 있는 법이 있는가?"

수보리가 부처님께 말씀드렸다.

"세존이시여, 여래께서 ('이것만이 법이다'라고) 설한 법은 없습니다."

"수보리야, 어떻게 생각하는가? 삼천대천세계에 있는 미세한 먼지가 많겠는가?"

수보리가 말씀드렸다.

"매우 많습니다, 세존이시여."

"수보리야, '모든 먼지'라는 것도 여래는 말하노니 그것은 먼지가 아니고, 이름 붙이기를 '먼지'라 했으며, '세계'라는 것도 여래는 말하노니 그것은 '세계'가 아니고, 이름 붙이기를 '세계'라고 한 것뿐이니라.

수보리야, 어떻게 생각하는가? 32상(三十二相)[14]에서 여래를 볼 수 있는가? 없는가?"

"볼 수 없습니다. 세존이시여, 32상에서는 여래의 모습을 볼 수가 없습니다. 왜냐하면, 여래께서 말씀하신 32상은, 그것은 (32상이라고 구분할 수 있는) 상(相)이 아니요, 이름이 32상이기 때문입니다."

• • • • • • • •

엇이든지 이름 붙이면 그 개념에 집착하여, 또 다른 집착을 만들기 때문임.

14) 32상(三十二相)__부처님과 전륜성왕만 가지고 있다는 서른두 가지 대인상(大人像).

"수보리야, 만약 어떤 선남자 선여인이 항하강(갠지스 강)의 모래알과 같이 많은 몸으로써 보시를 한다고 하더라도, 이 경전을 수지·독송한다든가, 또는 이 경전 속에 있는 사구게만이라도 남을 위해 설해 준다면 그 복이 훨씬 더 많을 것이니라."

제14 이상적멸분(離相寂滅分)
― 하나의 상(相)을 놓고 완전함에 들다 ―

이때에 수보리가 이 경전 말씀하심을 듣고, 그 깊은 뜻을 깨닫고는 눈물을 흘리며 부처님께 말씀드렸다.

"희유하옵니다. 세존이시여, 이와 같이 깊고 깊은 미묘한 경전을 말씀하심을, 제가 오랜 옛날에 얻은 지혜의 눈으로 볼 때, 일찍이 이와 같은 경전의 법문은 듣지 못하였나이다. 세존이시여, 어떤 사람이 이 경전을 듣고, 믿는 마음이 맑고 깨끗하면 그는 곧 참다운 실상(實相)의 마음을 낼 것입니다. 마땅히 이 사람은 제일가는 희유한 공덕을 성취하게 될 것입니다. 그러나 세존이시여, 이 실상이라는 것은 곧 하나로 고정된 상이 아니오니, 이러한 까닭으로 여래께서 실상이라고 하셨습니다.

세존이시여, 제가 지금 이와 같은 경전을 듣고, 믿고 이해하고 받아 지니기란 어렵지 않사오나, 만약 앞으로 오백세 뒤에 중생들이 이 경을 듣고 믿고 이해하고 받아 지닌다면, 이 사람은 제일가는 희유한 사람이 될 것입니다.

왜냐하면, 이 사람은 나를 나만 나라고 하는 생각이 없고, 남을 남이라고만 하는 생각이 없고, 우리를 우리만 우리라고 하는 생각이 없고, 존재를 고정된 영원한 존재라고 하는 생각이 없기 때문입니다. 왜냐하면, 나라는 생각은 곧 나만이 내가 아니요, 남이라는 생각도 남을 남이라고만 할 수 없으며, 우리라는 생각도 우리만 우리가 아니며, 영원한 존재라는 생각도 고정된 존재가 아니기 때문입니다. 왜냐하면, 일체의 모든 하나의 모양을 하나라고 하는 생각이 없는 것을, 곧 이름 하여 부처라 하기 때문입니다(離一切諸相 即名諸佛)." 15)

부처님께서 수보리에게 말씀하셨다.

"옳다, 옳다. 만약 어떤 사람이 이 경을 듣고, 놀라지도 않고, 겁내지도 않고, 두려워하지도 않는다면, 이 사람은 매우 희유한 사람임을 알아야 하느니라.

수보리야, 여래가 말하는 제일바라밀(第一波羅蜜)은 곧 제일바라밀이 아니라 그 이름이 제일바라밀일 뿐이니라. 수보리야, 인욕바라밀(忍辱波羅蜜)도 인욕바라밀이 아니라 그 이름이 인욕바라밀이라고 여래는 말씀하시는 것이니라.

왜냐하면 수보리야, 내가 옛날 가리왕에게 신체를 절단(切斷) 당할 때, 나에게 '나를, 나만 나라고 하는 생각〔我見〕, 남을, 남이라고만 하는 생각〔人見〕, 우리를, 우리만 우리라고 하는 생각(衆生見), 존재가 영원히 존재한다는 생각〔壽者見〕이 없었느니

15) 여래의 법은 실(實)도 아니고, 허(虛)도 아니다_일체 사물은 연기법에 의하여 생성소멸하므로 고정되지 않는다는 뜻.

라. 왜냐하면 내가 마디마디 몸이 찢길 때에 만약 '나를, 나만 나라고 하는 생각〔我見〕, 남을, 남이라고만 하는 생각〔人見〕, 우리를, 우리만 우리라고 하는 생각〔衆生見〕, 존재가 영원히 존재한다는 생각〔壽者見〕이 있었다면 성내고 원망하는 마음을 내었을 것이니라.

수보리야, 또 생각하니 과거 오백세에 인욕선인(忍辱仙人)으로 있을 때에도 '나를, 나만 나라고 하는 생각〔我見〕, 남을, 남이라고만 하는 생각〔人見〕, 우리를, 우리만 우리라고 하는 생각〔衆生見〕, 존재가 영원히 존재한다는 생각〔壽者見〕이 없었느니라. 이러한 까닭에 수행자는 마땅히 일체 모든 모양〔一切諸相〕을 떠나서, 위없는 바른 깨달음을 이루고자 하는 마음을 내야 하느니라. 모양에 집착하여 마음을 내서도 안 되며, 소리와 냄새와 맛과 느낌과 뜻에 집착하여 마음을 내서도 안 되며, 마땅히 집착하는 바 없이 마음을 낼지니라. 만약 모양에 집착하여 마음을 내면 그것은 올바른 마음가짐이 아니니라. 이런 까닭에 부처님께서는, 수행자는 마땅히 하나의 모양에 집착하지 않는 마음으로 보시해야 한다고 말씀하시는 것이니라.

수보리야, 수행자는 보시를 할 때는 마땅히 이와 같이 일체 중생의 이익을 위하여 보시를 해야 하느니라. 또 여래는 말하노니 일체 모든 모양은 곧 고정된 하나의 모양이 아니니라. 그리고 일체 중생 또한 일체 중생이라 할 수 없느니라.

수보리야, 여래는 참됨을 말하는 자며, 진실을 말하는 자며, (앞뒤가) 같은 말을 하는 자며, 속이지 않는 말을 하는 자며, 사실과 다른 말을 하지 않는 자이니라. 수보리야, 그렇기 때문에 여래의 법은 실(實, 참)도 아니고, 허(虛, 헛된 것)도 아니니라.

　수보리야, 만약 수행자가 하나의 법(대상)에 머물러 보시하는 것은, 마치 사람이 어둠에서는 아무것도 볼 수 없는 것과 같고, (수행자가 하나) 법에 머물지 않고 보시하는 것은, 마치 사람이 눈을 뜨고, 햇빛이 밝게 비쳐 갖가지의 모양을 보는 것과 같으니라.

　수보리야, 앞으로 오는 세상(미래세)에 어떤 선남자 선여인이 이 경전을 잘 지니고 독송하면 여래는 곧 여래의 지혜로써 이 사람을 다 알고, 다 보느니라. 이 사람은 한량이 없고 끝이 없는 공덕을 성취하게 되리라."

제15 지경공덕분(持經功德分)

─ 경을 수지 독송하는 공덕 ─

"수보리야, 어떤 선남자 선여인이, 아침나절에 항하강의 모래알만큼이나 많은 몸으로써 보시하고, 한낮에도 항하강의 모래알만큼이나 많이 보시하고, 또 저녁에도 똑 같이 항하강의 모래알만큼이나 많이 보시하기를, 셀 수 없이 많은, 백 천 만억 겁(百千萬億劫)의 세월 동안 몸으로써 보시했다고 하자.

만약 또 어떤 사람이 이 금강경 법문을 듣고 마음속으로 깊이 믿어 거스르지 않는다면, 이 사람이 받게 될 복덕은 저 사람의 복덕(항하강 모래알 같은 보시)보다 훨씬 더 많으리라. 하물며 이 경전을 베껴 쓰고, 잘 지니고, 읽고 외워서, 다른 사람을 위하여 해설해 주는 사람에 있어서랴.

수보리야, 요점을 말한다면, 이 경전은 생각으로 알기 어렵고, 측량하기 어려운 끝없는 공덕이 있으니, 여래가 대승의 마음을 일으킨 자를 위하여 설했고, 최상승의 마음을 일으킨 사람들을 위하여 설했느니라. 만약 어떤 사람이 이 경전을 잘 받아 지니고, 읽고 외우며, 다른 사람을 위하여 설해 준다면 여래는 이 사람을 다 알고 다 보아서 헤아릴 수 없고, 측량할 수 없고, 끝없고, 생각할 수 없는 불가사의한 공덕을 얻게 하고 성취할 수 있게 할 것이니라. 이러한 사람들은 곧 여래의 위없고〔無上〕 평등하고〔正等〕 바른 깨달음〔正覺〕을 짊어 질 것이다. 왜냐하면, 수보리야, 작은 법에 만족하는 자는 '나를, 나만 나라고 하는 생각〔我見〕, 남을, 남이라고만 하는 생각〔人見〕, 우리를, 우리만 우리라고 하는 생각〔衆生見〕, 존재가 영원히 존재한다는 생각〔壽者見〕에 집착하기 때문에 이 경전을 잘 알아듣거나 읽고 외우거나 남을 위하여 설명해 주지 못하기 때문이니라.

수보리야, 가는 곳마다 이 경전이 있다면 모든 세상의 하늘 사람과 선신(善神)들이 다 마땅히 공양하리니, 이곳은 곧 탑(塔)이 될 것이니라. 그곳에 모두가 다 마땅히 공경하고, 예를 갖춰 예배를 드리고, 모든 향과 꽃을 뿌리게 되리라."

제16 능정업장분(能淨業障分)
─ 전법은 능히 업장을 소멸하리 ─

"다시 수보리야, 선남자 선여인이 이 경전을 수지 독송해도 만약 남에게 천대를 받는 일이 있다면, 이 사람은 전생의 죄업으로 마땅히 악도에 떨어질 것이나, 금생에 업신여김을 받았으니, 전생의 죄업은 다 소멸되고, 장차 깨달음을 얻게 될 것이니라.

수보리야, 내가 과거 한량없는 무수한 세월[阿僧祇劫][16]을 생각해 보니, 연등불 앞에서 8백 4천만억 나유타[17]나 되는 헤아릴 수 없는 많은 부처님께 공양하고, 공경하기를 헛되게 하지 않았느니라.

· · · · · · · · ·

16) 아승지겁(阿僧祇劫)__그 어떤 시간의 단위로도 계산할 수 없는 무한히 긴 세월.
17) 나유타(那由他)__인도 고대의 숫자의 단위로, 1나유타는 백만에 해당한다고 한다. 니유타(niyuta)라고도 함.

　만약 또 어떤 사람이 훗날 말세에 이 경전을 잘 받들어 지니고, 읽고 외워서 얻는 공덕과 비교하면, 내가 모든 부처님께 올린 공양의 공덕은, 백분의 일에도 미치지 못하고, 천 만억 분의 일에도 미치지 못하며, 내지 숫자로 비교해서는 능히 미치지 못하리라.

　수보리야, 만약 선남자 선여인이 훗날 말세에 이 경전을 잘 받들어 지니고, 읽고 외우는 사람이 있다면, 그 사람이 얻는바 공덕을 내가 말로 다 표현한다면, 혹 어떤 사람은 마음이 곧 어지러워지고, 여우〔狐〕 같은 의심으로 믿지 않을 것이니라. 수보리야, 마땅히 알아라. 이 경전의 뜻도 생각으로 알기 어렵지만 얻는 결과도 생각하기 어려우니라."

제17 구경무아분(究竟無我分)

— 하나로 정해진 나도 없고, 하나로 정해진 법도 없다 —

이때 수보리가 부처님께 말씀드렸다.

"세존이시여, 선남자 선여인이 깨달음으로 나아가고자 마음을 냈다면 그 마음을 어디에 머물러야 하며, 어떻게 그 마음을 항복받아야 합니까?"

부처님께서 말씀하셨다.

"선남자 선여인이 깨달음으로 향하고자 하는 마음을 냈다면 마땅히 이와 같이 그 마음을 내야 할지니, '내가 응당히 일체 중생을 깨달음에 들게 할 것이로되, 그리고 이미 일체 중생을 깨달음에 들게 했지만, 실로 한 명도 깨닫게 한 자는 없다'라는 마음을 내어야 할 것이니라.

왜냐하면 수보리야, 만약 수행자가 '나'라는 생각, '남'이라는 생각, '우리'라는 생각, '존재가 영원하다'는 생각이 있으면 그는 수행자가 아니니라. 이러한 까닭으로 수보리야, 깨달음으로 향하는 마음을 낸 사람이 (특별히 하나로 집착해서 가져야 할) 법은 없기 때문이니라.

　수보리야, 어떻게 생각하는가? 여래가 연등불 밑에서 '이것이 최고의 깨달음이라고 할 만한 법을 얻은 것이 있다'고 생각하는가?"

　"아닙니다. 세존이시여, 제가 부처님께서 말씀하신 것을 이해하기로는 연등불 밑에서, '이것이 최고의 깨달음이라고 할 만한 법'을 얻은 바가 없습니다."

　부처님께서 말씀하셨다.

　"그렇다, 그렇다. 수보리야, 진실로 여래는 '이것이 최고의 깨달음이라고 할 만한 고정된 법'을 얻은 바가 없느니라. 수보리야, 만약 여래가 그와 같은 법을 얻은 것이 있다면, 연등불께서 나에게 '다음 세상에 마땅히 깨달음을 이루어, 석가모니라는 이름의 부처가 될 것이다'라고 수기(授記, 예언, 예고)를 해 주시지 않으셨을 것이다. 진실로 그런 법을 얻은 바가 없기 때문에, 연등불께서 나에게 수기하시기를, '그대는 다음 세상에 마땅히 부처가 되어 석가모니라는 명호로 불리게 될 것이다'라고 말씀하신 것이니라.

　왜냐하면, '여래(如來)'라는 것은 곧 '모든 법을 뜻과 같이 다 갖추고 있다'라는 뜻인데, 그런데도 만약 어떤 사람이 '여래가 유일한 최고의 깨달음을 얻었다'라고 말한다면, 그것은 진실을 잘 모르는 소리니라. 수보리야, 진실로 부처님은 최고의 깨달음이라고 할 만한 하나로 정해진 법을 얻은 것이 없느니라.

　수보리야, 여래가 얻은 바 최고의 깨달음은 실체가 있는 것도 아니고〔無實〕, 속이 텅 빈 헛된 것〔無虛〕도 아니니라. 이러한 까닭에 여래는 '일체 모든 법이 다 불법'이라고 말하는 것이니라.

수보리야, 내가 지금 말한 바 '일체 모든 법'이라고 하는 것은, 단정적으로 '일체법'이라고 이름 할 수 있는 것이 없기 때문에, '일체법'이라고 이름 할 뿐이니라. 수보리야, 비유한다면 '사람의 몸이 크다'는 말과 같으니라."

수보리가 말씀드렸다. "세존이시여, 여래께서 '사람의 몸이 크다'라고 말씀하신 것은 곧 몸이 커서 크다는 것이 아니고 이름이 큰 몸일 뿐입니다."

"수보리야, 보살(수행자)도 이와 같아서 만약 '내가 많은 중생을 제도했다'라고 말한다면 그는 진정한 보살(수행자)이라고 이름 할 수가 없느니라. 왜냐하면 수보리야, 실로 '보살'이라고 할 만한 고정된 실체가 있는 것이 아니기 때문이니, 이러한 이유로 부처님께서는 '나라고 결정되어진 것도 없고, 남이라고 결정되어진 것도 없으며, 우리라고 결정되어진 것도 없고, 하나의 존재가 영원하다고 결정되어진 것도 없다'고 말씀하시는 것이니라.

수보리야, 만약 보살(수행자)이, '내가 불국토를 꾸몄다〔莊嚴佛土〕'라고 말한다면, 이 사람은 수행자라고 이름 할 수 없다. 왜냐하면 여래가 말한 불국토를 꾸민다는 것은 곧 불국토를 꾸밈이 아니고, 이름을 꾸민다고 하는 것뿐이니라.

수보리야, 만약 수행자가 하나로 정해진 나〔我〕도 없고, 하나로 정해진 법(대상)도 없다는 것을 통달한다면, 여래는 그를 지칭하여 진정한 보살(수행자)이라고 말할 것이니라."

제18 일체동관분(一體同觀分)

— 한 마음에 과거·현재·미래가 있음을 꿰뚫어 보라 —

"수보리야, 어떻게 생각하는가? 여래에게 육안(肉眼)이 있는가, 없는가?"

"있습니다. 세존이시여, 여래에게 육안이 있습니다."

"수보리야, 어떻게 생각하는가? 여래에게 천안(天眼)이 있는가, 없는가?"

"있습니다. 세존이시여, 여래에게 천안이 있습니다."

"수보리야, 어떻게 생각하는가? 여래에게 혜안(慧眼)이 있는가, 없는가?"

"있습니다. 세존이시여, 여래에게 혜안이 있습니다."

"수보리야, 어떻게 생각하는가? 여래에게 법안(法眼)이 있는가, 없는가?"

"있습니다. 세존이시여, 여래에게 법안이 있습니다."

"수보리야, 어떻게 생각하는가? 여래에게 불안(佛眼)이 있는가, 없는가?"

"있습니다. 세존이시여, 여래에게 불안이 있습니다."

"수보리야, 어떻게 생각하는가? 항하강의 모래에 대해서 내가 말한 일이 있는가?"

"그러하옵니다. 세존이시여, 여래는 그 모래에 대해서 말씀하셨습니다."

"수보리야, 어떻게 생각하는가? 항하강의 모래알과 같이 많은 항하강이 있고, 그 모든 항하강의 모래알 숫자만큼이나 부처님 세계가 있다면, 정말 많다고 할 수 있겠느냐?"

"매우 많습니다. 세존이시여."

부처님께서 수보리에게 말씀하셨다.

"여래는 저 국토 가운데에 있는 모든 중생들의 온갖 마음(번뇌 망상)을 다 아느니라. 왜냐하면, 여래가 말한 바 '온갖 마음'이라고 하는 것은, 이것이라고 할 '마음'이 있는 것이 아니기 때문에, 이름 하여 마음이라고 할 뿐이니라.

왜냐하면 수보리야, 과거의 마음도 고정되지 않아서 얻을 수 없고, 현재의 마음도 고정되지 않아서 얻을 수 없으며, 미래의 마음도 고정되지 않아서 얻을 수 없기 때문이니라."

제19 법계통화분(法界通化分)
― 전법의 복덕, 온 법계에 두루 미치나니 ―

"수보리야, 어떻게 생각하는가? 만약 어떤 사람이 삼천대천 세계에 가득한 칠보로써 보시한다고 한다면, 이 사람은 이 인 연으로 많은 복을 받게 될 것이라고 생각하는가?"

"그렇습니다. 세존이시여, 이 사람은 이런 인연으로 굉장한 복을 받게 될 것입니다."

"수보리야, 만약 복덕의 실체가 (하나의 모양으로 결정지어진 것 이) 있는 것이라면, 여래는 복덕이 많다고 말하지 않았을 것이 다. 복덕의 실체가 없는 것이므로 여래가 말하기를 '복덕이 많 다'고 한 것이니라."

제20 이색이상분(離色離相分)

— 색(色)은 색이 아니요, 상(相)은 상이 아니다 —

"수보리야, 어떻게 생각하는가? 부처가, 부처의 형상적인 모습(色身)을 다 갖추었다(具足色身)고 하여, 거기서 부처의 모습(실체)을 볼 수가 있겠느냐?"

"아닙니다. 세존이시여, 여래가 형상적인 모습을 다 갖추었다고 하여 거기서 여래의 모습[18]을 볼 수는 없습니다. 왜냐하면, 여래께서 말씀하시는 여래의 갖추어진 모습(具足色身)은 곧 '구족(具足)된 색신(色身)'이 아니고, 이름 하기를 '구족된 색신(具足色身, 갖추어진 형상적인 모습)'이라고 할 뿐입니다."

"수보리야, 어떻게 생각하는가? 여래가 32상 등 모든 상호(相好)를 다 갖추었다(具足諸相)고 하여, 거기서 여래의 모습을 볼 수가 있겠느냐?"

· · · · · · · · ·

18) 여래의 모습_이 품의 제목(離色離相分)에서 시사하는 바와 같이, 요점은 형상과 모양·모습을 넘어서라는 뜻이다.

"아닙니다. 세존이시여, 여래가 32상 등 모든 상호를 다 갖추었다〔具足諸相〕고 하여, 거기서 여래의 모습을 볼 수는 없습니다. 왜냐하면, 여래께서 말씀하시는 '여래의 구족한 상호(32상)는 고정된 것이 아니고, 이름 하기를 모든 상호(32상)를 다 갖췄다'고 할 뿐입니다."

제21 비설소설분(非說所說分)
— 고정된 중생이 없으니 고정된 설법도 없다 —

　"수보리야, 너는 여래가 스스로 '내가 설한 법이 있다'고 생각할 것이라고 말하지 마라. 왜냐하면, 사람들이, 여래가 설한 바 법이 있다고 말한다면 그것은 곧 여래를 비방하는 것이 되느니라. 그것은 내가 설한 바를 잘 알지 못한 까닭이니라. 수보리야, 설법은 하나로 고정되어 있는 법이 아니라서 이름을 설법이라 하느니라."

　이때, 수보리 존자가 부처님께 말씀드렸다.

　"세존이시여, 먼 훗날 미래세에 얼마나 많은 중생들이 부처님의 이런 말씀을 듣고 그대로 믿는 마음을 내겠습니까?"

　부처님께서 말씀하셨다.

　"수보리야, 저들은 (결정된) 중생도 아니지만, (그렇다고 결정된) 중생이 아님도 아니니라. 왜냐하면, 수보리야, '중생, 중생'이라고 하지만, 그들은 결정된 중생도, 결정되지 않은 중생도 아니기 때문에 이름 하여 중생이라고 하는 것이니라."

제22 무법가득분(無法可得分)
─ 정해진 모양이 아니라서 없다고 한다 ─

수보리가 부처님께 말씀드렸다.

"세존이시여, 부처님께서 얻으신 바 아뇩다라 삼먁삼보리(최고의 올바른 깨달음)[19]란, 이것만 법이라고 할 만한 고정된 하나의 법을 얻은 바는 없습니다."

"그렇다, 그렇다. 수보리야, 내가 깨달아 얻었다고 하는 최고의 바른 깨달음은 오직 이것만 법이라고 할 만한 고정된 법을 얻은 바가 없다. 그러나 법 아닌 것이 없기 때문에 이름 하기를 '아뇩다라 삼먁삼보리'라고 할 뿐이니라."

· · · · · · · · ·

19) 아뇩다라 삼먁삼보리__최상의 평등한 바른 깨달음(無上正等正覺).

제23 정심행선분(淨心行善分)
— 온 천지가 나다, 맑은 마음으로 좋은 일을 하라 —

"다시 또 수보리야, 이 법은 평등하며 높고 낮음이 없느니라. 그래서 '아뇩다라 삼먁삼보리(최고의 평등한 바른 깨달음)'라고 이름 하느니라. 고정된 나라는 생각이 없고, 고정된 남이라는 생각이 없으며, 고정된 우리라는 생각이 없고, 고정된 영원한 존재라는 생각이 없이, 일체의 선법(善法)을 닦으면, 곧 아뇩다라 삼먁삼보리를 얻게 되리라. 수보리야, 여래께서 말씀하시는 선법(善法)이라는 것은 (고정된) 선법이 아니니라 이름이 선법일 뿐이니라."

제24 복지무비분(福智無比分)
— 지혜가 담긴 경전 말씀, 복덕보다 앞선다 —

"수보리야, 만약 어떤 사람이 삼천대천세계의 산 가운데 으뜸인 수미산(須彌山)처럼 많은 칠보로써 남을 위해 보시한다고 하자. 그리고 또 다른 어떤 사람이 이 경전이나 내지 이 경전의 사구게(四句偈)만이라도 잘 받들어 지니고, 독송하고 남을 위해 말해 준다면, 그 복덕은 셀 수 없으리니, 앞의 복덕(수미산과 같은 칠보의 복덕)은 이 복덕에 비하여 백분의 일에도 미치지 못하며, 백천 만억 분 내지 그 어떤 숫자의 비유로도 미치지 못하리라."

제25 화무소화분(化無所化分)
― 법이라는 생각도 내려놓고, 중생을 제도함도 따로 없다 ―

"수보리야, 어떻게 생각하는가? 너희들은 여래가 스스로 '나는 마땅히 중생들을 제도하여 깨달음을 얻게 한다'고 생각할 것이라고 생각하지 마라. 수보리야, '이런 생각을 하지 말라'는 것은 어떠한 뜻에서인가? 실제로는 여래가 제도한 중생이 없기 때문이니, 만일 여래가 제도한 중생이 있다면 여래는 곧 나를 나만이라고 하는 생각〔我相〕, 남을 남이라고만 하는 생각〔人相〕, 우리를 우리라고만 하는 생각〔衆生相〕, 존재를 영원한 존재라고 하는 생각〔壽者相〕을 갖고 있음이 되느니라.

수보리야, 여래가 말하노니, '나'가 있다〔有我〕고 하지만 그것은 곧 고정 불변하는 '나'가 있는 것이 아니니라. 그것은 어리석은 범부(凡夫)가 생각하기를 '내가 있다'고 착각하는 것에 불과하니라. 수보리야, '범부'라고 하지만, 여래는 정말로 어리석은 범부가 있는 것이 아니고 이름이 범부일 뿐이라고 말하느니라."

제26 법신비상분(法身非相分)
─ 법신은 정해진 모습이 없다 ─

"수보리야, 어떻게 생각하는가? 서른두 가지〔三十二相〕 모습에서 여래를 볼 수가 있겠는가?"

수보리가 말씀드렸다.

"그렇습니다. 세존이시여, 서른두 가지 모습에서 여래를 볼 수가 있나이다."

부처님께서 말씀하셨다.

"수보리야, 만약 서른두 가지 모습〔三十二相〕에서 여래의 모습을 볼 수가 있다면 32상을 갖춘 전륜성왕(轉輪聖王)도 곧 여래일 것이니라."

수보리가 부처님께 말씀드렸다.

"세존이시여, 제가 부처님께서 말씀하신 뜻을 진정으로 이해하기로는, 32상으로써는 여래를 볼 수 없나이다."

이때 세존께서 게송(偈頌)으로 말씀하셨다.

"만약 모양으로만 여래를 보려 하거나,
소리로만 여래를 찾으려 한다면,
이 사람은 잘못된 길을 가는 사람이니
그는 결코 여래를 볼 수 없느니라."

若以色見我
以音聲求我
是人行邪道
不能見如來

제27 무단무멸분(無斷無滅分)

— 넘겨주지도 말고, 넘겨받지도 말라. 법은 본래 그 자리다 —

"수보리야, 그대는 '여래가 32상을 모두 갖추었기 때문에 최고의 깨달음을 얻게 되었다'라고 생각하는 것은 아닌가? 수보리야, 그렇게 생각해서는 아니 되느니라. 여래가 32상을 모두 갖추었기 때문에 최고의 깨달음을 얻은 것은 아니니라.

또한 수보리여, 그대는 생각하기를, '최고의 깨달음을 이루고자 마음을 낸 이들은, 모든 존재는 끊어져 없어진다〔斷滅〕'고 말할 것으로 생각하는가? 그렇게 생각해서는 아니 되느니라. 왜냐하면, 깨달음을 이루고자 마음을 낸 이들은 모든 법〔存在〕에 대하여 끊어져 없어진다〔斷滅相〕고 말하지 아니 하느니라."

제28 불수불탐분(不受不貪分)

— 탐착 없이 복덕을 지으니, 복을 받아도 받음이 없다 —

"수보리야, 만약 어떤 보살(수행자)이 항하강의 모래알만큼이나 많은 세계에, 칠보로써 가득 채워서 보시한다 하자. 그리고 또 어떤 사람이 일체의 모든 법〔存在〕은 고정된 실체가 없다는 사실을 알아서, 생멸이 없는 확실한 법〔無生法忍〕20)을 얻었다면, 이 사람은 앞의 수행자보다 훨씬 더 많은 공덕을 얻을 것이니라. 왜냐하면 수보리야, 모든 수행자는 하나의 고정된 법을 받지 않는 까닭이니라."

수보리가 부처님께 말씀드렸다.

"세존이시여, 어찌하여 보살(수행자)은 복덕을 받지 않는 것입니까?"

....

20) 무생법인(無生法忍)__줄여서 무생인(無生忍)이라고도 한다. 생멸(生滅)이 없는 무생무멸(無生無滅)의 진여실상, 불생불멸의 진리. 인(忍)은 인(印)으로서 불변(不變)을 뜻함.

"수보리야, 보살(수행자)은 복덕을 지음에 욕심이나 탐착함이 없나니, 이러한 까닭으로 복덕을 (자기 것으로) 받지 않는다고 말하는 것이니라."

제29 위의적정분(威儀寂靜分)

― 가고 옴이 없으니, 고요하고 고요하여라 ―

　"수보리야, 만약 어떤 사람이 말하기를, 여래를 어디로부터 왔다거나, 어디로 갔다거나, 앉았다거나, 누웠다고 말한다면, 이 사람은 내가 말한 뜻을 잘 알지 못하는 것이니라. 왜냐하면 여래는 어디로부터 온 바도 없고, 가는 것도 없나니, 그렇기 때문에 이름 하여 여래(如來)라고 하는 것이니라."

제30 일합이상분(一合離相分)

― 하나라는 생각도 내려놓아라 ―

"수보리야, 만약, 선남자 선여인이 삼천대천세계(三千大千世界)를 부수어서 미세한 먼지를 만들었다면, 어떻게 생각하는가? 이 먼지는 많겠는가?"

"매우 많습니다. 세존이시여, 왜냐하면 만약 이 먼지들이 실제로 있는 것이라면, 부처님께서 '먼지들'이라고 말씀하시지 않으셨을 것입니다. 왜냐하면 부처님께서 말씀하시는 '먼지들'은 곧 '먼지들'이 아니기 때문입니다. 이름 하여 '먼지들'일 뿐입니다.

세존이시여, 그와 같이 여래가 말씀하신 삼천대천세계는 곧 세계가 아니고 이름이 세계일 뿐입니다. 왜냐하면 만약 세계가 실제로 있는 것이라면, 곧 이것은 '하나로 합쳐진 모양〔一合相〕'[21]이니, 여래가 말씀하신 '하나로 합일한 모양'은 곧 '하

----

21) 일합상(一合相)__여러 연(緣)으로 말미암아 미진(微塵)이 모여서 물질계

나로 합일한 모양'이 아니라, 그 이름이 '하나로 합일한 모양
(是名一合相)'일 뿐입니다."

"수보리야, '하나로 합일한 모양〔一合相〕'이라는 것은 곧 말
로 설명할 수 있는 것이 아닌데, 다만 어리석은 사람들〔凡夫〕
이 욕심을 내서 그 일에 탐착하느니라."

• • • • • • • • •

를 조성하거나 '오온이 가화합(假和合) 하여 사람이 되는 것을 일합상이
라 한다. 하지만 이것 또한 이름일 뿐이다.

제31 지견불생분(知見不生分)
— 사물의 이치와 모양을 알아도 그것만이라고
고정하지 않는다 —

"수보리야, 어떤 사람이 말하기를, '부처님께서 나를, 나만 나라고 하는 생각[我見], 남을, 남이라고만 하는 생각[人見], 우리를, 우리만 우리라고 하는 생각[衆生見], 존재가 영원히 존재한다는 생각[壽者見]을 말씀하셨다'라고 말한다면, 수보리야, 어떻게 생각하는가? 이 사람은 내가 말한 바를 제대로 알아들었는가?"

"그렇지 않습니다. 세존이시여, 이 사람은 여래가 말씀하신 바를 이해하지 못했습니다. 왜냐하면, 세존께서 말씀하신 바, '나를, 나만 나라고 하는 생각[我見], 남을, 남이라고만 하는 생각[人見], 우리를, 우리만 우리라고 하는 생각[衆生見], 존재가 영원히 존재한다는 생각[壽者見]'은 곧 '나를, 나만 나라고 하는 생각, 남을, 남이라고만 하는 생각, 우리를, 우리만 우리라고 하는 생각, 존재가 영원히 존재한다는 생각'이 아니기 때문입니다. 이름이 아견(我見), 인견(人見), 중생견(衆生見), 수자견(壽者見)'일 뿐입니다."

"수보리야, 최상의 깨달음을 이루고자 마음을 낸 자는 일체 모든 사물(一切法)에 대해서도, 응당 이와 같이 알아야 하며〔如是知〕[22], 응당 이와 같이 보아야 하며〔如是見〕, 이와 같이 믿고 이해해서〔如是信解〕, 분별하는 마음을 내지 말지어다.

수보리야, 좀 전에 말한 바 사물의 이치와 모양〔法相〕[23]에 대하여 여래는 설하노니, 곧 고정된 사물의 이치와 모양이 아니고, 이름이 사물의 이치와 모양일 뿐이니라."

● ● ● ● ● ● ● ●

22) 응당히 이와 같이 알아야 하며[如是知]__모든 존재에는 고정된 실체가 없는 것으로 알아야 하고 이해해야 하고 보아야 한다는 뜻.
23) 법상(法相)__사물의 이치와 모양, 성질.

제32 응화비진분(應化非眞分)

— 번개 같고, 이슬 같은 인생이니, 더욱 귀하게 살아라 —

"수보리야, 만약 어떤 사람이 끝이 없는 무수한 세계〔阿僧祇世界〕를 칠보로써 가득 채워서 보시한다 하자. 그리고 또 어떤 선남자 선여인이 이 '경(經)', 내지는 이 경의 '사구게'라도 지니어, 수지·독송하고, 남을 위해 설명해 준다면, 이 복덕이 앞의 복덕보다도 훨씬 더 뛰어나느니라.

남을 위해 어떻게 설명해 줄 것인가? (남을 위해 설명해 준다는) 생각을 내지 말고, (칭찬이나 비난에도) 한결 같고, 흔들림이 없어야 하느니라〔如如不動〕.

왜냐하면 이 세상에 존재하는 모든 것은〔一切有爲法〕, 마치, 꿈같고, 허깨비 같고, 물거품 같고, 그림자 같으며〔如夢幻泡影〕, 이슬과 같고, 번개와 같나니〔如露亦如電〕. 마땅히 이와 같이 보아야 하느니라〔應作如是觀〕."

부처님께서 이 경전을 설해 마치시니, 장로 수보리와 모든 비구·비구니·우바새·우바이와 온 세상의 하늘사람(天人)·아수라(阿修羅) 등 선신(善神)들이 부처님 법문을 듣고, 모두 크게 기뻐하며, 믿고 받들어 행하였다.

역자 약력

✿ 역자 : 김지견(金知見)박사

1931년 전남 영암 출생. 1963년 동국대 대학원 졸업. 일본 고마자와 (駒澤)대학과 도쿄대학(東京大學) 박사과정 졸업. 1973년 東京대학에 서 '신라시대 화엄사상에 대한 연구'로 박사학위를 받음. 동국대, 강원 대, 한국정신문화연구원 교수 역임. 한국 화엄학 연구의 선구자.

특히 1977년 10여 년의 노력 끝에 발간한『균여대사 화엄학전서』 는 한국화엄의 독자성을 밝히는 동시에 일본의 화엄종이 종래 일본학 계의 주장처럼 중국에서 전래된 것이 아니라 신라에서 전해졌음을 밝 혀낸 역저이다. 이것은 일본학계에 큰 충격이었다. 1976년 대한전통 불교연구원을 설립하고『화엄경』강좌를 개설.『화엄경』을 축약하여 번역했다(민족사). 2001년 향년 71세로 작고.

✿ 역자 : 현해(玄海. 호, 然庵)스님

1935년 경남 울산 출생. 1958년 월정사에서 만화 희찬스님을 은사로 출가. 1966년 해인사에서 자운스님을 계사로 비구계를 수지. 1968년 종비생 제1기로 동국대학교 불교학과 졸업. 1973년 동 대학원 석사. 일본 고마자와(駒澤) 대학 박사과정 수료. 일본 와세다(早稻田) 대학과 다이쇼(大正)대학에서 동양철학과 법화경, 천태학 연구. 중앙 승가대 와 동국대 경주캠퍼스에서 오랫동안 법화경 강의. 월정사 주지, 동국대 이사장 역임, 원로의원. 저서로는『법화경요품강의』등이 있고, 논문으로는「법화종요 연구」등이 있다. 특히 2006년에 발간한 범본, 한역본, 영역본, 한글역본 등 4개국어 대조본『묘법연화경』(3권)은 법화경 연구의 획기적인 업적으로 평가되고 있다.

❀ 역자 : 무비(無比)스님

부산 범어사에서 여환(如幻)스님을 은사로 출가. 해인사 강원을 졸업하였으며, 해인사, 통도사 등 여러 선원에서 안거. 이후 탄허스님을 모시고 불교경전을 비롯하여 동양학 이수. 탄허스님의 법맥을 이은 대강백으로 통도사·범어사 강주, 조계종 승가대학원장, 대한불교 조계종 교육원장을 역임. 현재 범어사에 주석하면서 많은 집필 활동과 경전을 번역하고 있다. 역저서로『무비스님과 함께하는 불교공부』,『한글화엄경』(12권),『보현행원품 강의』,『백운스님 어록』,『나옹스님 어록』,『금강경 오가해』,『금강경 강의』등 많은 경전을 역주(譯註)했다. 특히 무비스님은 많은 불자들에게 불음(佛音)을 전하기 위하여 불서(佛書)를 무상으로 보시, 간행하고 있다. 인터넷 카페 염화실에 들어가면 시공을 초월하여 무비스님의 법음(法音)을 만날 수 있다.

❀ 역자 : 지안(志安)스님

1947년 경남 하동군 출생. 1970년 통도사에서 벽안스님을 은사로 출가, 수계. 1974년 통도사 강원을 졸업하고, 같은 해부터 통도사 강원에서 중강으로 후학을 양성하기 시작. 1978년부터 1988년까지는 10

년간 통도사 강원 강주를 역임했다. 2001년 종립 은해사 승가대학원 제3대 원장 역임. 조계종 교육원 고시위원장. 저역서로는『우리는 지금 어디쯤 가고 있는가』『산사는 깊다』『금강경 강의』『신심명 강의』『기초경전 해설』『대반니원경』『대승기신론강해』등이 많은 역저서가 있다. 특히 스님은 반야불교학당과 반야경전교실을 개설하여 많은 불자를 위한 교육에도 앞장서고 있으며, 반야학술상을 제정하여 불교학자들의 학문연구에도 크게 기여하고 있다.

❀ 역자 : 일감(日鑑)스님

1963년 전남 고흥 출생. 1989년 해인사 원융 스님을 은사로 입산, 해인사 승가대학을 졸업하였다. 봉암사, 해인사, 백양사 등 제방선원에서 참선 수행을 하였고, 해인사 포교국장, 금산사 템플스테이 수련원장, 총무원 재무부장, 기획실장, 불교신문 주간 등을 역임하였다. 현재 불교문화재 연구소장, 100인 대중공사 집행위원장을 맡고 있으며, 불교를 쉽게 전해야 한다는 원력으로, 템플스테이 프로그램 진행과 실무자 강의를 꾸준히 하고 있으며, 불교TV 열린법회「내비둬콘서트」를 2년간 진행하기도 하였다. 저서로는『금강경을 읽는 즐거움』(민족사)이 있다.

민족사의 영원한 스테디셀러

한 권으로 읽는 빠알리 경전
일아 역편 | 신국판 양장 | 752쪽 | 28,000원

붓다의 원음을 읽는다!
시공을 뛰어 넘어 부처님의 참모습을 만날 수 있다!

빠알리 경전에 있는 디가 니까야 등 다섯 종류의 니까야(Nikāya)와 율장에서 핵심적인 내용만을 선별하여 엮은《한 권으로 읽는 빠알리 경전》!
이 책은 부처님의 생애와 가르침, 그리고 삼법인, 사성제, 연기(緣起), 무아(無我) 등 불교의 중요 교리와 관련된 경전을 뽑아 공부할 수 있도록 했다. 중요한 빠알리 경전 대부분이 수록되어 있고, 명구들이 집대성되어 있다. 또한 중생에 대한 한없는 자비심을 가진 부처님의 인간적인 모습은 물론이고 인격과 수행 등을 엿볼 수 있다. 부록으로 주제별 찾아보기, 고유명사와 낱말 찾아보기, 부처님의 활동 지역 지도 등이 수록되어 있어서 불교에 대한 다양한 정보와 지식을 두루 갖출 수 있도록 도와준다.

> 불교의 근본 뿌리인 빠알리 경전은 다른 어느 경전에서도 볼 수 없는 불교의 중요한 교리를 비롯하여 마음을 흔드는 감명 깊은 말씀과 가르침, 상상을 초월하는 위대한 부처님의 말씀을 들을 수 있다. 그리고 제자들의 다툼으로 고뇌하는 부처님의 진솔한 모습, 중생에 대한 한없는 자비와 연민 등 부처님의 일거수일투족을 선명하게 떠올릴 수 있는 경전은 오직 빠알리 경전 뿐이다.

>   – 머리말 중에서

■ 역편자 _ 일아一雅 스님
운문승가대학을 졸업하고, 태국 위백아솜 위빳사나 명상 수도원과 미얀마 마하시 위빳사나 명상센터에서 2년간 수행하였으며, 미국 New York Stony Brook 주립대학교 종교학과를 졸업하고, University of the West 비교종교학과 대학원에서 철학박사 학위를 받았다. LA Lomerica 불교대학 교수, LA 갈릴리 신학대학원 불교학 강사를 지냈다. 석사 논문으로 「대표적 대승경전과 아함경 비교 연구」가, 박사 논문으로 「빠알리 경전 속에 나타난 부처님의 자비사상」이 있다.

가슴을 적시는 부처님 말씀 300가지

석성우, 석지현 편 | 큰책 8,500원. 작은책 4,000원

주옥같은 부처님 말씀 모음집! 인생의 지침이 되는 불교 명언집! 가슴을 적시는 부처님의 말씀을 뽑아 한데 묶었다. 이 책을 하루에 한 구절씩 읽는다면 치열하게 타오르는 인생사와 번뇌망상의 시달림으로부터 해방될 수 있을 것이다.

콘사이즈판 불교사전

김승동 편저 | 117×178mm | 1211쪽 | 45,000원

불교사전을 콘사이즈판으로 만든 것은 휴대의 편의성을 위해서다. 이 사전은 불교교리, 문화, 사상 등 불교에 관한 거의 모든 것을 담고 있으며, 예컨대 '대승불교' 항목의 경우 개요, 성립 경위, 대승경전, 교리적 전개 등으로 나누어 구체적으로 설명하고 있다. 이 사전 한 권만 가지고 다니면서 지하철이나 카페 등에서 짬짬이 읽는다면 불교 교리, 역사, 부처님 생애, 사상 등 불교에 대한 정확한 지식을 얻을 수 있을 것이다.

〈본문 구성〉

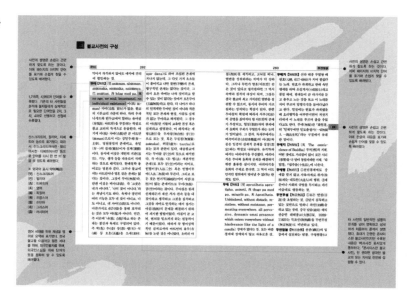

도표로 읽는 불교입문

글 이자랑·이필원 / 그림 배종훈 | 224쪽 | 13,800원

지금은 읽는 시대가 아니다. 보는 시대, 시각의 시대이다.
서술과 도표를 함께 보면서 불교를 입체적으로 이해할 수 있는 책!
방대하고 낯설고 어렵게만 느껴졌던 불교가 한눈에 쏙쏙!

반나절 만에 불교가 손에 잡히고 윤곽이 그려지도록 이끌어 주는 책이다. 이제 막 불교에 관심을 갖고 불교 공부의 첫 걸음을 디딘 분들, 절에 오래 다녔어도 불교를 잘 모르는 분들, 불자뿐만 아니라 한국인이라면 누구나 꼭 읽어야 하는 불교입문서다.

〈본문 구성〉

불교경전시리즈

불교경전총서 속에는 화엄경, 유마경, 묘법연화경, 금강경, 능엄경, 원각경, 승만경, 정토
삼부경(아미타경, 관무량수경, 무량수경), 백유경, 부모은중경, 대반열반경, 법구경, 숫타니
파타, 아함경, 지장경, 밀린다왕문경, 본생경, 미륵경전, 해심밀경 등 불교의 중요한 경전
은 모두 포함되어 부처님의 생생한 말씀을 담고 있다. 특히 작은 경전 시리즈는 크기가
가로 8.5cm, 세로 10.8cm로, 휴대하기 편리하다. 언제 어디서나 부처님 말씀을 읽을 수
있도록 하였다.

【 큰 경전 시리즈 】

1 화엄경-무한의 세계관 불전간행회 편, 김지견 역 | 신국판 양장 | 15,000원

2 유마경 불전간행회 편, 박용길 역 | 신국판 양장 | 11,000원

3 묘법연화경 불전간행회 편, 현해 역 | 신국판 양장 | 15,000원

4 금강경 불전간행회 편, 정호영 역 | 신국판 양장 | 8,000원

5 능엄경 불전간행회 편, 김두재 역 | 신국판 양장 | 12,000원

6 원각경·승만경 불전간행회 편, 전해주·김호성 역 | 신국판 양장 | 12,000원

선시감상사전(전 2권)

석지현 편저 | 변형 4×6판 양장 | 중국·일본편 787쪽 : 38,000원 | 한국편 1325쪽 : 58,000원

선시(禪詩) 감상의 최고 안내서!
한국·중국·일본의 선승과 시인 306명의 작품!
총 1,431편의 선시를 두 권에 집대성!
각 편마다 해설과 감상, 그리고 감상 포인트가 있다.

우리나라에 '선시'라는 장르를 처음으로 알린 석지현 시인이 옮기고 해설한 《선시감상사전》! 한국편과 중국·일본편 두 권으로 구성된 이 책에는 한·중·일 선승 306명의 작품, 총 1,431편(한국 107명 997편, 중국 169명 260편, 일본 30명 174편)이 연대·작가별로 정리되어 있다. 작가 소개를 통해 작품의 시대적 배경을 살필 수 있고, 작가별·원제별 찾아보기를 덧붙여 선시 사전으로 쉽게 활용할 수 있도록 했다.

이 책에는 선승들의 오도(悟道) 세계를 읊은 선시, 선승들이 느꼈던 깨달음의 희열을 노래하는 시, 겸허한 침묵 속에서 우러나온 생활의 서정을 노래한 선시들과 선적(禪的)이고 명상적 분위기가 풍기는 시(詩), 각 계절의 아름다움을 노래한 선시들이 시간과 공간을 가로질러 지금 우리에게 굽이쳐 온다. 직관과 통찰을 바탕으로 하는 시인들의 언어 세계가 담겨져 있다.

편저자 석지현 시인은 특유의 감각적 시선으로 방대한 작품을 자신만의 색채로 새롭게 읽어냈다. 각 편을 알기 쉽게 설명하고 있는 석지현 시인의 각주와 해설에는 깊이를 헤아릴 수 없는 내공이 고스란히 담겨져 있어 그 자체로도 의미가 크다. 《선시감상사전》은 불교에 관심을 가진 이들은 물론 깨달음의 희열을 느껴보고자 하는 이들, 차분히 시적 감응에 취하고자 하는 모든 이들에게 감동을 주는 기념비적인 책이다.

■ 편저자 _ 석지현釋智賢

1969년 중앙일보 신춘문예 시 당선. 1973년 동국대학교 불교학과 졸업. 이후 인도, 네팔, 티베트, 미국, 이스라엘 등지를 수년 간 방랑. 편·저·역서로는 《禪詩》, 《바가바드 기따》, 《우파니샤드》, 《반야심경》, 《숫타니파타》, 《법구경》, 《벽암록》(전 5권), 《왕초보 불교 박사 되다》, 《종용록》(전 5권) 등 다수가 있다.

선(禪)의 대표 공안집《벽암록》과《종용록》완역·해설판!
간화선과 묵조선의 차이를 한눈에 볼 수 있다!

《벽암록》은 임제종 계통(간화선)을 대표하는 공안송고평창집이고,《종용록》은 조동종 계통(묵조선)을 대표하는 공안송고평창집이다.

'지혜의 칼'(벽암록)과 더불어 '훈훈한 봄바람'(종용록)을 곁들이지 않으면 완벽한 선자(禪者) 라고 할 수가 없다. 특히 우리나라에서는 묵조선(黙照禪)을 사선(邪禪)으로만 알고 있는데, 간화선과 묵조선 두 가지를 모두 알아야만 장단점을 보완할 수 있다. 간화선을 이해하기 위 해서는 벽암록을, 묵조선을 이해하기 위해서는 종용록을 읽어봐야만 한다.

화두, 공안에 대하여 간화선(看話禪)에서는 '깨닫기 위한 수단 또는 도구'로 보고 있다. 그래서 좌선보다는 공안타파(公案打破), 즉 공안참구(公案參究)를 통한 깨달음을 강조한 다. 이런 간화선 수행의 최고 교과서가 바로《벽암록》이다.
반면 묵조선(黙照禪)에서는, 공안타파라고 하는 것은 좌선수행의 과정에서 필연적으로 경험되는 한 현상일 뿐이며, 보다 중요한 것은 공안을 타파한 이후에도 부단히 좌선수 행을 해야 한다는 점이다. 이 삶 전체가 공안화 되어야 한다는 것이다. 이를 현성공안(現 成公案)이라고 한다.

벽암록(碧巖錄) 전 5권
원오극근 저, 석지현 역주·해설 | 신국판 | 전 5권 145,000원(낱권판매불가)

선어록의 최고봉!
종문제일서(宗門第一書)!

《벽암록》은 설두중현(980~1052)과 원오극근 (1063~1135) 선사에 의해 완성되었다. 설두 는《조당집》,《전등록》등 옛 선사들의 어록에 서 공안 100칙을 가려 뽑아 여기에 각각 송 (頌)을 붙여《설두송고백칙(雪竇頌古百則)》이라

는 책을 출간했다. 여기에 원오 선사가 수시(垂示)·착어(著語)·평창(評唱)을 붙여 비로소 《벽암록》이 완성되었다.

《벽암록》은 선의 문헌 가운데 첫 번째로 꼽는 책이자 선종문화의 총결산이다. 설두의 송고는 선어록의 백미이다. 이후 설두 송고의 영향을 받지 않은 선승이 없다고 할 정도였는데 특히 임제 계통의 선승들이 설두의 영향을 가장 많이 받았다. 임제의 역동적인 기상과 설두의 문학적인 세련미가 결합하여 그 정점에 이른 것이 바로 《벽암록》이다.

종용록(從容錄) 전 5권

천동정각 송고, 만송행수 평창, 석지현 역주·해설 | 신국판 | 전 5권 185,000원(낱권판매불가)

중국의 역사·사상을 총망라한 지혜의 보고!
벽암록과 쌍벽을 이루는 선(禪)의 공안집!

《종용록》은 중국 선종사에서 《벽암록》과 쌍벽을 이루는 공안송고평창집(公案頌古評唱集, 공안에 대한 송과 평론, 주석, 해설서)이다. 《벽암록》보다 100년 후(1224년)에 출간된 것으로 선문의 명문으로 널리 알려져 있다. 묵조선 수행체계를 완성한 송대의 선승 천동정각(天童正覺, 1091~1157)의 《백칙송고(百則頌古)》에 만송행수(萬松行秀, 1196~1246)가 시중(示衆)·착어(着語)·평창(評唱)을 붙여 완성되었다. 이 책은 만송행수가 연경(燕京)의 보은원(報恩院)에 종용암(從容庵)을 짓고 은거 중이던 시절에 그의 재가제자이자 칭기즈칸의 참모였던 야율초재 담연 거사의 간청에 의해 집필된 것으로 유명하다.

묵조선은 좌선수행을 통해 우리의 본성 속에 이미 내재한 깨달음을 현실화하고자 한다. 묵조선에서 수행이란 내재된 깨달음을 충전하는 작업이다. 이때 공안은 수행의 깊이를 측정하는 계기판이 된다. 이런 묵조선을 완성시킨 사람이 《종용록》의 공안 100칙 송고를 읊은 천동정각(天童正覺)이다.

숫타니파타를 읽는 즐거움

석가모니 부처님이 깨달음을 이루시고 구도 여행을 하면서 다양한 사람들을 만나 그들의 질문에 답변한 내용으로 이루어진 숫타니파타를 동서고금의 감동적 이야기와 함께 친절하게 해설하는 책이다.

보경 저 | 신국판 | 376쪽 | 15,000원

승만경을 읽는 즐거움

이 책은 비구니 스님 최초의 승만경 해설서다. 여성이나 불가촉천민도 성불할 수 있다는 절대 평등의 진리를 일깨워준 승만경. 이 책의 저자 일진 스님은 여성뿐만 아니라 모든 사람들이 삶에 깊은 관심을 갖고 자기 삶을 승화시키기 위해서는 반드시 승만경의 가르침을 체득해야 한다고 역설한다.

일진 저 | 신국판 | 312쪽 | 15,000원

금강경을 읽는 즐거움

우리의 삶 속에서 금강경의 사상을 어떻게 실천해야 하
는지 구체적으로 가르쳐 주는 책이다. 대중을 향한 일감
스님의 위로와 응원의 메시지가 편마다 잔잔한 감동을
준다.

일감 저 | 변형 신국판 | 308쪽 | 15,000원

아미타경을 읽는 즐거움

불설아미타경은 수행의 가교이고 정토로 나아가는 안내
서이다. 동봉 스님은 이를 기초과학과 연결시켜 해설한
다. 정토신앙으로 이끄는 미타인행사십팔원, 장엄염불,
왕생게, 아미타불십대인상, 정토다라니 등을 수록하였으
며, 부록으로 사언절불설아미타경 전문을 실었다.

동봉 저 | 신국판 | 580쪽 | 23,000원

한 권으로 읽는 대승경전

화엄경 · 묘법연화경 · 유마경 · 대반열반경 · 금강경

초판 1쇄 인쇄 | 2016년 7월 25일
초판 1쇄 발행 | 2016년 7월 30일

역자 | 김지견박사, 현해스님, 무비스님, 지안스님, 일감스님
펴낸이 | 윤재승
펴낸곳 | 민족사

주간 | 사기순
기획편집팀 | 사기순, 최윤영
영업관리팀 | 김세정

출판등록 | 1980년 5월 9일 제1-149호
주소 | 서울 종로구 삼봉로 81 두산위브파빌리온 1131호
전화 | 02) 732-2403, 2404 팩스 | 02) 739-7565
홈페이지 | www.minjoksa.org
페이스북 | www.facebook.com/minjoksa
이메일 | minjoksabook@naver.com

ⓒ 민족사, 2016

ISBN 978-89-98742-67-6 (03220)